L'AURORE

DE LA

PHILOSOPHIE GRECQUE

JOHN BURNET, M. A., LL. D.
Professor of Greek in the United College of St. Salvator and St. Leonard,
St. Andrews, Fellow of the British Academy.

L'AURORE
DE LA
PHILOSOPHIE GRECQUE

ÉDITION FRANÇAISE
PAR
AUG. REYMOND

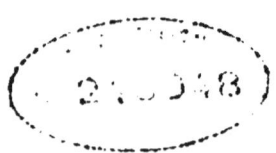

> Περὶ μὲν τῶν ὄντων τὴν ἀλήθειαν ἐσκόπουν,
> τὰ δ'ὄντα ὑπέλαβον εἶναι τὰ αἰσθητὰ μόνον.
> ARISTOTE.

PAYOT & Cie, PARIS
106, BOULEVARD SAINT-GERMAIN
1919

Tous droits réservés.

PRÉFACE

La première édition de cet ouvrage a paru il y a vingt-sept ans, en 1892; la traduction française a été faite sur la seconde (1908), qui avait été entièrement revisée à la lumière des découvertes faites dans l'intervalle. Il y en a eu de nouvelles dès lors, et j'aurais désiré qu'une troisième édition de l'original pût être publiée avant qu'il fût traduit. Ce désir n'a pu se réaliser, et la seule chose qui m'ait été possible, c'est de faire quelques corrections aux endroits où cela m'a paru le plus nécessaire. De plus amples modifications eussent exigé une revision plus complète que ne me le permettaient les circonstances.

Par exemple, je suis maintenant convaincu que la théorie d'un mouvement planétaire composé, formé de la révolution diurne des cieux et du mouvement orbital des planètes, est en réalité pythagoricienne, et que le passage de Platon (Lois 822 a), dont j'ai inféré le contraire, doit être interprété autrement. Je tiens maintenant pour certain que Platon y nie la théorie suivant laquelle le mouvement des planètes est composé, comme il était en droit de le faire du moment que la révolution diurne des cieux avait été expliquée comme due à un mouvement de la terre elle-même. Cela n'affecte pas l'analyse que j'ai donnée de la théorie ionienne, qui était encore soutenue par Démocrite.

La présente traduction est l'œuvre de M. A. Reymond, qui y a consacré tous ses soins, et j'en ai lu toutes les épreuves, quoique les circonstances actuelles y missent de nombreux obstacles. La censure militaire prenait un temps considérable pour s'assurer si ces pages renfermaient ou ne renfermaient pas « des informations utiles à l'ennemi ». J'aime à croire qu'elles lui en fourniront en effet quand il aura de nouveau le temps de s'occuper des questions que j'y étudie. Dans tous les cas, je suis très reconnaissant à M. Reymond de la peine qu'il a prise, car, autant que j'en peux juger, sa traduction est d'une remarquable fidélité. Je souhaite qu'elle soit regardée comme un hommage à la mémoire du regretté Paul Tannery, dont les conseils et les bienveillants encouragements ont tant fait pour la première édition de ce livre, il y a de cela une génération.

John BURNET.

Université de St-Andrews (Ecosse), 1919.

LISTE DES ABRÉVIATIONS

Arch. — *Archiv für Geschichte der Philosophie.* Berlin 1888-1908.

Beare. — *Greek Theories of Elementary Cognition*, by John J. Beare. Oxford 1906.

Diels, *Dox.* — *Doxographi graeci.* Hermannus Diels. Berlin 1879.

D. V. — *Die Fragmente der Vorsokratiker*, von Hermann Diels, 2ᵉ éd. Berlin 1906.

Gomperz. — *Les Penseurs de la Grèce*, par Th. Gomperz, traduction française, vol. I. Lausanne 1908.

Jacoby. — *Apollodors Chronik*, von Felix Jacoby (*Philol. Unters.*, Heft XVI). Berlin 1902.

R. P. — H. Ritter et L. Preller. *Historia Philosophiæ Græcæ.* Editio octava, quam curavit Eduardus Willmann. Gotha 1898.

Zeller. — Eduard Zeller. *Die Philosophie der Griechen*, Erster Teil, Fünfte Auflage. Leipzig 1892.

ADDENDA ET CORRIGENDA

Page 39, titre du § 2, lire : *Thalès*, son origine.

Page 47, ligne 8 du texte en montant, lire *cosmologie* au lieu de *cosmogie*.

Page 126, ligne 11, lire : les plus grandes découvertes de celle-ci. — Et ajouter : « Quand Platon attribuait de propos délibéré quelques-unes de ses plus importantes découvertes aux Pythagoriciens, il reconnaissait par là, et d'une manière caractéristique, la dette qu'il avait contractée envers eux. »

Page 138, note 3, lire : Ceci est donné pour une inférence *par* Simplicius...

Page 150, frg. 19, lire : ... sont dirigées *à travers* toutes choses.

Page 185, note 3, lire : διὰ τάδε· τό....

Page 195, 1ʳᵉ ligne du texte, lire : *Elea*.

Page 293, note 3, lire : Cela n'est qu'une façon pragmatique d'exposer les choses ; les attaques eurent lieu beaucoup plus tôt.

Page 298, frg. 9, ligne 4, lire : mais elle *est* de toute manière bien des fois aussi rapide.

Page 300, note, lire : Tel est *peut-être* le sens....

Page 303, note 1, ligne 3, lire : ἐναντιότητας au lieu de ἐναντιώτητας.

INTRODUCTION

I. — Caractère cosmologique de la philosophie grecque a ses débuts.

Les Grecs ne commencèrent à éprouver les besoins que cherchent à satisfaire la philosophie de la nature et l'éthique qu'après la faillite de leurs vues primitives du monde et de leurs règles traditionnelles de vie. Et ces besoins ne se firent pas sentir tous à la fois. Les maximes courantes de conduite ne furent sérieusement mises en question qu'une fois disparue l'ancienne conception de la nature; aussi les plus anciens philosophes s'occupèrent-ils uniquement de spéculations sur le monde qui les entourait. Le moment venu, la logique fit son apparition pour répondre à un besoin nouveau. La poursuite des recherches cosmologiques au delà d'un certain point devait inévitablement manifester une profonde divergence entre la science et le sens commun; cette divergence était elle-même un problème qui demandait solution, et contraignait d'ailleurs les philosophes à étudier les moyens de défendre leurs paradoxes contre les préjugés de la foule ignorante. Plus tard encore, l'intérêt croissant qui s'attachait aux choses de la logique suscita la question de l'origine et de la validité de la connaissance, tandis que, vers le même temps, l'effondrement de la morale traditionnelle donnait naissance à l'éthique. La période qui précède l'avènement de la logique et de l'éthique a donc un caractère propre et distinctif, et peut sans inconvénient être traitée à part[1].

II. — La vue primitive du monde.

Dans les plus anciens temps dont nous ayons gardé quelque souvenir, la vue primitive du monde est déjà en train de disparaître rapidement. Nous sommes réduits, pour nous en faire une idée, à rechercher çà et là, dans les plus vieilles œuvres littéraires, les traits épars qui en constituent une sorte de sombre arrière-fond, ainsi que les nombreux mythes étranges et les rites plus étranges encore qui continuèrent à vivre, comme pour en porter témoignage, non seulement dans les parties reculées de la Grèce, mais même dans les « mystères » des Etats les plus cultivés. Autant que nous pouvons nous en rendre compte, ce devait être une chose essentiellement faite de pièces et de morceaux, prête à s'écrouler dès que soufflerait sur elle la fraîche brise d'une expérience plus large et d'une curiosité plus hardie. La seule explication du monde qu'elle pût offrir, c'était un conte bizarre sur l'origine des choses. Dans son ensemble, une histoire comme celle d'Ouranos, de Gaia et de Kronos se place, ainsi que l'a montré A. Lang, dans *Custom and Myth*, au même niveau que le conte maori de Papa et de Rangi, mais, dans ses détails, le mythe grec est certainement le plus sauvage des deux.

Nous ne devons pas nous laisser induire en erreur par des métaphores sur « l'enfance de la race », quoique ces métaphores, précisément, soient assez suggestives, à

---

[1] On observera que Démocrite tombe en dehors de la période ainsi délimitée. L'usage généralement suivi, de joindre aux philosophes présocratiques ce contemporain et cadet de Socrate, obscurcit le cours véritable du développement historique. Démocrite est postérieur à Protagoras, et sa théorie est déjà conditionnée par le problème de la connaissance. (Voir Brochard, *Protagoras et Démocrite*, Arch. II, p. 368.) Il a aussi une théorie morale en règle. (E. Meyer, *Gesch. des Alterth.* IV, § 514, note.)

condition d'être bien comprises. Nos idées sur la vraie nature de l'esprit de l'enfant sont exposées à être colorées par cette théorie de la préexistence, qui a trouvé peut-être sa plus haute expression dans l'*Ode on the Intimations of Immortality*, de Wordsworth. Nous transférons ces idées à la race en général, et ainsi nous sommes conduits à nous représenter les hommes qui créèrent et propagèrent les mythes comme des créatures simples et innocentes, lesquelles, étant plus rapprochées que nous du commencement des choses, en avaient peut-être une plus claire vision. Une vue plus exacte de ce que sont réellement les pensées des enfants aidera à nous mettre dans la bonne voie. Abandonnés à eux-mêmes, les enfants sont souvent tourmentés par les vagues terreurs que leur inspirent les objets environnants, et ils n'osent les confier à qui que ce soit. Leurs jeux sont basés sur une théorie animiste des choses, et ils ont une grande foi dans la chance et le hasard. Ils sont dévots, aussi, de ce culte du bric-à-brac qu'est le fétichisme ; et les affreuses vieilles poupées qu'ils chérissent souvent plus que les plus élégants articles des magasins de jouets nous rappellent forcément les informes blocs de bois et de pierre que Pausanias trouvait dans les sanctuaires de plus d'un magnifique temple grec. A Sparte, les Tyndarides étaient une couple de planches, et la vieille image de Héra à Samos était un bloc grossièrement taillé [1].

Il ne faut pas oublier, d'autre part, que même aux temps les plus reculés dont nous ayons quelque souvenir, le monde était déjà très vieux. Ces Grecs qui, les premiers, essayèrent de comprendre la nature, n'étaient pas du tout dans la situation d'hommes qui s'engagent dans un sentier non encore frayé. Il existait déjà une vue passablement consistante du monde, quoique sans doute elle fût plutôt impliquée et supposée dans le rituel et le mythe que distinctement conçue comme telle. Les premiers penseurs firent

---

[1] Voir E. Meyer, *Gesch. des Alterth.* II, § 64 ; Menzies, *History of Religion*, pp. 272-276.

une chose beaucoup plus grande que ne l'eût été un simple commencement. En se dépouillant de la vue sauvage des choses, ils renouvelèrent leur jeunesse et, avec elle, comme il apparut, la jeunesse du monde, en un temps où le monde semblait frappé de sénilité.

La merveille est qu'ils furent capables de le faire aussi complètement qu'ils le firent. Tel mythe sauvage put être conservé çà et là au grand scandale des philosophes ; des fétiches, des totems et des rites magiques purent se cacher dans les trous et dans les cavernes, avec les taupes et les chauves-souris, pour être déterrés, bien longtemps après, par les curieux en ces matières. Mais la superstition qui envahit tout, celle que nous appelons primitive, parce que nous ne savons ni comment elle naquit ni d'où elle vint, avait disparu à jamais, et nous voyons qu'Hérodote note avec une surprise non feinte l'existence, parmi les « barbares », de croyances et d'usages que ses propres aïeux, en des temps qui n'étaient pas très éloignés, avaient enseignés et pratiqués avec autant de zèle que le fit jamais un Lybien ou un Scythe. Et même alors, il aurait pu constater qu'ils survivaient presque tous dans les « hauts lieux » de la Grèce.

III. — Traces de la vue primitive dans la plus ancienne littérature.

A certains égards, la voie avait déjà été préparée. Bien avant que commence l'histoire, la colonisation des îles et des côtes de l'Asie-Mineure avait produit un état de choses défavorable au maintien strict des coutumes et des voies traditionnelles de pensée. Un mythe est essentiellement une chose locale, et quoique les émigrants pussent donner les noms des sanctuaires ancestraux à des lieux analogues dans leurs nouvelles demeures, ils ne pouvaient transporter, avec les noms, les anciens sentiments de respect. En outre, ce furent, somme toute, des temps émouvants et joyeux. L'esprit d'aventure n'est pas favorable à la superstition, et les hommes dont la principale occupation est de combattre ne se laissent pas opprimer par cette « crainte du monde » que quelques-uns nous disent être l'état normal du sauvage. Et même le sauvage s'en libère en une grande mesure quand il est réellement heureux.

Homère.

C'est pourquoi nous trouvons si peu de traces de la vue primitive du monde dans Homère. Ses dieux sont devenus franchement humains, et tout ce qui est sauvage est, dans la mesure du possible, soustrait au regard. Il y a naturellement des vestiges des croyances et des pratiques anciennes, mais par exception. Dans cet étrange épisode du XIVe livre de l'*Iliade*, qui nous montre Zeus trompé par Aphrodite, nous trouvons un certain nombre d'idées théogoniques qui, ailleurs, sont tout à fait étrangères à Homère, mais elles sont traitées avec si peu de sérieux que le morceau tout entier a été regardé comme la parodie de quelque poème primitif sur la naissance des dieux. C'est là, pourtant, se méprendre sur l'esprit d'Homère. Il trouve le vieux mythe à portée de sa main, et il y voit la matière d'un « joyeux conte », tout comme Démodokos dans les amours d'Arès et d'Aphrodite. Il n'y a pas là un antagonisme conscient avec les vues traditionnelles, mais plutôt un complet détachement à leur égard.

On a souvent noté qu'Homère ne parle jamais de la coutume primitive qui veut qu'on se purifie quand on a versé le sang. Les héros morts sont brûlés, non ensevelis, comme l'étaient les rois de la Grèce continentale. Les esprits ne jouent guère de rôle. Dans l'*Iliade*, nous avons, il est vrai, l'esprit de Patrocle, en connexion étroite avec le seul exemple de sacrifice humain que nous offre Homère. Tout cela faisait partie de l'histoire traditionnelle, et Homère en parle aussi peu que possible. On trouve aussi, dans le XIe livre de l'*Odyssée*, l'épisode de la *Nekyia*, auquel a été assignée une date récente, par la raison qu'il renferme des idées orphiques. Cette conclusion ne paraît pas s'imposer. Comme nous le verrons, les Orphiques ont moins inventé des idées nouvelles qu'ils n'ont fait revivre les anciennes, et si la légende conduisait Odysseus au séjour des morts, l'épisode devait être décrit selon les vues admises sur ce point.

En fait, nous ne sommes jamais en droit d'inférer du silence d'Homère que la vue primitive lui était inconnue. Si certaines choses sont absentes de ses poèmes, il faut y voir plutôt réticence qu'ignorance ; car, partout où une vieille histoire pouvait lui fournir quelque élément utile à son dessein, il n'hésitait pas à l'y puiser. D'autre part, quand la tradition le mettait nécessairement en contact avec des idées sauvages, il préférait traiter ces dernières avec réserve. Nous pouvons inférer de là que, dans une certaine société, du moins, à savoir dans celle des princes pour qui chantait Homère, la vue primitive du monde était déjà discréditée à une date relativement ancienne [1].

IV. — Hésiode.

En arrivant à Hésiode, il semble que nous entrions dans un autre monde. Nous voici en présence d'histoires de dieux non seulement fantastiques, mais choquantes, et ces histoires nous sont racontées tout à fait sérieusement. Hésiode fait dire aux Muses : « Nous savons dire bien des choses fausses qui ont l'air de la vérité ; mais nous savons aussi, quand nous voulons, dire ce qui est vrai [2]. » Cela signifie qu'il était tout à fait conscient de la différence qu'il y avait entre l'esprit d'Homère et le sien. L'ancienne insouciance s'en est allée, et il est important de dire la vérité sur les dieux. Hésiode sait aussi qu'il appartient à une

---

[1] Sur tout cela, voir spécialement Rohde, *Psyche*, pp. 14 sq.
[2] Hes. *Theog.*, 27. Ce sont les mêmes Muses qui inspiraient Homère, ce qui veut dire, dans notre langage, qu'Hésiode écrivait en hexamètres et dans le dialecte épique. Le nouveau genre littéraire n'a pas encore trouvé le véhicule qui lui convient, et qui est l'élégie.

période plus récente et plus triste que celle d'Homère. En décrivant les âges du monde, il en intercale un cinquième entre ceux du bronze et du fer. C'est l'âge des héros, l'âge que chantait Homère, et il était meilleur que l'âge du bronze, dont il fut précédé, et bien meilleur que celui dont il fut suivi, l'âge du fer, dans lequel vit Hésiode[1]. Il sent aussi qu'il chante pour d'autres classes de population. C'est à des bergers et à des laboureurs qu'il s'adresse, et les princes pour qui chantait Homère sont devenus des personnages reculés, qui donnent des «jugements tortueux». Pour les gens du commun, il n'y a plus d'espérance que dans un dur et incessant travail. C'est la voix du peuple que nous entendons maintenant pour la première fois, et d'un peuple pour lequel le romantisme et la splendeur du moyen âge grec ne signifient rien. La vue primitive du monde ne fut jamais entièrement morte parmi ces hommes; il était donc naturel que leur premier porte-parole l'accueillit dans ses poèmes. C'est pourquoi nous trouvons dans Hésiode ces vieux contes, ces contes sauvages, dont Homère dédaignait de parler.

On aurait cependant tort de ne voir dans la *Théogonie* qu'un simple réveil de l'ancienne superstition. Rien ne peut jamais être ressuscité exactement tel qu'il était, car dans chaque réaction il y a un élément polémique qui la différencie complètement du stade précédent et l'empêche de le reproduire. Hésiode ne pouvait pas ne pas être affecté du nouvel esprit que le commerce et les aventures avaient éveillé au delà de la mer, et il devint pionnier en dépit de lui-même. Les rudiments de la future science et de la future histoire ioniennes doivent être cherchés dans ses poèmes, et il fit réellement plus que quiconque pour hâter la décadence de ces vieilles idées, tout en cherchant à l'arrêter. La *Théogonie* est une tentative pour réduire en un seul système

---

[1] Il y a là une grande vue historique. Ce ne sont pas nos historiens modernes, c'est Hésiode qui a montré le premier que le « moyen âge grec » a été une interruption du développement normal.

toutes les histoires relatives aux dieux, et un système est nécessairement fatal à une chose aussi arbitraire que la mythologie. Hésiode n'enseigne pas moins qu'Homère un polythéisme panhellénique ; la seule différence, c'est que, chez lui, cet enseignement est plus directement basé sur les légendes attachées aux cultes locaux, qu'il cherchait ainsi à investir d'une signification nationale. Le résultat en est que, par un renversement complet du rapport primitif, le mythe devient l'essentiel et le culte l'accessoire. Hérodote nous dit que ce furent Homère et Hésiode qui créèrent une théogonie pour les Hellènes, qui donnèrent aux dieux leurs noms, distribuèrent entre eux les emplois et les arts [1], et cela est parfaitement vrai. Le panthéon olympien prit, dans les esprits des hommes, la place des vieux dieux locaux, et ce fut là aussi bien l'œuvre d'Hésiode que celle d'Homère. L'homme ordinaire n'avait pas des attaches avec cette foule de dieux, mais tout au plus avec un ou deux d'entre eux ; et même ces deux, il aurait eu peine à les reconnaître sous les figures humanisées, dépouillées de toute association locale, que la poésie avait substituées aux objets plus anciens du culte. Les dieux de la Grèce étaient devenus un splendide sujet pour l'art, mais ils s'interposaient entre les Grecs et leurs religions ancestrales. Ils étaient incapables de satisfaire les besoins du peuple, et là est le secret de la renaissance religieuse que nous allons avoir à considérer dans la suite.

V. — Cosmogonie.

Et ce n'est pas sous ce rapport seulement qu'Hésiode se montre fils de son époque. Sa *Théogonie* est en même temps une cosmogonie, quoiqu'il puisse paraître qu'en ce domaine il suivait les autres plutôt qu'il ne formulait sa propre pensée. Quoi qu'il en soit, il ne fait que mentionner les deux grandes figures cosmogoniques, Chaos et Eros, et il

[1] Herod., II. 53.

ne les met pas réellement en relation avec son système. La conception du Chaos représente un effort très net pour figurer le commencement des choses. Ce n'est pas un mélange informe, mais plutôt, comme l'indique l'étymologie du mot, le trou ou l'abîme béant où rien n'existe encore [1]. Nous pouvons être certains que cette idée n'est pas primitive. Le sauvage n'a pas l'occasion de se former une idée du commencement absolu de toutes choses; il prend pour accordé qu'il y avait déjà quelque chose à leur origine. L'autre figure, celle d'Eros, était sans aucun doute destinée à expliquer la tendance à la production, qui donna naissance au processus tout entier. C'est, du moins, ce que les Maoris entendent par là, comme le montre le remarquable passage suivant [2].

> De la conception l'accroissement,
> De l'accroissement le gonflement,
> Du gonflement la pensée,
> De la pensée le souvenir,
> Du souvenir le désir.
> La parole devint féconde,
> Elle s'unit avec la faible lueur
> Et elle engendra la nuit.

Hésiode s'est sans doute appuyé sur quelque spéculation primitive de ce genre, mais il ne nous dit rien de précis à ce sujet.

Nous avons des témoignages sur l'abondante production de cosmogonies durant tout le sixième siècle avant J.-C., et nous savons quelque chose des systèmes d'Epiménide, de Phérécyde [3] et d'Acousilaos. Comme il y eut des spéculations de cette nature même avant Hésiode, nous ne devons

---

[1] Le mot χάος signifie certainement le « trou » ou l'« abîme », l'orphique χάσμα πελώριον. Grimm le comparait avec le scandinave *Ginnunga-Gap*.

[2] Cité d'après Taylor, *New Zealand*, pp. 110-112, par Andrew Lang, dans *Mythes, Cultes et Religions*, p. 346 de la traduction française.

[3] Sur les restes de Phérécyde, voir Diels, *Vorsokratiker*, 1ᵉ édit., pp. 506 sq.; 2ᵉ édit., p. 503, et l'intéressante analyse de Gomperz, *Les Penseurs de la Grèce*, vol. I, pp. 93 sq.

pas hésiter à croire que la plus ancienne cosmogonie orphique remonte également à ce siècle[1]. Le trait commun à tous ces systèmes est la tentative faite pour remonter au delà de l'abîme, et pour mettre Kronos ou Zeus à la première place. C'est ce qu'Aristote a en vue quand il distingue les « théologiens » de ceux qui étaient à moitié théologiens et à moitié philosophes, et qui plaçaient au commencement ce qu'il y avait de meilleur[2]. Il est évident, cependant, que ce procédé est précisément l'inverse du procédé scientifique, et pourrait être poursuivi indéfiniment ; nous n'avons donc rien à faire avec les cosmogonistes dans cette étude, si ce n'est dans la mesure où l'on peut montrer qu'ils ont influencé le cours de plus sobres investigations. En fait, ces spéculations sont encore basées sur la vue primitive du monde, et tombent ainsi en dehors du cadre que nous nous sommes fixé à nous-même.

VI. — Caractéristiques générales de l'ancienne cosmologie grecque.

Quel est donc le progrès qui a placé une fois pour toutes les cosmologistes ioniens au-dessus du niveau des Maoris? Grote et Zeller le font consister dans la substitution de causes impersonnelles, agissant suivant une loi, à des causes personnelles, agissant arbitrairement. Mais la distinction entre le personnel et l'impersonnel n'était pas encore réellement sentie dans l'antiquité, et c'est une erreur que d'y attacher trop d'importance. Il semble plutôt que c'est en cessant de dire des contes que les hommes de science de Milet firent un pas réel en avant. Ils renoncèrent à la tâche désespérée de décrire ce qui était quand rien

---

[1] C'était là l'opinion de Lobeck, quant à la « théogonie rhapsodique » décrite par Damascius, et elle a été reprise par Otto Kern (*De Orphei Epimenidis Pherecydis Theogoniis*, 1888). Le caractère grossier de cette théogonie est la meilleure preuve de son antiquité. Cf. Lang, *Mythes, Cultes et Religions*, chap. X.

[2] Arist., *Met.*, N, 4, 1091 b 8.

n'était encore, et ils se demandèrent au lieu de cela ce que toutes choses sont en réalité maintenant.

Ex nihilo nihil.

Le grand principe qui est à la base de toute leur pensée — quoiqu'il n'ait pas été formulé avant Parménide — c'est que *rien ne naît de rien*, et que *rien ne se réduit à rien*. Ils voyaient cependant que les choses particulières venaient toujours à l'existence et cessaient d'exister, et il résultait de cela que leur existence n'était pas une existence vraie ou stable. Les seules choses qui fussent réelles et éternelles étaient la matière originelle qui subissait toutes ces transformations, et le mouvement qui donnait naissance à celles-ci, auxquelles fut bientôt ajoutée cette loi de proportion ou de compensation qui, en dépit du continuel devenir, et de la disparition continuelle des choses, assurait la permanence et la stabilité relatives des diverses formes d'existence qui contribuent à former le monde. Que ce fussent là, en effet, les idées directrices des premiers cosmologistes, nous ne pouvons naturellement le prouver, tant que nous n'avons pas donné une exposition détaillée de leurs systèmes, mais nous pouvons montrer tout de suite combien il était naturel que de telles pensées leur vinssent. C'est toujours le problème du changement et de la destruction qui excite le premier l'étonnement, cet étonnement qui, comme le dit Platon, est le point de départ de toute philosophie. Outre cela, il y avait dans la nature ionienne une veine de mélancolie qui la portait à méditer sur l'instabilité des choses. Même avant l'époque de Thalès, Mimnerme de Colophon chante la tristesse du changement, et, à une date postérieure, quand Simonide se plaint que les générations des hommes tombent comme les feuilles des bois, il touche une corde qu'avaient déjà fait vibrer les premiers chantres de l'Ionie [1]. Or, aussi longtemps que les hommes

---

[1] Simonide, fr. 85, 2 Bergk. *Iliade*, VI, 146.

pouvaient croire que tout ce qu'ils voyaient était vivant comme eux, le spectacle de l'incessante mort et de l'incessante renaissance de la nature n'avait pour effet que de teindre leurs pensées d'une certaine tristesse et de leur inspirer des pièces semblables aux chants funèbres de Linos, que les Grecs empruntèrent à leurs voisins d'Asie[1] ; mais quand l'animisme primitif, qui avait vu partout la vie consciente, eut disparu, et que la mythologie polythéistique, qui avait personnifié au moins les plus frappants des phénomènes naturels, fut en train de disparaître, il dut leur sembler qu'il n'y avait nulle part de réalité permanente. De nos jours, nous sommes habitués, bien ou mal, à la notion de choses mortes, obéissant non à des impulsions intérieures, mais seulement à des lois mécaniques. Mais ce n'est point là la vue de l'homme naturel, et nous pouvons être certains que lorsqu'elle s'imposa à lui pour la première fois, elle provoqua en lui un sentiment tout à fait pénible. Et le soulagement ne pouvait se trouver que dans cette réflexion que, comme rien ne vient de rien, rien ne peut se réduire à rien. Il doit donc y avoir quelque chose qui est toujours, quelque chose de fondamental, qui persiste à travers tous les changements, et qui ne cesse d'exister sous une forme que pour réapparaître sous une autre. Il est significatif que ce quelque chose est qualifié d'« immortel » et de « toujours jeune »[2].

VII. — ΦΥΣΙΣ.

A ma connaissance, aucun historien de la philosophie grecque n'a clairement établi que le mot employé par les anciens cosmologistes pour exprimer cette idée d'une subs-

---

[1] Sur Adonis-Thammuz, Lityersès, Linos et Osiris, voir Frazer, le *Rameau d'Or*, vol. III, pp. 143 sq., 168 sq., 272 sq.

[2] L'expression épique ἀθάνατος καὶ ἀγήρως paraît avoir suggéré cette idée. Anaximandre appliquait les deux épithètes à la substance première (R. P. 17 et 17 a ; D. V, 2, 15 et 11.) Euripide, décrivant la félicité de la vie vouée à la science (fr. inc. 910), dit : ἀθανάτου... φύσεως κόσμον ἀγήρω (R. P. 148 c fin.)

tance permanente et primordiale n'était autre que le mot φύσις, et que le titre de περὶ φύσεως, si communément donné à des œuvres philosophiques du VI⁰ et du V⁰ siècle avant J.-C.[1] signifie simplement : « De la substance primordiale. » Platon et Aristote emploient tous deux ce terme dans ce sens, quand ils discutent de la philosophie ancienne[2], et son histoire montre assez clairement quelle en a dû être la signification originelle. Dans le langage philosophique grec, φύσις désigne toujours ce qui est primaire, fondamental et persistant, par opposition à ce qui est secondaire, dérivé et transitoire ; ce qui est « donné » par opposition à ce qui est fait ou devient. Il est vrai que Platon et ses successeurs entendent aussi par φύσις la condition la meilleure ou la plus normale d'une chose ; mais c'est justement parce qu'ils tenaient le but de tout développement comme antérieur au processus par lequel il est atteint. Pareille idée était totalement inconnue aux pionniers de la philosophie. Ils cherchaient l'explication du monde incomplet que nous connaissons, non dans sa fin, mais dans son commencement. Il leur semblait qu'il leur suffirait d'enlever toutes les modifications que l'art et le hasard y avaient introduites pour arriver à ce qui était définitivement réel ; et ainsi la recherche de la φύσις d'abord dans le monde en général, puis dans la société humaine, devint le principal intérêt de l'époque dont nous avons à nous occuper.

Le mot ἀρχή, par lequel les premiers cosmologistes passent d'habitude pour avoir désigné l'objet de leur recherche, est, dans ce sens, purement aristotélicien. Il est tout à fait naturel qu'il ait été employé dans l'esquisse historique

[1] Je ne veux pas dire par là que les philosophes employaient eux-mêmes ce titre, car les anciens écrits en prose ne portaient pas de titres. L'écrivain mentionnait son nom et indiquait le sujet de son œuvre dans sa première phrase, comme le fait, par exemple, Hérodote.

[2] Platon, *Lois*, 892 c 2 : φύσιν βούλονται λέγειν γένεσιν (*i. e.* τὸ ἐξ οὗ γίγνεται) τὴν περὶ τὰ πρῶτα (*i. e.* τὴν τῶν πρώτων). Arist., *Phys.* B, 1, 193 a 21 : διόπερ οἱ μὲν πῦρ, οἱ δὲ γῆν, οἱ δ'ἀέρα φασίν, οἱ δὲ ὕδωρ, οἱ δ'ἔνια τούτων, οἱ δὲ πάντα ταῦτα τὴν φύσιν εἶναι τὴν τῶν ὄντων.

bien connue du premier livre de la *Métaphysique*, car Aristote y éprouve les théories des anciens penseurs par sa propre doctrine des quatre causes. Mais Platon n'emploie jamais ce terme dans cet ordre d'idées, et il ne se trouve pas une fois dans les fragments authentiques des premiers philosophes. On ne le rencontre que dans les manuels stoïciens et péripatéticiens d'où sont dérivées la plupart de nos connaissances, et ces manuels répètent simplement Aristote. Zeller a montré dans une note [1] que ce serait un anachronisme de rapporter aux débuts de la spéculation le subtil usage qu'Aristote fait de ce mot. Pour Anaximandre, le mot ἀρχή ne pouvait signifier que « commencement », et ce que les premiers cosmologistes cherchaient, c'était beaucoup plus qu'un commencement, c'était le fond *éternel* de toutes choses.

Une très importante conclusion découle de l'exposé que nous venons de faire de la signification du mot φύσις, à savoir que ce qui intéressait réellement les philosophes ioniens, c'était la recherche de la substance primordiale. Si leur unique objet avait été, comme le soutenait Teichmüller, l'explication des phénomènes célestes et météorologiques, leurs investigations n'auraient pas été appelées περὶ φύσεως ἱστορίη [2], mais plutôt περὶ οὐρανοῦ ou περὶ μετεώρων. Et nous trouvons confirmation de ce fait en étudiant la manière dont se développa la cosmologie grecque. La pensée commune que l'on peut suivre à la trace à travers les représentants successifs d'une école est toujours celle qui concerne la substance primordiale, tandis que les théories astronomiques ou autres sont en général individuelles aux penseurs. Assurément, Teichmüller a rendu un bon service en protestant contre ceux qui exposaient ces théories

---

[1] Zeller, p. 217, n. 2. Voir plus loin, chap. I, p. 57, n. 1.

[2] Nous avons, pour leur donner ce nom, l'autorité de Platon. Cf. *Phédon*, 96 a 7 : ταύτης τῆς σοφίας ἣν δὴ καλοῦσι περὶ φύσεως ἱστορίαν. Ainsi, dans le fragment d'Euripide que nous avons cité plus haut (p. 2, n. 2), l'homme qui sait voir « l'ordre toujours jeune de l'immortelle φύσις » est celui ὅστις τῆς ἱστορίας ἔσχε μάθησιν.

comme de simples curiosités isolées. Elles forment, au contraire, des systèmes cohérents, et qui doivent être tenus pour des touts. Mais il n'en est pas moins vrai que la philosophie grecque commença — comme elle finit — par la recherche de ce qu'il y a d'immuable dans le flux des choses.

VIII. — Mouvement et Repos.

Mais comment rendre à la nature la vie dont elle avait été dépouillée par le progrès de la connaissance? Simplement en transférant à la chose unique, dont toutes les autres ne sont que des formes passagères, cette vie que l'on avait jusqu'alors supposé résider dans chacune des choses particulières. Dès lors, le processus de la naissance, de la croissance et de la destruction pouvait être regardé comme l'activité incessante de la seule et dernière réalité. Aristote et ses successeurs exprimèrent cela en disant que les premiers cosmologistes croyaient à un « éternel mouvement », et en somme cela est vrai, bien que, selon toute probabilité, ils n'aient jamais rien dit, dans leurs écrits, de l'éternel mouvement. Il est plus probable qu'ils le prenaient simplement pour donné. Dans les temps primitifs, ce n'est pas le mouvement, mais le repos qui demande à être expliqué, et nous pouvons être sûrs que l'éternité du mouvement ne fut pas affirmée avant d'avoir été niée. Comme nous le verrons, ce fut Parménide qui la nia le premier. L'idée d'une seule substance dernière, une fois arrivée à son complet développement, ne semblait laisser aucune place au mouvement; et après l'époque de Parménide, nous voyons que les philosophes se préoccupaient de montrer comment il avait commencé. Au premier abord, cela ne semblait demander aucune explication du tout.

Les écrivains modernes donnent parfois à cette façon de penser le nom d'hylozoïsme, mais ce terme risque d'induire en erreur. Il suggère des théories qui dénient à la vie et à l'esprit une réalité indépendante, tandis que, à l'époque de Thalès, et même beaucoup plus tard, la distinction entre la matière et l'esprit n'avait pas encore été sentie, et encore moins formulée de façon à pouvoir être déniée. La réalité incréée et indestructible dont nous parlent ces penseurs, était un corps ou même une matière, si l'on préfère l'appeler ainsi ; mais ce n'était pas une matière dans le sens auquel la matière est opposée à l'esprit.

IX. — Effondrement de la conception primitive du monde.

Nous avons indiqué les principales caractéristiques de la conception primitive du monde, et nous avons esquissé, dans ses contours généraux, la vue qui la remplaça ; nous devons maintenant considérer les causes qui conduisirent à l'effondrement de l'une et à l'avènement de l'autre. Au premier rang de celles-ci se trouvait sans aucun doute l'élargissement de l'horizon hellénique, dû à la grande extension des entreprises maritimes qui suivit le déclin de la suprématie navale des Phéniciens. La scène des vieilles histoires avait été, dans la règle, placée juste au delà des limites du monde connu aux hommes qui y croyaient. Odysseus ne se rencontre pas avec Circé, avec les Cyclopes ou avec les Sirènes, dans les parages familiers de la mer Égée, mais dans des régions situées au delà des regards des Grecs, à l'époque où fut composée l'*Odyssée*. Or, maintenant, l'Occident commençait à être familier, lui aussi, et l'imagination des explorateurs grecs les conduisait à identifier les pays qu'ils découvraient avec les lieux où avait abordé, dans ses voyages, le héros du conte de fées national. On s'aperçut bientôt que les êtres monstrueux dont parlaient les poètes ne s'y rencontraient plus, et la croyance s'établit qu'ils ne s'y étaient jamais rencontrés du tout. Les Milésiens, eux aussi, avaient fondé des colonies tout autour de l'Euxin. Les colons étaient partis l'esprit plein de l'Ἀργὼ πᾶσι μέλουσα, et, à l'époque même où ils baptisaient Hospitalière la mer autrefois qualifiée d'Inhospitalière, ils localisaient la « lointaine contrée » (αἶα) du conte primitif, et faisaient chercher la toison d'or à Colchis par Jason. Mais surtout, les Phocéens avaient exploré la Méditerranée jusqu'aux colonnes d'Héraclès[1], et les esprits des hommes apprirent que les « sentiers sans fin » de la mer avaient des limites avec autant d'émotion, sans doute, que devait leur en procurer, vingt siècles plus tard, la découverte de l'Amérique. Un seul exemple illustrera le processus qui allait se répétant. Selon la vue primitive, le ciel était supporté par un géant nommé Atlas. Personne ne l'avait jamais vu, quoiqu'il fût supposé vivre en Arcadie. Les explorateurs phocéens l'identifièrent avec une montagne d'Afrique, encapuchonnée de nuages, et dès lors l'ancienne croyance était à jamais condamnée. Il était impossible de continuer à croire à un dieu qui était aussi une montagne, convenablement située pour que le trafiquant dirigeât sur elle son vaisseau quand il faisait voile pour Tarshish, en quête d'argent.

X. — Prétendue origine orientale de la philosophie.

Mais la question de beaucoup la plus importante que nous ayons à envisager est celle de savoir quelle a été la nature et l'étendue de l'influence exercée sur l'esprit grec par ce que l'on appelle la sagesse orientale. C'est une idée répandue encore maintenant que les Grecs ont dérivé en une certaine mesure leur philosophie de l'Egypte et de Babylone, et nous devons, par conséquent, essayer de comprendre aussi clairement que possible la portée réelle de cette affirmation. Et, pour commencer, nous devons observer qu'aucun écrivain de l'époque durant laquelle la philosophie grecque fleurit ne dit qu'elle soit venue de l'Orient.

[1] Hérodote, I, 163.

Hérodote n'aurait pas manqué de mentionner ce fait s'il en avait entendu parler, car il y eût trouvé confirmation de sa propre croyance en l'origine égyptienne de la religion et de la civilisation helléniques[1]. Platon, qui, pour d'autres motifs, avait un très grand respect pour les Egyptiens, donne clairement à entendre que c'était un peuple pratique plutôt que philosophe[2]. Aristote ne fait naître en Egypte que les mathématiques[3] (point sur lequel nous reviendrons), bien que cela eût bien mieux servi son raisonnement de mentionner une philosophie égyptienne. C'est donc qu'il n'en connaissait point. Ce n'est qu'à une date bien postérieure, quand les prêtres égyptiens et les Juifs d'Alexandrie s'efforcent à l'envi de découvrir dans leur propre passé les sources de la philosophie grecque, que nous trouvons des déclarations précises à l'effet de prouver qu'elle vient de Phénicie ou d'Egypte. Ici, toutefois, nous devons noter soigneusement deux choses. En premier lieu, le mot « philosophie » en était venu, en ce temps-là, à inclure une théologie d'un type plus ou moins mystique, et était même appliqué à des formes variées d'ascétisme[4]. En second lieu, ce qu'on appelle philosophie égyptienne ne fut que le résultat de la transformation de mythes primitifs en allégories. Nous sommes encore en mesure de juger par nous-mêmes de l'interprétation que

---

[1] Tout ce qu'il sait dire, c'est que le culte de Dionysos et la doctrine de la transmigration vinrent d'Egypte (II, 49, 123). Nous verrons que ces affirmations sont inexactes tant l'une que l'autre ; mais, même dans le cas contraire, cela n'impliquerait aucune conséquence directe pour la philosophie.

[2] Dans la *République*, 435 e, il déclare que τὸ θυμοειδές est la caractéristique des Thraces et des Scythes, et τὸ φιλομαθές celle des Hellènes, et dit que l'on trouve τὸ φιλοχρήματον en Phénicie et en Egypte. Dans les *Lois*, où les Egyptiens sont si vivement loués de leur conservatisme en matière d'art, il dit (747 b, 6) que les études mathématiques n'ont de valeur que si l'on éloigne toute ἀνελευθερία et toute φιλοχρηματία des âmes des étudiants. Autrement, on produit πανουργία au lieu de σοφία, comme on peut le voir par l'exemple des Phéniciens, des Egyptiens et de plusieurs autres peuples.

[3] Arist., *Métaph.*, A, 1, 981 b, 23.

[4] Voir Zeller, p. 3, n. 2. Philon applique le terme de πάτριος φιλοσοφία à la théologie des Esséniens et des Thérapeutes.

faisait Philon de l'*Ancien Testament*, et nous pouvons être certains que les allégoristes égyptiens étaient encore plus arbitraires, car ils travaillaient sur des matériaux beaucoup moins favorables. Rien ne peut être plus grossier que le mythe d'Isis et d'Osiris[1]; cependant, il est d'abord interprété conformément aux idées de la philosophie grecque postérieure, et ensuite déclaré source originelle de cette philosophie.

On peut dire que cette méthode d'interprétation a atteint son point culminant chez le néo-pythagoricien Nouménios, de qui elle passa aux apologistes chrétiens. C'est Nouménios qui demande ce qu'est Platon « sinon un Moïse atticisant[2] ». Il semble probable, en vérité, qu'il songeait, en disant cela, à certaines ressemblances marquées entre les *Lois* de Platon et le code lévitique, ressemblances dues au fait que certaines idées légales primitives sont modifiées dans les unes comme dans l'autre d'une manière analogue; mais, dans tous les cas, Clément et Eusèbe donnent à cette remarque une application beaucoup plus étendue[3]. A la Renaissance, cette absurde confusion renaquit avec tout le reste, et certaines idées dérivées de la *Praeparatio Evangelica* continuèrent pendant longtemps à donner une apparence de vérité aux vues acceptées sur ce point. Cudworth lui-même parle avec complaisance de l'ancienne « Moschical or Mosaical philosophy », enseignée par Thalès et par Pythagore[4]. Il est important de se rendre exactement compte de

---

[1] Sur ce point, voir Lang, *Mythes, Cultes et Religions*, p. 425 sq.

[2] Nouménios, fr. 13, Theod. (R. P. 624). Τί γάρ ἐστι Πλάτων ἢ Μωυσῆς ἀττικίζων;

[3] Clément (*Strom*, I, p. 8, 5 Stählin) appelle Platon ὁ ἐξ Ἑβραίων φιλόσοφος.

[4] Strabon (XVI, p. 757), nous apprend que ce fut Posidonius qui introduisit Mochos de Sidon dans l'histoire de la philosophie. C'est à lui que Posidonius attribue la théorie atomique. Mais l'identification de Mochos avec Moïse est un tour de force plus récent. Philon de Byblos publia la prétendue traduction d'une ancienne histoire phénicienne de Sanchuniathon, qui fut utilisée par Porphyre et, plus tard, par Eusèbe. Comment tout cela fut connu dans la suite, nous le voyons par le discours de l'étranger dans le *Vicaire de Wakefield*, chap. XIV.

cette prévention si profondément enracinée contre l'originalité des Grecs. Elle n'a pas sa source dans les recherches modernes sur les croyances des peuples anciens, car ces recherches n'ont absolument rien mis au jour qui prouve l'existence d'une philosophie phénicienne ou égyptienne. C'est tout simplement un résidu de la passion des Alexandrins pour l'allégorie.

Personne, naturellement, ne se fonderait aujourd'hui sur Clément ou sur Eusèbe pour soutenir que la philosophie grecque est d'origine orientale ; l'argument que les modernes aiment à invoquer à cet effet, c'est l'analogie des arts et de la religion. Nous voyons, de plus en plus, dit-on, que les Grecs dérivèrent de l'Orient leur art et nombre de leurs idées religieuses, et l'on allègue qu'ils en dérivèrent aussi, selon toute probabilité, leur philosophie. Le raisonnement est spécieux, mais il n'est pas le moins du monde concluant. Car il ne tient aucun compte de la façon essentiellement différente dont ces choses se transmettent de peuple à peuple. La civilisation matérielle et les arts peuvent passer facilement d'un peuple à l'autre, sans que ces peuples aient un langage commun, et certaines idées religieuses simples peuvent se communiquer par le rituel mieux que par n'importe quelle autre voie. En revanche, la philosophie ne saurait s'exprimer autrement que dans un langage abstrait, et être transmise que par des hommes instruits, soit par le moyen des livres, soit par l'enseignement oral. Or, nous ne connaissons aucun Grec, à l'époque dont nous nous occupons, qui ait su assez bien quelque langue orientale pour lire un livre égyptien ou même pour écouter le discours d'un prêtre égyptien, et ce n'est qu'à une date bien postérieure que nous entendons parler de maîtres orientaux écrivant ou parlant le grec. Les voyageurs grecs en Egypte y recueillirent sans aucun doute quelques mots d'égyptien, et il est certain que les prêtres pouvaient se faire comprendre des Grecs d'une manière ou de l'autre. Ils furent capables de réprimander Hécatée de son orgueil de famille, et Platon raconte une histoire du même genre au commencement du *Timée*[1]. Mais ils durent faire usage d'interprètes, et il est impossible de concevoir comment des idées philosophiques auraient été communiquées par l'intermédiaire de drogmans sans instruction [2].

Mais, vraiment, il ne vaut pas la peine de se demander si la communication d'idées philosophiques était possible ou non, tant qu'il n'est pas établi que l'un ou l'autre de ces peuples avait une philosophie à communiquer. Rien de pareil n'a été découvert jusqu'ici et, à notre connaissance, les Hindous ont été le seul peuple, à côté des Grecs, qui ait jamais eu une chose digne de ce nom. Or personne n'insinuera que la philosophie grecque soit venue de l'Inde, et en vérité tout porte à croire que c'est la philosophie hindoue qui est venue de la Grèce. La chronologie de la littérature sanscrite est chose extrêmement difficile ; mais, autant que nous en pouvons juger, les grands systèmes hindous sont postérieurs aux philosophies grecques auxquelles ils ressemblent le plus. Naturellement, le mysticisme des Upanishads et du Bouddhisme sont sortis du sol même de l'Inde, et ils ont profondément influencé la philosophie, mais ils n'étaient pas eux-mêmes des philosophies au sens précis du mot [3].

[1] Hérodote, II, 143; Platon, *Timée*, 22 b, 3.
[2] L'« indigène » de Gomperz (*Penseurs de la Grèce*, I, 104), qui discute la sagesse de son peuple avec son seigneur grec, ne me convainc pas non plus. Elle enseignait sans doute à ses servantes les rites de déesses étrangères, mais il n'est pas probable qu'elle parlât théologie avec son mari, et encore moins philosophie ou science. L'emploi du babylonien comme langue internationale rend compte du fait que les Egyptiens savaient quelque chose de l'astronomie babylonienne, mais il n'explique nullement comment les Grecs pouvaient communiquer avec les Egyptiens. Il est évident que les Grecs ne savaient rien de cette langue internationale, car s'ils en avaient eu connaissance, c'est une chose dont ils eussent parlé avec intérêt. Dans les temps anciens, ils peuvent l'avoir rencontrée dans l'île de Chypre, mais ils l'avaient sans doute oubliée.
[3] Sur la possibilité que la philosophie hindoue soit venue de la Grèce, voir Weber, *Die Griechen in Indien* (*Berl. Sitzungsber.*, 1890, p. 901 sq.) et Goblet d'Alviella, *Ce que l'Inde doit à la Grèce*. Paris, 1897.

XI. — Les Mathématiques égyptiennes.

Ce serait cependant tout autre chose de dire que la philosophie se développa tout à fait indépendamment des influences orientales. Les Grecs eux-mêmes croyaient que leur mathématique était d'origine égyptienne, et ils ont sans doute aussi connu quelque chose de l'astronomie babylonienne. Ce ne peut pas être par un simple accident que la philosophie prit naissance en Ionie juste au moment où les relations avec ces deux pays étaient le plus faciles, et il est significatif que l'homme même qui, à ce que l'on dit, introduisit d'Egypte la géométrie, est aussi regardé comme le premier des philosophes. Il est donc de toute importance pour nous de nous rendre compte, si nous le pouvons, de ce qu'étaient les mathématiques égyptiennes. Nous verrons que, dans ce domaine également, les Grecs furent réellement originaux.

Un papyrus de la collection Rhind, au British Museum, nous donne un renseignement instructif sur la manière dont on concevait l'arithmétique et la géométrie sur les rives du Nil. C'est l'œuvre d'un certain Aahmes, et elle renferme des règles de calcul dans ces deux sciences. Les problèmes d'arithmétique portent, pour la plupart, sur des mesures de grain et de fruits; il s'agit, en général, de diviser un nombre donné de mesures entre un nombre donné de personnes, de savoir combien de pains ou de jarres de bière contiendront certaines mesures, et quels sont les salaires dus aux ouvriers pour une certaine somme de travail. Cela correspond exactement, en fait, à la description que Platon nous a donnée de l'arithmétique égyptienne dans les *Lois*, où il nous dit que les enfants apprenaient en même temps que leurs lettres à résoudre des questions relatives à la distribution de pommes et de couronnes à des nombres plus ou moins grands d'individus, à l'appariement de lutteurs et de boxeurs, etc.¹. C'est là, évidemment, l'origine de l'art que les Grecs appelaient λογιστική, et qu'ils empruntèrent, à n'en pas douter, à l'Egypte ; mais on y chercherait en vain trace de ce qu'ils nommèrent ἀριθμητική, ou étude scientifique des nombres.

La géométrie du papyrus Rhind offre pareillement un caractère utilitaire, et Hérodote est évidemment bien plus près de la vérité quand il nous dit que la géométrie égyptienne eut pour origine la nécessité de remesurer les champs après les inondations, qu'Aristote quand il prétend qu'elle fut un fruit du loisir dont jouissait la caste sacerdotale ². Nous voyons, en effet, que les règles données pour calculer les surfaces ne sont exactes que si celles-ci sont rectangulaires. Comme les champs le sont généralement plus ou moins, cela devait suffire dans la pratique. La règle pour trouver ce qu'on appelle le *seqt* d'une pyramide est pourtant d'un niveau plus élevé qu'on ne s'y attendait ; car les angles des pyramides égyptiennes sont égaux en fait, et il doit y avoir eu quelque méthode pour obtenir ce résultat. Le problème revient à ceci. Etant donnée la « longueur à travers le sol du pied », c'est-à-dire la diagonale de la base, et le *piremus* ou arête, trouver un nombre qui représente le rapport entre ces deux quantités. Ce nombre s'obtient en divisant la moitié de la diagonale de la base par la hauteur, et il est évident qu'une telle méthode pouvait très bien être découverte empiriquement. C'est, semble-t-il, un anachronisme de parler de trigonométrie élémentaire à propos d'une règle comme celle-là, et rien ne fait supposer que les Egyptiens soient allés plus loin ³. Il

---

¹ Platon, *Lois*, 819 b, 4 : μήλων τέ τινων διανομαὶ καὶ στεφάνων πλείοσιν ἅμα καὶ ἐλάττοσιν ἁρμοττόντων ἀριθμῶν τῶν αὐτῶν, καὶ πυκτῶν καὶ παλαιστῶν ἐφεδρείας τε καὶ συλλήξεως ἐν μέρει καὶ ἐφεξῆς καὶ ὡς πεφύκασι γίγνεσθαι· καὶ δὴ καὶ παίζοντες, φιάλας ἅμα χρυσοῦ καὶ χαλκοῦ καὶ ἀργύρου καὶ τοιούτων τινῶν ἄλλων κεραννύντες, οἱ δὲ καὶ ὅλας πως διαδιδόντες. Ce passage implique, par son contexte, qu'on ne pouvait rien apprendre de plus que cela en Egypte.

² Herod., II, 109 ; Arist., *Met.*, A. 1, 981 b, 23.

³ Pour un exposé plus complet de cette méthode, voir Gow, *Short History of Greek Mathematics*, p. 127 sq., et Milhaud, *Science grecque*, p. 99.

est extrêmement probable, comme nous le verrons, que les Grecs apprirent cela d'eux, mais, comme nous le verrons aussi, à partir d'une période relativement ancienne, ils le généralisèrent de façon à s'en servir pour mesurer les distances d'objets inaccessibles, par exemple de vaisseaux sur la mer. Ce fut probablement cette généralisation qui suggéra l'idée de la science géométrique, laquelle fut en réalité la création des Pythagoriciens, et une remarque qui nous a été conservée de Démocrite nous fait voir combien les Grecs surpassèrent bientôt leurs maîtres. Il dit (frg. 299 D) : « J'ai entendu les discours de beaucoup d'hommes instruits ; personne encore ne m'a surpassé dans la construction de figures au moyen de lignes, accompagnées de preuves, pas même les *harpedonapts* égyptiens, comme on les appelle[1]. » Or, le mot ἁρπεδονάπτης n'est pas égyptien, mais grec. Il signifie « noueur de cordes[2] », et, par une frappante coïncidence, le plus ancien traité de géométrie hindou s'appelle *Çulvasutras* ou « règles de la corde ». Cela fait supposer qu'on se servait du triangle dont les côtés mesurent trois, quatre et cinq unités, et qui a toujours un angle droit. Nous savons que ce triangle était employé à une date déjà ancienne chez les Chinois et les Hindous, qui le reçurent sans aucun doute de Babylone, et nous verrons que Thalès en apprit probablement l'usage en Egypte[3]. Il n'y a aucune raison quelconque de supposer que l'un ou l'autre de ces peuples ait pris la peine de donner une démonstration théorique de ses propriétés, quoique Démocrite eût certainement été capable de le faire. Pour finir, nous devons noter le fait hautement significatif que tous les termes mathématiques sont d'origine purement grecque[4].

---

[1] R. P. 188.

[2] Le sens exact de ἁρπεδονάπτης a été déterminé en premier lieu par Cantor. Le jardinier traçant un parterre de fleurs est la vraie image moderne des « harpedonapts ».

[3] Voir Milhaud, *Science grecque*, p. 103.

[4] On a souvent supposé que le mot πυραμίς était dérivé du mot *piremus*, employé dans le papyrus Rhind, et qui ne signifie pas « pyramide », mais

XII. — L'ASTRONOMIE BABYLONIENNE.

La seconde source d'où les Ioniens tirèrent directement ou indirectement des matériaux pour leur cosmologie, est l'astronomie babylonienne. Sans aucun doute, les Babyloniens avaient, à partir d'une date très reculée, enregistré tous les phénomènes célestes, notamment les éclipses. Ils avaient aussi étudié les mouvements des planètes et déterminé les signes du zodiaque. Ils étaient, de plus, en mesure de prédire avec une remarquable exactitude les phénomènes qu'ils avaient observés, au moyen de cycles basés sur les observations enregistrées. Je ne puis voir aucune raison de douter qu'ils eussent remarqué le phénomène de la précession des équinoxes. En vérité, il n'est guère possible qu'ils ne l'aient pas constaté, car leurs observations remontaient à tant de siècles en arrière que l'effet devait en être tout à fait appréciable. Nous savons qu'à une date postérieure, Ptolémée évaluait la précession des équinoxes à un degré en cent ans, et il est extrêmement probable que c'est là justement la valeur babylonienne. En tous cas, elle s'accorde très bien avec leur division du cercle céleste en 360 degrés, et permet de considérer un siècle comme un jour dans la « grande année », conception que nous rencontrerons plus loin [1].

« arête ». Ce n'en est pas moins aussi, en réalité, un mot grec, et c'est le nom d'une espèce de gâteau. Les Grecs appelaient les crocodiles *lézards*, les autruches *moineaux*, et les obélisques *broches*, de sorte qu'ils peuvent bien avoir appelé *gâteaux* les pyramides. Il nous semble entendre un écho du jargon des mercenaires qui gravèrent leurs noms sur le colosse d'Abu-Simbel.

[1] Trois positions différentes de l'équinoxe sont données dans trois tablettes babyloniennes différentes, à savoir 10° ; 8° 15' et 8° 0' 30'' du Bélier. (Kugler, *Mondrechnung*, p. 103 ; Ginzel, *Klio*, I, p. 205.) Etant donnée une connaissance de cette nature, et l'habitude de formuler les retours des phénomènes en cycles, il n'est guère concevable que les Babyloniens n'aient pas imaginé un cycle pour les précessions. Il est également compréhensible qu'ils n'aient atteint qu'une grossière

Nous verrons que Thalès connut probablement le cycle sur lequel se fondaient les Babyloniens pour prédire les éclipses (§ 3) ; mais ce serait une erreur de supposer que les pionniers de la science grecque avaient une connaissance détaillée de l'astronomie babylonienne. Les noms des planètes ne furent pas connus avant l'époque de Platon[1], et les observations enregistrées ne furent pas utilisées avant celle des Alexandrins. Mais, même s'ils l'avaient connue, leur originalité subsisterait. Les Babyloniens étudièrent et notèrent les phénomènes célestes, non pas par intérêt scientifique, mais pour en tirer des conclusions astrologiques. Il n'est pas prouvé du tout que les observations accumulées par eux leur aient jamais suggéré le moindre doute sur la vue primitive du monde, ou qu'ils aient essayé, si ce n'est de la manière la plus grossière, de se rendre compte de ce qu'ils voyaient. Les Grecs, au contraire, bien que ne disposant que d'un nombre bien inférieur de données, firent au moins trois découvertes d'une importance capitale dans le cours de deux ou trois générations. En premier lieu, ils découvrirent que la terre est une sphère, et qu'elle ne repose sur rien du tout. En second lieu, ils découvrirent la théorie vraie des éclipses de lune et de soleil, et, en rapport étroit avec ce fait, ils en vinrent à

---

approximation, car la période de la précession est en réalité d'environ 27 600 ans et non de 36 000. Il y a lieu de remarquer que « l'année parfaite » de Platon est aussi de 36 000 années solaires (*République*, édit. Adam, vol. II, p. 302), et qu'elle est probablement en rapport avec la précession des équinoxes. (Cf. *Tim.*, 39 d, passage qui ne s'interprète facilement que si on le rapporte à la précession.) Cette hypothèse quant à l'origine de la « grande année », a été émise par M. Adam (op. cit., p. 305) et est maintenant confirmée par Hilprecht, *The Babylonian Expedition of the University of Pensylvania* (Philadelphia, 1906).

[1] Dans la littérature grecque classique, aucune planète n'est nommée par son nom, excepté Ἕσπερος et Ἑωσφόρος. Parménide (ou Pythagore) fut le premier à voir qu'elles ne constituaient qu'un seul astre (§ 93). Mercure apparait pour la première fois sous son nom dans le *Timée*, 38 e, et les autres noms de dieux sont donnés dans l'*Epin.* 987 b sq., où ils sont dits être « syriens ». Les noms grecs Φαίνων, Φαέθων, Πυρόεις Φωσφόρος, Στίλβων, sont peut-être plus vieux, mais cela ne peut être prouvé.

voir, en troisième lieu, que la terre n'est pas le centre de notre système, mais qu'elle y accomplit une révolution comme les autres planètes. Pas beaucoup plus tard, certains Grecs firent même — ou du moins tentèrent — le pas final, consistant à identifier avec le soleil le centre autour duquel se meuvent la terre et les planètes. Ces découvertes seront discutées quand le moment en sera venu; nous ne les mentionnons ici que pour montrer l'abîme qui sépare l'astronomie grecque de tout ce qui l'avait précédée. Pour faire ces découvertes, les Babyloniens eurent à leur disposition autant de milliers d'années que les Grecs eurent de siècles, et il ne semble pas qu'ils aient jamais songé à une seule d'entre elles. L'originalité des Grecs ne peut être sérieusement mise en question tant qu'on ne pourra pas montrer que les Babyloniens avaient une idée — même incorrecte — de ce que nous appelons le système solaire.

Nous pouvons résumer tout cela en disant que les Grecs n'empruntèrent à l'Orient ni leur philosophie ni leur science. Toutefois, ils reçurent de l'Egypte certaines règles de mensuration qui, généralisées, donnèrent naissance à la géométrie, et ils apprirent des Babyloniens que les phénomènes célestes se reproduisent suivant certains cycles, avec la plus grande régularité. Ce fragment de connaissance contribua grandement, on n'en saurait douter, à l'avancement de la science, car il suggéra aux Grecs de nouvelles questions auxquelles les Babyloniens n'avaient jamais songé [1].

---

[1] L'exposé de Platon sur cette question se trouve dans l'*Epinomis*, 986 e 9 sq., et est résumé en ces mots : λάβωμεν δὲ ὡς ὅτιπερ ἂν Ἕλληνες βαρβάρων παραλάβωσι, κάλλιον τοῦτο εἰς τέλος ἀπεργάζονται (987 d 9). Théon (Adrastos) a bien vu le nœud de la question, *Exp.*, p. 177, 20, Hiller, lequel parle des Chaldéens et des Egyptiens comme ἄνευ φυσιολογίας ἀτελεῖς ποιούμενοι τὰς μεθόδους· δέον ἅμα καὶ φυσικῶς περὶ τούτων ἐπισκοπεῖν· ὅπερ οἱ παρὰ τοῖς Ἕλλησιν ἀστρολογήσαντες ἐπειρῶντο ποιεῖν, τὰς παρὰ τούτων λαβόντες ἀρχὰς καὶ τῶν φαινομένων τηρήσεις. Ce dernier passage est important en ce qu'il représente l'opinion courante à Alexandrie, à l'époque où les faits étaient exactement connus.

XIII. — Le Caractère scientifique de l'ancienne Cosmologie grecque.

Il est nécessaire de dire quelque chose de la valeur scientifique de la philosophie que nous allons étudier. Nous venons de voir que les peuples orientaux étaient, à l'époque dont nous nous occupons, infiniment plus riches que les Grecs en faits accumulés, mais que ces faits n'avaient certainement pas été observés dans une intention scientifique, et que leur possession ne suggéra jamais une révision de la vue primitive du monde. Les Grecs, au contraire, virent que ces faits pouvaient être mis à profit, et ils n'étaient pas peuple à tarder de mettre en pratique la maxime : « Chacun prend son bien où il le trouve. » Le monument le plus frappant de cet esprit qui soit parvenu jusqu'à nous est l'œuvre d'Hérodote ; et la visite qu'il nous raconte de Solon à Crésus — si peu historique qu'elle puisse être, — nous en donne une peinture très vivante et très fidèle. Crésus dit à Solon qu'il a beaucoup entendu parler « de sa sagesse et de ses voyages »; de tous les voyages que, par besoin de connaissance (φιλοσοφέων), il a entrepris dans beaucoup de pays pour voir ce qui était digne d'être vu (θεωρίης εἵνεκεν). Les mots θεωρίη, φιλοσοφίη et ἱστορίη sont, en fait, les mots d'ordre de l'époque, quoiqu'ils eussent, ne l'oublions pas, un sens un peu différent de celui qu'ils devaient avoir plus tard à Athènes [1]. L'idée qui leur est commune à tous ne saurait peut-être être mieux rendue en français que par le mot *curiosité*, et c'est justement ce grand don de curiosité, ce désir de voir toutes les choses merveilleuses — pyramides, inondations, etc. — qui rendit les Grecs capables de ramas-

---

[1] Cependant, le mot θεωρία n'a jamais entièrement perdu ses primitives associations d'idées, et les Grecs sentaient toujours que le θεωρητικὸς βίος était littéralement la « vie du spectateur ». Son emploi spécial et toute la théorie des « trois vies » paraissent être d'origine pythagoricienne. Voir mon édition de la *Morale* d'Aristote, p 19, note.

ser et de faire servir à leur usage toutes les bribes de connaissance qu'ils rencontraient parmi les barbares. Un philosophe grec n'avait pas plus tôt appris une demi-douzaine de propositions géométriques, et entendu dire que les phénomènes célestes reviennent périodiquement, qu'il se mettait à chercher partout des lois dans la nature et, avec une audace splendide, touchant presque à l'ὕβρις, à construire un système de l'univers. Sourions, si nous voulons, du curieux mélange d'imagination enfantine et de véritable esprit scientifique dont témoignent ces efforts, et laissons-nous aller parfois à prendre parti pour les sages du jour qui avertissaient leurs trop hardis contemporains « de ne pas élever leurs pensées au-dessus de la condition humaine » (ἀνθρώπινα φρονεῖν). Mais nous ferons bien de nous souvenir en même temps que, même de nos jours, ce sont justement ces anticipations audacieuses sur l'expérience qui rendent le progrès scientifique possible, et que presque tous les anciens investigateurs que nous allons étudier firent quelque addition durable au trésor de la connaissance positive, tout en ouvrant dans chaque direction de nouvelles vues sur le monde.

On ne saurait justifier non plus l'idée que la science grecque n'a dû le jour qu'à un hasard plus ou moins heureux, et non pas à l'observation et à l'expérience. La nature de notre tradition, qui consiste essentiellement en *placita* — c'est-à-dire en ce que nous appelons « résultats » — tend, sans doute, à créer cette impression. Il est rare qu'on nous dise pourquoi un ancien philosophe avait telle ou telle vue, et l'aspect d'une chaîne d'« opinions » suggère le dogmatisme. Il y a cependant certaines exceptions au caractère général de la tradition, et il n'est pas déraisonnable de supposer que si les Grecs de l'époque postérieure avaient eu intérêt en la matière, ces exceptions seraient beaucoup plus nombreuses. Nous verrons qu'Anaximandre fit, dans le domaine de la biologie marine, plusieurs remarquables découvertes que les recherches du XIXe siècle ont pleinement confirmées (§ 21), et que Xénophane lui-même prenait pour point de départ d'une de ses théories les fossiles et les pétrifications trouvés en des lieux très éloignés les uns des autres, Malte, Paros et Syracuse (§ 59). Cela suffit pour montrer que la théorie, si communément soutenue par les premiers philosophes, que la terre était primitivement recouverte d'eau, n'était pas d'origine mythologique, mais qu'elle était basée ou, dans tous les cas, confirmée par des observations biologiques et paléontologiques d'un type tout à fait moderne et scientifique. Il serait à coup sûr absurde de s'imaginer que les hommes qui pouvaient faire ces observations n'eurent pas la curiosité ou l'habileté d'en faire nombre d'autres dont le souvenir s'est perdu. En vérité, l'idée que les Grecs n'étaient pas observateurs est presque ridiculement fausse, comme le prouvent deux simples considérations. L'exactitude anatomique de la sculpture grecque témoigne d'un sens de l'observation très exercé et de l'ordre le plus élevé, tandis que la fixation des saisons par le lever et le coucher héliaque des étoiles dénote une connaissance des phénomènes célestes qui n'est nullement commune de nos jours[1]. Nous savons ensuite que les Grecs étaient bons observateurs dans les matières touchant à l'agriculture, à la navigation et aux arts, et nous savons qu'ils étaient curieux des choses de l'univers. Est-il concevable qu'ils n'aient pas usé de leurs facultés d'observation pour satisfaire cette curiosité? Il est vrai, sans doute, qu'ils n'avaient pas nos instruments de précision, mais un grand nombre de découvertes pouvaient être faites au moyen d'appareils très simples. Il n'est pas à supposer qu'Anaximandre construisit son *gnomon* uniquement pour que les Spartiates pussent se rendre compte des saisons[2].

---

[1] Ces deux points sont justement mis en relief par Staigmüller, *Beiträge zur Gesch. der Naturwissenschaften im klassischen Alterthume* (Progr. Stuttgart, 1899, p. 8).

[2] Le gnomon n'était pas un cadran solaire, mais une tige dressée verticalement sur une surface plane, au milieu de trois cercles concentriques. Ces cercles étaient disposés de telle manière que l'extrémité

Il n'est d'ailleurs pas vrai que les Grecs ne fissent aucun usage de l'expérience. La méthode expérimentale date de l'époque où les écoles médicales commencèrent à influencer le développement de la philosophie, et nous voyons que la première expérience d'un type moderne qui ait été enregistrée est celle d'Empédocle, avec la clepsydre. Nous possédons le récit qu'il en fit lui-même (frg. 100) et nous pouvons voir de combien peu il s'en fallut qu'elle ne le fît anticiper à la fois sur Harvey et sur Torricelli. Encore une fois, il est inconcevable qu'un peuple avide de savoir ait appliqué la méthode expérimentale en un seul cas, et ne l'ait pas étendue à l'élucidation d'autres problèmes.

La grande difficulté pour nous réside naturellement dans l'hypothèse géocentrique d'où il était inévitable que la science partît, quoique pour la dépasser en un temps étonnamment court. Aussi longtemps que la terre est supposée être au centre du monde, la météorologie, au sens récent du mot, est nécessairement identifiée avec l'astronomie. Il nous est difficile de nous sentir à notre aise dans ce point de vue, et en réalité nous n'avons pas de terme approprié pour exprimer ce que les Grecs appelèrent d'abord un οὐρανός. Il conviendra d'employer comme équivalent le mot « monde », mais étant bien entendu que ce mot ne désigne pas uniquement, ou même principalement, la terre. Le mot plus récent de κόσμος témoigne du progrès des idées scientifiques. Il a signifié d'abord l'arrangement d'une armée, et ensuite la constitution réglée d'un Etat. C'est de ce domaine qu'il fut transféré au monde, parce que, aux jours les plus anciens, la régularité et la constance de la vie humaine étaient beaucoup plus clairement vues que l'uniformité de la nature. L'homme vivait dans un cercle enchanté de lois et de coutumes, mais, autour de lui, le monde paraissait encore sans lois. Voilà aussi pour-

---

de l'ombre de la tige touchait le cercle intérieur à midi au solstice d'été, le cercle intermédiaire aux équinoxes, et le cercle extérieur au solstice d'hiver. Voir Bretschneider, *Die Geometrie vor Euklid*, p. 60.

quoi, dès qu'on se rendit compte du cours régulier de la nature, on ne put trouver, pour le désigner, de terme meilleur que δίκη. C'est la même métaphore qui vit encore dans l'expression « loi naturelle »[1].

La science du VIe siècle s'intéressait donc principalement aux parties du monde qui sont « en haut » (τὰ μετέωρα), et ces parties comprennent, à côté des corps célestes, des choses telles que les nuages, les arcs-en-ciel et les éclairs. C'est ce qui explique comment les corps célestes en vinrent parfois, ce qui nous paraît étrange, à être tenus pour des nuages enflammés. Mais nous devons nous rendre compte que la science devait commencer et commença légitimement par les hypothèses qui se présentèrent les premières à l'esprit, et que ces hypothèses ne pouvaient se révéler inadéquates qu'à un examen ultérieur et approfondi. C'est justement parce que les Grecs furent le premier peuple à envisager sérieusement l'hypothèse géocentrique qu'ils furent capables de la dépasser. Les pionniers de la pensée grecque ne se faisaient naturellement pas une idée claire de la nature de l'hypothèse scientifique, et ils se figuraient avoir commerce avec l'ultime réalité. Il ne pouvait en être autrement avant la naissance de la logique. En même temps, un sûr instinct les guidait vers la vraie méthode, et nous pouvons voir comment ce fut l'effort pour « sauver les apparences[2] » qui opéra réellement dès le début. C'est donc à ces hommes que nous devons la conception d'une science exacte, qui devait finalement prendre

---

[1] Le mot κόσμος paraît être pythagoricien dans ce sens. Il n'était pas d'usage général, même au commencement du IVe siècle. Xénophon parle de « ce que les sophistes appellent le κόσμος ». (*Mem.* I, 11.) Au sujet de δίκη, voir plus loin, §§ 14, 72.

[2] Cette expression a pris naissance à l'école de Platon. La méthode de recherche qui y était en usage consistait, pour celui qui dirigeait la discussion, à « proposer » (προτείνειν, προβάλλεσθαι) comme un « problème » (πρόβλημα) de trouver l'« hypothèse » la plus simple (τίνων ὑποτεθέντων) par laquelle on pût rendre compte de tous les faits observés (σῴζειν τὰ φαινόμενα). C'est sous sa forme française, « sauver les apparences », que cette expression a pris son sens actuel.

le monde entier pour son objet. Ils s'imaginaient — assez absurdement, sans doute — qu'ils pouvaient réaliser cette science d'un coup. Nous nous abandonnons parfois, de nos jours, à la même illusion ; et cela ne saurait pas plus enlever aux Grecs l'honneur d'avoir été les premiers à distinguer le but véritable, quoique peut-être inaccessible, de la science, qu'il ne pourrait enlever à nos savants l'honneur d'avoir rapproché de nous ce but. Ce qu'ils cherchent encore aujourd'hui, c'est la science telle que l'ont conçue et poursuivie les Grecs.

XIV. — Écoles de Philosophie.

Théophraste, le premier écrivain qui ait traité systématiquement l'histoire de la philosophie grecque [1], représentait les premiers cosmologistes comme vivant dans les rapports de maîtres à élèves et comme membres d'associations régulières. Ce fait a été regardé par beaucoup d'écrivains modernes comme un anachronisme, et quelques-uns ont même nié absolument l'existence d'« écoles » de philosophie. Pareille réaction contre la conception plus ancienne était tout à fait justifiée pour autant qu'elle était dirigée contre les classifications arbitraires telles que les écoles « ioniennes » et « italiennes », tirées des auteurs alexandrins des *Successions*, par l'intermédiaire de Diogène Laërce. Mais les déclarations expresses de Théophraste ne doivent pas être mises de côté sans de sérieux motifs. Et comme ce point est de grande importance, il est nécessaire de l'examiner de plus près avant de nous engager dans notre exposé.

La vue moderne repose en réalité sur une conception erronée de la voie suivant laquelle se développe la civilisation. Dans presque tous les domaines de la vie, nous constatons qu'au début la corporation est tout et que l'individu n'est rien. Les peuples de l'Orient ne dépassèrent guère ce

---

[1] Voir *Appendice*, § 7.

degré de l'évolution; leur science — ou ce qu'ils nous offrent de tel — est anonyme; c'est l'héritage d'une caste ou d'une guilde, et nous voyons encore clairement, dans certains cas, qu'il en était de même autrefois chez les Grecs. La médecine, par exemple, était à l'origine le « mystère » des Asclépiades, et il y a lieu de supposer que tous les artisans (δημιουργοί), parmi lesquels Homère classe les chanteurs (ἀοιδοί) étaient primitivement organisés de semblable manière. Ce qui distingua les Hellènes des autres peuples, c'est qu'à une date relativement ancienne, ces corporations tombèrent sous l'influence d'individualités éminentes, qui leur donnèrent une nouvelle direction et une impulsion nouvelle. C'est sans aucun doute de cette manière, à peu près, que nous devons nous représenter le rapport d'Homère aux Homérides. A une date postérieure, les Asclépiades produisirent Hippocrate, et si nous étions mieux renseignés sur des guildes telles que celles des Daidalides, il est probable que nous constaterions quelque chose d'analogue. Mais cela n'anéantit pas le caractère corporatif du métier; en vérité il en est plutôt accentué. La guilde devient ce que nous appelons une « école », et le disciple prend la place de l'apprenti. C'est là un changement capital. Une guilde fermée, sans autres chefs que ses chefs professionnels, est par essence conservatrice, tandis qu'une bande de disciples attachés à un maître qu'ils révèrent est le plus grand facteur de progrès que le monde connaisse.

Il est certain que les écoles athéniennes postérieures étaient des corporations organisées, dont la plus ancienne, l'Académie, se maintint comme telle pendant à peu près neuf cents ans, et la seule question que nous ayons à trancher est de savoir si c'était là une innovation du IVe siècle avant J.-C., ou plutôt la continuation d'une vieille tradition. Par hasard, nous pouvons nous appuyer sur l'autorité de Platon pour affirmer que les principaux systèmes anciens se transmettaient dans des écoles. Il fait dire à Socrate que les « hommes d'Ephèse » — les Héraclitiens — formaient de son temps [1] un corps considérable, et l'Etranger du *Sophiste* et du *Politique* parle de son école comme encore existant à Elée [2]. Il est aussi question, dans le *Cratyle*, d'« Anaxagoréens » [3], et personne ne peut, cela va de soi, douter que les Pythagoriciens ne formassent une société. En fait, il n'y a guère d'école dont l'existence ne soit attestée par une preuve extérieure des plus sérieuses, si ce n'est celle de Milet, et même en ce qui concerne cette dernière, nous pouvons invoquer un fait significatif. Théophraste parle de philosophes d'une date postérieure comme ayant été « associés de la philosophie d'Anaximène » [4]. Nous verrons aussi, dès le prochain chapitre, qu'il y a en faveur de l'existence d'une école milésienne une évidence interne réellement forte. C'est en partant de ce point de vue, donc, que nous allons maintenant étudier les hommes qui ont créé la science hellène.

[1] *Thl.* 179 e 4 : αὐτοῖς... τοῖς περὶ τὴν Ἔφεσον. Si l'on nie humoristiquement dans ce dialogue que les Héraclitiens eussent des disciples (180 b 8, Ποίοις μαθηταῖς, ὦ δαιμόνιε;) cela implique que c'était là le rapport normal et reconnu.

[2] *Soph.* 242 d 4, τὸ... παρ' ἡμῖν Ἐλεατικὸν ἔθνος. Cf. ib. 216 a 3, ἑταῖρον δὲ τῶν ἀμφὶ Παρμενίδην καὶ Ζήνωνα [ἑταίρων] (où ἑταίρων est probablement interpolé, mais donne le sens exact); 217 a 1, οἱ περὶ τὸν ἐκεῖ τόπον.

[3] *Crat.* 409 b 6, εἴπερ ἀληθῆ οἱ Ἀναξαγόρειοι λέγουσιν.

[4] Cf. chap. VI, § 122, et sur l'ensemble de la question, voir Diels, *Ueber die ältesten Philosophenschulen der Griechen* dans les *Philosophische Aufsätze Eduard Zeller gewidmet* (Leipzig, 1887).

CHAPITRE Iᵉʳ

L'ÉCOLE MILÉSIENNE

I. — Milet et la Lydie.

C'est à Milet que la plus ancienne école de cosmologie scientifique eut son siège. A l'époque où elle fut fondée, les Milésiens étaient dans une situation exceptionnellement favorable aux recherches scientifiques comme aux entreprises commerciales. Ils étaient, il est vrai, entrés en conflit plus d'une fois avec leurs voisins, les Lydiens, dont les souverains s'efforçaient alors d'étendre leur domination jusqu'à la côte; mais, vers la fin du VIIᵉ siècle avant J.-C., Thrasybule, tyran de Milet, avait réussi à signer un arrangement avec le roi Alyatte, et une alliance fut conclue entre eux, qui non seulement sauva, dans le présent, Milet d'un désastre pareil à celui qui frappa Smyrne, mais la garantit de toute inquiétude pour l'avenir. Même un demi-siècle plus tard, lorsque Crésus, reprenant la politique extérieure de son père, déclara la guerre à Ephèse et la prit, Milet fut en mesure de maintenir les anciennes relations découlant du traité, et ne devint jamais, strictement parlant, sujette des Lydiens. Il n'est guère possible de douter que le sentiment de sécurité dû à cette situation exceptionnelle n'ait été pour quelque chose dans le développement de la recherche scientifique. La prospérité matérielle est la base sans laquelle ne sauraient s'accomplir les plus hauts efforts intellectuels, et, à cette époque-là, Milet était en possession de toutes les élégances de la vie à un degré inconnu dans l'Hellade continentale.

Mais ce ne fut pas seulement de cette manière que les relations avec la Lydie favorisèrent le développement de la science à Milet. Ce qu'on appela plus tard *hellénisme* paraît avoir été traditionnel dans la dynastie des Mermnades. Il peut bien y avoir quelque chose de vrai dans cette affirmation d'Hérodote que tous les « sophistes » du temps affluaient à la cour de Sardes [1]. La tradition qui représente Crésus comme ce que nous appellerions le « patron » de la sagesse grecque, était complètement formée au Ve siècle, et si peu historiques qu'en puissent être les détails, il est évident qu'elle n'est pas, de fait, sans avoir quelque fondement. Il faut noter comme particulièrement digne d'attention ce « récit répandu parmi les Grecs », suivant lequel Thalès l'accompagnait dans sa malheureuse campagne contre Pteria, apparemment en qualité d'ingénieur militaire. Hérodote, il est vrai, ne croit pas qu'il ait détourné le cours de l'Halys [2], mais il ne s'inscrit pas en faux contre cette histoire en raison d'une improbabilité a priori, et il est tout à fait clair que ceux qui la racontaient n'éprouvaient aucune difficulté à admettre le rapport qu'elle présuppose entre le philosophe et le roi.

---

[1] Herod. I, 29. Quelques autres points peuvent être relevés en confirmation de ce qui a été dit de l' « hellénisme » des Mermnades. Alyatte eut deux femmes, dont l'une, la mère de Crésus, était Carienne ; l'autre était Ionienne, et il eut d'elle un fils qui reçut le nom grec de Pantaléon (*ib.* 92). Les offrandes de Gygès étaient exposées dans le trésor de Kypsélos à Delphes (*ib.* 14) et celles d'Alyatte étaient une des curiosités de la ville (*ib.* 25). Crésus, lui aussi, fit preuve d'une grande libéralité envers Delphes (*ib.* 50) et envers plusieurs autres sanctuaires grecs (*ib.* 92). Il donna la plupart des colonnes du grand temple d'Éphèse. Mentionnons aussi à ce propos les histoires de Miltiade (VI, 37) et d'Alcméon (*ib.* 125).

[2] Herod. I, 75. Il se refuse à le croire parce qu'il avait entendu parler, probablement par les Grecs de Sinope, de la haute antiquité du pont de la route royale entre Ancyre et Pteria (Ramsay, *Asia Minor*, p. 29). Xanthos rapportait une tradition d'après laquelle ce fut Thalès qui engagea Crésus à monter sur son bûcher seulement quand il sut qu'une averse arrivait.

Il faut ajouter que l'alliance avec la Lydie facilita grandement les relations avec Babylone et l'Egypte. La Lydie était un poste avancé de la civilisation babylonienne, et Crésus vivait en excellents termes tant avec les rois d'Egypte qu'avec ceux de Babylone. Il est digne de remarque, aussi, qu'Amasis d'Egypte avait les mêmes sympathies pour la Grèce que Crésus, et que les Milésiens possédaient un temple à eux, à Naucratis [1].

II. — Son origine.

On ne saurait mettre en doute que le fondateur de l'école milésienne, et par conséquent le premier des cosmologues, n'ait été Thalès [2] ; mais tout ce que l'on peut réellement prétendre savoir de lui nous vient d'Hérodote, et le roman des Sept Sages existait déjà quand il écrivait. Il nous dit tout d'abord que Thalès était d'origine phénicienne, indication que d'autres écrivains expliquaient en disant qu'il appartenait aux Thélides, noble maison qui prétendait descendre de Kadmos et d'Agénor [3]. Ce fait est évidemment en rapport avec l'opinion d'Hérodote, suivant laquelle il y avait des « Kadméens » de Béotie parmi les colons primitifs de l'Ionie, et il est certain qu'il y avait réellement des gens nommés Kadméens dans plusieurs cités ioniennes [4]. Quant à savoir s'ils étaient d'origine sémitique, c'est naturellement

---

[1] Herod. II, 178, où l'historien dit qu'Amasis était φιλέλλην. Il contribua de ses deniers à la reconstruction du temple de Delphes après le grand incendie (ib. 180).

[2] En fait, Simplicius cite une indication de Théophraste suivant laquelle Thalès aurait eu plusieurs prédécesseurs (Dox., p. 475, 11). Cela ne doit cependant pas nous préoccuper ; car le scholiaste d'Apollonius de Rhodes (II, 1218) nous dit que Théophraste faisait de Prométhée le premier philosophe, ce qui est simplement une application du littéralisme péripatéticien à une remarque de Platon (Philèbe 16 c 6). Cf. Appendice, § 2.

[3] Herod. I, 170 (R. P. 9 d D V 1 A 4); Diog. I, 22 (R. P. 9).

[4] Strabon, XIV p. 633, 636; Pausan. VII, 2, 7. Priène était appelée Kadmé, et le plus ancien annaliste de Milet portait le nom de Kadmos. Voir E. Meyer, Gesch. des Altert. II, § 158.

une autre question. Hérodote mentionne probablement l'origine présumée de Thalès pour la seule raison que celui-ci passait pour avoir introduit de Phénicie certains progrès dans l'art de la navigation[1]. Dans tous les cas, le nom d'Examyès, que portait son père, ne tend pas à prouver qu'il fût Sémite. C'est un nom carien, et les Cariens avaient été presque complètement assimilés par les Ioniens. Sur les monuments, on trouve des noms grecs et des noms cariens alternant dans les mêmes familles, et il n'y a donc aucune raison de supposer que Thalès fût autre chose qu'un citoyen ordinaire de Milet, quoique peut-être avec du sang carien dans les veines[2].

III. — L'éclipse prédite par Thalès.

L'indication de beaucoup la plus remarquable qu'Hérodote nous donne sur Thalès est qu'il prédit l'éclipse de soleil qui mit fin à la guerre entre les Lydiens et les Mèdes[3]. Or nous pouvons être sûrs qu'il ignorait tout à fait la vraie cause des éclipses. Anaximandre et ses successeurs l'ignoraient certainement[4], et il est incroyable que l'explication juste de ce phénomène ait été donnée une fois pour être si vite oubliée. Même en supposant, toutefois, que Thalès ait connu la cause des éclipses, personne ne croira que les bribes de géométrie élémentaire qu'il avait rapportées d'Égypte l'eussent mis à même d'en calculer une d'après les éléments du cours de la lune. Mais le fait de la prédic-

---

[1] Diog. I, 23 : Καλλίμαχος δ' αὐτὸν εἶδεν εὑρετὴν τῆς ἄρκτου τῆς μικρᾶς λέγων ἐν τοῖς Ἰάμβοις οὕτως

καὶ τῆς ἀμάξης ἐλέγετο σταθμήσασθαι
τοὺς ἀστερίσκους, ᾗ πλέουσι Φοίνικες.

[2] Voir Diels, *Thales ein Semite?* (*Arch.* II, 165 sq.), et Immisch, *Zu Thales Abkunft* (*ib.* p. 515). Le nom d'Examyès se rencontre aussi à Colophon (Hermesianax, *Leontion*, fr. 2, 38 Bgk), et peut être comparé avec d'autres noms cariens tels que Cheramyès et Panamyès.

[3] Herod. I, 74.

[4] Sur les théories professées par Anaximandre et par Héraclite, voir plus loin, §§ 19 et 71.

tion est trop bien attesté pour pouvoir être rejeté sans examen. Le témoignage d'Hérodote sur un événement qui doit s'être passé une centaine d'années avant sa naissance sera peut-être tenu pour insuffisant ; mais il en est tout autrement de celui de Xénophane, et c'est de ce dernier que nous avons réellement à nous occuper[1]. Selon Théophraste, Xénophane était disciple d'Anaximandre, et il se peut fort bien qu'il ait vu Thalès et se soit entretenu avec lui. En tout cas, il doit avoir connu une foule de gens capables de se rappeler ce qui était arrivé, et qui n'avaient aucun intérêt concevable à en faire un récit inexact. La prédiction de l'éclipse est réellement mieux attestée qu'aucun autre fait relatif à Thalès, et il n'en est guère dans la première partie du VIe siècle avant J.-C. qui soit appuyé sur des preuves plus solides.

Il est parfaitement possible de prédire des éclipses sans en connaître la vraie cause, et il est hors de doute qu'en réalité c'est ce que faisaient les Babyloniens. Sur la base de leurs observations astronomiques, ils avaient établi un cycle de 223 mois lunaires, à l'intérieur duquel les éclipses de soleil et de lune revenaient à intervalles réguliers[2]. Cela, il est vrai, ne les eût pas mis en état de prédire les éclipses de soleil pour un lieu donné de la surface de la terre ; car ces phénomènes ne sont pas visibles dans tous les lieux où le soleil est, à ce moment, au-dessus de l'horizon. Nous n'occupons pas un point au centre de la terre, et ce que les astronomes appellent la parallaxe géocentrique doit être pris en considération. Tout ce qu'il était donc possible de dire, au moyen du cycle, c'est qu'une éclipse de soleil serait visible quelque part, et qu'il valait la peine d'observer le

---

[1] Diog. I, 23 : δοκεῖ δὲ κατά τινας πρῶτος ἀστρολογῆσαι καὶ ἡλιακὰς ἐκλείψεις καὶ τροπὰς προειπεῖν, ὡς φησιν Εὔδημος ἐν τῇ περὶ τῶν ἀστρολογουμένων ἱστορίᾳ, ὅθεν αὐτὸν καὶ Ξενοφάνης καὶ Ἡρόδοτος θαυμάζει.

[2] Le premier savant qui ait attiré l'attention sur le cycle chaldéen à ce point de vue paraît avoir été le Rev. George Costard, fellow du Wadham College. Voir sa *Dissertation on the Use of Astronomy in History* (Londres, 1764), p. 17. Il est inexact d'appeler ce cycle le *saros*, car le *saros* était tout autre chose. (Voir Ginzel, *Klio* I, p. 377.)

ciel. Or, si nous en pouvons juger d'après le rapport qui nous a été conservé d'un astronome chaldéen, c'était justement là la situation dans laquelle se trouvaient les Babyloniens. Ils guettaient les éclipses aux dates déterminées, et quand elles ne se produisaient pas, le fait était interprété comme un heureux présage [1]. Il n'en faut pas davantage pour expliquer ce que l'on nous rapporte de Thalès. Il dit simplement qu'il y aurait une éclipse, et, par un heureux hasard, elle fut visible en Asie-Mineure et dans une circonstance frappante.

IV. — Date de Thalès.

La prédiction de l'éclipse ne jette donc pas une grande lumière sur les connaissances scientifiques de Thalès ; mais si nous pouvons en fixer la date, elle nous fournira un point de départ pour essayer de déterminer l'époque à laquelle il vivait. Les astronomes modernes ont calculé qu'il y eut une éclipse de soleil, probablement visible en Asie-Mineure, le 28 mai (vieux style) de l'an 585 av. J.-C. [2], et Pline, d'autre part, place l'éclipse prédite par Thalès à la quatrième année de la 48e Olympiade (585-4 av. J.-C. [3]). La concordance n'est, il est vrai, pas parfaitement exacte, car mai 585 appartient à l'année 586-5. Elle est suffisamment approximative, toutefois, pour que nous ayons le

---

[1] Voir George Smith, *Assyrian Discoveries* (1875), p. 409. L'inscription dont suit la traduction a été trouvée à Kouyunjik :

« Au roi mon Seigneur, ton serviteur Abil-Istar,

. . . .

» Concernant l'éclipse de lune au sujet de laquelle le roi mon Seigneur m'a adressé un message, des observations ont été faites dans les cités d'Akkad, de Borsippa et de Nipur, et dans la cité d'Akkad, nous vîmes une partie.... L'observation fut faite, et l'éclipse eut lieu.

. . . .

» Et quand, pour l'éclipse de soleil, nous ordonnâmes une observation, l'observation fut faite et elle (l'éclipse) n'eut pas lieu. Ce que j'ai vu de mes yeux, je l'envoie au roi mon Seigneur. »

[2] Pour la littérature sur ce sujet, voir R. P. 8 *b*, et y ajouter Ginzel, *Spezieller Kanon*, p. 171. Voir aussi Milhaud, *Science grecque*, p. 62.

[3] Pline, *Nat. Hist.* II, 53.

droit d'identifier cette éclipse avec celle de Thalès, et cela nous est confirmé par Apollodore, qui fixait à la même année l'akmè du philosophe[1]. Une autre indication, que nous devons à Démétrius de Phalère, et suivant laquelle Thalès « reçut le nom de Sage » sous l'archontat de Damasias à Athènes, s'accorde très bien avec toutes ces données, et elle est sans doute basée sur l'histoire du trépied de Delphes, car l'archontat de Damasias est l'ère du rétablissement des jeux pythiques[2].

V. — Thalès en Egypte.

L'introduction de la géométrie égyptienne en Grèce est universellement attribuée à Thalès, et il est extrêmement probable qu'il visita l'Egypte, car il s'était fait une théorie

---

[1] Sur Apollodore, voir *Appendice*, § 20. Les dates que donne notre texte de Diogène (I, 37; R. P. 8) ne peuvent se concilier l'une avec l'autre. Celle qu'il donne pour la mort de Thalès est probablement exacte; car c'est l'année qui précéda la chute de Sardes en 546/5 avant J.-C., ce qui est une des ères régulières employées par Apollodore. Il semblait sans doute naturel de faire mourir Thalès l'année avant la « ruine de l'Ionie », qu'il avait prévue. Si l'on remonte à 78 ans en arrière, cela porte à 625/4 la naissance de Thalès, et cela nous donne 585/4 pour sa quarantième année. C'est la date que Pline indique pour l'éclipse, et les dates de Pline viennent d'Apollodore par l'intermédiaire de Nepos. Pour une discussion complète de la question, voir Jacoby, p. 175 sq.

[2] Diog. I, 22 (R. P. 9). Je ne discute pas ici l'ère pythienne et la date de Damasias, quoique, à ce qu'il me semble, le dernier mot n'ait pas encore été dit sur ce point. Jacoby (p. 170 sq.) défend vigoureusement la date 582/1, qui est généralement admise aujourd'hui. D'autres se prononcent pour l'année pythienne 586/5, qui est l'année même de l'éclipse, et cela aiderait à expliquer comment les historiens qui utilisèrent Apollodore en vinrent à dater l'événement d'une année trop tard; car Damasias fut archonte pendant deux ans et deux mois. Il est même possible qu'ils aient mal compris les mots Δαμασίου τοῦ δευτέρου, dont le but est de le distinguer d'un archonte antérieur du même nom, et aient interprété : « dans la seconde année de Damasias ». Apollodore se contentait d'indiquer les archontes athéniens, et la réduction en olympiades est l'œuvre d'écrivains postérieurs. Kirchner, adoptant l'année 582/1 pour Damasias, place l'archontat de Solon en 591/0 (*Rh. Mus.* LIII, p. 242 sq.). Mais il est impossible que la date de l'archontat de Solon ait jamais été douteuse. D'après le calcul de Kirchner, nous obtenons la date 586/5, si nous gardons la date traditionnelle de Solon. Voir aussi E. Meyer, *Forschungen*, II, p. 242 sq.

des inondations du Nil. Dans un passage bien connu[1], Hérodote donne trois explications du fait que ce fleuve, par une exception unique, croît en été et décroît en hiver ; seulement, suivant sa coutume en pareil cas, il ne nomme pas les auteurs de ces explications. Mais la première, celle qui assigne pour cause aux débordements les vents étésiens, est attribuée à Thalès dans les *Placita*[2], de même que par plusieurs écrivains postérieurs. Or ces indications sont tirées d'un traité sur les crues du Nil que l'on croit être d'Aristote, et qui était connu des commentateurs grecs, mais dont il n'existe plus aujourd'hui qu'un abrégé latin du XIIe siècle[3]. Dans cette œuvre, la première des trois théories mentionnées par Hérodote est attribuée à Thalès, la seconde à Euthymène de Massalie, et la troisième à Anaxagore. Où Aristote — ou celui qui écrivit le livre, s'il est d'un autre — a-t-il pris ces noms ? Nous pensons naturellement, une fois de plus, à Hécatée, qu'Hérodote reproduit si souvent sans en mentionner le nom, et cette conjecture tire une grande force du fait qu'Hécatée mentionne en effet Euthymène[4]. Nous pouvons donc conclure que Thalès alla réellement en Egypte, et peut-être qu'Hécatée, en décrivant le Nil, tint compte, comme cela était naturel, des vues de son célèbre concitoyen.

VI. — Thalès et la Géométrie.

Quant à la nature et à l'étendue des connaissances mathématiques rapportées d'Egypte par Thalès, il y a lieu de faire ressortir que beaucoup d'écrivains se sont sérieu-

---

[1] Herod. II, 20.

[2] Aet. IV, I, 1 (*Dox.* p. 384 ; D V, 1 A 16).

[3] *Dox.* p. 226-229. L'abrégé latin se trouve dans l'édition de Rose des fragments aristotéliciens.

[4] Hécatée, frag. 278 (*F. G. H.* I, p. 19).

sement mépris sur le caractère de la tradition¹. Dans son commentaire sur le premier livre d'Euclide, Proclus énumère, sur l'autorité d'Eudème, certaines propositions qui, à ce qu'il prétend, étaient connues de Thalès². L'un des théorèmes dont il le crédite est que deux triangles sont égaux lorsqu'ils ont un côté égal compris entre deux angles égaux chacun à chacun. Ce théorème, il doit l'avoir connu, dit Eudème, car autrement il n'aurait pu, du haut d'une tour, mesurer, de la manière dont on raconte qu'il le fit³, les distances de vaisseaux sur la mer. Nous voyons ici comment toutes ces indications prirent naissance. Certains faits remarquables en matière de mensuration étaient traditionnellement attribués à Thalès, et l'on admettait qu'il avait connu toutes les propositions que ces faits impliquent. Mais c'est là une méthode d'inférence tout à fait illusoire. Le mesurage de la distance où se trouvent des vaisseaux sur la mer, et celui de la hauteur des pyramides, qu'on lui attribue aussi⁴, sont des applications faciles de ce

---

¹ Voir Cantor, *Vorlesungen über Geschichte der Mathematik*, vol. I, p. 12 sq.; Allman, *Greek Geometry from Thales to Euclid* (*Hermathena*, III, p. 164-174).

² Proclus, *in Eucl.* p. 65, 7; 157, 10; 250, 20; 299, 1; 352, 14 (Friedlein). Eudème écrivit la première histoire de l'astronomie et des mathématiques, comme Théophraste écrivit la première histoire de la philosophie.

³ Proclus, p. 352, 14 : Εὔδημος δὲ ἐν ταῖς γεωμετρικαῖς ἱστορίαις εἰς Θαλῆν τοῦτο ἀνάγει τὸ θεώρημα (*Eucl.* I, 26)· τὴν γὰρ τῶν ἐν θαλάττῃ πλοίων ἀπόστασιν δι' οὗ τρόπου φασὶν αὐτὸν δεικνύναι τούτῳ προσχρῆσθαί φησιν ἀναγκαῖον. Sur la méthode adoptée par Thalès, voir Tannery, *Géométrie grecque* (1887), p. 90. Je pense toutefois, avec le Dr Gow (*Short History of Greek Mathematics*, § 84), qu'il est fort peu probable que Thalès ait reproduit et mesuré sur terre l'énorme triangle qu'il avait construit en plan perpendiculaire par dessus la mer. Pareille méthode eût été trop compliquée pour être pratique. Il est beaucoup plus simple de supposer qu'il fit usage du *seqt* égyptien.

⁴ La plus ancienne version de ce fait nous est donnée dans Diog. I, 27 : ὁ δὲ Ἱερώνυμος καὶ ἐκμετρῆσαί φησιν αὐτὸν τὰς πυραμίδας, ἐκ τῆς σκιᾶς παρατηρήσαντα ὅτε ἡμῖν ἰσομεγέθης ἐστίν. Cf. Pline, *H. Nat.* XXXVI, 82 : mensuram altitudinis earum deprehendere invenit Thales Milesius umbram metiendo qua hora par esse corpori solet. (Jérôme de Rhodes était contemporain d'Eudème.) Ceci implique seulement la simple

qu'Aahmès appelle le *seqt*. Ces règles de mensuration peuvent fort bien avoir été apportées d'Egypte par Thalès, mais nous n'avons aucune raison de supposer qu'il en ait su davantage que l'auteur du Rhind-papyrus sur les raisonnements dont elles étaient la conclusion. Peut-être en faisait-il une application plus étendue que les Egyptiens ; il n'en est pas moins vrai que les mathématiques, au sens propre du mot, n'ont commencé à exister que quelque temps après Thalès.

VII. — Thalès comme homme politique.

Thalès apparait encore une fois dans les récits d'Hérodote quelque temps avant la chute de l'empire lydien. Il pressa, nous dit l'historien, les Grecs d'Ionie de s'unir en un état fédératif avec Teos pour capitale [1]. Nous aurons encore plus d'une fois, dans la suite, l'occasion de noter que c'était l'habitude des anciennes écoles de philosophie d'essayer d'influencer le cours des événements politiques, et plusieurs circonstances, par exemple le rôle joué par Hécatée dans la révolte de l'Ionie, nous portent à croire que les savants de Milet prirent une position très nette dans les temps agités qui suivirent la mort de Thalès. C'est cette action politique qui a valu au fondateur de l'école milésienne sa place incontestée parmi les Sept Sages, et c'est surtout parce qu'il fut mis au nombre de ces grands hommes que s'attachèrent à son nom les nombreuses anecdotes dont on lui fit honneur dans la suite [2].

réflexion que les ombres de tous les objets sont probablement égales aux objets à la même heure. Plutarque (*Conv sept. sap.* 147 a), indique une méthode plus compliquée : τὴν βακτηρίαν στήσας ἐπὶ τῷ πέρατι τῆς σκιᾶς ἣν ἡ πυραμὶς ἐποίει, γενομένων τῇ ἐπαφῇ τῆς ἀκτῖνος δυοῖν τριγώνων, ἔδειξας ὃν ἡ σκιὰ πρὸς τὴν σκιὰν λόγον εἶχε, τὴν πυραμίδα πρὸς τὴν βακτηρίαν ἔχουσαν. Ceci, comme le fait remarquer le Dr Gow, n'est qu'une variante du calcul avec le *seqt*, et peut fort bien avoir été la méthode de Thalès.

[1] Herod. I, 170 (R. P. 9 *d* ; D V 1 A. 4).
[2] La prétendue chute de Thalès dans un puits (Platon, *Théét.* 174 a) n'est qu'une fable destinée à montrer l'inutilité de la σοφία ; l'anecdote relative à la spéculation sur l'huile (Ar. *Pol.* A, II, 1259 a 6 ; D V 1 A 10) a pour but d'enseigner le contraire.

VIII. — Caractère incertain de la tradition.

Si Thalès écrivit jamais quelque chose, ce qu'il écrivit fut bientôt perdu, et les ouvrages qui furent publiés sous son nom ne trompèrent pas même les Anciens [1]. Aristote prétend avoir quelque notion des vues de Thalès ; mais il ne prétend pas savoir par quelle voie celui-ci y arriva, ni sur quels raisonnements elles étaient fondées. Il suggère, il est vrai, certaines explications que des écrivains postérieurs répètent comme des indications de fait, mais qu'il ne donne lui-même que pour ce qu'elles valent [2]. La tradition soulève encore une autre difficulté. Plus d'une indication d'apparence précise nous est fournie par les *Placita*, qui ne repose en réalité que sur l'habitude d'attribuer « à Thalès et à ses successeurs » les doctrines en quelque sorte caractéristiques de la « succession » ionienne, mais nous fait l'effet d'une indication nettement relative à Thalès. Néanmoins, en dépit de tout cela, nous ne pouvons douter qu'Aristote ait été exactement renseigné sur les points essentiels. Nous avons vu dans Hécatée des traces de références à Thalès, et il est tout à fait probable que les écrivains postérieurs de l'école citaient les vues de son fondateur. Nous pouvons donc nous aventurer à reconstruire, par conjecture, sa cosmogie, en nous guidant sur ce que nous savons de certain du développement subséquent de l'école milésienne, car il est naturel de supposer que les doctrines caractéristiques de cette école étaient pour le moins esquissées dans l'enseignement de son plus ancien représentant. Mais tout cela doit être pris pour ce qu'il vaut, et rien de plus, car, strictement parlant, nous ne savons absolument rien de l'enseignement de Thalès.

[1] Voir R. P. 9 e.
[2] R. P. *ibidem*.

IX. — Exposé conjectural de la cosmologie de Thalès.

Les indications d'Aristote peuvent se ramener à ces trois propositions :

1. La terre flotte sur l'eau [1].
2. L'eau est la cause matérielle [2] de toutes choses.
3. Toutes choses sont pleines de dieux. L'aimant est vivant, car il a la puissance de mouvoir le fer [3].

La première de ces indications doit être comprise à la lumière de la seconde, qui est exprimée dans la terminologie aristotélicienne, mais signifie sans aucun doute qu'au dire de Thalès l'eau était la chose fondamentale ou primordiale dont toutes les autres n'étaient que des formes purement transitoires. C'était justement, comme nous le verrons, une substance primordiale que chercha toute l'école milésienne, et il est peu probable que la première réponse à la grande question du jour ait été la réponse relativement subtile qu'y donne Anaximandre. Et nous sommes peut-être en droit de soutenir que la grandeur de Thalès consiste en ce qu'il fut le premier à se demander non pas quelle *était* la chose originelle, mais quelle *est* maintenant la chose primordiale, ou, plus simplement encore, de quoi le monde est fait. La réponse qu'il fit à cette question fut : d'*eau*.

---

[1] Arist. *Met.* A 3, 983 *b* 21; *de Cælo*, B 13, 294 A 28 (R. P. 10, 11; DV 1 A 12, 14). Des écrivains postérieurs ajoutent qu'il donnait cela comme une explication des tremblements de terre (ainsi Aet. III, 15, 1); mais cette allégation est probablement due à un commentateur d'Homère féru d'allégorie (*Append.* § 11), qui voulait expliquer l'épithète ἐννοσίγαιος. Cf. Diels, *Dox.*, p. 225.

[2] *Met.* A 3, 983 *b* 20 (R. P. 10). J'ai dit « cause matérielle », parce que τῆς τοιαύτης ἀρχῆς (*b* 19) équivaut à τῆς ἐν ὕλης εἴδει ἀρχῆς (*b* 7).

[3] Arist. *de An.* A 5, 411 *a* 7 (R. P. 13); *ib.* 2, 405 *a* 19 (R. P. 13 *a*; DV 1 A 22). Diog. I, 24 (R. P. *ib.*) ajoute l'ambre. Cette indication vient d'Hésychius de Milet, car elle se trouve dans la scholie de Par. A sur Platon, *Rep.* 600 A.

X. — L'EAU.

Aristote et Théophraste, suivis de Simplicius et des doxographes, suggèrent plusieurs explications de cette réponse. Ces explications, Aristote les donne comme conjecturales ; seuls, les écrivains postérieurs les reproduisent comme tout à fait certaines [1]. Le plus probable semble être qu'Aristote attribua simplement à Thalès les arguments dont se servit plus tard Hippon de Samos pour défendre une thèse analogue [2]. Ainsi s'expliquerait leur caractère physiologique. Le développement de la médecine scientifique avait rendu les arguments biologiques très populaires au Ve siècle ; mais, à l'époque de Thalès, ce à quoi l'on s'intéressait surtout, ce n'était pas la physiologie, mais bien plutôt ce que nous appellerions la météorologie, et c'est par conséquent de ce point de vue que nous devons essayer de comprendre la théorie.

Or, il n'est pas très difficile de se rendre compte com-

---

[1] *Met.* A, 3, 983 b 22 ; Aet. I, 3, 1 ; Simpl. *Phys.* p. 36, 10 (R. P. 10, 12, 12 a). La dernière des explications données par Aristote, à savoir que Thalès fut influencé par des théories cosmogoniques antérieures sur Okéanos et Téthys a étrangement été supposée plus historique que le reste, alors que c'est une simple boutade de Platon prise à la lettre. Platon dit plus d'une fois (*Tht.* 180 d 2 ; *Crat.* 402 b 4) qu'Héraclite et ses prédécesseurs (οἱ ῥέοντες) dérivèrent leur philosophie d'Homère (*Il.* XIV, 201), et même de sources plus anciennes (Orph. frg. 2, Diels, *Vors.* 1re éd. p. 491, 2e éd. p. 66 B 2). En citant cette suggestion, Aristote l'attribue à « quelques-uns », — terme qui signifie souvent Platon, — et il appelle les initiateurs de la théorie παμπαλαίους, comme l'avait fait Platon (*Met.* A 3, 984 b 28 ; cf. *Tht.* 181 b 3). C'est là un exemple caractéristique de la manière dont Aristote puise l'histoire chez Platon. Voir *Append.* § 2.

[2] Cf. Arist. *de An.* A. 2, 405 b 2 (R. P. 220 ; DV 26 A 10) avec les passages cités dans la note précédente. La même supposition est faite dans la 5e édition de Zeller (p. 188, n. 1), que je n'avais pas vue quand j'ai écrit la phrase ci-dessus. Döring, *Thales* (*Zeitschr. f. Philos.* 1896, p. 179 sq.) exprime la même opinion. Nous savons maintenant que, bien qu'Aristote se refuse à considérer Hippon comme un philosophe (*Met.* A, 3, 984 a 3 ; R. P. 219 a ; DV 26 A 7), il était discuté dans l'histoire de la médecine connue sous le nom de *Iatrika* et attribuée à Ménon. Voir Diels dans *Hermes*, XXVIII, p. 420 (DV 26 A 11).

ment des considérations de nature météorologique conduisirent Thalès à adopter l'opinion qu'il soutint. De toutes les choses que nous connaissons, c'est l'eau qui paraît prendre les formes les plus variées. Elle nous est familière à l'état solide, à l'état liquide et à l'état de vapeur, de sorte que Thalès peut fort bien s'être imaginé voir se dérouler devant ses yeux le processus du monde, partant de l'eau pour revenir à l'eau. Le phénomène de l'évaporation éveille naturellement partout l'idée que le feu des corps célestes est entretenu par l'humidité qu'ils tirent de la mer. Même de nos jours, quand les rayons du soleil deviennent visibles, les gens des campagnes disent que « le soleil pompe l'eau ». L'eau retombe sur la terre sous forme de pluie, et finalement, à ce que pensaient les premiers cosmologues, elle se transforme en terre. Cela nous paraît étrange, mais peut avoir paru plus naturel à des hommes familiers avec le fleuve d'Egypte, qui avait formé le Delta, et avec ces torrents de l'Asie-Mineure qui déposent de si abondantes alluvions. A l'heure qu'il est, la baie de Latmos, au bord de laquelle s'élevait Milet, est complètement comblée. Enfin, pensaient-ils, la terre redevient eau — idée déduite de l'observation de la rosée, des brouillards nocturnes et des sources souterraines. Car, dans les temps primitifs, on ne supposait pas que celles-ci eussent le moindre rapport avec les pluies. Les « eaux sous la terre » étaient regardées comme une source d'humidité entièrement indépendante[1].

XI. — Théologie.

De l'avis d'Aristote lui-même, la troisième des propositions énoncées plus haut implique que Thalès croyait à une « âme du monde », mais le Stagirite a bien soin de faire

---

[1] L'opinion ici exprimée ressemble fort à celle de l'interprétateur allégorisant d'Homère, Héraclite (R. P. 12 a). Mais cette dernière est aussi une conjecture, probablement d'origine stoïcienne, comme les autres sont d'origine péripatéticienne.

remarquer que ce n'est là qu'une inférence [1]. La doctrine de l'âme du monde est ensuite attribuée à Thalès d'une manière tout à fait positive par Aétius ; celui-ci l'exprime dans la phraséologie stoïcienne qu'il trouva dans sa source immédiate, et identifie le monde-intellect avec Dieu [2]. Cicéron trouva un exposé analogue de la question dans le manuel épicurien dont il se servait, mais il fait un pas de plus. Eliminant le panthéisme stoïcien, il fait du monde-intellect un *démiurge* platonicien, et affirme que, selon Thalès, il y avait un esprit divin qui formait toutes choses de l'eau [3]. Tout cela est dérivé de la prudente déclaration d'Aristote, et ne peut avoir une autorité plus grande que cette déclaration. Nous n'avons donc pas à nous occuper de la vieille question controversée de savoir si Thalès était ou n'était pas athée. En réalité, elle n'a pas de sens. Si nous en jugeons par ses successeurs, il peut fort bien avoir qualifié l'eau de divine, mais s'il avait une croyance religieuse quelconque, nous pouvons être certains qu'elle n'avait aucun rapport avec sa théorie cosmologique.

Nous ne devons pas attacher trop d'importance non plus à cette déclaration que « toutes choses sont pleines de dieux ». On l'interprète souvent en ce sens que Thalès attribuait une « vie plastique » à la matière, ou qu'il était « hylozoïste ». Nous avons déjà vu à quels malentendus cette manière de parler pouvait prêter [4], et nous ferons bien de l'éviter. Il serait dangereux de considérer un apophtegme de ce genre comme preuve de quoi que ce soit ; il y a des chances pour que Thalès l'ait prononcé en sa qualité de

---

[1] Arist. *de An.* A, 5, 411 a 7 (R. P. 13 ; DV 1 A 22).

[2] Aet. I, 7, 11 = Stob. I, 56 (R. P. 14 ; DV 1 A 23). Sur les sources indiquées ici, voir *Append.*, § 11, 12.

[3] Cicéron, *de Nat. D.* I, 10, 15 (R. P. 13 *b* ; DV 1 A 23). Sur la source de Cicéron, voir *Dox.* p. 125, 128. Le papyrus de Philodème trouvé à Herculanum a malheureusement une lacune juste en cet endroit, mais il n'est pas probable que le manuel épicurien ait anticipé sur la méprise de Cicéron.

[4] Voir Introd. § VII.

« Sage » plutôt qu'en sa qualité de fondateur de l'école milésienne. D'ailleurs, des maximes comme celle-là sont la plupart du temps anonymes au début, et sont attribuées tantôt à un Sage, tantôt à l'autre¹. D'autre part, Thalès a très probablement dit que l'aimant et l'ambre avaient des âmes. Ce n'est pas là un apothtegme, mais une proposition qui peut aller de pair avec celle qui fait flotter la terre sur l'eau. C'est, de fait, justement ce que nous pourrions nous attendre à trouver dans une remarque d'Hécatée sur Thalès. On aurait tort, cependant, d'en tirer des conclusions quant à ses vues sur le monde ; car de dire que l'aimant et l'ambre sont vivants, c'est donner à entendre que les autres choses ne le sont pas².

XII. — ANAXIMANDRE. SA VIE.

Le premier nom qui soit venu à nous après celui de Thalès est celui d'Anaximandre, fils de Praxiadès. Lui aussi était citoyen de Milet, et Théophraste en parle comme d'un « associé » de Thalès³. Nous avons vu comment cette expression doit être comprise (Introd. § XIV).

Suivant Apollodore, Anaximandre avait soixante-quatre ans dans la deuxième année de la LVIII° Olympiade (547-6), et cela nous est confirmé par Hippolyte, qui le dit né dans la troisième année de la XLII° Olympiade (610-9), et par Pline, qui place dans la LVIII° Olympiade sa découverte

---

¹ Platon cite le mot πάντα πλήρη θεῶν dans les *Lois*, 899 b 9 (R. P. 14 b; DV I A 22), sans mentionner Thalès. Le mot attribué à Héraclite dans le *de part. An.* A, 5, 645 a 7, paraît n'être qu'une variante de celui-ci. Dans Diog. IX, 7 (R. P. 46 d), on met sur le compte d'Héraclite cette affirmation : πάντα ψυχῶν εἶναι καὶ δαιμόνων πλήρη.

² Bäumker, *Das Problem der Materie*, p. 10, n. 1.

³ R. P. 15 d. Que les mots πολίτης καὶ ἑταῖρος, donnés par Simplicius, *de Cælo*, p. 615, 13 (DV 2, 17), soient ceux qu'avait employés Théophraste lui-même, cela ressort de la concordance qu'offre Cicéron, *Acad.* II, 118, popularis et sodalis. Les deux passages représentent des branches tout à fait indépendantes de la tradition. Voir *Append.* §§ 7, 12.

de l'obliquité du Zodiaque [1]. Il semble que nous ayons ici quelque chose de plus qu'une simple combinaison du type ordinaire : car, d'après toutes les règles de la chronologie alexandrine, Anaximandre aurait « fleuri » en 565 avant J.-C., c'est-à-dire exactement à égale distance de Thalès et d'Anaximène, et alors il aurait eu, en 546, non pas soixante-quatre ans, mais soixante. D'autre part, Apollodore parait avoir dit qu'il avait en mains l'œuvre d'Anaximandre, et s'il l'a dit, ce doit être parce qu'il y trouva quelque indication qui lui permit d'en fixer la date sans recourir à une conjecture. Diels suggère qu'Anaximandre peut avoir indiqué l'âge qu'il avait — soixante-quatre ans — au moment où il écrivait, et que le livre renfermait quelque autre indication prouvant qu'il avait été publié en 547-6 [2]. Mais cela ne tient peut-être pas suffisamment compte du fait que l'année donnée est justement celle qui précéda la chute de Sardes et la soumission de l'empire lydien par les Perses. Il serait plus plausible de conjecturer qu'Anaximandre, écrivant quelques années plus tard, fît incidemment mention de l'âge qu'il avait à l'époque de cette grande crise. Nous savons par Xénophane que la question : « Quel âge aviez-vous quand le Mède apparut ? » était de celles qu'on aimait à poser en ces temps-là [3]. Dans tous les cas, nous avons, semble-t-il, des raisons de croire qu'Anaximandre était d'une génération plus jeune que Thalès. Quant à la date de sa mort, nous ne savons rien de certain [4].

---

[1] Diog. II. 2 (R. P. 15); Hipp. *Ref.* I, 6 (*Dox.* p. 560; DV 20, 11); Pline *N. H.* II, 31 (DV 2, 5). La date de Pline vient d'Apollodore par l'intermédiaire de Nepos.

[2] *Rhein. Mus.* XXXI, p. 24.

[3] Xénophane. frg. 22 (frg. 17, Karsten; R. P. 95 a). Jacoby (p. 190) pense qu'Apollodore fixa l'akmè d'Anaximandre quarante ans avant celle de Pythagore, c'est-à-dire en 572-1 avant Jésus-Christ, et que l'indication relative à son âge en 547-6 est une simple inférence tirée de là.

[4] L'indication d'après laquelle il « mourut bientôt après » (Diog. II, 2; R. P. 15) semble signifier qu'Apollodore le faisait mourir l'année de Sardes (546-5), une de ses époques régulières. S'il en est ainsi, Apollodore ne peut pas avoir dit aussi qu'il florissait du temps de Polycrate, et Diels a probablement raison de supposer que cette notice se rapporte à Pythagore, et qu'elle a été insérée à la mauvaise place.

Comme son prédécesseur, Anaximandre se distingua par certaines inventions pratiques. Quelques écrivains lui ont fait honneur de celle du *gnomon*, mais très probablement à tort. Hérodote nous dit que cet instrument vint de Babylone ; peut-être fut-ce Anaximandre qui le fit connaître aux Grecs. Il fut aussi le premier à dessiner une carte, et Eratosthène prétend que ce fut cette carte qui fut ensuite retouchée par Hécatée [1].

XIII. — Théophraste et la théorie d'Anaximandre sur la substance primordiale.

Presque tout ce que nous savons du système d'Anaximandre dérive, en dernière analyse, de Théophraste [2]. Quant au degré de confiance que mérite ce qu'on nous rapporte sur l'autorité de ce dernier, il suffira de remarquer que l'œuvre originale, qu'Apollodore eut entre les mains, existait certainement encore de son temps. De plus, Théophraste semble avoir, au moins une fois, cité les propres termes d'Anaximandre, dont il critiqua le style. Voici les restes de ce qu'il disait de lui dans son Ier livre :

Anaximandre de Milet, fils de Praxiadès, concitoyen et associé de Thalès [3], disait que la cause matérielle et l'élément premier des choses était l'infini, et il fut le premier à appeler de ce nom la cause matérielle. Il déclare que ce n'est ni l'eau ni

---

[1] Sur le gnomon, voir *Introd.* p. 30, n. 2, et cf. Diog. II, 1 (R. P. 15) ; Hérod. II, 109 (R. P. 15 *a* ; DV 2, 4), D'autre part, Pline attribue l'invention du gnomon à Anaximène (*N. H.* II, 87). La vérité paraît être que l'érection de gnomons célèbres était traditionnellement attribuée à certains philosophes. Celui de Délos passait pour avoir été établi par Phérécyde. Au sujet de la carte, voir Agathemeros I, 1 : Ἀναξίμανδρος ὁ Μιλήσιος ἀκουστὴς Θαλέω πρῶτος ἐτόλμησε τὴν οἰκουμένην ἐν πίνακι γράψαι, μεθ᾽ ὃν Ἑκαταῖος ὁ Μιλήσιος ἀνὴρ πολυπλανὴς διηκρίβωσεν, ὥστε θαυμασθῆναι τὸ πρᾶγμα. Cette indication provient d'Eratosthène.

[2] Voir le tableau que donne Diels des extraits de Théophraste, *Dox.* p. 133 ; *Vors.* p. 13 sq. Dans ce cas et dans d'autres, où les termes de l'original ont été conservés par Simplicius, je les ai donnés seuls. Sur les divers écrivains cités, voir *Appendice*, § 9 sq.

[3] Simplicius dit « successeur et disciple » (διάδοχος καὶ μαθητής) dans son commentaire sur la *Physique*, mais voir plus haut, p. 52, note 3.

aucun autre des prétendus éléments[1], mais une substance différente de ceux-ci, qui est infinie, et de laquelle procèdent tous les cieux et les mondes qu'ils renferment. *Phys. Op.*, fr. 2 (*Dox.* p. 476, R. P. 16; DV, 2, 9).

Il dit qu'elle est éternelle et toujours jeune, et qu'elle environne tous les mondes (Hipp. *Ref.* I, 6 (R. P. 17 *a* ; DV 2, 11, 1).

Et les choses retournent à ce dont elles sont sorties « comme il est prescrit ; car elles se donnent réparation et satisfaction les unes aux autres de leur injustice, suivant le temps marqué », comme il le dit en ces termes quelque peu poétiques[2]. *Phys. Op.* fr. 2 (R. P. 16 ; DV 2, 9).

Et à part cela, il y avait un mouvement éternel au cours duquel s'accomplit la naissance des mondes. Hipp. *Ref.* I, 6 (R. P. 17 *a*; DV 2, 11, 2).

Il n'attribuait pas l'origine des choses à quelque modification de la matière, mais il disait que les oppositions dans le substratum, qui était un corps illimité, furent séparées. — Simpl. *Phys.*, p. 150, 20 (R. P. 18).

XIV. — La substance primordiale n'est pas un des « éléments ».

Anaximandre enseignait donc qu'il y avait une substance éternelle et indestructible, dont toute chose naît et à laquelle toute chose retourne, provision illimitée qui supplée continuellement à la dépense qu'entraîne l'existence. Ce n'est là que le développement naturel de la pensée que nous nous sommes hasardé à attribuer à Thalès, et il est hors de doute qu'Anaximandre — s'il ne la reçut de lui toute formulée — la formula lui-même distinctement. De fait, nous pouvons suivre encore jusqu'à un certain point le raisonnement qui l'y conduisit. Thalès avait regardé

---

[1] Sur l'expression τὰ καλούμενα στοιχεῖα, voir Diels, *Elementum*, p. 25, n. 4. En raison de ce fait, nous devons garder la leçon des manuscrits, εἶναι, au lieu d'écrire νυνί avec Usener.

[2] Diels (*Vors.* p. 13) commence la citation proprement dite par les mots : ἐξ ὧν δὲ ἡ γένεσις.... L'usage grec, qui est de fondre les citations dans le texte, s'y oppose. Il est très rare qu'un écrivain grec ouvre abruptement une citation littérale. Il est d'ailleurs plus sûr de ne pas attribuer à Anaximandre les termes γένεσις et φθορά dans le sens technique que leur donne Platon.

l'eau comme étant, de toutes les choses que nous connaissons, celle dont il est le plus probable que toutes les autres ne sont que des formes ; Anaximandre paraît s'être demandé comment la substance primordiale pouvait être une de ces choses particulières. Son raisonnement semble nous avoir été conservé par Aristote, qui a écrit le passage suivant dans sa discussion de l'infini :

D'ailleurs, il ne peut pas y avoir un corps un et simple qui soit infini, ni, comme le prétendent quelques-uns, un corps distinct des éléments — lesquels en dérivent ensuite — ni un corps sans cette qualification. Car il est des philosophes qui font de ce corps (distinct des éléments) l'infini, au lieu de le placer dans l'air ou dans l'eau, pour éviter que les autres choses ne soient détruites par leur infinité. *Ils* (les éléments) *sont en opposition l'un à l'autre* — l'air est froid, l'eau humide, et le feu chaud — et c'est pourquoi, *si l'un d'eux était infini, les autres cesseraient d'exister à l'instant*. Aussi ces philosophes disent-ils que l'infini est autre chose que les éléments, et que c'est de lui que ceux-ci procèdent. Arist. *Phys.* T, 5, 204 *b* 22 (R. P. 16 *b* ; DV, 2, 16).

Il est évident que, dans ce passage, Anaximandre est opposé à Thalès et à Anaximène. Il n'y a d'ailleurs aucune raison de douter que le résumé donné de son raisonnement ne soit correct en substance, quoiqu'il soit aristotélicien au point de vue de la forme et que la mention des « éléments » soit un anachronisme [1]. Anaximandre fut frappé, semble-t-il, de l'opposition qui existe entre les choses qui constituent le monde et la lutte qu'elles se livrent ; le feu, qui est chaud, il le voyait opposé à l'air froid, la terre, qui est sèche, à la mer, qui est humide. Ces adversaires étaient en guerre, et toute prédominance de l'un sur l'autre était une « injustice » dont ils se devaient réciproquement réparation [2]. Nous pouvons supposer que l'enchaînement de ses

---

[1] La conception d'éléments ne remonte pas au-delà d'Empédocle (§ 106) et le mot στοιχεῖα, qui est correctement traduit par *elementa*, a été employé pour la première fois dans ce sens par Platon. Sur l'histoire de ce terme, voir Diels, *Elementum* (1899).

[2] Le mot important ἀλλήλοις a été omis dans l'Aldine de Simplicius, mais il se trouve dans tous les manuscrits. Nous verrons que, chez Héraclite, « justice » signifie observation d'une balance égale entre les choses qui furent appelées plus tard les éléments (§ 72). Voir aussi Introd., p. 32, note 1.

pensées était le suivant. Si Thalès avait eu raison de dire
que l'eau était la réalité fondamentale, il ne serait pas
facile de voir comment n'importe quoi d'autre aurait
jamais pu exister. Un côté de l'opposition, le froid et
l'humide, eût pu se donner libre carrière, l'injustice aurait
prévalu, et le chaud et le sec auraient depuis longtemps été
mis hors de cause. Nous devons donc avoir quelque chose
qui ne soit pas l'un des opposés en guerre que nous connaissons, quelque chose de plus primitif, d'où ces opposés
prennent naissance et dans lequel ils se retransforment.
Qu'Anaximandre appelât ce quelque chose du nom de φύσις,
les doxographes le prouvent ; l'opinion courante que le mot
ἀρχή, dans le sens de « principe premier » fut introduit par
lui, est probablement due à une fausse interprétation du
texte de Théophraste[1].

XV. — L'ANALYSE ARISTOTÉLICIENNE DE LA THÉORIE.

Il était naturel pour Aristote de regarder cette théorie
comme une anticipation ou comme un pressentiment de
sa propre doctrine de la « matière indéterminée [2] ». Il savait

---

[1] Si les mots cités de Théophraste par Simplicius, *Phys.* p. 24, 15
(R. P. 16 ; DV 2, 9) étaient isolés, personne ne les aurait jamais interprétés en ce sens qu'Anaximandre appelait l'illimité ἀρχή. On les aurait
naturellement traduits : « ayant été le premier à introduire ce nom
(i. e. τὸ ἄπειρον) pour l'ἀρχή » ; mais les termes d'Hippolyte (*Rep.* I. 6, 2) :
πρῶτος τοὔνομα καλέσας τῆς ἀρχῆς, ont conduit presque tous les savants
à comprendre le passage dans son sens le moins évident. Toutefois,
nous savons maintenant qu'Hippolyte n'est pas une autorité indépendante, mais repose entièrement sur Théophraste ; il est donc naturel
d'admettre que sa source immédiate, ou lui-même ou un copiste, a
laissé tomber le mot τοῦτο devant τοὔνομα, et corrompu κομίσας en καλέσας. Il n'est pas croyable que Théophraste ait donné les deux indications. L'autre passage de Simplicius comparé par Usener (p. 150, 23) :
πρῶτος αὐτὸς ἀρχὴν ὀνομάσας τὸ ὑποκείμενον, me paraît n'avoir rien à faire
avec la question. Il signifie simplement qu'Anaximandre fut le premier
à nommer le substratum « cause matérielle », ce qui est un point tout
différent. C'est ainsi que Neuhäuser comprend le passage (*Anaximander*,
p. 7 sq.), mais je ne puis admettre avec lui que le mot ὑποκείμενον soit
attribué au Milésien.

[2] Arist. *Met.* Λ, 2, 1069 *b* 18 (R. P. 16, e ; DV 46 A, 61).

très bien, naturellement, qu'il en était bien lui-même l'auteur ; mais il est conforme à sa méthode de représenter ses propres théories comme la formulation précise de vérités que des penseurs plus anciens n'avaient fait que pressentir. Il fallait donc s'attendre à ce qu'il exprimât parfois les vues d'Anaximandre dans les termes mêmes dont il s'est servi pour exposer sa théorie des « éléments ». Il savait aussi que l'Illimité était un corps[1] ; quoiqu'il n'y eût pas de place, dans son propre système, pour une chose corporelle antérieure aux éléments ; il devait donc en parler comme d'un corps illimité « à côté » ou « distinct » des éléments (παρὰ τὰ στοιχεῖα). Personne n'a mis en doute, à ma connaissance, qu'en employant cette expression il n'ait eu en vue Anaximandre.

Dans nombre d'autres passages, Aristote parle d'un penseur que, par hasard, il ne nomme pas, et qui soutenait que la substance primordiale était quelque chose d'« intermédiaire » entre les éléments ou entre deux d'entre eux[2].

Presque tous les commentateurs grecs rapportaient cela aussi à Anaximandre, mais la plupart des écrivains modernes s'inscrivent en faux contre cette opinion. Sans doute, il est facile de montrer qu'Anaximandre ne peut jamais avoir songé à décrire l'Illimité de cette manière, mais ce n'est pas là une objection réelle à l'antique interprétation. Il est difficile de comprendre qu'on se rende plus coupable d'anachronisme en disant que l'Illimité est « inter-

---

[1] Cela est tenu pour prouvé dans *Phys.* Γ, 4, 203 *a* 16; 204 *b* 22 (R. P 16 *b*) et affirmé dans Γ, 8, 208 *a* 8 (R. P. 16 *a* ; DV 2, 14). Cf. Simpl., *Phys.* p. 150, 20 (R. P. 18).

[2] Aristote parle quatre fois de quelque chose d'intermédiaire entre le Feu et l'Air (*Gen. Corr.* B, 1. 328 *b* 35 ; *ib.* 5. 332 *a* 21 ; *Phys.* A, 4, 187 *a*, 14 ; *Met.* A, 7, 988 *a* 30). En cinq passages, nous trouvons un intermédiaire entre l'Eau et l'Air (*Met.* A, 7. 988 *a* 13 ; *Gen. Corr.* B, 5. 332 *a* 21 ; *Phys.* Γ, 4. 203 *a* 18 ; *ib.* 5. 205 *a* 27 ; *de Cælo*, Γ, 5. 303 *b* 12). Une fois (*Phys.* A, 6. 189 *b* 1), il parle d'un intermédiaire entre l'Eau et le Feu. Cette variation fait voir tout de suite qu'il ne parle pas en historien. Si jamais un penseur quelconque soutint la doctrine de τὸ μεταξύ, Aristote devait savoir parfaitement bien de quels deux éléments il voulait parler.

médiaire entre les éléments », qu'en le disant « distinct des éléments », et, en vérité, du moment que l'on introduit les éléments dans la définition, la première forme est, sous plusieurs rapports, la plus adéquate des deux. Dans tous les cas, si nous nous refusons à admettre que ces passages visent Anaximandre, nous devrons dire qu'Aristote témoignait un vif intérêt à un vieux penseur, dont le nom même s'est perdu, et qui non seulement partageait quelques-unes des opinions d'Anaximandre, mais qui, comme le montre certain passage, employait quelques-unes de ses expressions les plus caractéristiques[1]. Nous pouvons ajouter qu'en un ou deux endroits Aristote a tout l'air d'identifier l'« intermédiaire » avec le « distinct » des éléments[2].

Il y a même un passage dans lequel il semble parler de l'infini d'Anaximandre comme d'un « mélange », quoique le texte puisse peut-être admettre une autre interprétation[3]. Mais cela n'est d'aucune conséquence pour notre interprétation d'Anaximandre lui-même. Il est certain qu'il ne peut rien avoir dit des « éléments », auxquels personne ne pensait avant Empédocle, et ne pouvait penser avant Parmé-

---

[1] Arist. *de Cœlo*, Γ, 5. 303 b 12 : ὕδατος μὲν λεπτότερον, ἀέρος δὲ πυκνότερον, ὃ περιέχειν φασὶ πάντας τοὺς οὐρανοὺς ἄπειρον ὄν. Que cela se rapporte à Idaios d'Himéra, comme le suggère Zeller (p. 258), cela semble très improbable. Aristote ne mentionne nulle part son nom, et le ton dont il parle d'Hippon à *Met.* A, 3. 984 a 3 (R. P. 219 a ; DV 26 A 7) montre que, selon toute vraisemblance, il n'accordait pas beaucoup d'attention aux épigones de l'école milésienne.

[2] Cf. *Phys.* Γ, 5. 204 b 22 (R. P. 16 b), où Zeller rapporte avec raison τὸ παρὰ τὰ στοιχεῖα à Anaximandre. Or, à la fin (205 a 25), le passage entier est résumé comme suit : καὶ διὰ τοῦτ' οὐθεὶς τὸ ἓν καὶ ἄπειρον πῦρ ἐποίησεν οὐδὲ γῆν τῶν φυσιολόγων, ἀλλ' ἢ ὕδωρ ἢ ἀέρα ἢ τὸ μέσον αὐτῶν. Dans *Gen. Corr.* B, 1. 328 b 35, nous avons d'abord τι μεταξὺ τούτων σῶμά τε ὂν καὶ χωριστόν, et un peu plus loin (329 a 9) : μίαν ὕλην παρὰ τὰ εἰρημένα. Dans B, 5. 332 a 20, nous avons : οὐ μὴν οὐδ' ἄλλο τί γε παρὰ ταῦτα, οἷον μέσον τι ἀέρος καὶ ὕδατος ἢ ἀέρος καὶ πυρός.

[3] *Met.* A, 2, 1069 b 18 (R. P. 16 c ; DV² 46 a 61). Zeller (p. 205, n. 1) suppose « ein nachlässiges Zeugma ». Je préférerais dire que ce καὶ Ἐμπεδοκλέους τὸ μίγμα a été ajouté après coup, et qu'Aristote voulait dire en réalité : τὸ Ἀναξαγόρου ἕν.... καὶ Ἀναξιμάνδρου. *Phys.* A, 4. 187 a 20 n'attribue pas le « mélange » à Anaximandre.

nide. Si nous mentionnons la question, c'est uniquement parce qu'elle a fait l'objet d'une longue controverse[1], et parce qu'elle jette une vive lumière sur la valeur historique des indications d'Aristote. Du point de vue de son propre système, ces indications sont abondamment justifiées, mais nous devrons nous souvenir, dans d'autres cas, que lorsqu'il semble attribuer une idée à quelque penseur ancien, nous ne sommes pas le moins du monde tenus de prendre au sens historique ce qu'il nous dit, et de le croire.

XVI. — La substance primordiale est infinie.

La raison qui conduisit Anaximandre à concevoir la substance primordiale comme infinie fut, à n'en pas douter, celle qu'indique Aristote, à savoir « que le devenir ne devait subir aucune interruption[2] ». Il n'est pas probable, cependant, qu'il se soit exprimé dans ces termes, bien que les doxographes les rapportent comme étant de lui. Il nous suffit, à nous, de savoir que Théophraste, qui avait vu son livre, lui attribue la pensée. Et certainement la façon dont il concevait le monde devait lui faire sentir avec une force peu commune la nécessité d'une provision illimitée de matière. Les « opposés » dont notre monde est fait sont, nous l'avons vu, en guerre les uns avec les autres, et leur lutte est marquée « d'injustes » empiétements de

---

[1] Pour la littérature de cette controverse, voir R. P. 15. Une vive lumière a été jetée sur cette question et des questions similaires par W. A. Heidel, *Qualitative Change in Pre-Socratic Philosophy* (Arch. XIX, p. 333).

[2] *Phys.* Γ. 8.203 a 8 (R. P. 16 a; DV 2, 14). Que cela se rapporte à Anaximandre, cela ressort de Aet. V, 3, 3 (R. P. 16 a; DV 2, 14). Le même argument est donné dans *Phys.* Γ, 4. 203 b 18, passage dans lequel Anaximandre vient d'être nommé par son nom, τῷ οὕτως ἂν μόνον μὴ ὑπολείπειν γένεσιν καὶ φθοράν, εἰ ἄπειρον εἴη ὅθεν ἀφαιρεῖται τὸ γιγνόμενον. Je ne puis croire, cependant, que les arguments donnés au commencement de ce chapitre (203 b 7; R. P. 17; DV 2, 15) soient d'Anaximandre. Ils portent le cachet de la dialectique éléate, et sont, en fait, ceux de Mélissos.

l'un sur l'autre. Le chaud commet une « injustice » en été, le froid en hiver. Pour que l'équilibre se rétablisse, il faut qu'ils soient réabsorbés dans leur principe commun, et cela conduirait à la longue à la destruction de toute chose sauf de l'infini lui-même, s'il n'y avait de celui-ci une quantité inépuisable, d'où les composés puissent continuellement se séparer à nouveau. Nous devons donc nous représenter une masse infinie, qui n'est aucun des opposés que nous connaissons, et qui s'étend sans bornes de chaque côté des cieux qui entourent le monde où nous vivons [1]. Cette masse est un corps, et c'est d'elle qu'émergea un jour notre monde par la séparation des opposés ; ceux-ci seront réabsorbés une fois, les uns comme les autres, dans l'Illimité, et notre monde cessera d'être.

XVII. — L'ÉTERNEL MOUVEMENT.

Les doxographes disent que ce fut l'« éternel mouvement » qui fit naître « tous les cieux et tous les mondes qu'ils renferment ». Comme nous l'avons vu (§ VIII), il n'est pas probable qu'Anaximandre lui-même ait employé l'expression d'« éternel mouvement ». Bien plutôt est-ce Aristote qui y a eu recours pour désigner ce que son prédécesseur appelait la « séparation » des opposés. On ne nous dit pas expressément comment celui-ci concevait ce pro-

---

[1] Je suis parti de l'idée que le mot ἄπειρον signifie *infini dans l'espace* (quoique non dans un sens précisément mathématique), et non *qualitativement indéterminé*, comme le soutiennent Teichmüller et Tannery. Les raisons décisives de croire que le sens du mot est « illimité dans l'espace » sont les suivantes : 1° Théophraste a dit que la substance primordiale d'Anaximandre était ἄπειρον et contenait tous les mondes, et le mot περιέχειν signifie partout « embrasser, envelopper », et non, comme on l'a suggéré, « contenir potentiellement ». 2° Aristote dit (*Phys.* Γ, 4 208 b 23) : διὰ γὰρ τὸ ἐν τῇ νοήσει μὴ ὑπολείπειν καὶ ὁ ἀριθμὸς δοκεῖ ἄπειρος εἶναι καὶ τὰ μαθηματικὰ μεγέθη καὶ τὰ ἔξω τοῦ οὐρανοῦ· ἀπείρου δ' ὄντος τοῦ ἔξω, καὶ σῶμα ἄπειρον εἶναι δοκεῖ καὶ κόσμοι. 3° La théorie anaximandrienne de l'ἄπειρον fut adoptée par Anaximène, qui identifia l'ἄπειρον avec l'Air, lequel n'est pas qualitativement indéterminé.

cessus, mais le terme de « séparation » fait supposer qu'il s'opérait par des secousses et par un criblage. Or, c'est justement un processus de ce genre que Platon fait décrire au Pythagoricien Timée, et l'hypothèse la plus probable est certainement que là, comme dans beaucoup d'autres cas, il a reproduit une opinion vraiment ancienne. Comme nous le verrons, il est tout à fait vraisemblable que les Pythagoriciens suivirent sur ce point Anaximandre[1]. Dans tous les cas, c'est un tort d'identifier l'« éternel mouvement » avec la révolution diurne des cieux, comme on l'a fait quelquefois. Il n'est pas possible que ce mouvement soit éternel, pour la simple raison que les cieux eux-mêmes sont périssables. Aristote dit, il est vrai, que tous ceux qui croient que le monde est né se représentent que la Terre a été poussée au centre par le mouvement circulaire[2]; mais quoique cette phrase vise certainement Anaximandre à côté d'autres personnes, elle ne prouve absolument rien ici. Elle ne concerne la formation du monde qu'une fois qu'il a été définitivement séparé et enfermé dans son propre ciel, et nous aurons à nous en souvenir quand nous arriverons à cette partie de la théorie. Pour le moment, nous n'avons affaire qu'au mouvement de l'infini lui-même, et si nous désirons nous le représenter, il est beaucoup plus sûr d'y voir une sorte de secousse de haut en bas et de bas en haut, en suite de laquelle les opposés sortent de la masse infinie.

[1] Platon, *Tim.* 52 e, où les éléments sont séparés par le fait qu'ils sont agités, secoués et emportés en des directions diverses « exactement comme, par des cribles et des instruments pour vanner le blé, le grain est secoué et criblé, et les parties denses et lourdes vont d'un côté, et les rares et légères sont portées en un lieu différent et s'y déposent. » Sur la relation du Pythagorisme avec Anaximandre, voir plus loin, § 53.

[2] Arist. *de Cælo*, B, 13. 295 a 9. L'identification de l'éternel mouvement avec la révolution diurne est défendue avec insistance par Teichmüller, et est l'origine réelle de la très peu naturelle interprétation qu'il donne du mot ἄπειρον. Il était évidemment difficile de créditer Anaximandre de la croyance en un corps infini qui se meut circulairement. La théorie tout entière repose sur une confusion entre le κόσμος

XVIII. — Les mondes innombrables.

On nous dit plus d'une fois que, selon Anaximandre, il y avait des « mondes innombrables dans l'infini [1] », et il est d'usage, actuellement, d'y voir avec Zeller une série infinie de mondes se succédant les uns aux autres dans le temps. L'historien allemand, on peut le concéder tout de suite, a réfuté d'une manière décisive l'idée que les mondes sont coexistants et éternels. Supposer qu'Anaximandre regardât ce monde ou quelque autre comme éternel, c'est contredire directement tout ce que nous savons d'autre part, et notamment la tradition théophrastique selon laquelle il enseignait que le monde était périssable. Nous avons donc à décider entre ces deux opinions : 1° Quoique tous les mondes soient périssables, il peut en exister un nombre illimité en même temps ; 2° Il ne naît jamais un monde nouveau avant que l'ancien ait péri. Or Zeller reconnaît [2] qu'il n'y a rien, dans la première de ces vues, qui ne puisse se concilier avec ce que nous savons d'Anaximandre, mais il est d'avis que toutes les indications qui nous sont parvenues sur ce point portent à admettre plutôt la seconde. Il me semble à moi que ce n'est pas du tout le cas, et comme la question est d'une importance fondamentale, il est nécessaire de l'examiner une fois de plus.

En premier lieu, la tradition doxographique prouve que Théophraste a discuté les vues de tous les anciens philosophes sur la question de savoir s'il y avait un seul monde ou s'il y en avait un nombre infini, et il est hors de doute

---

sphérique et fini, qui est renfermé dans l'οὐρανός, et l'infini περιέχον qui est en dehors de lui.

[1] [Plut.] *Strom.* frg. 2 (R. P. 21 *b* ; DV 2, 10). L'interprétation la plus naturelle des mots ἀνακυκλουμένων πάντων αὐτῶν est de les rapporter à une ἀνακύκλησις ou cycle de γένεσις et de φθορά dans chacun d'une multitude de mondes coexistants. Ce serait une bien étrange expression pour désigner une succession de mondes isolés.

[2] Zeller, pp. 234 sq.

que lorsqu'il attribuait des « mondes innombrables » aux Atomistes, il entendait des mondes coexistants et non des mondes successifs. Or, s'il avait réellement classé sous une seule rubrique deux opinions aussi différentes, il aurait pour le moins pris la peine de faire ressortir en quoi elles différaient, et il n'y a pas trace d'une distinction de ce genre dans notre tradition. Au contraire, Anaximandre, Anaximène, Archélaos, Xénophane, Diogène, Leucippe, Démocrite et Epicure sont mentionnés tous ensemble comme représentant la doctrine des « mondes innombrables » entourant de tous côtés celui que nous habitons[1], et la seule différence qu'il relève entre leurs vues est que, selon Epicure, les distances entre ces mondes sont inégales, tandis qu'au dire d'Anaximandre tous les mondes sont équidistants[2]. Zeller rejetait ce témoignage, qu'il supposait n'être que celui de Stobée, et pour cette raison que nous ne pouvons avoir confiance en un écrivain qui attribue des « mondes innombrables » à Anaximène, à Archélaos et à Xénophane. J'espère montrer que l'affirmation est parfaitement exacte en ce qui concerne les deux premiers, et qu'elle n'est pas précisément inexacte relativement au dernier[3]. Dans tous les cas, on peut prouver que le passage vient d'Aétius[4], et il n'y a pas de raison de douter qu'il ne dérive, en dernier ressort, de Théophraste,

---

[1] Aet. II, 1, 3 (*Dox.* p. 327) Zeller se trompe en entendant ici les mots κατὰ πᾶσαν περιαγωγήν de la révolution d'un cycle. Ils signifient simplement : « dans quelque direction que nous nous tournions, » et il en est de même de l'expression parallèle κατὰ πᾶσαν περίστασιν. Les six περιστάσεις sont πρόσω, ὀπίσω, ἄνω, κάτω, δεξιά, ἀριστερά (Nicom. *Introd.* p. 85, 11 Hoche), et Polybe emploie περίστασις pour désigner l'espace environnant.

[2] Aet. II, 1, 8 (*Dox.* p. 329) : τῶν ἀπείρους ἀποφηναμένων τοὺς κόσμους Ἀναξίμανδρος τὸ ἴσον αὐτοὺς ἀπέχειν ἀλλήλων, Ἐπίκουρος ἄνισον εἶναι τὸ μεταξὺ τῶν κόσμων διάστημα.

[3] Sur Anaximène, voir § 30; sur Xénophane, voir § 59; sur Archélaos, chap. X.

[4] Cela résulte du fait que la liste de noms est donnée aussi par Théodoret. Voir *Append.* § 10.

le nom d'Epicure n'y ayant été ajouté que plus tard. Cela nous est en outre confirmé par ce que dit Simplicius dans son commentaire sur la *Physique*[1].

Ceux qui admettaient des mondes innombrables, par exemple Anaximandre, Leucippe, Démocrite et, à une date postérieure, Epicure, soutenaient qu'ils naissaient et périssaient à l'infini, quelques-uns venant sans cesse à l'existence et d'autres périssant.

Il est probable que cette indication nous vient aussi de Théophraste, par l'intermédiaire d'Alexandre. Simplicius n'invente pas de pareilles choses.

Nous arrivons enfin à une indication très importante, que Cicéron a copiée de Philodème, auteur du traité sur la Religion que l'on a trouvé à Herculanum, ou qu'il a peut-être tirée de la source immédiate de cette œuvre. « L'opinion d'Anaximandre, fait-il dire à Velleius, était qu'il y a des dieux qui viennent à l'existence, grandissent et meurent à de longs intervalles, et que ces dieux sont les mondes innombrables[2] », et cette phrase, qu'il faut évidemment mettre en relation avec l'indication d'Aétius, signifie clairement que, selon Anaximandre, les « cieux innombrables » étaient des dieux[3]. Or il est bien plus naturel de comprendre les « longs intervalles » dont parle Cicéron comme des intervalles d'espace que comme des intervalles de temps[4] ; et si nous interprétons le passage de cette

---

[1] Simpl. *Phys.* p. 1121, 5 (R. P. 21 *b* ; DV 2, 17). Zeller dit (p 234, n. 4) que, dans un autre passage (*de Cælo*, p. 273 *b* 43) Simplicius donne la même indication sous une forme moins affirmative. Mais les mots ὡς δοκεῖ, sur lesquels il fonde son opinion, ne sont pas précisément une expression de doute, et se rapportent en tous cas à la dérivation de la doctrine des « mondes innombrables » de celle de l'ἄπειρον, et non pas à la doctrine elle-même.

[2] Cicéron, *de Nat. D.* I, 10, 25 (R. P. 21 ; DV 2, 17).

[3] Aet. I, 7, 12 (R. P. 21 *a* ; DV 2, 17). La leçon de Stobée, ἀπείρους οὐρανούς, est garantie par le ἀπείρους κόσμους de Cyrille, et par le ἀπείρους νοὺς (*i. e.* οὐνοὺς) du Pseudo-Galien. Voir *Dox.* p. 11.

[4] Il est très simple de supposer que Cicéron trouva διαστήμασιν dans sa source épicurienne, et c'est un terme technique pour les *intermundia*.

manière, nous obtenons une parfaite concordance de toutes nos autorités.

Ne serait-il pas bien peu naturel, d'ailleurs, d'appliquer cette déclaration que l'Illimité « environne tous les mondes » à des mondes se succédant dans le temps, puisque, selon cette interprétation, il n'aurait jamais, à un moment donné, qu'un monde à « environner » ? De plus, l'argument que mentionne Aristote, à savoir que si ce qui est en dehors des cieux est infini, la substance corporelle doit être infinie, et qu'il doit y avoir des mondes innombrables, ne peut être compris que dans ce sens, et vise certainement à reproduire le raisonnement des Milésiens, car ils étaient les seuls cosmologues à soutenir qu'il y avait une substance corporelle illimitée en dehors des cieux[1]. Enfin, nous le savons par hasard, Pétron, un des plus anciens Pythagoriciens, soutenait qu'il y avait exactement cent quatre-vingt-trois mondes disposés en triangle[2]. Ceci montre que des opinions de cette nature avaient cours bien avant les Atomistes, et a tout l'air d'une tentative pour introduire quelque ordre dans l'univers d'Anaximandre.

XIX. — Origine des corps célestes.

Les doxographes ne nous ont pas laissés dans l'ignorance relativement au processus par lequel les diverses parties du monde sont sorties de l'Illimité. Voici une indication qui vient, en dernière analyse, de Théophraste :

Il dit qu'à l'origine de ce monde une chose capable de produire le chaud et le froid fut séparée de l'éternel. Il s'en forma

---

[1] Arist. *Phys.* I', 4, 203 b 25 : ἀπείρου δ'ὄντος τοῦ ἔξω (sc. τοῦ οὐρανοῦ), καὶ σῶμα ἄπειρον εἶναι δοκεῖ καὶ κόσμοι (sc. ἄπειροι). Il y a lieu d'observer que les mots suivants — τί γὰρ μᾶλλον τοῦ κενοῦ ἐνταῦθα ἢ ἐνταῦθα; — montrent clairement que ceci se rapporte tout aussi bien aux Atomistes; mais le ἄπειρον σῶμα ne s'applique pas à eux. Ce qui semble probable, c'est plutôt que ceux qui faisaient de l'Illimité un corps, comme ceux qui en faisaient un κενόν, soutenaient dans le même sens la doctrine des ἄπειροι κόσμοι.

[2] Voir plus loin, § 53. Cf. Diels, *Elementum*, pp. 63 sq.

une sphère de flamme qui se développa autour de l'air qui encercle la Terre, comme l'écorce croit autour d'un arbre. Quand elle eut été déchirée et enfermée en de certains anneaux, le soleil, la lune et les étoiles vinrent à l'existence. — Ps. Plut. *Strom*, fr. 2. (R. P. 19 ; DV, 2, 10.)

Nous voyons par là que lorsqu'une portion de l'Infini eut été séparée du reste pour former un monde, elle se différencia tout d'abord dans les deux opposés, le chaud et le froid. Le chaud apparaît comme une sphère de flamme entourant le froid ; le froid comme une terre environnée d'air. On ne nous dit pas, toutefois, dans cet extrait, comment le froid en vint à se différencier en terre, air et eau ; mais il y a un passage dans la *Météorologie* d'Aristote qui jette quelque lumière sur le sujet. Nous y lisons :

Mais ceux qui sont plus sages dans la sagesse des hommes indiquent une origine pour la mer. D'abord, disent-ils, toute la région terrestre était humide, et quand elle eut été séchée par le soleil, la portion d'elle qui s'évapora produisit les vents et les révolutions du soleil et de la lune, tandis que la portion qui en subsista fut la mer. Ils pensent donc que la mer, en se desséchant, devient toujours plus petite, et qu'à la fin elle sera entièrement sèche. *Meteor*. B. I, 353 *b*, 5.

. . . .
Et ceux-là tombent dans la même absurdité, qui disent que la terre et la partie terrestre du monde étaient humides à l'origine, mais que l'air s'éleva par suite de la chaleur du soleil, que l'ensemble du monde fut ainsi agrandi, et que c'est là la cause des vents et des mouvements des cieux[1]. Ib. 2, 355 *a*, 2 (R. P. 20 *a* ; DV 51 *a* 9).

Dans son commentaire sur ce passage, Alexandre nous dit que c'était l'opinion d'Anaximandre et de Diogène, et ce témoignage est amplement confirmé par la théorie d'Anaximandre sur la mer, telle qu'elle est formulée par les doxographes (§ 20). Nous concluons donc qu'après la première séparation du chaud et du froid, la chaleur de la sphère de flamme transforma en air ou en vapeur — c'est tout un à

---

[1] La difficulté que soulève Zeller relativement au sens qu'a ici le mot τροπαί (p. 223, n. 2) paraît imaginaire. La lune a certainement un mouvement de déclinaison, et par conséquent des τροπαί (Dreyer, *Planetary Systems*, p. 17, n. l).

cette date — une partie de l'intérieur humide et froid du monde, et que l'expansion de cette vapeur fit éclater en anneaux la sphère de flamme elle-même. Je donne, telle qu'elle nous a été conservée par Hippolyte, avec quelques suppléments fournis par Aétius, la théorie qu'il adopta pour expliquer comment les corps célestes sortirent de ces anneaux :

Les corps célestes sont des roues de feu séparées du feu qui encercle le monde, et encloses dans l'air. Et elles ont des évents pour respirer, sortes de trous pareils à des tuyaux, par lesquels sont vus les corps célestes. Pour cette raison, aussi, lorsque les évents sont obstrués, les éclipses se produisent. Et la lune semble tantôt croitre et tantôt décroitre, selon que ces trous s'ouvrent ou se ferment. Le cercle du soleil est vingt-sept fois plus grand que celui (de la terre, tandis que celui) de la lune est dix-huit fois aussi grand [1]. Le soleil est le plus haut de tous, et les roues des étoiles fixes sont les plus basses. — Hipp. *Ref.* I, 6 (R. P. 20 ; DV 2, 11).

Anaximandre disait que les étoiles sont des condensations d'air pareilles à des cerceaux, pleines de feu, soufflant des flammes à un certain point par des orifices. Le soleil est le plus haut de toutes ; après lui vient la lune, et au-dessous de celle-ci les étoiles fixes et les planètes. — Aétius, II, 13, 7 ; 15, 6 (R. P. 19 a ; DV 2, 18).

Anaximandre disait que le soleil est un anneau vingt-huit fois aussi grand que la terre, semblable à une roue de char, avec une jante creuse et pleine de feu, montrant le feu à un certain point, comme à travers la bouche d'un soufflet. — Aét. II, 20, 1 (R. P. 19 a ; DV 2, 21.)

Anaximandre disait que le soleil est égal à la terre, mais que l'anneau par lequel il respire et par lequel il est mû en cercle est vingt-sept fois aussi grand que la terre. — Aét. II, 21, 1. (*Dox.*, p. 351 ; DV 2, 21.)

Anaximandre disait que la lune est un anneau dix-huit fois aussi grand que la terre... — Aét. II, 25, 1. (*Dox.* p. 355 ; DV 2, 22 [2].)

[1] Je suppose avec Diels (*Dox.* p. 560), que quelques mots sont tombés dans notre texte d'Hippolyte. Mais, d'accord avec Tannery, *Science hellène* (1887), p. 91, j'ai suppléé « dix-huit fois » plutôt que « dix-neuf fois ». Zeller (p. 224, n. 2) préfère le texte de notre manuscrit d'Hippolyte au témoignage d'Aétius.

[2] Aétius dit de plus que la lune ressemble à une roue de char creuse et pleine de feu, avec une ἐκπνοή. La différence entre les dimensions

Anaximandre soutenait que le tonnerre et l'éclair sont causés par le vent. Quand il est enfermé dans un nuage épais et qu'il s'échappe avec violence, la rupture du nuage produit le bruit, et la déchirure offre l'aspect lumineux par contraste avec l'obscurité du nuage. — Aét. III, 3, 1 (*Dox.* p. 367 ; DV, 2, 23).

Anaximandre soutenait que le vent est un courant d'air (c'est-à-dire de vapeur) qui s'élève quand ses particules les plus fines et les plus humides sont mises en mouvement ou dissoutes par le soleil. — Aét. III, 6,1 (*Dox.* p. 374 ; DV, 2, 24).

La pluie est produite par l'humidité pompée de la terre par le soleil. — Hipp. *Ref.* I, 6, 7 (*Dox.* p. 560 ; DV, 2, 11).

Nous avons vu plus haut que la sphère de flamme fut brisée en anneaux par l'expansion de l'air ou de la vapeur que sa propre chaleur avait tirée de l'intérieur humide et froid. Nous devons nous rappeler qu'Anaximandre ne savait rien de l'anneau de Saturne. Ces anneaux sont au nombre de trois : celui du soleil, celui de la lune, et enfin, à la moindre distance de la terre, le cercle des étoiles. Le cercle du soleil est vingt-sept fois, et celui de la lune dix-huit fois aussi grand que la terre, d'où nous pouvons peut-être inférer que le cercle des étoiles est neuf fois aussi grand. Les nombres neuf, dix-huit, vingt-sept, jouent un rôle considérable dans les cosmogonies primitives [1]. Nous ne voyons pas le cercle complet des anneaux de feu, parce que la vapeur qui les a formés entoure le feu et devient un anneau extérieur opaque. Ces anneaux extérieurs, toutefois, ont, sur un point de leur circonférence, des ouvertures à travers lesquelles le feu s'échappe, et ces ouvertures sont les corps célestes que nous voyons [2].

indiquées par Hippolyte et par Aétius est due au fait que l'un parle de la circonférence intérieure, l'autre de la circonférence extérieure des anneaux. Cf. Tannery, *Science hellène*, p. 91, et Diels, *Ueber Anaximanders Kosmos* (*Arch.* X, pp. 231 sq.).

[1] Comme le fait ressortir Diels (*Arch.* X, p. 229), l'explication donnée par Gomperz, p. 53 de la 1re édition ne peut être exacte. [Dans les éditions subséquentes, ce passage a été supprimé.] Elle présuppose la théorie du Ve siècle sur les μύδροι. Anaximandre ne savait rien de la « grande masse » du soleil.

[2] La véritable signification de cette doctrine a été exposée pour la première fois par Diels (*Dox.* pp. 25 sq.). Les flammes font éruption

On remarquera qu'il n'est question que de trois cercles, et que le cercle du soleil est le plus élevé. Le cercle des étoiles offre quelque difficulté. C'est, selon toute probabilité, la Voie lactée, dont l'apparence peut bien avoir suggéré toute la théorie [1]. Anaximandre doit avoir pensé, semble-t-il, qu'elle avait plus d'un « évent », quoique la tradition soit muette sur ce point. Il n'y a pas la moindre raison de supposer qu'il la considérât comme une sphère. Il n'eût pas manqué de s'apercevoir qu'une sphère ainsi placée aurait rendu le soleil et la lune constamment invisibles. Que dire donc des étoiles fixes qui ne se trouvent pas dans la Voie lactée? Il semble difficile d'en trouver l'explication à moins de supposer qu'elles constituent les « mondes innombrables » dont nous venons de parler. Comme le feu et l'air qui entouraient le monde ont été brisés en anneaux, nos regards doivent pouvoir plonger directement dans l'infini, et les étoiles fixes doivent justement être les mondes, dont chacun est entouré de son enveloppe de feu. Il ne semble pas facile d'expliquer autrement l'ensemble de nos textes, et, si cela est exact, l'indication de quelques auteurs, suivant lesquels Anaximandre regardait les étoiles du ciel comme des dieux, peut être quelque chose de plus que la simple erreur que l'on y voit généralement aujourd'hui [2].

---

per magni circum spiracula mundi, comme dit Lucrèce (VI, 493). Le πρηστῆρος αὐλός auquel ces *spiracula* sont comparés est tout simplement le tuyau d'un soufflet, sens que le mot πρηστήρ a dans Apollonius de Rhodes (IV, 776), et n'a aucun rapport avec le phénomène météorologique du même nom. Sur ce dernier, voir chap. III, § 71. Il n'est plus nécessaire, aujourd'hui, de réfuter les anciennes interprétations.

[1] Ce ne peut être le zodiaque, car les planètes n'étaient pas encore étudiées séparément à cette époque.

[2] Les *Placita* et Eusèbe ont tous deux τοὺς ἀστέρας οὐρανίους au lieu de τοὺς ἀπείρους οὐρανούς (voir plus haut, p. 65, n. 3) et il est bien possible que ce ne soit pas là une simple corruption de texte. La source commune peut avoir eu les deux indications. Je n'appuie cependant pas l'interprétation donnée dans mon texte sur cette base très incertaine. Indépendamment de cet argument, c'est, me semble-t-il, le seul moyen de se tirer de cette difficulté.

L'explication donnée du tonnerre et de l'éclair était tout à fait analogue. Ces phénomènes aussi étaient causés par le feu s'échappant à travers l'air comprimé, c'est-à-dire à travers les nuages orageux. Il semble probable que c'est là le point de départ de toute la théorie, et qu'Anaximandre expliquait les corps célestes par l'analogie de l'éclair, et non vice versa. Cela serait en parfait accord avec la prédilection de l'époque pour la météorologie.

XX. — La terre et la mer.

Venons-en maintenant à l'examen des textes relatifs à l'origine de la terre et de la mer. Toutes deux sont sorties de la matière froide et humide qui fut « séparée » au commencement et qui remplit l'intérieur de la sphère de flamme :

La mer est ce qui reste de l'humidité primordiale. Le feu en a desséché la plus grande partie, et transformé le reste en sel en le brûlant. — Aét. III, 16, 1. (R. P. 20 a ; DV 2, 27.)

Il dit que la Terre est de forme cylindrique, et que sa profondeur est égale au tiers de sa largeur. — Ps.-Plut. Strom. fr. 2. (R. P., ib. ; DV, 2, 10.)

La terre plane librement, sans être soutenue par rien. Elle demeure en place parce qu'elle est à égale distance de tout. La forme en est convexe et ronde, pareille à une colonne de pierre. Nous sommes sur l'une des surfaces, et l'autre est du côté opposé[1]. — Hipp, Ref. I, 6 (R. P. 20 ; DV 2, 11, 3.)

---

[1] Les mss d'Hippolyte ont ὑγρὸν στρογγύλον. Roeper lisait γυρὸν [στρογγύλον], supposant que le second mot n'était qu'une glose du premier ; mais Diels a montré (Dox. p. 218) qu'ils sont nécessaires tous les deux. Le premier signifie « convexe » et s'applique à la surface de la terre, tandis que le second signifie « rond » et se rapporte à son circuit. Sur κίονι λίθῳ. Il est difficile de dire quoi que ce soit de positif. Il ne serait pas impossible que ce fût une simple corruption de κυλίνδρῳ (cf. Plut. Strom, frg. 2 ; R. P. 20 a ; DV 2, 10); mais s'il en est ainsi, c'est une corruption très ancienne. Aétius (III, 10, 2 ; DV 2, 25), qui est tout à fait indépendant d'Hippolyte, a λίθῳ κίονι; Roeper suggérait κιονίῃ λίθῳ ; Teichmüller, κίονος λίθῳ, tandis que Diels songe dubitativement à λίθῳ

Adoptant pour un moment la théorie postérieure des « éléments », nous voyons qu'Anaximandre plaçait le feu d'un côté parce que c'est le « chaud », et tout le reste de l'autre parce que c'est le « froid », qui est aussi humide. Cela peut expliquer comment Aristote en vint à parler de l'Illimité comme d'un intermédiaire entre le feu et l'eau. Et nous avons vu aussi qu'une partie de l'élément humide fut transformée par le feu en « air » ou vapeur, ce qui explique comment il pouvait dire que l'Illimité était quelque chose entre le feu et l'air, ou entre l'air et l'eau[1].

L'humide, froid intérieur du monde, n'est pas, on le remarquera, simplement de l'eau. Il est toujours appelé « l'humide » ou « l'état humide ». Et la raison en est qu'il doit être différencié encore en terre, en eau et en vapeur sous l'influence de la chaleur. Le dessèchement graduel de l'eau par le feu est un bon exemple de ce qu'Anaximandre entendait par « injustice ». Et nous voyons comment cette injustice amène la destruction du monde. Avec le temps, le feu desséchera et brûlera l'ensemble de l'élément froid et humide. Mais alors il n'y aura plus de feu ; il n'y aura plus que le « mélange » du chaud et du froid, si nous pouvons l'appeler ainsi — c'est-à-dire qu'il se confondra avec l'Illimité qui l'entoure et s'y perdra.

L'idée que se faisait Anaximandre de la terre dénote un grand progrès sur tout ce que nous pouvons raisonnablement attribuer à Thalès, et Aristote nous a conservé les arguments sur lesquels cette idée s'appuyait. La terre est à égale distance des extrêmes dans chaque direction, et elle n'a pas de raison de se mouvoir en haut, en bas ou de côté[2]. Néanmoins, Anaximandre n'en vient pas encore à

κίονι, qui, à ce qu'il suggère, pourrait être la modernisation — due à Théophraste — d'un primitif λιθίη κίονι (*Dox.* p. 219).

[1] Voir plus haut, p. 58, note 2.

[2] Arist. *de Caelo*, B, 13. 295 *b* 10 : εἰσὶ δέ τινες οἳ διὰ τὴν ὁμοιότητά φασιν αὐτὴν (τὴν γῆν) μένειν, ὥσπερ τῶν ἀρχαίων Ἀναξίμανδρος· μᾶλλον μὲν γὰρ οὐθὲν ἄνω ἢ κάτω ἢ εἰς τὰ πλάγια φέρεσθαι προσήκειν τὸ ἐπὶ τοῦ μέσου ἱδρυμένον καὶ ὁμοίως πρὸς τὰ ἔσχατα ἔχον. Qu'Aristote reproduise réellement

se la figurer sphérique. Il croit que nous vivons sur un disque convexe : aussi lui attribue-t-il comme une chose toute naturelle la forme cylindrique. Mais, chose réellement remarquable, il semble avoir compris, quoique obscurément, qu'il n'y a ni haut ni bas dans le monde.

XXI. — Les animaux.

Ce que nous avons vu jusqu'ici suffit à montrer que les spéculations d'Anaximandre sur le monde étaient d'un caractère extrêmement hardi ; nous en venons maintenant au point culminant de son audace, nous voulons dire sa théorie de l'origine des créatures vivantes. L'analyse qu'en avait fait Théophraste nous a été heureusement conservée par les doxographes :

Les créatures vivantes naquirent de l'élément humide, quand il eut été évaporé par le soleil. L'homme était, au début, semblable à un autre animal, à savoir à un poisson. — Hipp., *Ref.* I, 6 (R. P. 22 *a*; DV 2, 11, 6).

Les premiers animaux furent produits dans l'humide, enfermés chacun dans une écorce épineuse. Avec le temps ils firent leur apparition sur la partie la plus sèche. Quand l'écorce éclata[1], ils modifièrent leur genre de vie en peu de temps. —Aët. V, 19, 1 (R. P., 22; DV, 2, 30).

Il dit en outre qu'à l'origine l'homme naquit d'animaux d'une autre espèce. La raison qu'il en donne est que, tandis que les autres animaux trouvent tout de suite leur nourriture par eux-mêmes, l'homme a besoin d'une longue période d'allaitement. Il en résulte que s'il avait été à l'origine ce qu'il est maintenant, il n'aurait jamais survécu. — Ps.-Plut. *Strom.* fr. 2 (R. P., *ib.* DV 4, 2, 10).

Il prétend qu'au début les êtres humains naquirent dans l'intérieur de poissons, et qu'après avoir été nourris comme les

---

Anaximandre, cela paraît ressortir de l'emploi d'ὁμοιότης dans l'ancien sens d'« égalité ».

[1] Ceci doit être compris à la lumière de ce que nous apprenons plus loin sur les γαλεοί. Cf. Arist. *Hist. An.* Z, 10. 565 *a* 25 : τοῖς μὲν οὖν σκυλίοις, οὓς καλοῦσί τινες νεβρίας γαλεούς, ὅταν περιρραγῇ καὶ ἐκπέσῃ τὸ ὄστρακον, γίνονται οἱ νεοττοί.

requins,[1] et être devenus capables de se protéger eux-mêmes, ils furent finalement jetés sur le rivage, et prirent terre. — Plut. *Symp. Quaest.*, 730 f (R. P., *ib.* ; DV 2, 30).

L'importance de ces textes a parfois été exagérée ; plus souvent encore, elle n'a pas été appréciée comme elle le méritait. Par quelques-uns, Anaximandre a été appelé un précurseur de Darwin, tandis que d'autres n'ont vu dans toutes ses déclarations qu'une survivance mythologique. Il est donc important de remarquer que nous sommes ici en présence d'un des rares cas où nous n'avons pas simplement un *placitum*, mais une indication, un peu maigre, il est vrai, des observations sur lesquelles ce *placitum* était basé, et le genre d'argument sur lequel il s'appuyait. Il appert de là qu'Anaximandre avait une notion de ce que l'on entend par l'adaptation au milieu et par la survivance des plus aptes, et qu'il se rendait compte que les mammifères les plus élevés ne pouvaient représenter le type originel de l'animal. Ce type, il le cherchait dans la mer, et il le voyait naturellement dans les poissons, qui présentent la plus grande analogie avec les mammifères. Joh. Müller a montré, il y a longtemps déjà, que les indications données par Aristote sur le *galeus levis* étaient plus exactes que celles qu'on doit aux naturalistes plus récents, et nous savons maintenant que les observations sur lesquelles elles reposent avaient déjà été faites par Anaximandre. La manière dont le requin nourrit ses petits lui fournissait justement ce dont il avait besoin pour expliquer la survivance des premiers animaux[2].

[1] Il faut lire ὥσπερ οἱ γαλεοί au lieu de ὥσπερ οἱ παλαιοί, avec Dœhner, qui compare Plut. *de soll. anim.* 982 a, où est décrit le φιλόστοργον du requin. Voir la note suivante.

[2] Sur Aristote et le *galeus levis*, voir Johannes Müller, *Ueber den glatten Hai des Aristoteles* (K. Preuss. Akad. 1842), travail sur lequel mon attention a été dirigée par mon collègue, le professeur d'Arcy Thomson. Le sens exact des mots τρεφόμενοι ὥσπερ οἱ γαλεοί ressort de Arist. *Hist. An.* Z, 10, 565 b 1 : οἱ δὲ καλούμενοι λεῖοι τῶν γαλεῶν τὰ μὲν ᾠὰ ἴσχουσι μεταξὺ τῶν ὑστερῶν ὁμοίως τοῖς σκυλίοις, περιστάντα δὲ ταῦτα εἰς ἑκατέραν τὴν διχρόαν τῆς ὑστέρας καταβαίνει, καὶ τὰ ζῷα γίνεται τὸν ὀμφαλὸν ἔχοντα

XXII. — Théologie.

Au cours de notre discussion sur les « mondes innombrables », nous avons vu qu'Anaximandre regardait ceux-ci comme des dieux. Il est vrai, sans doute, comme le dit Zeller [1], que pour les Grecs le mot θεός signifiait à l'origine un objet d'adoration, et il ajoute avec raison que personne ne songerait à adorer des mondes innombrables. Ce n'est pas, toutefois, une objection réelle à notre interprétation, quoique cela serve à mettre en lumière un point intéressant dans le développement des idées théologiques grecques. En fait, les philosophes s'écartèrent tout à fait de l'emploi reçu du mot θεός. Empédocle appelait dieux la sphère et les éléments, quoiqu'il ne soit pas à supposer qu'il les regardât comme des objets d'adoration, et nous constaterons que Diogène d'Apollonie, d'une manière analogue, parlait de l'air comme d'un dieu [2]. Ainsi que nous l'apprennent les *Nuées* d'Aristophane, ce fut justement cette façon de parler qui valut aux philosophes la réputation d'athéisme. Il est très important de ne pas perdre de vue ce point ; en effet, lorsque nous arriverons à Xénophane, nous verrons que par le dieu ou les dieux dont il

---

πρός τῇ ὑστέρᾳ, ὥστε ἀναλισκομένων τῶν ᾠῶν ὁμοίως δοκεῖν ἔχειν τὸ ἔμβρυον τοῖς τετράποσιν. Il n'est pas nécessaire de supposer qu'Anaximandre s'en référait au phénomène ultérieur décrit par Aristote, lequel dit plus d'une fois que tous les γαλεοί excepté l'ἀκανθίας « mettent bas leurs petits et les réabsorbent » (ἐξαφιᾶσι καὶ δέχονται εἰς ἑαυτοὺς τοὺς νεοττούς. *Ib.* 565 *b* 23), au sujet de quoi comparer aussi Ael. I, 17 ; Plut. *de soll. anim.* 982 *a* ; *de amore prolis* 494 c. Le *placenta* et le cordon ombilical décrits par Johannes Müller rendent suffisamment compte de tout ce que dit Anaximandre. J'ai appris, en outre, que des pêcheurs en mer profonde confirment aujourd'hui cette remarquable indication, et deux témoins dignes de foi m'ont informé qu'ils croyaient avoir vu cette scène de leurs propres yeux.

[1] Zeller, p. 230.

[2] Sur Empédocle, voir chap. V, § 119 ; et sur Diogène, chap. X, § 188, frg. 5. Les cosmologues suivaient en cela les auteurs de théogonies et de cosmogonies. Personne n'adorait Okeanos et Téthys, ni même Ouranos.

parlait il entendait précisément le monde ou les mondes. Il semble donc qu'Anaximandre appelait divin l'Illimité lui-même [1], ce qui s'accorde tout à fait avec le langage d'Empédocle et de Diogène, dont nous avons fait mention ci-dessus.

XXIII. — Anaximène. Sa vie.

Anaximène de Milet, fils d'Eurystratos, était, suivant Théophraste, un « associé » d'Anaximandre [2]. Apollodore dit, semble-t-il, qu'il « florissait » vers l'époque de la chute de Sardes (546/5 av. J.-C.), et qu'il mourut dans la 63e olympiade (528/524 av. J.-C.) [3]. En d'autres termes, il était né quand Thalès « florissait », et « florissait » quand Thalès mourut, ce qui veut dire qu'Apollodore n'avait aucune information précise du tout sur l'époque où il vécut. Il le faisait très probablement mourir dans la 63e olympiade parce que cela donne juste une centaine d'années, ou trois générations, pour l'école de Milet, depuis la naissance de Thalès [4]. Nous ne pouvons donc rien dire de positif sur son époque, si ce n'est qu'il doit avoir été plus jeune qu'Anaximandre, et avoir fleuri avant 494, date à laquelle l'école fut naturellement dissoute par suite de la destruction de Milet.

[1] Arist. *Phys.* Γ, 4. 203 b, 13 (R. P. 17 ; DV 2, 15).

[2] Théophr. *Phys. Op.* frg. 2 (R. P. 26 ; DV 3 A, 5).

[3] Cela résulte de la comparaison de Diog. II, 3, avec Hipp. *Ref.* I, 7 (R. P. 23 ; DV 3 A 7, 9). Dans ce dernier passage, nous devons, toutefois, lire avec Diels τρίτον au lieu de πρῶτον. La suggestion de R. P. (23 e), qu'Apollodore indiquait l'olympiade sans donner le chiffre de l'année, tombe à faux, car Apollodore ne comptait pas par olympiades, mais par archontes athéniens.

[4] Jacoby (p. 194) met la date de sa mort en rapport avec l'*akmè* de Pythagore, ce qui me semble moins probable. Lortzing (*Jahresber.*, 1898, p. 202), combat mon opinion pour le motif que la période de cent ans ne joue aucun rôle dans les calculs d'Apollodore. On voit toutefois, par Jacoby (pp. 39 sq.), qu'il y a quelque raison de croire qu'il faisait usage de la génération de 33 1/3 années.

XXIV. — Son livre.

Anaximène écrivit un livre qui se conserva certainement jusqu'à l'âge de la critique littéraire ; car on nous dit qu'il se servait d'un ionien simple et sans prétention[1], très différent, nous sommes en droit de le supposer, de la prose poétique d'Anaximandre[2]. Nous pouvons sans doute nous fier à ce jugement qui, en dernière analyse, remonte à Théophraste ; et il nous fournit une bonne illustration de cette vérité que le caractère de la pensée d'un homme s'exprime à coup sûr dans son style. Nous avons vu que les spéculations d'Anaximandre se distinguaient par leur hardiesse et leur largeur ; celles d'Anaximène sont marquées par les qualités précisément opposées. Il semble avoir élaboré son système avec soin, mais il rejette les théories, plus audacieuses, de son prédécesseur. Il en résulte que, tandis que sa vue du monde est en somme beaucoup moins près de la vérité que celle d'Anaximandre, elle est plus fertile en idées destinées à durer.

XXV. — Théorie de la substance primordiale.

Anaximène est l'un des philosophes auxquels Théophraste consacra une monographie spéciale[3], et ce fait nous donne une garantie de plus de l'authencité de la tradition dérivée de son grand ouvrage. Les passages qui paraissent contenir le plus exact et le plus complet résumé de ce qu'il avait à dire sur le point central du système sont les suivants[4] :

Anaximène de Milet, fils d'Eurystrate, qui avait été associé d'Anaximandre, disait, comme celui-ci, que la substance fondamentale était une et infinie. Il ne disait pas, toutefois, comme

---

[1] Diog. II, 3 (R. P. 23).

[2] Voir l'appréciation de Théophraste, ci-dessus, § 13.

[3] Sur ces monographies, voir *Dox.* p. 103.

[4] Voir le tableau des extraits de Théophraste donné dans *Dox.* p. 135.

Anaximandre, qu'elle fût indéterminée, mais déterminée, car il disait que c'était l'air. — *Phys. Op.* fr. 2 (R. P. 26 ; DV 3 A 5).

De lui, disait-il, sont nées les choses qui sont, qui ont été et qui seront, les dieux et les choses divines, tandis que les autres choses viennent de la descendance de celle-ci (de la substance fondamentale). — Hipp. *Ref.* I, 7 (R. P. 28 ; DV, 3 A 7, 1).

« Exactement, disait-il, comme notre âme, qui est air, nous soutient, le souffle et l'air entourent le monde entier. » — Aét. I, 3, 4 (R. P. 24 ; DV 3 B 2).

Et la forme de l'air est la suivante. Là où il est le plus égal, il est invisible à notre regard ; mais le froid et la chaleur, l'humidité et le mouvement le rendent visible. Il est toujours en mouvement, car s'il ne l'était pas il ne changerait pas autant qu'il le fait. — Hipp. *Ref.* I, 7 (R. P. 28 ; DV, 3 A 7, 2).

Il se sépare en diverses substances en vertu de sa raréfaction et de sa condensation. — *Phys. Op.* fr. 2 (R. P. 26 ; DV 3 A 5).

Quand il est dilaté de façon à être rare, il devient feu ; tandis que, d'autre part, les vents sont de l'air condensé. Les nuages se forment de l'air par foulage[1] ; et quand ils se condensent encore davantage, ils deviennent eau. L'eau, en continuant à se condenser, devient terre ; et quand elle se condense autant que cela se peut, elle devient pierre. — Hipp. *Ref.* I, 7 (R. P. 28 ; DV, 3 A, 7 3)[2].

XXVI. — Raréfaction et condensation.

A première vue, il semble que, de la doctrine plus raffinée d'Anaximandre, l'on tombe à une vue plus grossière, mais un moment de réflexion montre que ce n'est pas du tout le cas. Au contraire, l'introduction, dans la théorie, de la raréfaction et de la condensation est un notable progrès[3]. En fait, elle rend la cosmologie milésienne entière-

---

[1] « Foulage » (πίλησις) est le terme régulièrement employé par les anciens cosmologues pour désigner ce processus, et Platon le leur a emprunté. (*Tim.* 58 b 4 ; 76 c 3).

[2] Une forme plus condensée de la même tradition doxographique est donnée par Ps.-Plut. *Strom.* frg. 3 (R. P. 25 ; DV 3 A, 6).

[3] Simplicius, *Phys.* p. 149, 32 (R. P. 26 b ; DV 3 A 5) dit, suivant les mss, que Théophraste parlait de raréfaction et de condensation dans le cas d'Anaximène seul. Nous devons ou bien supposer avec Zeller (p. 193, n. 2) que cela signifie « seul parmi les plus anciens Ioniens », ou lire, avec Usener, πρῶτον au lieu de μόνου. Les termes régulièrement employés sont πύκνωσις et ἀραίωσις ou μάνωσις. Plutarque, *de prim. frig.*

ment consistante pour la première fois ; car il est clair
qu'une théorie qui explique tout par les transformations
d'une substance unique est obligée de regarder toutes les
différences comme purement quantitatives. La substance
infinie d'Anaximandre, d'où sont « séparés » les opposés
renfermés « en elle », ne peut pas, strictement parlant, être
considérée comme homogène, et la seule manière de sauver
l'unité de la substance primordiale est de dire que toutes
les diversités sont dues à la présence d'une plus ou moins
grande quantité de cette substance dans un espace donné.
Et quand, une fois, ce pas important a été franchi, il n'est
plus nécessaire de faire de la substance primordiale quelque chose de « distinct des éléments », pour employer l'expression inexacte, mais commode, d'Aristote ; elle peut
tout aussi bien être l'un d'eux.

XXVII. — L'air.

L'air dont parle Anaximène renferme, en grande proportion, ce que nous n'appellerions pas de ce nom. Dans son état
normal, quand il est tout à fait également distribué, il est
invisible, et alors il correspond à notre « air » ; il est identique au fluide que nous inhalons et au vent qui souffle.
C'est pourquoi il le nommait πνεῦμα. D'autre part, la
vieille idée qu'Homère nous a rendue familière, et qui
veut que la buée ou vapeur soit de l'air condensé, est
encore admise sans discussion. En d'autres termes, nous
pouvons dire qu'Anaximène supposait beaucoup plus facile
d'obtenir de l'air liquide que nous ne l'avons appris depuis
par l'expérience. Ce fut, nous le verrons, Empédocle qui
le premier, découvrit que ce que nous appelons air était
une substance corporelle distincte, et n'était identique ni à
la vapeur, ni à l'espace vide. Chez les premiers cosmologues, l'« air » est toujours une forme de vapeur, et l'obscurité elle-même en est une autre. Ce fut aussi Empédocle

947 *f* (R. P. 27 ; DV 3 B 1), dit qu'Anaximène désignait l'air raréfié par
l'expression τὸ χαλαρόν.

qui éclaircit ce point en montrant que l'obscurité est une ombre[1].

Il était naturel pour Anaximène d'adopter l'air ainsi compris comme substance primordiale ; car, dans le système d'Anaximandre, il occupait une place intermédiaire entre les deux opposés fondamentaux, la sphère de flamme et la masse froide et humide qui est en elle (§ 19). Nous savons par Plutarque qu'Anaximène s'imaginait que l'air devenait plus chaud en se raréfiant, plus froid en se condensant. Il s'en convainquait lui-même par une curieuse preuve expérimentale : quand nous soufflons avec la bouche ouverte, l'air est chaud ; quand nous soufflons avec les lèvres rapprochées, il est froid[2].

XXVIII. — Le monde respire.

Cet argument tiré de la respiration humaine nous conduit à un point important de la théorie d'Anaximène, point attesté par le seul fragment qui nous soit parvenu[3]. « De même que notre âme, étant air, nous soutient, le souffle et l'air environnent le monde entier. » La substance primordiale est dans le même rapport avec la vie du monde qu'avec celle de l'homme. Or c'était là, nous le verrons, l'opinion des Pythagoriciens[4] ; c'est aussi un ancien exemple de la conclusion du microcosme au macrocosme,

---

[1] Sur le sens de ἀήρ dans Homère, voir Sch· ιldt, *Synonimik*, § 35 ; et sur la survivance de ce sens dans la prose ionienne, Hippocrate, Περὶ ἀέρων, ὑδάτων, τόπων, 15 : ἀήρ τε πολὺς κατέχει τὴν χώρην ἀπὸ τῶν ὑδάτων. Platon a encore conscience de l'ancienne signification du mot, car il fait dire à Timée : ἀέρος (γένη) τὸ μὲν εὐαγέστατον ἐπίκλην αἰθὴρ καλούμενος, ὁ δὲ θολερώτατος ὁμίχλη καὶ σκότος (*Tim.* 58 d). L'opinion exprimée dans notre texte a été combattue par Tannery, *Une nouvelle hypothèse sur Anaximandre* (*Arch.* VIII, pp. 443 sq.) et j'ai légèrement modifié ma rédaction pour tenir compte de sa critique. Ce point est, comme nous le verrons, d'une importance capitale pour l'intelligence du Pythagorisme.

[2] Plut. *de prim. frig.* 947 *f* (R. P. 27 ; DV 3 B 1).

[3] Aet. I, 3, 4 (R. P. 24 ; DV 3 B 2).

[4] Voir chap. II, § 53.

et la première manifestation de l'intérêt qui s'est attaché depuis aux questions physiologiques.

XXIX. — Les parties du monde.

Nous en venons maintenant à la tradition doxographique concernant la formation du monde et de ses parties :

Il dit que la terre vint pour la première fois à l'existence lorsque l'air fut foulé. Elle est très large, et elle est par conséquent supportée par l'air. — Ps.-Plut., *Strom.* fr. 3 (R. P. 25 ; DV, 3 A 6).

De la même manière, le soleil, la lune et les autres corps célestes, qui sont de nature ignée, sont supportés par l'air à cause de leur largeur. Les corps célestes ont été produits par l'humidité qui s'élève de la terre. Quand elle est raréfiée, le feu prend naissance, et les étoiles sont composées du feu qui s'est ainsi élevé. Il y a aussi des corps de substance terrestre dans la région des étoiles, et qui tournent avec elles. Et il dit que les corps célestes ne se meuvent pas au-dessous de la terre, comme d'autres le supposent, mais autour d'elle, comme une cape tourne autour de notre tête. Le soleil se dérobe à nos regards non pas parce qu'il passe sous la terre, mais parce qu'il est caché par des parties plus hautes de la terre, et parce que sa distance de nous devient plus grande. Les étoiles ne donnent pas de chaleur à cause de leur grand éloignement. — Hipp., *Ref.* I, 7, 4-6 (R. P. 28 ; DV 3 A 7).

Les vents sont produits quand l'air est condensé, et se précipite par l'effet d'un choc ; mais quand il est encore plus concentré et épaissi, il en résulte des nuages ; et finalement il se change en eau[1]. — Hipp. *Ref.* I, 7, 7. (*Dox.* p. 561 ; DV 3 A 7).

Les étoiles sont fixées comme des clous sur la voûte cristalline du ciel. — Aét. II, 14, 3 (*Dox.* p 344 ; DV 3 A 14).

Elles ne passent pas au-dessous de la terre, mais tournent autour d'elle. — *Ib.* 16, 6. (*Dox.* p. 346 ; DV 3 A 14.)

Le soleil est de feu. — *Ib.* 20, 2 (*Dox.* p. 348 ; DV 3 A 15).

Il est large comme une feuille. — *Ib.* 22, 1. (*Dox.* p. 352 ; DV 3 A 15.)

Les corps célestes sont détournés de leur course par la résistance de l'air comprimé. — *Ib.* 23, 1. (*Dox.* p. 352 ; DV 3 A 15.)

[1] Ici, le texte est gravement altéré. Je conserve ἐκπεπυκνωμένος parce qu'on nous dit plus haut que les vents sont de l'air condensé, et j'adopte la conjecture de Zeller : ἀραιῷ εἰσφέρηται (p. 246, n. 1).

La lune est de feu. — *Ib.* 25, 2. (*Dox.* p. 356 ; DV 3 A 16.)

Anaximène expliquait l'éclair comme Anaximandre, ajoutant, pour illustrer sa pensée, ce qui arrive sur la mer, qui étincelle quand elle est divisée par les rames. — *Ib.* III, 3,2 (*Dox.* p. 368; DV 3 A 17).

La grêle se produit quand l'eau se congèle en tombant ; la neige, quand un peu d'air est emprisonné dans l'eau. — Aét. III, 4, 1. (*Dox.* p. 370 ; DV 3 A 17).

L'arc-en-ciel se produit quand les rayons du soleil tombent sur de l'air fortement condensé. C'est pourquoi sa partie antérieure semble rouge, étant brûlée par les rayons du soleil, tandis que l'autre partie est sombre, à cause de la prédominance de l'humidité. Et il dit qu'un arc-en-ciel est produit de nuit par la lune, mais pas souvent, parce que ce n'est pas constamment pleine lune, et parce que la lumière de la lune est plus faible que celle du soleil. — *Schol. Arat.*[1] (*Dox.* p. 231 ; DV 3 A 18.)

La terre est pareille à une table, quant à sa forme. — Aét. III, 10, 3 (*Dox.* p. 377 ; DV 3 A 20).

La cause des tremblements de terre est l'aridité et l'humidité de la terre, occasionnées respectivement par les sécheresses et par les fortes pluies. — *Ib.* 15, 3 (*Dox.* p. 379).

Nous avons vu qu'Anaximène avait toute raison de retourner en arrière jusqu'à Thalès en ce qui concerne sa théorie générale de la substance primordiale ; mais il est hors de doute que ce fait eut des conséquences malheureuses pour les détails de sa cosmologie. Anaximène tient, lui aussi, la terre pour un disque pareil à une table, et flottant sur l'air. Pour lui, le soleil, la lune et les planètes sont aussi des disques de feu qui flottent sur l'air « comme des feuilles ». Il en résulte qu'on ne peut se représenter les corps célestes comme passant de nuit sous la terre, mais seulement comme la contournant latéralement, à la manière d'une cape ou d'une meule de moulin[2]. Cette curieuse

---

[1] La source de ce fragment est Posidonius, qui utilisait Théophraste. *Dox.* p. 231.

[2] Théodoret (IV, 16) parle de philosophes qui croient à une révolution pareille à celle d'une meule de moulin, en opposition à la révolution d'une roue. Diels (*Dox.* p. 46) attribue ces comparaisons respectivement à Anaximène et à Anaximandre. Elles viennent naturellement d'Aétius

opinion est aussi mentionnée dans la *Météorologie* d'Aristote¹, où il est fait allusion à l'altitude des parties septentrionales de la terre, grâce à laquelle les corps célestes peuvent se dérober à notre vue. En fait, tandis qu'Anaximandre regardait les orbites du soleil, de la lune et des étoiles comme obliques par rapport à la terre, Anaximène se figurait la terre elle-même inclinée. Le seul progrès réel qu'on puisse noter à son actif est la distinction entre les planètes, qui flottent librement dans l'air, et les étoiles fixes, qui sont assujetties sur la voûte « cristalline » du ciel².

Les corps terrestres qui circulent parmi les planètes sont évidemment destinés à expliquer les éclipses et les phases de la lune³.

XXX. — Les mondes innombrables.

Comme on pouvait s'y attendre, les « mondes innombrables » attribués à Anaximène, soulèvent la même difficulté que ceux d'Anaximandre, et la plupart des arguments que nous avons donnés plus haut (§ 18) s'appliquent aussi ici. Le matériel de preuves, toutefois, est bien moins satisfaisant. Cicéron dit qu'Anaximène regardait l'air comme un dieu, et ajoute que l'air était venu à l'existence⁴. Qu'il y ait ici quelque confusion, cela est évident. L'air, en tant que substance primordiale, est certainement éternel, et il est tout à fait probable qu'Anaximène l'appelait « divin », comme Anaximandre le faisait de l'Illimité ; mais il est certain qu'il parlait aussi de dieux qui venaient au jour et

(Append. § 10), quoiqu'elles ne soient données ni dans Stobée ni dans les *Placita*.

¹ B, 1. 354 a 28 (R. P. 28 c ; DV 3 A 14).

² Nous ignorons comment Anaximène se représentait le ciel « cristallin ». Il est probable qu'il se servait du mot πάγος comme Empédocle. Cf. chap. V, § 112.

³ Voir Tannery, *Science hellène*, p. 153. Sur les corps tout à fait analogues dont Anaxagore supposait l'existence, voir plus loin, chap. VI, § 135. Voir, en outre, chap. VII, § 151.

⁴ Cic. *de nat. D.* 1, 26 (R. P. 28 b ; DV 3 A 10). Sur ce qui suit, voir Krische, *Forschungen*, pp. 52 sq.

mouraient. Ils naissaient, disait-il, de l'air. Ce point est expressément confirmé par H'ppolyte [1] et aussi par Saint-Augustin [2]. Ces dieux doivent probablement être expliqués comme ceux d'Anaximandre. Simplicius, il est vrai, exprime une autre opinion [3]; mais il peut avoir été induit en erreur par une autorité stoïcienne.

XXXI. — Influence d'Anaximène.

Il ne nous est pas précisément facile de nous représenter qu'aux yeux de ses contemporains — et longtemps après encore — Anaximène était une personnalité beaucoup plus importante qu'Anaximandre. Et pourtant le fait est certain. Nous verrons que Pythagore, bien que suivant Anaximandre dans son explication des corps célestes, s'inspirait beaucoup plus d'Anaximène dans sa théorie générale de la réalité (§ 53). Nous verrons en outre que si, à une date plus récente, la science fleurit une fois encore en Ionie, ce fut à « la philosophie d'Anaximène » qu'elle se rallia (§ 122). Anaxagone adopta nombre de ses opinions les plus caractéristiques (§ 135) et quelques-unes d'entre elles pénétrèrent même dans la cosmologie des Atomistes [4]. Diogène

---

[1] Hipp. *Ref.* I, 7, 1 (R. P. 28 ; DV 3 A 7).

[2] Aug. *de Civ. D.* VIII, 2 : « Anaximenes omnes rerum causas infinito aëri dedit : nec deos negavit aut tacuit ; non tamen ab ipsis aërem factum, sed ipsos ex aëre ortos credidit. » (R. P. 28 *b* ; DV 3 A 10).

[3] Simpl. *Phys.* p. 1121, 12 (R. P. 28 *a* ; DV 3 A 11). Le passage tiré des *Placita* est plus probant que celui de Simplicius. Notez de plus que ce n'est qu'à Anaximène, à Héraclite et à Diogène que, même ici, sont attribués des mondes successifs. En ce qui concerne Anaximandre, Simplicius est parfaitement clair. Sur l'opinion des Stoïciens relativement à Héraclite, voir chap. III, § 78, et sur Diogène, chap. X, § 188. Que Simplicius ait suivi une autorité stoïcienne, cela est suggéré par les mots : καὶ ὕστερον οἱ ἀπὸ τῆς Στοᾶς. Cf. aussi Simpl. *de Cælo*, p. 202, 13.

[4] L'autorité d'Anaximène était si grande que Leucippe et Démocrite adhérèrent tous deux à sa théorie de la forme de la terre, et se représentaient celle-ci comme un disque. Cf. Aët. III, 10, 3-5 (Περὶ σχήματος γῆς). Ἀναξιμένης τραπεζοειδῆ (τὴν γῆν). Λεύκιππος τυμπανοειδῆ. Δημόκριτος δισκοειδῆ μὲν τῷ πλάτει, κοίλην δὲ τῷ μέσῳ. Ceci en dépit du fait que la

d'Apollonie revint à la doctrine centrale d'Anaximène, et fit une fois de plus de l'air la substance primordiale, quoiqu'il essayât, lui aussi, de la combiner avec les théories d'Anaxagore (§ 188). Nous reviendrons plus tard sur toutes ces questions ; mais il nous a paru opportun de noter dès maintenant qu'Anaximène marque le point culminant du mouvement intellectuel parti de Thalès, et de montrer comment la « philosophie d'Anaximène » en vint à symboliser la doctrine milésienne tout entière. S'il a pu en être ainsi, c'est uniquement parce qu'elle était réellement l'œuvre d'une école dont Anaximène fut le dernier représentant distingué, et parce que la contribution de celui-ci fut telle qu'elle compléta le système hérité de ses prédécesseurs. Que la théorie de la raréfaction et de la condensation fût réellement pour le système milésien un complément, c'est ce que nous avons déjà vu (§ 26), et tout ce qu'il nous reste à ajouter, c'est que la claire réalisation de ce fait est le meilleur guide à la fois pour l'intelligence de la cosmologie milésienne elle-même et pour celle des systèmes qui la suivirent. Pour l'essentiel, c'est d'Anaximène que tous prennent leur point de départ.

sphéricité de la terre était déjà un lieu commun dans les cercles où avaient pénétré les idées pythagoriciennes.

CHAPITRE II

SCIENCE ET RELIGION

XXXII. — Migrations vers l'ouest.

Jusqu'ici, nous n'avons rencontré aucune trace d'un antagonisme direct entre la science et les croyances populaires, quoique les opinions des cosmologues milésiens fussent en réalité aussi incompatibles avec les religions du peuple qu'avec la mythologie des poètes anthropomorphiques[1]. Deux choses hâtèrent le conflit : le déplacement de la scène vers l'ouest, et le réveil religieux qui se produisit en Grèce au cours du VIe siècle avant Jésus-Christ.

Les principales figures qu'enregistre l'histoire de la philosophie pendant cette période furent Pythagore de Samos et Xénophane de Colophon. Tous deux étaient Ioniens de naissance, et cependant tous deux passèrent la plus grande partie de leur vie dans l'Occident. Hérodote nous apprend comment l'avance des Perses en Asie Mineure occasionna une série de migrations vers la Sicile et l'Italie méridionale[2], et cela changea naturellement en une grande mesure les conditions de la philosophie, aussi bien que celles de la religion. Les nouvelles idées s'étaient probablement développées d'une manière si naturelle et si graduelle en Ionie que le conflit et la réaction avaient été évités ; mais il n'en pouvait être de même quand elles furent transplantées dans

---

[1] Sur les idées théologiques d'Anaximandre et d'Anaximène, voir §§ 22 et 30.

[2] Cf. Herod. I, 170 (conseil de Bias); VI, 22 sq. (Kalè Aktè).

une région où les hommes n'étaient pas le moins du monde préparés à les recevoir.

Un autre effet — un peu postérieur, il est vrai — de ces migrations, fut de mettre la science en contact avec la rhétorique, un des produits les plus caractérisques de la Grèce occidentale. Dans Parménide déjà, nous pouvons noter la présence de cet esprit dialectique et critique qui devait avoir une si grande influence sur la pensée grecque, et ce fut justement cette fusion de l'art d'argumenter en vue de la victoire avec la recherche de la vérité, qui donna naissance à la logique.

XXXIII. — Le réveil religieux.

Le réveil religieux, qui atteignit son point culminant vers cette époque, exerça sur la philosophie une influence dont on ne saurait exagérer la portée. La religion de la Grèce continentale s'était développée d'une tout autre manière que celle de l'Ionie. Le culte de Dionysos, en particulier, qui venait de Thrace, et qui n'est mentionné qu'en passant dans Homère, renfermait en germe une façon entièrement nouvelle d'envisager les rapports de l'homme avec le monde. On aurait certainement tort d'attribuer aux Thraces eux-mêmes des opinions par trop élevées, mais il est hors de doute que le phénomène de l'extase suggéra aux Grecs l'idée que l'âme était quelque chose de plus qu'un faible double du moi, et que ce n'était qu'« en dehors du corps » qu'elle pouvait montrer sa vraie nature[1]. En une moindre mesure, des idées analogues furent suggérées par le culte de Déméter, dont les mystères étaient célébrés à Eleusis; mais, à une date postérieure, elles n'en vinrent pas moins à jouer un rôle très important dans les esprits des

---

[1] Sur tout cela, voir Rohde, *Psyche*, pp. 377 sq. (2ᵉ éd. II, 1). Il est probable que Rohde exagérait le degré auquel ces idées étaient déjà développées parmi les Thraces, mais la connexion essentielle de la nouvelle vue sur l'âme avec des cultes du Nord est sans cesse confirmée par la tradition.

hommes. La cause de ce fait fut leur incorporation à la religion officielle d'Athènes.

Avant l'époque dont nous nous occupons, la tradition nous permet d'entrevoir un âge de prophètes inspirés — Bakides et Sibylles — suivi d'un autre âge d'étranges guérisseurs ou sorciers, comme Abaris et Aristéas de Proconnèse. Avec Epiménide de Crète, nous touchons aux confins de l'histoire, tandis que Phérécyde de Syros est le contemporain des premiers cosmologues : nous possédons encore quelques fragments de son écrit. Il semblait que la religion grecque fût sur le point d'arriver au même stade de développement qu'avaient déjà atteint les religions de l'Orient ; et il est difficile de voir ce qui, à part l'essor de la science, aurait pu s'opposer à cette tendance. On a l'habitude de dire que les Grecs furent préservés d'une religion de type oriental par le fait qu'ils n'avaient pas de caste sacerdotale, mais c'est là prendre l'effet pour la cause. Ce ne sont pas les prêtres qui font les dogmes, quoiqu'ils les conservent une fois constitués, et dans les premiers stades de leur développement, les peuples de l'Orient n'avaient pas non plus de clergé au sens dont nous en parlons ici[1]. Ce fut moins l'absence d'un corps de prêtres que l'existence d'écoles scientifiques qui sauva la Grèce.

XXXIV. — La religion orphique.

La nouvelle religion — car elle était nouvelle en un sens, quoique, en un autre, elle fût aussi vieille que l'humanité — atteignit son apogée par la fondation des communautés orphiques. Pour autant que nous pouvons le savoir, la patrie originelle de ces communautés fut l'Attique, mais elles se répandirent avec une extraordinaire rapidité, spécialement dans le sud de l'Italie et en Sicile[2]. C'étaient, en

---

[1] Voir E. Meyer, *Gesch. des Alterth.* II, § 461. C'est par une survivance de la pensée française au XVIIIe siècle qu'on attribue souvent au clergé un rôle exagéré.

[2] Voir E. Meyer, *Gesch. des Alterth.* II § 453-460, qui insiste avec rai-

première ligne, des associations pour le culte de Dionysos, mais elles se distinguaient par deux traits, nouveaux chez les Hellènes. Elles plaçaient dans une révélation la source de l'autorité religieuse, et elles étaient organisées en communautés artificielles. Les poèmes qui contenaient leur théologie étaient attribués au Thrace Orphée, qui était lui-même descendu dans le Hadès, et était par conséquent un guide sûr à travers les périls qui assiégeaient l'âme séparée du corps dans le monde de l'au-delà. Nous possédons des restes considérables de cette littérature, mais ils sont pour la plupart de date récente, et ne peuvent être tenus pour des témoignages certains des croyances du VIe siècle. Nous savons cependant que les idées directrices de l'orphisme étaient d'origine très ancienne. Un certain nombre de tablettes d'or, sur lesquelles étaient inscrits des vers orphiques, ont été découvertes dans l'Italie méridionale[1]; et quoiqu'elles soient un peu postérieures à la période dont nous nous occupons, elles remontent à une époque où l'Orphisme était une foi vivante et non une renaissance fantastique. Ce que l'on peut en tirer relativement à la doctrine offre une ressemblance étonnante avec les croyances qui prévalaient en Inde vers le même temps, quoiqu'il semble impossible qu'il y ait eu alors un contact effectif entre l'Inde et la Grèce. Le but essentiel des *Orgia*[2] était de « purifier » l'âme du croyant et de la rendre ainsi capable d'échapper à la « roue des naissances », et c'était pour mieux atteindre ce but que les Orphiques étaient organisés en

son sur le fait que la théogonie orphique est la continuation de l'œuvre d'Hésiode. Comme nous l'avons vu, une partie de cette théogonie est même plus ancienne qu'Hésiode.

[1] Sur les tablettes d'or de Thurium et de Pétélia, voir l'appendice aux *Prolegomena to the Study of Greek Religion* de Miss Harrison, où leur texte a été discuté par le professeur Gilbert Murray, qui en a aussi donné la traduction.

[2] C'était le plus ancien nom de ces « mystères », et il signifie simplement « sacrements » (cf. ἔοργα). Les *orgies* ne sont pas nécessairement *orgiastiques*. Cette association d'idées vient uniquement du fait que les orgies appartenaient au culte de Dionysos.

communautés. Les associations religieuses doivent avoir été connues aux Grecs depuis une date assez reculée[1], mais les plus anciennes d'entre elles étaient fondées, en théorie du moins, sur les liens que constituait la parenté du sang. Ce qui était nouveau, c'était l'institution de communautés auxquelles n'importe qui pouvait être admis par l'initiation[2]. C'était, en fait, l'établissement d'églises, quoique rien ne nous prouve qu'elles fussent reliées entre elles de telle sorte que l'on soit fondé à en parler comme d'une seule église. Les Pythagoriciens se rapprochèrent davantage de la réalisation de cette pensée.

XXXV. — La philosophie, chemin de vie.

Nous avons à nous occuper ici de la renaissance religieuse essentiellement parce qu'elle fit naître la pensée que la philosophie est par dessus tout un « chemin de vie ». La science, aussi, était une « purification », un moyen d'échapper à la « roue ». C'est là l'opinion si fortement exprimée dans le *Phédon*, de Platon, qui fut écrit sous l'influence des idées pythagoriciennes[3]. Socrate était devenu pour ses partisans le « Sage » idéal, et ce fut à ce côté de sa person-

---

[1] Hérodote raconte qu'Isagoras et ceux de son γένος adoraient le Zeus Carien (V, 66), et il est probable que les *Orgeones* attachés par Clisthène aux phratries attiques étaient des associations de cette nature. Voir Foucart, *Les associations religieuses chez les Grecs*.

[2] Un surprenant parallèle à tout cela nous est fourni par ce que nous lisons dans Robertson Smith, *Religion of the Semites*, p. 339. « Le trait essentiel qui les distinguait (les mystères sémitiques du VIIe siècle avant J.-C.) des vieux cultes publics avec lesquels ils vinrent en compétition, c'est qu'ils n'étaient pas fondés sur le principe de la nationalité, mais qu'ils cherchaient des recrues parmi les hommes de toute race disposés à accepter l'initiation par les sacrements mystiques. »

[3] Le *Phédon* est dédié, pour ainsi dire, à Echécrate et à la société pythagoricienne de Phlionte, et il est évident que le côté religieux du Pythagorisme fit impression sur Platon dans sa jeunesse, quoique l'influence de la science pythagoricienne ne se marque clairement que dans une période postérieure. Notez spécialement le mot ἄτρακος de *Phédon* 66 b 4. Dans la *République*, X, 600 b 1, Platon parle de Pythagore comme du fondateur d'une ὁδός τις βίου privée.

nalité que s'attachèrent surtout les Cyniques. C'est d'eux que procédèrent le Sage stoïcien et le Saint chrétien, ainsi que toute l'engeance d'imposteurs que Lucien a mis au pilori pour notre édification [1]. Saints et Sages sont gens à se montrer sous des formes inquiétantes, et Apollonius de Tyane a fait voir finalement où cette mentalité pouvait conduire. Elle n'était entièrement absente d'aucune philosophie grecque après les jours de Pythagore. Aristote en est aussi imprégné que n'importe qui, comme nous pouvons le voir par le livre X de l'*Ethique*, et comme nous le verrions encore plus distinctement si nous possédions dans leur intégrité des œuvres telles que le *Protreptikos* [2]. Platon essaya, il est vrai, de rendre le Sage idéal utile à l'Etat et à l'humanité par sa doctrine du roi-philosophe. Il est le seul, à notre connaissance, qui ait fait un devoir aux philosophes de descendre tour à tour dans la caverne d'où ils ont été délivrés, afin de venir au secours de leurs anciens compagnons de captivité [3]. Ce ne fut pas, cependant, la manière de voir qui prévalut, et le « Sage » se détacha de plus en plus du monde. Apollonius de Tyane était pleinement justifié à se regarder comme l'héritier spirituel de Pythagore ; car la théurgie et la thaumaturgie des écoles grecques postérieures n'étaient que le fruit de la semence jetée en terre dans la génération qui précéda les guerres persiques.

---

[1] Cf. spécialement le point de vue de la Βίων πρᾶσις.

[2] Sur le Προτρεπτικός d'Aristote, voir Bywater dans le *J. of Phil.* II, p. 55 ; Diels dans l'*Archiv*, I, p. 477, et les notes sur l'*Ethique* I, 5, de mon édition.

[3] Plato, *Rep.* 520 c 1 : καταβατέον οὖν ἐν μέρει. L'allégorie de la caverne paraît être d'origine orphique, et je tiens pour tout à fait justifiée la suggestion du prof. Stewart (*Myths of Plato*, p. 252, n. 2) que Platon avait dans l'esprit la κατάβασις εἰς Ἅιδου. L'idée de délivrer les « esprits en prison » est de point en point orphique.

XXXVI. — Pas de doctrine dans les « mystères ».

On aurait tort, d'autre part, de supposer que l'Orphisme ou les mystères suggérèrent aux philosophes des doctrines définies quelconques, du moins durant la période que nous allons considérer. Nous avons admis qu'ils impliquaient en fait une nouvelle opinion sur l'âme, et nous aurions pu, en conséquence, nous attendre à constater qu'ils modifièrent profondément l'idée que les hommes se faisaient du monde et de leurs rapports avec lui. Ce qu'il y a d'étonnant, c'est que cela n'arriva pas. Même ceux des philosophes qui étaient dans les relations les plus étroites avec le mouvement religieux, tels qu'Empédocle et les Pythagoriciens, professèrent sur l'âme des opinions qui contredisaient en fait la théorie impliquée dans leurs pratiques religieuses [1]. Il n'y a de place pour une âme immortelle dans aucune des philosophies de cette période. Jusqu'aux temps de Platon, l'immortalité ne fut jamais étudiée d'une manière scientifique, mais seulement supposée dans les rites orphiques, auxquels Platon recourt à moitié sérieusement pour confirmer sa propre doctrine [2].

Il est facile de rendre compte de tout cela. Pour nous, un réveil religieux est généralement la vivante mise en œuvre d'une doctrine nouvelle ou oubliée, tandis que la religion de l'antiquité n'avait, à proprement parler, pas de doctrine du tout. « On n'attendait pas des initiés, nous dit Aristote, qu'ils apprissent quoi que ce soit, mais seulement qu'ils fussent affectés d'une certaine manière, et mis dans une certaine disposition d'esprit [3]. » Tout ce que l'on demandait,

---

[1] Sur Empédocle, voir § 119; sur les Pythagoriciens, § 149.

[2] Cf. *Phed.* 69 c 2 : καὶ κινδυνεύουσι καὶ οἱ τὰς τελετὰς ἡμῖν οὗτοι καταστήσαντες οὐ φαῦλοί τινες εἶναι, ἀλλὰ τῷ ὄντι πάλαι αἰνίττεσθαι κ. τ. λ. Pourrait-on se méprendre sur la gentille ironie de ce passage et d'autres semblables ?

[3] Arist. frg. 45, 1483 a 19 : τοὺς τελουμένους οὐ μαθεῖν τι δεῖν, ἀλλὰ παθεῖν καὶ διατεθῆναι.

c'est que le rituel fût correctement accompli ; l'adorateur était libre d'en donner l'explication qui lui plaisait. Elle pouvait être aussi exaltée que celle de Pindare et de Sophocle, ou aussi matérielle que celle des marchands de mystères décrits par Platon dans la *République*. L'essentiel était qu'il sacrifiât irréprochablement son cochon.

I. PYTHAGORE DE SAMOS

XXXVII. — Caractère de la tradition.

Ce n'est pas chose facile de faire de la vie de Pythagore et de sa doctrine un exposé qui puisse prétendre à être tenu pour historique. Nos principales sources d'information[1] sont les *Vies* composées par Jamblique, Porphyre et Diogène Laërce. Celle de Jamblique est une misérable compilation, basée surtout sur l'ouvrage du mathématicien Nicomaque de Gerasa, en Judée, et sur le roman d'Apollonius de Tyane, qui se considérait lui-même comme un second Pythagore, et prenait, en conséquence, de grandes libertés avec ses matériaux[2]. Porphyre est, comme écrivain, à un niveau beaucoup plus élevé que Jamblique, mais ses autorités ne nous inspirent pas plus de confiance. Lui aussi fit usage de Nicomaque et d'un certain romancier nommé Antonius Diogène, auteur d'un livre intitulé *Merveilles d'au delà de Thulé*[3]. Diogène cite, comme d'ha-

[1] Voir l'admirable étude de E. Rohde : *Die Quellen des Iamblichus in seiner Biographie des Pythagoras* (Rh. Mus. XXVI, XXVII).

[2] Jamblique était disciple de Porphyre et contemporain de Constantin. La *Vie de Pythagore* a été éditée par Nauck (1884). Nicomaque appartient au commencement du 2ᵉ siècle après J.-C. Il n'y a aucune preuve qu'il ait rien ajouté aux autorités qu'il suivait, mais elles étaient déjà viciées par les fables néo-pythagoriciennes. Néanmoins, c'est à lui que nous devons surtout la conservation des précieux témoignages d'Aristoxène.

[3] L'importance de la *Vie* qui se trouve dans Diogène Laërce gît dans le fait qu'elle nous donne l'histoire courante à Alexandrie avant

bitude, un nombre considérable d'autorités, et les indications qu'il donne doivent être estimées suivant la nature des sources d'où elles ont été tirées. Jusqu'ici, il faut l'avouer, nos matériaux ne semblent pas promettre beaucoup. Un examen plus approfondi montre, cependant, que de nombreux fragments de deux autorités beaucoup plus anciennes, Aristoxène et Dicéarque, sont enchâssés dans la masse. Ces écrivains étaient tous deux disciples d'Aristote ; ils étaient natifs de l'Italie méridionale, et contemporains de la dernière génération des Pythagoriciens. Tous deux composèrent des *Vies* de Pythagore, et Aristoxène, qui était personnellement intime avec les derniers représentants du pythagorisme scientifique, fit encore une collection des sentences de ses amis. L'histoire néo-pythagoricienne, telle que nous l'avons dans Jamblique, est un tissu de fables incroyables et fantastiques ; mais, si nous y trions les indications qui remontent à Aristoxène et à Dicéarque, nous pouvons facilement construire un récit raisonnable, dans lequel Pythagore apparaît non comme un faiseur de miracles et un innovateur religieux, mais simplement comme un moraliste et un homme d'Etat. Nous pourrions alors être tentés de supposer que c'est là la tradition authentique ; mais ce serait encore une erreur. Il y a, en fait, une troisième couche, encore plus ancienne, dans les *Vies*, et celle-ci s'accorde avec les dernières indications pour faire de Pythagore un artisan de prodiges et un réformateur des croyances.

Quelques-uns des miracles les plus frappants de Pythagore sont racontés sur l'autorité du *Trépied* d'Andron et de l'ouvrage d'Aristote sur les Pythagoriciens [1]. Ces traités

---

l'apparition du néo-pythagorisme et la promulgation de l'évangile selon Apollonius de Tyane.

[1] Andron d'Éphèse écrivit sur les Sept sages un livre appelé *le Trépied*, par allusion à l'histoire bien connue. Les faits attribués à Pythagore dans le traité aristotélicien nous font penser à une légende religieuse. Il tue, par exemple, un serpent venimeux en le mordant ; il fut

appartiennent tous deux au IV⁰ siècle avant J.-C., et n'ont par conséquent pas été influencés par les fantaisies néopythagoriciennes. De plus, ce n'est qu'en supposant l'existence encore plus ancienne de cette opinion que nous pouvons expliquer les allusions d'Hérodote. Les Grecs de l'Hellespont lui disaient que Salmoxis ou Zamolxis avait été l'esclave de Pythagore[1], et Salmoxis est une figure de la même catégorie qu'Abaris et Aristée.

Il semble donc que les plus anciennes et les plus récentes indications s'accordent à représenter Pythagore comme un homme de la classe à laquelle appartenaient Epiménide et Onomacrite — en fait comme une sorte de « guérisseur » ; mais, pour une raison ou pour une autre, une tentative fut faite pour sauver sa mémoire de cette imputation, et cette tentative eut lieu au IV⁰ siècle avant J.-C. La signification en apparaîtra dans la suite de notre exposé.

XXXVIII. — Vie de Pythagore.

Nous savons de source certaine, on peut le dire, que Pythagore passa les premières années de sa vie à Samos, et qu'il était fils de Mnésarque[2] ; il « florissait », nous dit-

vu en même temps à Crotone et à Métaponte ; il exhiba sa cuisse d'or à Olympie, et une voix venant du Ciel lui parla comme il traversait la rivière Kasas. Le même auteur nous dit que Pythagore fut identifié par les Crotoniates avec Apollon Hyperboréen (Arist. frg. 186).

[1] Herod. IV, 95.

[2] Cf. Herod. IV, 95, et Héraclite, frg. 17 (R. P. 31 a ; DV 12 B 129). Hérodote le représente comme vivant à Samos. Aristoxène dit, d'autre part, qu'il vint d'une des îles que les Athéniens occupèrent après en avoir chassé les Tyrrhéniens (Diog. VIII, 1). Cela fait songer à Lemnos, d'où les Pélasges tyrrhéniens furent chassés par Miltiade (Herod. VI, 140), ou peut-être à quelque autre île occupée dans le même temps Il y avait aussi des Tyrrhéniens à Imbros. Cela explique qu'on ait fait de ui un Etrusque ou un Tyrien. D'autres récits le mettent en rapport avec Phlionte, mais c'est peut-être là une pieuse invention de l'association pythagoricienne qui y florissait au commencement du IV⁰ siècle avant J.-C. Pausanias (II, 13, 1) rapporte une tradition des Phliasiens suivant laquelle Hippasos, arrière-grand-père de Pythagore, avait émigré de Phlionte à Samos.

on, sous le règne de Polycrate[1]. Cette date ne peut s'éloigner beaucoup de la vérité, car Héraclite parle déjà de Pythagore au passé[2].

Les grands voyages attribués à Pythagore par des écrivains postérieurs sont naturellement apocryphes. Même l'indication suivant laquelle il visita l'Egypte, quoique loin d'être improbable, si nous considérons les relations étroites entre Polycrate de Samos et Amasis, repose sur une autorité insuffisante[3]. Hérodote observe, il est vrai, que les Egyptiens s'accordaient, en certaines pratiques, avec les règles appelées orphiques et bakchiques, qui sont en réalité égyptiennes, et avec les pythagoriciennes[4]; mais cela n'implique pas que les Pythagoriciens les tinssent directement de l'Egypte. Il dit aussi, dans un autre passage, que la croyance à la transmigration venait d'Egypte, quoique certains Grecs, les uns à une date antérieure, les autres à une date postérieure, la fissent passer pour la leur propre. Il refuse, toutefois, de donner leurs noms, de sorte qu'il ne peut guère faire allusion à Pythagore[5]. Et cela n'importe

---

[1] Eratosthène identifiait Pythagore avec le vainqueur olympique de Ol. XLVIII, 1 (588/7 av. J.-C.), mais Apollodore plaçait son *akmè* en 532/1 de l'ère de Polycrate. Il se basait sans doute sur l'indication d'Aristoxène citée par Porphyre (*V. Pyth.* 9), que Pythagore quitta Samos par haine pour la tyrannie de Polycrate (R. P. 53 *a*; DV 4, 8). Pour une discussion complète, voir Jacoby, pp. 215 sq.

[2] Héracl. frg. 16, 17 (R. P. 31, 31 *a*; DV 12 B 40, 129).

[3] Elle se rencontre pour la première fois dans le *Busiris* d'Isocrate, § 28 (R. P. 52; DV 4, 4).

[4] Herod. II, 81 (R. P. 52 *a*; DV 4, 1). La virgule après Αἰγυπτίοισι est évidemment correcte. Hérodote croyait que le culte de Dionysos avait été introduit d'Egypte par Mélampous (II, 49), et il veut faire entendre que les Orphiques empruntèrent ces pratiques aux adorateurs de Bakchos, tandis que les Pythagoriciens les reçurent des Orphiques.

[5] Herod. II, 123 (R. P. *ib.*; DV 4, 1). Les mots : « dont je connais, mais dont je n'écris pas les noms » ne peuvent se rapporter à Pythagore ; car ce n'est que de ses contemporains qu'Hérodote parle de la sorte (cf. I, 51 ; IV, 48). Stein suggère qu'il veut parler d'Empédocle, et cela me paraît convaincant. Hérodote peut l'avoir rencontré à Thurium. Il n'y a non plus aucune raison de supposer que οἱ μὲν πρότερον se rapporte spécialement aux Pythagoriciens. Si Hérodote avait jamais entendu

guère, car les Egyptiens ne croyaient pas à la transmigration du tout, et Hérodote fut tout simplement induit en erreur par les prêtres ou par le symbolisme des monuments.

Aristoxène dit que Pythagore quitta Samos pour échapper à la tyrannie de Polycrate [1]. Ce fut à Crotone, cité déjà fameuse par son école médicale [2], qu'il fonda sa société. Combien de temps il y resta, nous l'ignorons ; il mourut à Métaponte, où il s'était retiré au premier signe de révolte contre son influence [3].

XXXIX. — L'ORDRE.

Il n'y a pas de raison de croire que les renseignements détaillés qui nous ont été transmis relativement à l'organisation de l'ordre pythagoricien reposent sur une base historique, et nous pouvons encore nous rendre compte de l'origine d'un grand nombre d'entre eux. La distinction, au sein de l'ordre, de degrés que l'on appelait de noms divers : *Mathématiciens* et *Acousmatiques*, *Esotériques* et *Exotériques*, *Pythagoriciens* et *Pythagoristes* [4], est une invention destinée à expliquer comment on en vint à avoir deux groupes de gens très différents, qui tous deux prétendaient au titre de disciples de Pythagore au IVe siècle avant J.-C. Ainsi, encore, l'indication d'après laquelle les Pythagori-

---

dire que Pythagore avait visité l'Egypte, il l'aurait sûrement dit dans l'un ou l'autre de ces passages. Il n'y avait aucune raison de garder la réserve, puisque Pythagore devait être mort quand Hérodote naquit.

[1] Porph. *V. Pyth.* 9 (R. P. 53 *a* ; DV 4, 8).

[2] D'après ce qu'Hérodote nous dit de Démocède (III, 131), nous pouvons voir que l'école médicale de Crotone fut fondée avant l'époque de Pythagore. Cf. Wachtler, *De Alcmæone Crotoniata*, p. 91.

[3] On peut tenir pour certain que Pythagore passa ses derniers jours à Métaponte ; Aristoxène le dit (ap. Jambl. *V. Pyth.* 249), et Cicéron (*De Fin.* V, 4) parle des honneurs qui continuèrent à être rendus à sa mémoire dans cette cité (R. P. 57 c). Cf. aussi Andron, frg. 6 (F. H. G. II, 347).

[4] Sur ces distinctions, voir Porphyre (*V. Pyth.* 37) et Jamblique (*V. Pyth.* 80), cités R. P. 56 et 56 *b* (DV, 8, 2). Le nom d'ἀκουσματικοί est évidemment en relation avec les ἀκούσματα dont nous aurons à nous occuper sous peu.

ciens étaient tenus à un inviolable secret, indication qui remonte à Aristoxène [1], avait pour but d'expliquer pourquoi l'on ne trouve aucune trace de la philosophie pythagoricienne proprement dite avant Philolaos.

L'Ordre pythagoricien était simplement, à son origine, une fraternité religieuse du type décrit plus haut, et non pas, comme on l'a soutenu quelquefois, une ligue politique [2]. Il n'avait rien à faire non plus avec « l'idéal aristocratique dorien ». Pythagore était Ionien, et l'Ordre était limité, à ses débuts, aux Etats achéens [3]. Il n'y a aucune preuve quelconque que les Pythagoriciens favorisassent le parti aristocratique plutôt que le parti démocratique [4].

---

[1] Sur le « silence mystique », voir Aristoxène, ap. Diog. VIII, 15 (R. P. 55 a; DV 4, 12). Tannery, *Sur le secret dans l'école de Pythagore* (Arch. I, p. 28 sq.), pense que les doctrines mathématiques étaient les secrets de l'école, et qu'ils furent divulgués par Hippasos; mais l'opinion la plus raisonnable est qu'il n'y avait pas de secret du tout, excepté ceux qui se rapportaient au rituel.

[2] Platon, *Rep.* X, 600 a, implique que Pythagore ne revêtit aucune charge publique. L'opinion que la secte pythagoricienne était une ligue politique, opinion soutenue dans les temps modernes par Krische (*De societatis a Pythagora conditæ scopo politico*, 1830) remonte, comme l'a montré Rohde (*loc. cit.*), à Dicéarque, le champion de la « Vie Pratique », tout comme l'opinion que c'était à l'origine une société scientifique remonte au mathématicien et musicien Aristoxène. Le premier antidata Archytas, et le dernier antidata Philolaos (voir chap. VII, § 138). C'est ce que Grote a vu clairement (vol. IV, p. 329 sq.).

[3] Meyer, *Gesch. des Alterth.* II, § 502, note. Il est toujours nécessaire d'insister là-dessus, car l'idée que les Pythagoriciens représentaient l' « idéal dorien » a la vie dure. Dans ses *Kulturhistorische Beiträge* (fasc. I, p. 59) Max C. P. Schmidt imagine que les écrivains postérieurs appelèrent le fondateur de la secte Pythagoras au lieu de Pythagorès, comme le nomment Héraclite et Démocrite, parce qu'il était devenu « un Dorien des Doriens ». Le fait est tout simplement que Πυθαγόρας est la forme attique de Πυθαγόρης, et que les écrivains en question écrivaient en dialecte attique. Pareillement, Platon appelle Archytas, qui appartenait à un Etat dorien, Archytès, quoique Aristoxène et d'autres gardassent la forme dorienne de son nom.

[4] Cylon, le principal adversaire des Pythagoriciens, est décrit par Aristoxène (Jambl. *V. Pyth.*, 248) comme γένει καὶ πλούτῳ πρωτεύων τῶν πολιτῶν. Tarente, qui devait devenir le principal siège des Pythagoriciens, était une démocratie. La vérité est que, dans ce temps-là, la nouvelle religion s'adressait au peuple plutôt qu'aux aristocraties, qui

Le but essentiel de l'Ordre était d'assurer à ses membres une satisfaction plus complète de l'instinct religieux que celle que leur fournissait la religion d'Etat. C'était, en fait, une institution à l'effet de cultiver la sainteté. Sous ce rapport, elle ressemblait à une société orphique, bien que, semble-t-il, le dieu principal des Pythagoriciens fût Apollon plutôt que Dionysos. C'est là, sans doute, la raison pour laquelle les Crotoniates identifièrent Pythagore avec Apollon Hyperboréen [1]. De par la nature des choses, cependant, une société indépendante à l'intérieur d'un Etat grec devait facilement entrer en conflit avec l'ensemble des citoyens. Le seul moyen qu'il y eût pour elle d'affirmer son droit à l'existence était d'identifier l'Etat avec elle-même, c'est-à-dire de s'assurer le contrôle du pouvoir souverain. L'histoire de l'Ordre pythagoricien, pour autant qu'on peut la reconstituer, est celle d'une tentative faite pour évincer l'Etat, et son action politique doit être envisagée comme un simple incident de cette tentative.

XL. — CHUTE DE L'ORDRE.

Pendant un certain temps, le nouvel Ordre paraît avoir réussi, effectivement, à s'assurer le pouvoir suprême, mais la réaction finit par se produire. Sous la conduite d'un noble riche, Cylon, Crotone réussit à lutter victorieusement contre la domination pythagoricienne, qui, l'on peut bien

---

penchaient vers la « libre pensée ». (Meyer, *Gesch. des Alterth.* III, § 252) L'homme de ces derniers n'est pas Pythagore, mais Xénophane.

[1] Pour l'identification de Pythagore avec Apollon Hyperboréen, nous avons l'autorité d'Aristote, frg. 186, 1510 b 20. Les noms d'Abaris et d'Aristéas attestent un mouvement mystique parallèle à l'Orphisme, mais basé sur le culte d'Apollon. La tradition postérieure en fait des prédécesseurs de Pythagore, et non sans quelque fondement historique, comme le prouve Herod. IV, 13 sq. et surtout l'indication qu'Aristéas avait une statue à Métaponte, où mourut Pythagore. La mise en rapport de Pythagore avec Zalmoxis appartient au même ordre d'idées. Comme la légende des Hyperboréens est délienne, nous voyons que la religion enseignée par Pythagore était d'origine authentiquement ionienne.

le croire, avait été assez irritante. La « règle des Saints » n'aurait rien été en comparaison, et nous pouvons encore nous représenter — en la partageant — la colère que devait ressentir le simple homme du peuple en ces jours-là. Car il se voyait dicter la loi par une coterie d'incompréhensibles pédants, aux yeux desquels c'était un devoir de s'abstenir des fèves, et qui ne lui permettaient pas de corriger son propre chien parce qu'ils reconnaissaient dans ses aboiements la voix d'un ami défunt (Xénophane, fragm. 7). Ce sentiment fut encore exaspéré par le culte privé de l'association. Les Etats grecs ne pouvaient pardonner l'introduction de nouveaux dieux. Non pas, sans doute, que pour eux les dieux en question fussent des faux dieux. Qu'ils l'eussent été, cela même n'eût pas été de si grande conséquence. Ce que ces Etats ne pouvaient tolérer, c'était que n'importe qui prétendît établir des moyens privés de communication entre lui et les puissances invisibles. Cela introduisait dans les institutions publiques un élément inconnu et incalculable, qui, selon toute probabilité, pouvait être hostile aux citoyens qui n'avaient pas les moyens de se rendre propice la divinité intruse.

La version d'Aristoxène sur les événements qui amenèrent la chute de l'Ordre pythagoricien a été reproduite tout au long par Jamblique. A l'en croire, Pythagore avait refusé de recevoir Cylon dans sa société, ce qui avait fait de ce dernier un ennemi acharné de l'Ordre. A cause de cela, Pythagore quitta Crotone et alla s'établir à Métaponte, où il mourut. Les Pythagoriciens, cependant, restèrent maîtres du pouvoir à Crotone, jusqu'à ce qu'à la fin les partisans de Cylon mirent le feu à la maison de Milon, où ils étaient assemblés. Deux seulement de ceux qui y étaient, Archippos et Lysis, échappèrent à la mort. Archippos se retira à Tarente, et Lysis d'abord en Achaïe, puis à Thèbes, où il fut plus tard le maître d'Epaminondas. Les Pythagoriciens qui survécurent se concentrèrent à Rhegium, mais comme les choses allaient de mal en pis, ils abandonnèrent tous l'Italie, excepté Archippos[1].

Ce récit a tout l'air d'être historique. La mention de Lysis prouve cependant que ces événements s'étendirent sur plus d'une génération. Le coup d'Etat de Crotone ne peut guère s'être passé avant 450 avant J.-C., si le maître d'Epaminondas y échappa, et il se peut même très bien qu'il ait eu lieu encore plus tard. Mais ce fut nécessairement avant 410 que les Pythagoriciens quittèrent Rhegium pour la Grèce ; Philolaos était certainement à Thèbes vers cette époque[2].

La puissance politique des Pythagoriciens, en tant qu'Ordre, était ruinée pour toujours, quoique, comme nous le verrons, quelques-uns d'entre eux soient retournés plus tard en Italie. En exil, ils paraissent n'avoir renoncé qu'aux parties purement magiques et superstitieuses de leur système, ce qui leur permit de prendre la place qui leur revenait parmi les écoles philosophiques de la Grèce.

XLI. — Insuffisance de nos renseignements sur la doctrine pythagoricienne.

Sur les opinions de Pythagore, nous en savons encore moins, si c'est possible, que sur sa vie. Aristote, évidemment, ne savait rien de certain relativement aux doctrines morales ou physiques qui remontaient au fondateur de

---

[1] Voir Rohde, *Rh. Mus.* XXVI, p. 565, n. 1. Le récit donné dans notre texte (Jambl. *V. Pyth.* 250 ; R. P. 59 *b* ; DV 4, 16) remonte à Aristoxène et à Dicéarque (R. P. 59 *a*). Il n'y a aucune raison de supposer que leur opinion sur Pythagore ait vicié leur relation d'un fait historique qui doit avoir été parfaitement bien connu. Suivant une version postérieure, Pythagore lui-même aurait péri dans les flammes avec ses disciples dans la maison de Milon. C'est là simplement un raccourci dramatique de toute la série des événements ; nous avons vu que Pythagore mourut à Métaponte avant la catastrophe finale. L'allusion de Polybe, II, 39 (R. P. 59 ; DV 4, 16) à la destruction, par le feu, de συνέδρια pythagoriciens implique certainement que les troubles se prolongèrent pendant un temps considérable.

[2] Platon, *Phd.* 61 *d* 7, *e* 7.

l'association lui-même[1]. Aristoxène se contenta de donner un chapelet de préceptes moraux[2]. Selon un passage cité par Porphyre, Dicéarque affirmait qu'on ne connaissait presque rien de ce que Pythagore enseignait à ses disciples, excepté la doctrine de la transmigration, celle du cycle périodique, et celle de la parenté de toutes les créatures vivantes[3]. Le fait est que, comme tous les maîtres qui introduisent une nouvelle manière de vivre plutôt qu'une nouvelle vue du monde, Pythagore aimait mieux instruire oralement que de répandre ses opinions par l'écriture, et ce ne fut qu'à l'époque alexandrine que l'on se risqua à forger des livres sous son nom. Les écrits attribués aux plus anciens Pythagoriciens étaient aussi des élucubrations de la même période[4]. L'histoire du Pythagorisme primitif est donc entièrement conjecturale ; mais nous pouvons encore essayer de nous rendre compte, d'une manière tout à fait générale, de la position que dut occuper Pythagore dans l'histoire de la pensée grecque.

[1] Quand il discute le système pythagoricien, Aristote parle toujours des « Pythagoriciens », et non de Pythagore lui-même, et non sans intention, comme semble le prouver l'expression οἱ καλούμενοι Πυθαγόρειοι, qui se rencontre plus d'une fois dans ses œuvres (p. ex. *Met.* A, 5. 985 *b* 23 ; *de Cælo*, β, 13. 293 *a* 20). Pythagore lui-même n'est mentionné que trois fois dans tout le corps aristotélicien, et dans un seul de ces passages (*M. Mor.* 1182 *a* 11) une doctrine philosophique lui est attribuée. Nous y lisons qu'il fut le premier à discuter la question du Bien et qu'il commit l'erreur d'en identifier les diverses formes avec des nombres. Mais c'est là justement une des choses qui prouvent la date récente des *Magna Moralia*. Aristote lui-même sait parfaitement bien que ce qu'il connaît sous le nom de système pythagoricien appartient pour l'essentiel à l'époque d'Empédocle, d'Anaxagore et de Leucippe, car, après avoir mentionné ceux-ci, il désigne les Pythagoriciens comme leurs « contemporains » et leurs « aînés » (ἐν δὲ τούτοις καὶ πρὸ τούτων, *Met.* A, 5, 985 *b* 23).

[2] Les fragments des Πυθαγορικαὶ ἀποφάσεις d'Aristoxène sont donnés par Diels, *Vors.* p. 282 sq. (45 D).

[3] *V. Pyth.* 19 (R. P. 55).

[4] Voir Diels, *Dox.* p. 150 et *Ein gefälschtes Pythagorasbuch* (*Arch.* III, p. 451 sq.). Cf. aussi Bernays, *Die Heraklitischen Briefe*, n. 1.

XLII. — La transmigration.

En premier lieu, donc, il enseigna, on ne peut en douter, la doctrine de la transmigration [1]. L'histoire racontée par les Grecs de l'Hellespont et du Pont au sujet de ses relations avec Salmoxis n'aurait jamais pu se répandre du temps d'Hérodote s'il n'avait été connu pour un homme qui enseignait d'étranges choses sur la vie après la mort [2]. Or, la manière la plus simple d'expliquer la doctrine de la transmigration, c'est d'y voir un développement de la croyance primitive en la parenté des hommes et des animaux, en tant qu'enfants de la Terre les uns comme les autres [3], et cette croyance, Pythagore, au dire de Dicéarque, la professait certainement. En outre, elle est communément associée, chez les sauvages, à un système de tabous relativement à certaines sortes de nourriture, et le détail le mieux connu de la règle de Pythagore est sa prescription de formes analogues d'abstinence. Ce fait, en lui-même, tend à montrer que cette règle tira son origine des mêmes idées, dont la renaissance, ainsi que nous l'avons vu, semble chose toute naturelle lors de la fondation d'une nouvelle société religieuse. Une autre considération encore parle fortement dans le même sens. En Inde, nous trouvons une doctrine tout à fait analogue, et cependant il n'est pas possible de supposer, à cette date, un emprunt réel des idées hindoues. La seule explication qui rende compte des faits est que les deux systèmes sortirent indépendamment l'un de l'autre des mêmes idées primitives. On les retrouve

[1] Le terme propre par lequel le grec désigne la transmigration est παλιγγενεσία, et l'inexact μετεμψύχωσις ne se rencontre que dans les écrivains postérieurs. Hippolyte et Clément d'Alexandrie disent μετενσωμάτωσις, ce qui est exact, mais lourd. Voir Rohde, *Psyche*, p. 428, n. 2 (II³ 135, n. 3).

[2] Sur la signification de ce récit, voir plus haut, p. 95.

[3] Dieterich, *Mutter Erde* (*Archiv für Religionswissenschaft*, VIII, p. 29 et 47).

en bien des contrées, mais il semble qu'ils n'arrivèrent qu'en Inde et en Grèce à se développer en un vrai corps de doctrine.

XLIII. — L'ABSTINENCE.

On s'est demandé, il faut le dire, [si nous avons le droit d'accepter ce que nous disent, au sujet de l'abstinence pythagoricienne, des écrivains aussi récents que Porphyre. Aristoxène, en qui nous avons reconnu l'une de nos plus anciennes autorités, peut être cité pour prouver que les Pythagoriciens primitifs ne savaient rien des restrictions concernant l'usage de la viande et des fèves. Il dit d'une manière non équivoque que Pythagore ne s'abstenait pas de la viande en général, mais seulement du bœuf de labour et du bélier [1]. Il dit aussi que Pythagore préférait les fèves à tout autre légume, à cause de leur action laxative, et qu'il avait un faible particulier pour les cochons de lait et les jeunes chevreaux [2]. Mais Aristoxène est un témoin qui perd souvent contenance quand on le soumet à un interrogatoire serré, et l'exagération manifeste de ces affirmations fait voir qu'il s'efforçait de combattre une croyance existante à sa propre époque. Nous sommes par conséquent en mesure de conclure, de ses propres déclarations, que la tradition suivant laquelle les Pythagoriciens s'abstenaient de viande et de fèves remonte à une date bien antérieure à celle où apparurent les Néopythagoriciens, intéressés à la

---

[1] Aristoxène, *ap.* Diog. VIII, 20 : πάντα μὲν τὰ ἄλλα συγχωρεῖν αὐτὸν ἐσθίειν ἔμψυχα, μόνον δ'ἀπέχεσθαι βοὸς ἀροτῆρος καὶ κριοῦ.

[2] Aristoxène, *ap.* Gell. IV, 11, 5 : Πυθαγόρας δὲ τῶν ὀσπρίων μάλιστα τὸν κύαμον ἐδοκίμασεν· λειαντικόν τε γὰρ εἶναι καὶ διαχωρητικόν· διὸ καὶ μάλιστα κέχρηται αὐτῷ ; *Ib.* 6 : « porculis quoque minusculis et hœdis tenericribus victitasse, idem Aristoxenus refert. » Il est naturellement possible qu'Aristoxène ait eu raison relativement au tabou des fèves. Nous savons que c'était une règle orphique, et elle peut avoir été transférée par erreur aux Pythagoriciens. Mais cela n'affecterait pas la conclusion générale que certains Pythagoriciens, tout au moins, pratiquaient l'abstinence de diverses sortes de nourriture, et c'est tout ce qui nous importe ici.

défendre. On peut se demander, toutefois, quel motif Aristoxène peut avoir eu de s'inscrire en faux contre la croyance commune. La réponse est simple et instructive. Il avait été l'ami des derniers Pythagoriciens et, de leur temps, la partie purement superstitieuse du Pythagorisme avait été abandonnée, excepté par quelques zélotes, que les chefs de l'association refusaient de reconnaître. C'est pourquoi il représente Pythagore sous un jour si différent à la fois des traditions les plus anciennes et les plus récentes : il nous transmet les vues de la secte la plus éclairée de l'Ordre. Ceux qui restaient fidèlement attachés aux vieilles pratiques étaient maintenant regardés comme des hérétiques, et toutes sortes de théories étaient mises sur pied pour rendre compte de leur existence. On racontait, par exemple, qu'ils descendaient de l'un des « Acousmatiques », qui n'avait jamais été initié aux mystères plus profonds des « Mathématiciens[1] ». Mais tout cela est pure invention. La satire des poètes de la comédie moyenne prouve assez clairement que, même si les amis d'Aristoxène ne pratiquaient pas l'abstinence, il y avait au IVe siècle une foule de gens qui la pratiquaient, et qui s'appelaient eux-mêmes sectateurs de Pythagore[2]. L'histoire n'a pas été clémente pour les

---

[1] La secte des « Acousmatiques » procédait, disait-on, d'Hippasos (Jambl. V. Pyth. 81 ; R. P. 56 ; DV 8, 2). Or Hippasos était l'auteur d'un μυστικὸς λόγος (Diog. VIII, 7 ; R. P. 56 c ; DV 8, 3), c'est-à-dire d'un manuel superstitieux traitant du cérémonial ou du rite, et contenant probablement des akousmata du genre de ceux que nous avons à considérer ici, car on nous dit qu'il était écrit ἐπὶ διαβολῇ Πυθαγόρου.

[2] Diels a réuni ces fragments d'une manière commode (Vors. p. 291 sq.; 45 E). Ceux qui nous intéressent le plus sont les suivants : Antiphane, frg. 135, Kock : ὥσπερ Πυθαγορίζων ἐσθίει | ἔμψυχον οὐδέν; Alexis, frg. 220 : οἱ Πυθαγορίζοντες γάρ, ὡς ἀκούομεν | οὔτ' ὄψον ἐσθίουσιν οὔτ' ἄλλ' οὐδὲ ἕν | ἔμψυχον; frg. 196 (de la Πυθαγορίζουσα): ἡ δ'ἑστίασις ἰσχάδες καὶ στέμφυλα | καὶ τυρὸς ἔσται· ταῦτα γὰρ θύειν νόμος | τοῖς Πυθαγορείοις; Aristophon, frg. 9 (du Πυθαγοριστής) : πρὸς τῶν θεῶν οἰόμεθα τοὺς πάλαι ποτέ, | τοὺς Πυθαγοριστὰς γενομένους ὄντως ῥυπᾶν | ἑκόντας ἢ φορεῖν τρίβωνας ἡδέως; Mnesimachos. frg. 1 : ὡς Πυθαγοριστὶ θύομεν τῷ Λοξίᾳ | ἔμψυχον οὐδὲν ἐσθίοντες παντελῶς. Voir aussi Théocrite, XIV, 5 : τοιοῦτος καὶ πρᾶν τις ἀφίκετο Πυθαγορικτάς, | ὠχρὸς κἀνυπόδητος· Ἀθηναῖος δ' ἔφατ' ἤμεν.

Acousmatiques, mais ils ne sont jamais tombés tout à fait dans l'oubli. Les noms de Diodore d'Aspendos et de Nigidius Figulus aident à jeter un pont entre eux et Apollonius de Tyane.

Pythagore donc, nous le savons, enseignait la parenté des bêtes et des hommes, et nous en inférons que cette règle d'abstinence de la viande était basée non pas sur des motifs humanitaires ou ascétiques, mais sur un tabou. Cela nous est confirmé d'une manière frappante par un fait que nous apprend la *Défense de l'Abstinence*, de Porphyre. Le renseignement en question ne remonte pas, en vérité, jusqu'à Théophraste, comme c'est le cas d'une grande partie du traité de Porphyre [1], mais il est, selon toute probabilité, dû à Héraclide de Pont, et nous montre que, quoique les Pythagoriciens s'abstinssent de viande dans la règle, ils en mangeaient néanmoins quand ils sacrifiaient aux dieux [2]. Or, chez les peuples sauvages, nous voyons que l'animal sacré est souvent tué et mangé selon les rites, dans certaines occasions solennelles, quand bien même, dans des circonstances ordinaires, ce serait la plus grande des impiétés. Ici, de nouveau, nous avons affaire à une croyance tout à fait primitive ; et nous ne devons par con-

---

[1] Voir Bernays, *Theophrastos' Schrift über Frömmigkeit*. Le traité de Porphyre Περὶ ἀποχῆς ἐμψύχων fut sans doute sauvé de la destruction générale de ses écrits grâce à sa conformité avec les tendances ascétiques de l'époque. Saint Jérôme lui-même en faisait constamment usage dans sa polémique contre Jovien, quoiqu'il ait bien soin de ne pas mentionner le nom de Porphyre. (*Theophr. Schr.* n. 2). Le traité est adressé à Castricius Firmus, disciple et ami de Plotin, qui s'était départi du végétarisme strict des Pythagoriciens.

[2] Ce passage se trouve dans le *De Abst.* p. 58, 25 Nauck : ἱστοροῦσι δέ τινες καὶ αὐτοὺς ἅπτεσθαι τῶν ἐμψύχων τοὺς Πυθαγορείους, ὅτε θύοιεν θεοῖς. La partie de l'œuvre d'où est tirée cette phrase provient d'un certain Clodius, sur lequel voir Bernays, *Theophr. Schr.* p. 11. C'était probablement le rhéteur Sextus Clodius, contemporain de Cicéron. Bernays a montré qu'il utilisait l'ouvrage d'Héraclide de Pont (*ib.* n. 19). Sur le « sacrifice mystique » en général, voir Robertson Smith, *Rel. Sem.* I, p. 276.

séquent pas attacher la moindre importance aux dénégations d'Aristoxène[1].

XLIV. — Ἀκούσματα.

Nous allons savoir maintenant que penser des diverses règles et des divers préceptes des Pythagoriciens qui nous sont parvenus. Il y en a de deux sortes, et ils proviennent de sources très différentes. Quelques-uns d'entre eux, dérivés de la collection d'Aristoxène, et pour la plupart conservés par Jamblique, sont des préceptes purement moraux. Ils ne prétendent pas remonter jusqu'à Pythagore lui-même ; ce sont simplement les sentences que la dernière génération des « Mathématiciens » recueillit de la bouche de ses prédécesseurs[2]. La seconde classe est de nature très différente, et les sentences qui en font partie sont appelées *akousmata*[3], ce qui indique qu'elles étaient la propriété de cette secte de Pythagoriciens qui garda fidèlement les vieilles coutumes. Des écrivains postérieurs y voient des « symboles » de vérité morale ; mais leurs interprétations sont cherchées très loin, et il n'est pas nécessaire d'avoir un œil très exercé pour voir que ce sont de vrais tabous, et d'un type tout à fait primitif. J'en donne ici quelques exemples pour que le lecteur puisse se faire

---

[1] Porphyre (*V. Pyth.* c. 15) a conservé une tradition suivant laquelle l'usage de la viande était recommandé aux athlètes (Milon?). Cette histoire doit avoir pris naissance à la même époque que celles que raconte Aristoxène, et d'une manière analogue. En fait, Bernays a montré qu'elle vient d'Héraclide de Pont (*Theophr. Schr.* n. 8). Jamblique (*V. Pyth.* 5, 25) et d'autres (Diog. VIII, 13, 47) se tirent d'embarras en supposant qu'elle se rapportait à un gymnaste du même nom. Nous voyons distinctement ici comment les Néoplatoniciens s'efforçaient, en vue de leurs propres fins, de remonter à la forme primitive de la légende pythagoricienne, et d'écarter la reconstruction du IV siècle.

[2] Voir à ce sujet Diels, *Vors.* p. 282 sq.

[3] Il y a une excellente collection d'ἀκούσματα καὶ σύμβολα dans Diels, *Vors.* p. 279 sq., où les autorités sont indiquées. Il est impossible de les discuter en détail ici, mais ceux qui s'occupent de folklore verront tout de suite à quel ordre d'idées ils appartiennent.

une idée de ce qu'étaient réellement les fameuses règles de vie des Pythagoriciens.

1. S'abstenir de fèves.
2. Ne pas ramasser ce qui est tombé.
3. Ne pas toucher un coq blanc.
4. Ne pas rompre le pain.
5. Ne pas marcher sur une traverse de bois.
6. Ne pas attiser le feu avec du fer.
7. Ne pas manger d'un pain entier.
8. Ne pas déchirer une couronne.
9. Ne pas s'asseoir sur un quart de mesure.
10. Ne pas manger le cœur.
11. Ne pas se promener sur les grandes routes.
12. Ne pas tolérer des hirondelles sous son toit.
13. Ne pas laisser la trace du pot sur la cendre, quand on l'enlève, mais remuer la cendre.
14. Ne pas regarder dans un miroir à côté d'une lumière.
15. Quand tu sors de ton lit, roule-le et efface les traces de ton corps.

Il serait aisé de multiplier les preuves de l'étroite connexion qui existait entre le Pythagorisme et les modes primitifs de pensée, mais ce que nous en avons dit suffit amplement à notre dessein. Parenté des hommes et des animaux, abstinence de viande et doctrine de la transmigration, tout cela se tient et forme un tout parfaitement intelligible du point de vue que nous avons indiqué.

XLV. — Pythagore comme homme de science.

Cela étant, nous serions tentés de rayer tout à fait le nom de Pythagore de l'histoire de la philosophie et de reléguer ce personnage dans la classe des charlatans (γόητες) avec Epiménide et Onomacrite. Mais ce serait bien à tort. Ainsi que nous le verrons, l'association pythagoricienne devint une des principales écoles scientifiques de la Grèce, et il est certain que la science pythagoricienne remonte au maître lui-même, aussi bien que la religion pythagoricienne. Héraclite, qui n'est pas partial pour Pythagore, dit qu'il avait poussé l'investigation scientifique plus loin que les autres hommes ; il est vrai qu'il l'accusait d'avoir tourné sa grande science en une sorte de malice[1]. Hérodote rendait à Pythagore le témoignage de n'être « en aucune manière le plus mauvais sophiste des Hellènes », titre qui, à cette époque, n'implique pas la moindre désapprobation[2]. Aristote dit même que Pythagore s'occupa d'abord de mathématiques et de nombres, et que ce ne fut que plus tard qu'il se mit, comme Phérécyde, à faire des miracles[3]. Est-il possible, pour nous, d'établir une connexion entre ces deux faces de son activité?

Nous avons vu que le but de l'Orphisme et des autres *Orgia* était de se délivrer de la « roue des naissances » au moyen de « purifications », généralement d'un type très primitif. Ce qu'il y eut de neuf dans l'association fondée par Pythagore semble avoir été que, tout en admettant ces coutumes à demi sauvages, elle suggérait en même temps une idée plus élevée de ce qu'était réellement une « purification ». Aristoxène nous raconte que les Pythagoriciens usaient de la musique pour purger l'âme, comme ils usaient de la médecine pour purger le corps, et il est clair comme le jour que la fameuse théorie aristotélicienne de la κάθαρσις est dérivée de sources pythagoriciennes[4]. Pareilles méthodes de purification de l'âme étaient familières aux *Orgia* des Corybantes, et cela contribue à expli-

---

[1] Héracl. frg. 17 (R. P. 31 a ; DV 12 B 129). Le mot ἱστορίη est en lui-même tout à fait général. Ce qu'il signifie essentiellement ici, nous le voyons par une précieuse remarque que nous a conservée Jamblique, *V. Pyth.* 89 : ἐκαλεῖτο δὲ ἡ γεωμετρία πρὸς Πυθαγόρου ἱστορία. L'interprétation que donne Tannery de cette remarque repose sur une méprise, et il n'y a pas lieu de la discuter ici.

[2] Herod. IV, 95.

[3] Arist. Περὶ τῶν Πυθαγορείων, frg. 186, 1510 a 39 : Πυθαγόρας Μνησάρχου υἱὸς τὸ μὲν πρῶτον διεπονεῖτο περὶ τὰ μαθήματα καὶ τοὺς ἀριθμούς, ὕστερον δέ ποτε καὶ τῆς Φερεκύδου τερατοποιίας οὐκ ἀπέστη.

[4] La source immédiate de cette théorie se trouve dans Platon, *Lois*, 790 d 2 sq., où les rites des Corybantes sont donnés comme exemple. Pour un exposé complet de la question, voir Rohde, *Psyche*, p. 336, n. 2 (II² 48, n. 1).

quer l'intérêt des Pythagoriciens pour l'harmonique. Mais il y a plus que cela. Si nous pouvons nous fier à Héraclide, ce fut Pythagore qui, le premier, distingua les « trois vies » dont Aristote fait usage dans son *Ethique*, la théorétique, la pratique et l'apolaustique. La théorie générale de ces vies est claire, et il est impossible de douter qu'elle ne remonte, en substance, aux débuts mêmes de l'école. En voici l'analyse. Nous sommes étrangers en ce monde ; le corps est le tombeau de l'âme, et cependant nous ne devons pas chercher à nous délivrer par le suicide, car nous sommes le troupeau de Dieu, qui est notre berger, et nous n'avons pas le droit de nous échapper sans son ordre [1]. Dans cette vie, il y a trois sortes d'hommes, exactement comme il y a trois sortes de gens qui se rendent aux jeux olympiques. La classe la plus basse est faite de ceux qui viennent pour acheter et pour vendre ; celle du milieu, de ceux qui viennent pour prendre part aux concours. Mais les meilleurs de tous sont ceux qui viennent simplement pour regarder (θεωρεῖν). La plus grande de toutes les purifications est donc la science désintéressée, et c'est l'homme qui s'y voue, le vrai philosophe, qui s'est le plus efficacement délivré de la « roue des naissances ». Il serait téméraire d'affirmer que Pythagore s'exprimait exactement de cette manière, mais toutes ces idées sont authentiquement pythagoriciennes, et ce n'est que de cette manière ou d'une manière analogue que nous pouvons jeter un pont sur l'abîme qui sépare Pythagore, homme de science, de Pythagore, fondateur de religion [2]. Nous devons maintenant nous

---

[1] Platon donne cela comme opinion pythagoricienne, *Phd.* 62 *b*, passage sur l'interprétation duquel voir Espinas, *Arch.* VIII, p. 449 sq. Platon donne clairement à entendre que ce n'était pas seulement la théorie de Philolaos, mais quelque chose de plus ancien.

[2] Voir Döring dans l'*Arch.* V, p. 505 sq. Il semble qu'il y ait une allusion à la théorie des « trois vies » dans Héraclite, frg. 111 (104, 29 D). Cette théorie était apparemment enseignée au sein de l'association pythagoricienne de Phlionte, car Héraclite la faisait exposer par Pythagore dans une conversation avec le tyran de cette ville (Cic. *Tusc.* V, 3 ; Diog. pr. 12, VIII, 8) et elle est développée par Platon dans un dialogue

efforcer de découvrir en quelle mesure la science pythagoricienne postérieure peut raisonnablement être attribuée à Pythagore lui-même.

XLVI. — ARITHMÉTIQUE.

Dans son traité sur l'arithmétique, Aristoxène dit que Pythagore fut le premier à étendre cette étude au delà des besoins du commerce [1], et ce renseignement est confirmé par tout ce que nous savons d'autre part. Vers la fin du Ve siècle avant J.-C., nous voyons que les questions de mathématiques suscitent un intérêt très général, et qu'elles sont étudiées pour elles-mêmes. Or, ce nouvel intérêt ne peut avoir été entièrement créé par une école ; il faut en rapporter l'origine à quelque grand homme, et Pythagore est le seul à qui nous puissions en attribuer le mérite. Mais comme il n'écrivit rien, nous n'avons aucun moyen sûr de distinguer son propre enseignement de celui de ses successeurs d'une des deux générations suivantes. Tout ce que nous pouvons dire avec certitude, c'est que plus une doctrine pythagoricienne paraî primitive, plus il est probable qu'elle est de Pythagore lu -même, et cela surtout si l'on peut montrer qu'elle offre des points de contact avec des théories que nous savons avoir été soutenues de son temps ou peu avant lui. En particulier, quand nous voyons les Pythagoriciens postérieurs enseigner des choses qui, de leur temps déjà, étaient en quelque mesure des anachro-

---

qui est pour ainsi dire dédié à Echécrate. Si l'on estimait que c'est là interpréter par trop Pythagore à la lumière de Schopenhauer, on peut répondre que même les Orphiques se rapprochèrent beaucoup d'une pareille théorie. L'âme ne doit pas boire de l'eau du Léthé, mais passer à côté, et boire celle du Souvenir, avant d'élever la prétention d'être accueillie parmi les Héros. Ceci a des points de contact évidents avec l'ἀνάμνησις de Platon, et la seule question est de savoir quelle proportion du *Phédon* nous devons attribuer à des sources pythagoriciennes. Une forte proportion, ce que je soupçonne. Voir les *Myths of Plato* du professeur Stewart, p. 152 sq.

[1] Stob. I, p. 20, 1 : ἐκ τῶν Ἀριστοξένου περὶ ἀριθμητικῆς, Τὴν δὲ περὶ τοὺς ἀριθμοὺς πραγματείαν μάλιστα πάντων τιμῆσαι δοκεῖ Πυθαγόρας καὶ προαγαγεῖν ἐπὶ τὸ πρόσθεν ἀπαγαγὼν ἀπὸ τῆς τῶν ἐμπόρων χρείας.

nismes, nous pouvons être raisonnablement sûrs que nous avons affaire à des survivances que, seule, l'autorité du maître pouvait avoir préservées. Quelques-unes d'entre elles doivent être mentionnées tout de suite, quoique nous réservions à une partie postérieure de notre histoire l'exposé du système pleinement développé. Ce n'est qu'en séparant sa forme la plus ancienne de la plus récente que l'on peut se faire une idée claire de la vraie place du Pythagorisme dans la pensée grecque ; mais nous devons toujours nous souvenir que personne ne peut prétendre, actuellement, tirer avec quelque certitude la ligne de démarcation entre ses phases successives.

XLVII. — Les Figures.

Un des renseignements les plus remarquables que nous ayons sur le Pythagorisme, c'est celui qui nous est fourni sur Eurytos par l'incontestable autorité d'Archytas. Eurytos était disciple de Philolaos, et Aristoxène le mentionnait expressément — en même temps que Philolaos — parmi ceux qui avaient instruit les derniers Pythagoriciens, hommes avec lesquels il entretenait lui-même des relations personnelles. Il appartenait donc au commencement du IVe siècle avant J.-C., époque vers laquelle le système pythagoricien était complètement développé, et ce n'était pas un enthousiaste excentrique, mais l'un des philosophes les plus éminents de l'école [1]. Donc, on nous dit de lui qu'il avait l'habitude d'indiquer les nombres de toutes sortes de choses, par exemple du cheval et de l'homme, et qu'il représentait ces nombres en arrangeant des cailloux d'une certaine manière. Il faut noter, en outre, qu'Aristote compare ce procédé à celui qui consiste

---

[1] A part l'histoire racontée par Jamblique (*V. Pyth.* 148) qu'Eurytos entendit sortir du tombeau la voix de Philolaos bien des années après la mort de celui-ci, il faut noter qu'il est mentionné après Philolaos dans l'indication que nous avons citée d'Aristoxène (Diog. VIII, 46 ; R. P. 62 ; DV 32 A 4).

SCIENCE ET RELIGION

à traduire les nombres en figures telles que le triangle et le carré [1].

Or ces indications, et spécialement la remarque d'Aristote que nous venons de citer, semblent impliquer l'existence, à cette date, et déjà plus tôt, d'un symbolisme numérique, distinct, d'une part, de la notation par lettres, et, de l'autre, de la représentation euclidienne des nombres au moyen de lignes. La première se prêtait mal aux buts arithmétiques, précisément parce que le zéro fut une des rares choses que les Grecs n'inventèrent pas, et qu'ils étaient par conséquent dans l'impossibilité de développer, en le basant sur la position des lettres, un symbolisme numérique réellement avantageux. La représentation euclidienne, on va le voir, est étroitement liée à cette absorption de l'arithmétique par la géométrie, qui est pour le moins aussi vieille que Platon, mais ne peut être primitive [2]. Il semble plutôt que les nombres étaient représentés par des points arrangés en dessins symétriques et facilement reconnaissables, dont la marque des dés à jouer ou des dominos nous donne la meilleure idée. Et ces dessins sont, en fait, la meilleure preuve que nous avons là une méthode vraiment primitive de représenter les nombres, car ils sont d'une antiquité dont nous ne pouvons nous faire une idée, et remontent au temps où les hommes ne pouvaient compter qu'en arrangeant les nombres d'après de tels modèles, dont chacun devenait, pour ainsi dire, une

---

[1] Arist. *Met.* N, 5. 1092 *b* 8 (R. P. 76 *a* ; DV 33, 3). Aristote n'invoque pas ici l'autorité d'Archytas, mais la source de son indication ressort très clairement de Théophr. *Met.* p. VI a 19 (Usener) : τοῦτο γὰρ (sc. τὸ μὴ μέχρι του προελθόντα παύεσθαι) τελέου καὶ φρονοῦντος, ὅπερ Ἀρχύτας ποτ' ἔφη ποιεῖν Εὔρυτον διατιθέντα τινὰς ψήφους· λέγειν γὰρ ὡς ὅδε μὲν ἀνθρώπου ὁ ἀριθμός, ὅδε δὲ ἵππου, ὅδε δ' ἄλλου τινὸς τυγχάνει.

[2] L'arithmétique est plus ancienne que la géométrie, et elle était beaucoup plus avancée en Egypte, quoiqu'elle fût encore plutôt ce que les Grecs appelaient λογιστική qu'une ἀριθμητική proprement dite. Platon lui-même, dans la *République*, place l'arithmétique avant la géométrie par respect pour la tradition. Toutefois sa propre théorie des nombres suppose le renversement de cet ordre, que nous trouvons réalisé chez Euclide.

nouvelle unité. Cette manière de compter est peut-être aussi ancienne, si ce n'est même plus ancienne que l'emploi des doigts à cet effet.

Il est donc très significatif que nous ne trouvions aucune explication adéquate de ce qu'Aristote peut avoir entendu par « ceux qui traduisent les nombres en figures telles que le triangle et le carré » jusqu'à ce que nous en arrivions à certains écrivains postérieurs, qui se nommaient eux-mêmes pythagoriciens, et qui firent revivre l'étude de l'arithmétique comme science indépendante de la géométrie. Ces hommes, non seulement abandonnèrent le symbolisme linéaire d'Euclide, mais ils regardaient la notation alphabétique, dont ils usaient, comme une chose conventionnelle et inadéquate à la représentation de la vraie nature du nombre. Nicomaque de Gérasa dit expressément que les lettres employées pour représenter les nombres n'ont de signification que par l'usage et la convention des hommes. Le moyen le plus naturel serait de représenter les nombres linéaires ou premiers par une série d'unités, les nombres polygonaux par des unités arrangées de manière à représenter les diverses figures planes, et les nombres solides ou cubiques par des unités disposées en pyramides, etc.[1]. Il nous donne donc des figures comme celles-ci :

$$a \quad aa \quad \begin{matrix}a\\a\ a\end{matrix} \quad \begin{matrix}a\ a\\a\ a\end{matrix} \quad \begin{matrix}a\\a\ a\\a\ a\end{matrix} \quad \begin{matrix}aaa\\aaa\end{matrix} \quad \begin{matrix}a\ a\ a\\a\ a\ a\\a\ a\ a\end{matrix}$$

Or il est évident que ceci n'est pas une innovation mais, comme tant de choses dans le Néopythagorisme, un retour à l'usage primitif. Naturellement, l'emploi de la lettre *alpha* pour représenter les unités est dérivé de la notation con-

---

[1] Nicomaque de Gerasa, *Introd. Arithm.* p. 83, 12, Hoche : Πρότερον δὲ ἐπιγνωστέον ὅτι ἕκαστον γράμμα ᾧ σημειούμεθα ἀριθμόν, οἷον τὸ ι, ᾧ τὸ δέκα, τὸ κ, ᾧ τὰ εἴκοσι, τὸ ω, ᾧ τὰ ὀκτακόσια, νόμῳ καὶ συνθήματι ἀνθρωπίνῳ, ἀλλ' οὐ φύσει σημαντικόν ἐστι τοῦ ἀριθμοῦ κ. τ. λ. Le même symbolisme est employé par Théon, *Expositio*, p. 31 sq. Cf. aussi Jambl. *Introd.* p. 56, 27, Pistelli : ἰστέον γὰρ ὡς τὸ παλαιὸν φυσικώτερον οἱ πρόσθεν ἐσημαίνοντο τὰς τοῦ ἀριθμοῦ ποσότητας, ἀλλ' οὐχ ὥσπερ οἱ νῦν συμβολικῶς.

ventionnelle ; mais, à part cela, nous sommes évidemment en présence d'un système qui appartient à la plus ancienne phase de la science — et qui, en fait, donne la seule clef possible pour l'intelligence de la remarque d'Aristote et de ce que l'on nous dit de la méthode d'Eurytos.

XLVIII. — Nombres triangulaires, carrés et oblongs.

Ceci nous est en outre confirmé par la tradition qui représente la grande révélation faite par Pythagore à l'humanité comme ayant été précisément une figure de cette espèce, à savoir la *tetraktys*, par laquelle les Pythagoriciens avaient coutume de jurer[1], et nous n'avons rien de moins que l'autorité de Speusippe pour nous affirmer que toute la théorie impliquée dans cette figure était authentiquement pythagoricienne[2]. A l'époque récente, il y avait plusieurs sortes de *tetraktys*[3], mais la tetraktys originelle, celle par qui juraient les Pythagoriciens, était la « tetraktys de la décade ». C'était une figure du genre de celle-ci :

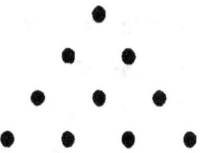

et elle représentait le nombre dix comme le triangle de

---

[1] Cf. la formule Οὐ μὰ τὸν ἁμετέρᾳ γενεᾷ παραδόντα τετρακτύν, qui est d'autant plus probablement ancienne qu'elle est mise dans la bouche de Pythagore par celui qui forgea les Χρυσᾶ ἔπη, et qui le fait ainsi jurer par lui-même ! Voir Diels, *Arch.* III, p. 457. Le dialecte dorien montre cependant qu'elle appartient aux générations récentes de l'école.

[2] Speusippe écrivit sur les nombres pythagoriciens un ouvrage basé essentiellement sur Philolaos, et un fragment considérable nous en a été conservé dans les *Theologoumena Arithmetica*. On le trouvera dans Diels, *Vorsokratiker*, p. 235, 15 (32 A 13), et il est discuté par Tannery, *Science hellène*, p. 374 sq.

[3] Voir à ce sujet Théon, *Expositio*, p. 93 sq. Hiller. La τετρακτύς employée par Platon dans le *Timée* est la seconde de celles que décrit Théon (*Exp.* p. 94, 10 sq.). Elle est sans aucun doute pythagoricienne, mais il n'est guère probable qu'elle soit aussi ancienne que Pythagore.

quatre de côté. En d'autres termes, elle faisait voir d'un coup d'œil que 1+2+3+4=10. Speusippe nous parle de plusieurs propriétés que les Pythagoriciens découvrirent dans la décade. C'est, par exemple, le premier nombre qui renferme en lui un nombre égal de nombres premiers et de nombres composés. Quelle part de tout cela remonte à Pythagore lui-même, nous ne pouvons le dire ; mais nous avons probablement le droit de lui attribuer la conclusion que c'est en « se conformant à la nature » que Grecs et barbares comptent d'abord jusqu'à dix et ensuite recommencent.

Il est évident que la *tetraktys* peut être indéfiniment étendue, de manière à représenter sous une forme graphique les sommes des séries de nombres successifs ; ces sommes sont en conséquence appelées « nombres triangulaires ».

Pour des raisons analogues, les sommes des séries de nombres impairs successifs sont appelées « nombres carrés », et celles des nombres pairs successifs « nombres oblongs ». Si des nombres impairs sont ajoutés à l'unité sous forme de *gnomons*, le résultat est toujours une figure semblable, à savoir un carré, tandis que, si l'on ajoute des nombres pairs, on obtient une série de rectangles[1], comme le montre la figure suivante :

Nombres carrés   Nombres oblongs

[1] Cf. Milhaud, *Philosophes géomètres*, p. 115 sq. Aristote expose la question comme suit (*Phys.* Γ, 4. 203 a 13) : περιτιθεμένων γὰρ τῶν γνωμόνων περὶ τὸ ἓν καὶ χωρὶς ὁτὲ μὲν ἄλλο ἀεὶ γίγνεσθαι τὸ εἶδος, ὁτὲ δὲ ἕν. Cela est plus clairement exprimé par Ps. Plut. (Stob. I, p. 22, 16 : Ἔτι δὲ τῇ μονάδι τῶν ἐφεξῆς περισσῶν περιτιθεμένων ὁ γινόμενος ἀεὶ τετράγωνός ἐστι· τῶν δὲ ἀρτίων ὁμοίως περιτιθεμένων ἑτερομήκεις καὶ ἄνισοι πάντες ἀποβαίνουσιν, ἴσως δὲ ἰσάκις οὐδείς. Je ne suis satisfait d'aucune des explications qu'on a données des mots καὶ χωρὶς du passage d'Aristote (voir Zeller, p. 351, n. 2) et je proposerais de lire ταῖς χώραις, en comparant

Il est donc clair que nous sommes en droit de rapporter à Pythagore lui-même l'étude des sommes de séries, mais nous ne pouvons dire s'il alla au delà de l'oblong et étudia les nombres pyramidaux ou cubiques [1].

XLIX. — Géométrie et harmonique.

Il est aisé de voir comment cette manière de représenter les nombres devait suggérer des problèmes de nature géométrique. Les points qui tenaient la place des cailloux sont régulièrement nommés « termes » (ὅροι, *termini*), et la surface qu'ils occupent, ou plutôt qu'ils limitent, est le «champ», (χώρα) [2]. C'est là évidemment une très ancienne manière de parler, et nous pouvons par conséquent l'attribuer à Pythagore lui-même. Il est impossible qu'il n'ait pas remarqué ensuite que les « champs » peuvent être comparés entre eux aussi bien que les nombres [3] ; il est même probable qu'il connaissait les méthodes grossières qui étaient traditionnelles en Egypte à cet effet, quoique certainement il ne pût s'en déclarer satisfait. Une fois de plus, la tradition est singulièrement utile en suggérant la direction que ses pensées doivent avoir prise. Il connaissait naturellement l'em-

---

Boutheros (Stob. I, p. 19, 9), lequel dit, suivant le texte du manuscrit : Καὶ ὁ μὲν (ὁ περισσός), ὁπόταν γεννῶνται ἀνὰ λόγον καὶ πρὸς μονάδας, ταῖς αὐτοῦ χώραις καταλαμβάνει τοὺς ταῖς γραμμαῖς περιεχομένους (sc. ἀριθμούς).

[1] Dans le fragment mentionné plus haut (p. 115, n. 2), Speusippe parle de quatre comme du premier nombre pyramidal ; mais cette indication est empruntée à Philolaos, de sorte que nous ne pouvons pas l'attribuer avec certitude à Pythagore.

[2] Nous trouvons ὅροι employé dans le sens de série (ἔκθεσις), puis de proportion, et, à une époque plus récente, de syllogisme. Les signes : :: et ∴ sont une survivance de l'usage original. Le terme χώρα est souvent employé par les Pythagoriciens postérieurs, quoique l'usage attique réclamât χωρίον pour un rectangle. Les espaces entre les γραμμαί de l'abaque et de l'échiquier étaient également appelés χώραι.

[3] Dans son commentaire à Euclide I, 44, Proclus nous dit, sur l'autorité d'Eudème, que la παραβολή, l'ἔλλειψις et l'ὑπερβολή de χωρία étaient des inventions pythagoriciennes. Sur l'application de ces termes, et sur celle qui en fut faite plus tard aux sections coniques, voir Milhaud, *Philosophes géomètres*, p. 81 sq.

ploi du triangle 3, 4, 5 pour la construction d'angles droits. Nous avons vu (p. 24) que ce triangle était familier à l'Orient à partir d'une date très ancienne, et que Thalès l'introduisit chez les Hellènes, s'ils ne le connaissaient déjà. Chez les écrivains postérieurs, il est effectivement appelé le « triangle pythagoricien ». Or la proposition pythagoricienne par excellence est justement que dans un triangle rectangle, le carré de l'hypoténuse est égal à la somme des carrés faits sur les autres côtés, et ce qu'on appelle le triangle pythagoricien est l'application de sa réciproque à un cas particulier. Le nom même d'« hypoténuse » confirme d'une manière très nette l'étroite connexion qui existe entre les deux choses. Il signifie littéralement « la corde qui est tendue à l'opposé », et ce n'est sûrement autre chose que la corde de l'« harpedonapt [1] ». Une ancienne tradition dit que Pythagore sacrifia un bœuf quand il découvrit la preuve de cette proposition, et en vérité, elle fut le vrai fondement des sciences mathématiques [2].

L. — Incommensurabilité.

Un grand désappointement, cependant, était réservé à Pythagore. Il résulte directement de sa proposition que le carré de la diagonale d'un carré est le double du carré de son côté, et cela devait à coup sûr pouvoir s'exprimer numériquement. Mais, en fait, il n'y a pas de nombre carré qui puisse se diviser en deux nombres carrés égaux, et le problème est insoluble. En ce sens, il est certainement vrai que Pythagore découvrit l'incommensurabilité de la diago-

---

[1] Le verbe ὑποτείνειν est naturellement employé au sens intransitif. L'explication suggérée dans le texte me paraît beaucoup plus simple que celle de Max C. P. Schmidt (*Kulturhistorische Beiträge*, Heft 1, p. 64 sq). Il voit dans l'hypoténuse la corde la plus longue d'une harpe ri angulaire ; mais ma manière de voir semble mieux s'accorder avec les cas analogues. C'est ainsi que ἡ κάθετος est littéralement un fil à plomb.

[2] Ce renseignement vient d'Eudème, car il se trouve dans le commentaire de Proclus à Euclide I, 47. Qu'il soit historique ou non, ce n'est pas une invention néopythagoricienne.

nale et du côté du carré, et la preuve mentionnée par Aristote — à savoir que si elles étaient commensurables, nous devrions dire qu'un nombre pair est égal à un nombre impair — a un cachet pythagoricien très net[1]. Quoi qu'il en puisse être, il est certain que Pythagore ne prit pas la peine de poursuivre plus loin l'étude de cette question. Il s'était, pour ainsi dire, achoppé au fait que la racine carrée de 2 est irrationnelle, mais nous savons qu'il était réservé à des amis de Platon, Théodore de Cyrène et Théétète, de donner une théorie complète de ce problème[2]. Le fait est que la découverte de la proposition pythagoricienne, en donnant naissance à la géométrie, avait réellement écarté la vieille conception de la quantité somme d'unités ; mais ce ne fut qu'à l'époque de Platon que les pleines conséquences de ce fait furent aperçues[3]. Pour le moment, l'incommensurabilité de la diagonale et du côté du carré resta, comme on l'a dit, une « scandaleuse exception ». Notre tradition dit qu'Hippasos de Métaponte fut noyé pendant un voyage en mer pour avoir révélé ce fait fâcheux à ses contemporains[4].

LI. — Proportion et harmonie.

Ces dernières considérations montrent que, s'il est tout à fait légitime d'attribuer à Pythagore la substance du livre I d'Euclide, l'arithmétique des livres VII à IX, n'est cer-

---

[1] Arist. *An. Pr.* A, 23. 41 a 26 : ὅτι ἀσύμμετρος ἡ διάμετρος διὰ τὸ γίγνεσθαι τὰ περιττὰ ἴσα τοῖς ἀρτίοις συμμέτρου τεθείσης. Les preuves données à la fin du livre X d'Euclide (vol. III, p. 408 sq. Heiberg) tournent sur le même point. Elles ne sont pas euclidiennes, et peuvent être en substance pythagoriciennes. Cf. Milhaud, *Philosophes géomètres*, p. 94.

[2] Platon, *Théétète*, 147 d 3 sq.

[3] Combien nouvelles ces conséquences étaient, cela ressort du fait que, dans les *Lois*, 819 d 5, l'étranger athénien déclare ne s'en être réellement rendu compte qu'à un âge avancé.

[4] Cette version de la tradition est mentionnée dans Jamblique, *V. Pyth.* 247, et paraît plus ancienne que l'autre, sur laquelle nous aurons l'occasion de nous arrêter plus loin (§ 148). Hippasos est l'enfant terrible du Pythagorisme, et les traditions qui le concernent sont très instructives.

tainement pas de lui. Elle opère avec des lignes ou des surfaces au lieu d'unités, et les rapports qu'elle établit tiennent par conséquent bon, qu'ils soient, ou non, susceptibles d'expression numérique. C'est sans doute pourquoi l'arithmétique n'est traitée dans Euclide qu'après la géométrie plane, interversion complète de l'ordre originel. Pour la même raison, la théorie des proportions que nous trouvons dans Euclide ne peut être pythagoricienne, et est en réalité l'œuvre d'Eudoxe. Cependant, il est clair que les premiers Pythagoriciens, et probablement Pythagore lui-même, étudièrent les proportions à leur manière, et que les trois « moyennes » en particulier, remontent au fondateur, étant donné surtout que la plus compliquée d'entres elles, l' « harmonique » est en relation étroite avec sa découverte de l'octave. Si nous prenons la proportion harmonique $12:8:6$[1], nous trouvons que $12:6$ est l'octave, $12:8$ la quinte et $8:6$ la quarte, et l'on ne peut guère mettre en doute que ce fut Pythagore lui-même qui découvrit ces intervalles. Les histoires qui nous sont parvenues à ce sujet, et d'après lesquelles il aurait observé les intervalles harmoniques dans une forge, et qu'ensuite il aurait pesé les marteaux qui les produisaient ou suspendu à des cordes d'égale longueur des poids correspondants à ceux des marteaux, sont en réalité impossibles et absurdes, et c'est pure perte de temps que d'essayer d'en tirer une indication raisonnable[2]. Pour notre dessein, leur absurdité est leur principal mérite. Ce ne sont pas histoires qu'un mathématicien ou un

---

[1] Platon (*Tim.* 36 a 3) définit la moyenne harmonique comme τὴν... ταὐτῷ μέρει τῶν ἄκρων αὐτῶν ὑπερέχουσαν καὶ ὑπερεχομένην. La moyenne harmonique de 12 et de 6 est donc 8, car $8 = 12 - \frac{12}{3} = 6 + \frac{6}{3}$.

[2] Sur ces histoires, et pour leur examen critique, voir Max C. P. Schmidt, *Kulturhistorische Beiträge*, I, p. 78 sq. Les marteaux de forge sont du domaine des fables, et il n'est vrai ni que les notes seraient déterminées par le poids des marteaux ni que, si cela était, elles seraient produites par des cordes égales auxquelles on aurait suspendu des poids respectivement égaux à ceux des marteaux. Ces inexactitudes ont été relevées par Montucla (Martin, *Études sur le Timée*, I, p. 391).

musicien grec aurait pu inventer, mais de vrais contes populaires qui témoignent de l'existence d'une tradition réelle, suivant laquelle Pythagore était l'auteur de cette importante découverte.

LII. — Les choses sont des nombres.

Ce fut aussi, sans aucun doute, cela qui amena Pythagore à dire que toutes choses étaient des nombres. Nous verrons que, à une date postérieure, les Pythagoriciens identifiaient ces nombres avec des figures géométriques ; mais le simple fait qu'ils les appelaient « nombres », est suffisant — si nous le mettons en rapport avec ce que nous savons de la méthode d'Eurytos — pour montrer que ce n'était pas là le sens originel de la doctrine. Il suffit de supposer que Pythagore raisonnait à peu près comme suit. Si les sons musicaux peuvent être ramenés à des nombres, pourquoi n'en serait-il pas de même de toutes les autres choses ? Il y a dans les choses beaucoup d'analogie avec les nombres, et il se peut fort bien qu'une heureuse expérience, pareille à celle qui amena la découverte de l'octave, révèle leur véritable nature numérique. Les écrivains néopythagoriciens, remontant sur ce point comme sur les autres à la plus ancienne tradition de l'école, s'abandonnent à leur imagination et énumèrent une infinie variété d'analogies entre les choses et les nombres ; mais nous sommes heureusement dispensés de les suivre dans ces rêveries. Aristote nous dit expressément que les Pythagoriciens n'expliquaient que quelques choses au moyen des nombres[1], ce qui veut dire que Pythagore lui-même ne laissa pas de doctrine développée sur le sujet, tandis que les Pythagoriciens du Ve siècle ne se faisaient pas faute d'ajouter n'importe quoi de ce genre à la tradition de l'école.

---

[1] Arist. *Met.* M, 4. 1078 *b* 21 (R. P. 78 ; DV 45 B 4) ; Zeller, p. 390, n. 2. Les *Theologoumena Arithmetica*, faussement attribués à Nicomaque de Gérasa, sont pleins de théories fantastiques sur ce sujet (R. P. 78 *a* ; DV A 12). Alexandre, *in Met.* p. 38, 8, donne quelques définitions qui peuvent être anciennes (R. P. 78 *c*).

Aristote implique, cependant, que, suivant eux, le « bon moment » (καιρός) était sept, la justice quatre, et le mariage trois. Ces identifications, et quelques autres, nous pouvons les rapporter en toute sécurité à Pythagore ou à ses successeurs immédiats, mais nous ne devons pas y attacher grande importance. Ce sont de simples jeux de l'imagination analogique. Si nous voulons comprendre la cosmologie de Pythagore, ce n'est pas de là que nous devons partir, mais de toutes les indications à nous connues, qui présentent des points de contact avec l'enseignement de l'école milésienne. Celles-là, nous pouvons le conclure en toute sécurité, appartiennent au système dans sa forme la plus primitive.

LIII. — Cosmologie.

Or l'indication la plus frappante de cette espèce est une de celles que nous devons à Aristote. Les Pythagoriciens soutenaient, nous dit-il, qu'il y avait un « souffle illimité en dehors des cieux, et que ce souffle était inhalé » par le monde [1]. En substance, c'est la doctrine d'Anaximène, et il devient pratiquement certain que c'était celle de Pythagore, si nous constatons que Xénophane la niait [2]. Nous pouvons en inférer, donc, que le développement ultérieur de l'idée est aussi dû à Pythagore lui-même. Une fois la première unité formée — de quelque façon que ce phénomène ait pu se produire — la partie la plus voisine de l'Illimité fut, nous dit-on, d'abord entraînée et limitée [3], et c'est justement l'Illimité ainsi inhalé qui maintient les unités séparées les unes des autres [4]. Elle représente l'intervalle qui s'étend

---

[1] Arist. *Phys.* Δ, 6, 213 b 22 (R. P. 75 ; DV 45 B 30).

[2] Diog. IX, 19 (R. P. 103 c ; DV 11 A 1, 46). Il est vrai qu'ici Diogène puise plutôt à une source biographique qu'à une source doxographique (*Dox.* p. 168), mais ce trait ne peut guère être une invention.

[3] Arist. *Met.* M, 3. 1091 a 13 (R. P. 74 ; DV 45 B 26).

[4] Arist. *Phys.* Δ, 6, 213 b 23 (R. P. 75 a ; DV 45 B 30). Dans les mots διορίζει τὰς φύσεις, on a vu une difficulté qui ne s'y trouve pas, parce qu'on a supposé qu'ils attribuent à l'ἄπειρον la fonction de la limita-

entre elles. C'est là une manière très primitive de décrire la nature de la masse discontinue.

Dans les passages d'Aristote que nous venons de citer, il est aussi parlé de l'Illimité comme du vide. Cette identification de l'air et du vide est une confusion que nous avons déjà rencontrée chez Anaximène, et nous ne devons pas être surpris de la trouver aussi ici [1]. Nous y trouvons également, comme nous pouvions nous y attendre, des traces distinctes de l'autre confusion, celle de l'air et de la vapeur. Il semble certain, en fait, que Pythagore identifiait la Limite avec le Feu, et l'Illimité avec l'Obscurité. Aristote nous apprend qu'Hippasos faisait du Feu le principe premier [2], et nous verrons que Parménide, en discutant les opinions de ses contemporains, leur attribue cette opinion qu'il y a deux «formes» primordiales, le Feu et la Nuit [3]. Nous trouvons aussi que la Lumière et l'Obscurité figurent dans la table pythagoricienne des oppositions sous les titres respectifs de Limite et d'Illimité [4]. L'identification ici impliquée de la respiration avec l'Obscurité est une forte preuve du caractère primitif de la doctrine; car, au VIe siècle, on tenait l'obscurité pour une espèce de vapeur, tandis qu'au Ve la vraie nature en était bien connue. Avec son tact historique habituel, Platon fait dire au Pythagoricien Timée que le brouillard et l'obscurité sont de l'air

tion. Aristote fait voir très clairement que son opinion est celle que nous avons exprimée dans notre texte. Cf. spécialement les mots χωρισμοῦ τινος τῶν ἐφεξῆς καὶ διορίσεως. Le terme διωρισμένον est exactement l'opposé de συνεχές. Dans son livre sur la philosophie pythagoricienne, Aristote employait au lieu de cela la phrase διορίζει τὰς χώρας (Stob. I, p. 156, 8 [I, 18, 1 c]; R. P. 75; DV 45 B 30), qui est également tout à fait intelligible, si nous nous rappelons ce que les Pythagoriciens entendaient par χώρα (cf. p. 117, n. 2).

[1] Cf. Arist. *Phys.* Δ, 6, 213 a 27: οἱ δ'ἄνθρωποι... φασὶν ἐν ᾧ ὅλως μηδέν ἐστι, τοῦτ' εἶναι κενόν, διὸ τὸ πλῆρες ἀέρος κενὸν εἶναι; *de Part. An.* B, 10. 656 b 15 : τὸ γὰρ κενὸν καλούμενον ἀέρος πλῆρές ἐστι; *de An.* B, 10. 419 b 34 : δοκεῖ γὰρ εἶναι κενὸν ὁ ἀήρ.

[2] Arist. *Met.* A, 3. 984 a 7 (R. P. 56 c; DV 8, 7).

[3] Voir chap. IV, § 91.

[4] Arist. *Met.* A, 5. 986 a 25 (R. P. 66; DV 45 B 5).

condensé[1]. Nous devons donc nous représenter un « champ » d'obscurité ou de souffle limité par des unités lumineuses, tableau que le ciel étoilé devait naturellement suggérer. Il est même probable que nous devons attribuer à Pythagore la conception milésienne d'une pluralité de mondes, bien qu'il n'eût pas été naturel pour lui de parler d'un nombre infini. Nous savons du moins que Pétron, un des anciens Pythagoriciens, disait qu'il y avait exactement cent quatre-vingt-trois mondes arrangés en triangle[2], et Platon, en faisant poser en principe par Timée qu'il n'y en a qu'un, lui fait reconnaître qu'on pourrait avancer un argument en faveur de l'opinion qui en admet cinq, comme il y a cinq solides réguliers[3].

LIV. — Les corps célestes.

Anaximandre avait regardé les corps célestes comme des roues d'« air », remplies d'un feu qui s'échappe par certaines ouvertures (§ 19), et nous sommes fondés à admettre que Pythagore adopta cette opinion[4]. Nous avons vu qu'Anaximandre ne supposait l'existence que de trois roues pareilles, et soutenait que la roue du soleil était la plus basse. Il est extrêmement probable que Pythagore identifiait les intervalles entre ces anneaux avec les trois intervalles musicaux qu'il avait découverts, la quarte, la quinte et l'octave. Ce serait l'origine la plus naturelle de la doctrine postérieure de l'« harmonie des sphères », mais il faut bien prendre garde que cette expression serait doublement trompeuse si on l'appliquait à une quelconque des théo-

---

[1] Platon, *Tim.* 58 d 2.

[2] Indication fournie par Plutarque, *de def. orac.* 422 b, d, qui la tenait lui-même de Phanias d'Érésos, lequel l'avait donnée sur l'autorité d'Hippys de Rhegium. Si nous pouvons supposer avec Wilamowitz (*Hermes* XIX, p. 444) que ce dernier nom désigne en réalité Hippasos de Métaponte (et ce fut à Rhegium que les Pythagoriciens cherchèrent un refuge), nous avons là un argument précieux.

[3] Platon, *Tim.* 55 c 7 sq.

[4] Voir sur ce point chap. IV, § 93.

ries que nous pouvons à juste titre attribuer à Pythagore lui-même. Le mot ἁρμονία ne signifie pas harmonie, et les « sphères » sont un anachronisme. Nous sommes encore à l'époque où les roues ou anneaux étaient regardés comme suffisants pour rendre compte des mouvements des corps célestes. Il faut aussi observer que le soleil, la lune, les planètes et les étoiles fixes doivent tous être considérés comme se mouvant dans la même direction de l'est à l'ouest. Pythagore n'attribuait certainement pas aux planètes un mouvement circulaire propre de l'ouest à l'est. L'ancienne idée était plutôt qu'elles étaient plus ou moins laissées en arrière chaque jour. Comparé avec les étoiles fixes, Saturne est le moins de toutes dépassé, et la Lune le plus ; au lieu donc de dire que la Lune mettait moins de temps que Saturne pour accomplir sa course à travers les signes du zodiaque, on disait que Saturne cheminait plus vite que la Lune parce que, moins qu'elle, il se laisse distancer par les constellations. Au lieu de dire que Saturne met trente ans pour accomplir sa révolution, on disait qu'il fallait trente ans aux étoiles fixes pour dépasser Saturne, et seulement vingt-neuf jours et demi pour dépasser la Lune. C'est là l'un des points les plus importants qu'il faut avoir présents à l'esprit quand on étudie les systèmes planétaires des Grecs, et nous y reviendrons [1].

L'exposé que nous venons de faire des doctrines de Pythagore est sans aucun doute conjectural et incomplet. Nous lui avons simplement attribué les portions du système pythagoricien qui semblent être les plus anciennes, et il ne nous a pas même été possible de citer entièrement les témoignages sur lesquels notre discussion est basée. Ce sys-

[1] Pour un clair exposé de cette opinion (qui était encore celle de Démocrite), voir Lucrèce, V, 621 sq. L'opinion que les planètes se mouvaient circulairement de l'ouest à l'est est attribuée par Aétius, II, 16. 3, à Alcméon (§ 96), ce qui implique à coup sûr que Pythagore ne la professait pas. Comme nous le verrons (§ 152), il est loin d'être certain que ce fût celle d'un quelconque des Pythagoriciens. Il semble plutôt que ce fut une découverte de Platon.

tème n'apparaîtra dans sa vraie lumière qu'une fois que nous aurons examiné la seconde partie du poème de Parménide et le système des Pythagoriciens postérieurs [1]. Pour des raisons que l'on verra alors, je ne me hasarde pas à assigner à Pythagore lui-même la théorie de la révolution de la Terre autour du feu central. Le plus sûr est, semble-t-il, de supposer qu'il adhérait encore à l'hypothèse géocentrique d'Anaximandre. En dépit de cela, pourtant, il est clair qu'il a ouvert une nouvelle période dans le développement de la science grecque, et c'est certainement à son école que sont dues, directement ou indirectement, ses plus grandes découvertes.

II. XÉNOPHANE DE COLOPHON

LV. — Sa vie.

Nous avons vu comment Pythagore s'identifiait lui-même avec le mouvement religieux de son époque ; nous avons maintenant à considérer une manifestation très différente de la réaction contre la conception des dieux que les poètes avaient rendue familière au peuple grec. Xénophane niait absolument les dieux anthropomorphiques, mais il ne fut affecté en aucune mesure par la résurrection — qui se produisait partout autour de lui — d'idées plus anciennes. Nous possédons encore un fragment d'une élégie dans laquelle il ridiculisait Pythagore et la doctrine de la transmigration. Un jour, dit-on, il passait dans la rue au moment où l'on battait un chien. « Arrêtez, dit-il, ne le battez pas ! C'est l'âme d'un ami ! Je l'ai reconnu au son de sa voix [2]. » On rapporte aussi qu'il combattait les opinions de Thalès et de Pythagore, et qu'il attaquait Epiménide, ce qui est assez probable, quoique dans les frag-

---

[1] Voir chap. IV, §§ 92 et 93, et chap. VII, §§ 150-152.
[2] Voir frg. 7 (DV; = 18 Karst) *ap.* Diog. VIII, 36 (R. P. 88).

.ments qui nous sont parvenus de lui on ne trouve aucune trace de cette attitude [1]. Il est surtout important pour avoir été l'initiateur de cette lutte entre la philosophie et la poésie, qui atteignit son point culminant dans la *République* de Platon.

Il n'est pas facile de déterminer la date de Xénophane. Timée dit qu'il était contemporain d'Hiéron et d'Epicharme, et il paraît bien avoir joué un rôle dans le roman anecdotique de la cour d'Hiéron, qui amusa les Grecs du IVe siècle, comme celui de Crésus et des Sept Sages amusa ceux du Ve [2]. Comme Hiéron régna de 478 à 467 avant J.-C., il serait impossible de placer la naissance de Xénophane bien avant 570, même si nous supposions qu'il ait vécu jusqu'à l'âge de cent ans. D'autre part, au dire de Sextus et de Clément, Apollodore donnait la XLe Olympiade (620-616) comme date de sa naissance, et le premier ajoute que ses jours se prolongèrent jusqu'à l'époque de Darius et de Cyrus [3]. En revanche, Diogène, dont les informations en ces matières viennent pour la plupart d'Apollodore, dit qu'il florissait dans la LXe Olympiade (540-537), et Diels est d'avis qu'en réalité c'est ce

---

[1] Diog. IX, 18 (R. P. 97). Nous savons que Xénophane s'était occupé de la prédiction d'une éclipse par Thalès (chap. I, p. 41, n. 1). Nous verrons que sa propre opinion sur le soleil ne se conciliait guère avec la possibilité de faire pareille prédiction, de sorte que ce fut peut-être à ce propos qu'il contredit Thalès.

[2] Timée, ap. Clem. *Strom.* I, p. 533 (R. P. 95, DV 11 A 8). Il n'y a qu'une anecdote qui nous montre en fait Xénophane en conversation avec Hiéron (Plut. *Reg. apophth.* 175 e), mais il est naturel de voir dans Arist. *Met.* Γ, 5. 1010 a 4 une allusion à une remarque à lui faite par Epicharme. Aristote a plus d'une anecdote sur Xénophane, et il semble très probable qu'il les empruntait au roman dont le *Hiéron* de Xénophon est un écho.

[3] Clem. *loc. cit.*; Sext. *Math.* I, 257. La mention de Cyrus est confirmée par Hipp. *Ref.* I, 94. Diels pense que Darius fut mentionné d'abord pour des raisons métriques; mais personne n'a expliqué d'une manière satisfaisante pourquoi Cyrus aurait été mentionné si l'on ne voulait pas insister sur la date plus ancienne. Sur toute cette question, voir Jacoby, p. 204 sq., qui a certainement tort de supposer que ἄχρι τῶν Δαρείου καὶ Κύρου χρόνων peut signifier « durant les temps de Darius et de Cyrus. »

qu'a dit aussi Apollodore [1]. Quoi qu'il en soit, il est évident que la date de 540 av. J.-C. est basée sur la supposition qu'il se rendit à Elée l'année de la fondation de cette ville, et n'est, par conséquent, qu'une simple combinaison [2].

Ce que nous savons de certain, c'est que Xénophane mena une vie errante à partir de vingt-cinq ans, et qu'il se livrait encore à la poésie à l'âge de quatre-vingt-douze. Il dit lui-même (frg. 8 = 24 Karst ; R. P. 97) :

Voici maintenant soixante-sept ans que mon âme chargée de soucis [3] parcourt d'un bout à l'autre le pays d'Hellas, et vingt-cinq ans s'étaient déjà écoulés depuis ma naissance, si je puis dire quelque chose de vrai en ces matières.

On est tenté de supposer que, dans ce passage, Xénophane s'en réfère à la conquête de l'Ionie par Harpagos, et qu'il répond, en fait, à la question posée dans un autre poème (frg. 22 = 17 Karst ; R. P. 95 a) [4] :

Telles sont les choses que nous devons dire au coin du feu, en hiver, quand nous sommes couchés sur de moelleux coussins, buvant du vin doux et grignotant des pois chiches : « De quel pays es-tu, et quel âge as-tu, ô très cher ? Et quel âge avais-tu quand le Mède arriva ? »

Nous ne pouvons pourtant pas en être sûrs, et nous devons nous contenter de ce qui, après tout, est l'essentiel pour le but que nous nous proposons, à savoir qu'il parle de

---

[1] *Rh. Mus.* XXXI, p. 22. Il suppose une ancienne corruption de N en M. Comme Apollodore indiquait l'archonte athénien, et non l'Olympiade, il serait plus probable de supposer une confusion due au fait qu'il y eut deux archontes de même nom.

[2] Comme Elée fut fondée par les Phocéens six ans après qu'ils eurent quitté Phocée (Herod. I, 164 sq.), ce fut justement en 540-39 avant J.-C. Cf. la manière dont Apollodore datait Empédocle par l'ère de Thurium (§ 98).

[3] Bergk (*Litteraturgesch.* II, p. 418, n. 23) supposait que φροντίς désignait ici l'œuvre littéraire de Xénophane, mais c'est sûrement un anachronisme de prendre ce mot à cette date dans le sens où les Latins employaient *cura*.

[4] C'était certainement un autre poème, car il est en hexamètres, tandis que le fragment précédent est en distiques élégiaques.

Pythagore au passé, et que c'est aussi au passé que parle de lui Héraclite [1].

Au dire de Théophraste, Xénophane avait « entendu » Anaximandre [2], et nous verrons qu'il était certainement au courant de la cosmologie ionienne. Depuis qu'il eut été chassé de sa ville natale, il vécut en Sicile, principalement à Zankle et à Catane [3]. De même qu'avant lui Archiloque, il déchargea son âme en écrivant des élégies et des satires qu'il récitait dans les banquets où, comme on peut le supposer, les réfugiés essayaient de conserver les usages de la bonne société ionienne. L'indication d'après laquelle il était rhapsode ne repose sur aucun fondement [4]. Le chantre d'élégies n'était pas un professionnel comme le rhapsode, mais il était, socialement, l'égal de ses auditeurs. Dans sa quatre-vingt-douzième année, Xénophane menait encore, nous l'avons vu, une vie errante, ce qui ne s'accorde guère avec le texte qui le fait établir à Elée et y fonder une école, surtout si, comme il y a lieu de le croire, il passa ses derniers jours à la cour d'Hiéron. Il est très probable qu'il visita Elée, et il n'est pas impossible qu'il ait écrit un poème de deux mille hexamètres sur la fondation de cette ville, qui était naturellement un sujet intéressant pour tous les *émigrés* ioniens [5]. Mais il est très remarquable qu'aucun

---

[1] Xénophane, frg. 7 (voir plus haut p. 126, n. 2) ; Héraclite, frg. 16, 17 (voir plus loin, p. 149).

[2] Diog. IX, 21 (R. P. 96 *a*).

[3] Diog. IX, 18 (R. P. 96). L'emploi du vieux nom de Zankle au lieu du nom plus récent de Messine montre que cette indication a été empruntée à une source ancienne — probablement aux élégies de Xénophane lui-même.

[4] Diog. IX, 18 (R. P. 97) dit : αὐτὸς ἐρραψῴδει τὰ ἑαυτοῦ, ce qui est tout différent. Nulle part ailleurs il n'est dit qu'il récitait Homère, et le verbe ῥαψῳδεῖν est employé dans le sens tout à fait général de « réciter ». La description colorée de Gomperz (*Penseurs de la Grèce* I, p. 167) ne repose que sur ce simple mot. Il n'y a pas non plus la moindre trace d'influence homérique dans les fragments. Ils sont tous composés dans le style élégiaque usuel.

[5] Hiller soupçonne à bon droit (*Rh. Mus.* XXXIII, p. 529) que cette indication provient de Lobon d'Argos, qui écrivit sur les Sept Sages,

écrivain ancien ne dise expressément qu'il ait jamais été à
Elée, et la seule chose — à part le poème douteux dont
nous venons de parler — qui le mette en rapport avec cette
ville, est une anecdote d'Aristote. Comme les Eléates lui
demandaient s'ils devaient sacrifier à Leucothéa et la
pleurer, il leur répondit : « Si vous la tenez pour une
déesse, ne la pleurez pas ; si vous ne la tenez pas pour telle,
ne lui sacrifiez pas. » C'est absolument tout, et ce n'est là
qu'un apophtegme [1]. Il serait étrange que nous n'eussions
rien de plus si Xénophane avait réellement trouvé, sur la
fin de ses jours, un foyer dans la colonie phocéenne.

LVI. — Poèmes.

Suivant une notice que nous a conservée Diogène, Xénophane écrivit en hexamètres et composa aussi des élégies
et des ïambes contre Homère et Hésiode [2]. Aucune autorité
sûre ne nous atteste qu'il ait écrit un poème philosophique [3]. Simplicius nous dit n'avoir jamais vu les vers
où la terre était décrite comme s'étendant à l'infini du
côté d'en bas (frg. 28) [4] ; cela signifie que l'Académie ne

Epiménide, etc., des notices stichométriques, toutes pieusement mentionnées par Diogène. Mais même si cette indication est vraie, cela ne
prouve rien.

[1] Arist. *Rhet.* B, 26. 1400 *b* 5 (R. P. 98 *a* ; DV 11 A 13). Des anecdotes
comme celle-là sont en réalité anonymes. Plutarque transporte l'histoire en Egypte (*P. Ph. Fr.* p. 22, § 13) et d'autres la racontent d'Héraclite. Il n'est guère sûr de construire sur un pareil fondement.

[2] Diog. IX, 18 (R. P. 97). Le mot ἐπικόπτων est une réminiscence de
Timon, frg. 60 Diels : Ξενοφάνης ὑπάτυφος Ὁμηραπάτης ἐπικόπτης.

[3] La plus ancienne référence à un poème Περὶ φύσεως se trouve dans
les scholies genevoises (Il. XXI, 196, où est cité le frg. 30), et elle
remonte à Kratès de Mallos. Nous devons nous souvenir, cependant,
que pareils titres sont de date plus récente que Xénophane, et qu'on
lui avait accordé une place parmi les philosophes bien avant l'époque
de Kratès. Tout ce que nous pouvons dire, par conséquent, c'est que
les bibliothécaires de Pergame donnèrent le titre de Περὶ φύσεως à un
poème de Xénophane.

[4] Simpl. *de Cælo*, p. 522, 7 (R. P. 97 *b* ; DV 11 A 47). Il est vrai que
deux de nos fragments (25 et 26) nous ont été conservés par Simplicius,

possédait aucun exemplaire de ce poème, ce qui serait très étrange s'il avait jamais existé. Simplicius savait se procurer les œuvres complètes d'hommes beaucoup moins considérables. Aucune preuve interne, non plus, ne tend à confirmer qu'il ait écrit un poème philosophique. Diels y rapporte environ vingt-sept vers, mais qui tous se rattacheraient tout aussi naturellement à ses attaques contre Homère et Hésiode, ainsi que j'ai essayé de le montrer. Il est significatif aussi qu'un certain nombre d'entre eux dérivent de commentateurs d'Homère[1]. Il semble probable, donc, que Xénophane exprima incidemment dans ses satires ses vues théologiques et philosophiques. Ce serait tout à fait dans la manière du temps, comme le montrent les restes d'Epicharme.

Les satires elles-mêmes sont appelées *Silles* par les écrivains postérieurs, et ce nom peut bien remonter à Xénophane lui-même. Il est possible aussi, cependant, qu'il soit dû au fait que Timon de Phlionte, le « sillographe » (vers 259 av. J.-C.), mit dans la bouche de Xénophane une grande partie de ses satires contre les philosophes. Un seul vers ïambique nous a été conservé, et il est immédiatement suivi d'un hexamètre (frg. 14 = 5 Karst). Cela fait supposer que Xénophane insérait des vers ïambiques parmi ses hexamètres, à la façon du *Margitès*, ce qui eût été très naturel de sa part[2].

LVII. — Les fragments.

Je donne tous les fragments de quelque importance, d'après le texte de Diels et dans l'ordre où il les a placés.

mais il les tenait d'Alexandre. Ils étaient probablement cités par Théophraste, car il est évident qu'Alexandre n'avait pas de Xénophane une connaissance de première main. S'il l'avait eue, il ne se serait pas laissé tromper par *M. X. G.* Voir p. 140, note.

[1] Trois fragments (27, 31, 33) proviennent des *Allégories homériques*, deux (30, 32) des scholies homériques.

[2] Cf. Wilamowitz, Progr. de Greifswald 1880.

Elégies.

1. Maintenant, le plancher est propre, et les mains et les coupes de tous; l'un place sur nos têtes des couronnes tressées, un autre nous offre sur un plateau une myrrhe parfumée. Le cratère est là, plein d'allégresse, et un autre vin est prêt, qui promet de ne jamais faire défaut, doux et exhalant l'odeur des fleurs dans les cruches. Au milieu, l'encens fait monter sa sainte fumée, et il y a de l'eau fraîche, douce et pure. Des pains bruns sont disposés devant nous, et une magnifique table est chargée de fromage et d'un miel abondant. Au milieu, l'autel est tout entouré de fleurs; le chant et les divertissements remplissent les halles.

Mais d'abord il faut que les hommes célèbrent les dieux par des chants joyeux, des mythes sacrés et de pures paroles; ensuite, quand ils ont offert des libations et adressé des prières pour obtenir la force d'accomplir ce qui est juste — car c'est là, en vérité, le premier devoir — ce n'est pas un péché pour un homme de boire autant qu'homme peut prendre et rentrer chez lui sans qu'un serviteur l'accompagne, s'il n'est pas accablé d'années. Et parmi les hommes, il faut louer celui qui, ayant bu, donne la preuve qu'il a gardé la mémoire et qu'il s'exerce à la vertu. Il ne chantera pas les combats des Titans, ni des Géants, ni des Centaures — inventions des hommes de jadis — ni les orages des guerres civiles, dans lesquelles il n'est aucun bien, mais il sera toujours plein de respect pour les dieux.

2. Mais si un homme remportait la victoire par la rapidité de sa course, ou au *pentathle* à Olympie, où se trouve l'enceinte sacrée de Zeus près des sources de Pisa, ou en luttant, ou en se montrant habile au cruel pugilat, ou à ce terrible jeu qu'on appelle le *pancrace*, il deviendrait plus glorieux aux yeux de ses concitoyens, gagnerait une place d'honneur aux concours, sa nourriture aux frais de la cité, et un présent qui s'hériterait après lui; et s'il l'emportait avec ses coursiers, il obtiendrait toutes ces choses sans en être aussi digne que moi. Car notre art est préférable à la force des hommes et des chevaux. Mais c'est à tort que toutes ces choses sont prisées, et il n'est pas juste de placer la force au-dessus de notre art. Car s'il y avait parmi le peuple un homme habile au pugilat, ou au pentathle, ou à la lutte, si même un homme à la course rapide — et il n'y a pas de chose que les hommes honorent plus aux jeux — la cité ne serait pas, pour cela, mieux gouvernée. Et il ne reviendrait à la ville qu'une petite joie si un de ses citoyens remportait la victoire sur les rivages de Pisa, car ce n'est pas cela qui enrichit ses trésors.

3. Ils ont appris des Lydiens des manières efféminées et sans utilité aussi longtemps qu'ils étaient libres de l'odieuse tyrannie ; ils se rendaient à l'agora avec des vêtements teints de pourpre, au nombre d'un millier, glorieux et vains de leurs chevelures bien peignées, exhalant l'odeur de parfums artificiels.

Satires.

10. Puisque tous, dès le commencement, ont appris d'Homère...

11. Homère et Hésiode ont attribué aux dieux toutes les choses qui, chez les hommes, sont opprobre et honte : vols, adultères et tromperies réciproques. R. P. 99.

12. Ils ont raconté sur le compte des dieux beaucoup, beaucoup d'actes contraires aux lois : vols, adultères et tromperies réciproques. R. P. *ib*.

14. Mais les mortels se figurent que les dieux sont engendrés comme eux, et qu'ils ont des vêtements¹, une voix et une forme semblables aux leurs. R. P. 100.

15. Oui, et si les bœufs, les chevaux et les lions avaient des mains, et si, avec leurs mains, ils pouvaient peindre et produire des œuvres d'art comme les hommes, les chevaux peindraient les formes des dieux pareilles à celles des chevaux, les bœufs pareilles à celles des bœufs, et ils feraient leurs corps chacun selon son espèce propre. R. P. *ib*.

16. Les Éthiopiens font leurs dieux noirs et avec le nez camus ; les Thraces disent que les leurs ont les yeux bleus et les cheveux rouges. R. P. 100 *b*.

17. Les dieux n'ont pas révélé toutes choses aux hommes dès le commencement, mais, en cherchant, ceux-ci trouvent avec le temps ce qui est le meilleur. R. P. 104 *b*.

23. Un seul dieu, le plus grand parmi les dieux et les hommes, et qui n'est pareil aux hommes ni par la forme ni par la pensée... R. P. 100.

24. Il voit tout entier, pense tout entier, et tout entier entend. R. P. 102.

25. Mais, sans peine, il gouverne toutes choses par la force de son esprit. R. P. 108 *b*.

26. Et il habite toujours à la même place, sans faire le moindre mouvement, et il ne lui convient pas de se porter tantôt d'un côté, tantôt de l'autre. R. P. 110 *a*.

27. Toutes choses viennent de la terre, et c'est dans la terre que toutes choses finissent. R. P. 103 *a*.

28. Cette limite de la terre en haut, nous la voyons à nos

---

¹ Je préférais autrefois lire avec Zeller αἴσθησιν, mais Clément et Eusèbe ont tous deux ἐσθῆτα, et Théodoret dépend entièrement d'eux.

pieds en contact avec l'air[1] ; mais, en bas, elle s'étend sans limite. R. P. 103.

29. Toutes choses qui naissent et croissent sont de la terre et de l'eau. R. P. 103.

30. La mer est la source de l'eau et la source du vent ; car ni dans les nuages <il n'y aurait de souffles de vents soufflant> de l'intérieur sans la mer puissante, ni courants de fleuves, ni eau de pluie venant du ciel. C'est la puissante mer qui engendre nuages, vents et fleuves[2]. R. P. 103.

31. Le soleil se balançant au-dessus[3] de la terre et la réchauffant...

32. Celle qu'ils appellent Iris est aussi un nuage, pourpre, écarlate et vert d'aspect. R. P. 103.

33. Car nous sommes tous nés de terre et d'eau. R. P. ib.

34. Il n'y a jamais eu et il n'y aura jamais d'homme qui ait une connaissance certaine des dieux et de toutes les choses dont je parle. Même si, par hasard, il disait la parfaite vérité, il ne s'en rendrait pas compte lui-même. Mais tous peuvent avoir leur fantaisie. R. P. 104.

35. Considérez tout cela comme des fantaisies[4] ayant quelque apparence de vérité. R. P. 104 a.

36. Toutes celles d'entre elles[5] qui s'offrent à la vue des mortels.

37. Et l'eau dégoutte dans certaines cavernes...

38. Si Dieu n'avait pas créé le brun miel, les hommes trouveraient les figues beaucoup plus douces qu'ils ne le font.

LVIII. — LES CORPS CÉLESTES.

L'intention de l'un de ces fragments (32) est parfaitement claire. « Iris aussi » est un nuage, et nous pouvons en inférer que la même chose venait d'être dite du soleil, de la lune et des étoiles ; car les doxographes nous appren-

---

[1] Je lis ἠέρι avec Diels au lieu de καὶ ῥεῖ.

[2] Ce fragment provient en entier des scholies genevoises sur Homère (voir *Archiv* IV, p. 652) ; les mots entre crochets ont été ajoutés par Diels. Voir aussi Praechter, *Zu Xenophanes* (*Philol.* XVIII, p. 308).

[3] Le mot est ὑπεριέμενος. Ce fragment provient des *Allégories*, où il est employé pour expliquer le nom d'Hypérion, et Xénophane l'entendait sans doute ainsi.

[4] Je lis δεδοξάσθω avec Wilamowitz.

[5] Ainsi que le suggère Diels, ceci se rapporte probablement aux étoiles, que Xénophane tenait pour des nuages.

nent que tous ces corps étaient tenus pour des « nuages enflammés par le mouvement[1] ». C'est au même contexte évidemment que se rapporte l'explication du feu Saint-Elme, que nous a conservée Aétius. « Les choses analogues à des étoiles qui apparaissent sur les vaisseaux, nous dit-il, et que quelques-uns appellent les Dioscures, sont de petits nuages rendus lumineux par le mouvement[2] ». Chez les doxographes, cette explication est répétée avec d'insignifiantes variations relativement à la lune, aux étoiles, aux comètes, aux éclairs, aux météores, etc., ce qui donne l'impression d'une cosmologie systématique[3]. Mais le système est dû à l'arrangement de l'œuvre de Théophraste, et non à Xénophane, car il est évident qu'un très petit nombre d'hexamètres ajoutés à ceux que nous possédons, suffiraient à rendre parfaitement compte de l'existence de toute la doxographie.

Ce que nous apprenons du soleil présente quelques difficultés. On nous dit, d'une part, que cet astre aussi était un nuage igné, mais il n'est guère possible que ce renseignement soit exact. L'évaporation de la mer, qui donne naissance aux nuages, est expressément attribuée à la chaleur du soleil. Théophraste affirmait que, selon Xénophane, le soleil était une collection d'étincelles produites par l'exhalaison humide; mais ce fait, précisément, laisse inexpliquée l'exhalaison elle-même[4]. Toutefois cela n'a pas grande conséquence, si le but essentiel de Xénophane était

---

[1] Cf. Diels ad loc. (P. Ph. Fr. p. 44): « ut Sol et cetera astra, quæ cum in nebulas evanescerent, deorum simul opinio casura erat. » Cf. Arch. X, p. 533.

[2] Aet. II, 18, 1 (Dox. p. 347; DV 11 A 39): Ξενοφάνης τοὺς ἐπὶ τῶν πλοίων φαινομένους οἷον ἀστέρας, οὓς καὶ Διοσκούρους καλοῦσί τινες, νεφέλια εἶναι κατὰ τὴν ποιὰν κίνησιν παραλάμποντα.

[3] Les passages d'Aétius sont réunis dans P. Ph. Fr. p. 32 sq. (DV, p. 42; 11 A 40-46).

[4] Aet. II, 20, 3 (Dox. p. 348): Ξενοφάνης ἐκ νεφῶν πεπυρωμένων εἶναι τὸν ἥλιον. Θεόφραστος ἐν τοῖς Φυσικοῖς γέγραφεν ἐκ πυριδίων μὲν τῶν συναθροιζομένων ἐκ τῆς ὑγρᾶς ἀναθυμιάσεως, συναθροιζόντων δὲ τὸν ἥλιον.

de discréditer les dieux anthropomorphiques plutôt que de donner une théorie scientifique des corps célestes. La chose importante est qu'Hélios, lui aussi, est un phénomène temporaire. Le soleil ne tourne pas autour de la terre comme l'enseignait Anaximène, mais se meut en ligne droite, et s'il nous paraît avoir un mouvement circulaire, cela n'est dû qu'à un accroissement de distance. Ainsi donc, ce n'est pas le même soleil qui se lève le matin suivant, mais un soleil tout nouveau, tandis que l'ancien « tombe dans un trou » quand il arrive à certaines régions inhabitées de la terre. Il y a d'ailleurs un grand nombre de soleils et de lunes, chaque région de la terre ayant les siens [1]. Il est clair que des choses de cette nature ne peuvent pas être des dieux.

La vigoureuse expression « tombe dans un trou [2] ». semble évidemment venir des vers de Xénophane lui-même, et il y en a d'autres analogues qui, à ce que nous devons supposer, étaient citées par Théophraste. Les étoiles s'éteignent pendant le jour et brillent de nouveau pendant la nuit « comme des charbons ardents [3] ». Le soleil est de quelque utilité parce qu'il produit le monde et les créatures vivantes qui l'habitent, mais la lune « ne travaille pas dans le bateau [4] ». De telles expressions ne peuvent avoir pour but que de faire paraître ridicules les

---

[1] Aet. II, 24, 9 (*Dox.* p. 355): πολλοὺς εἶναι ἡλίους καὶ σελήνας κατὰ κλίματα τῆς γῆς καὶ ἀποτομὰς καὶ ζώνας, κατὰ δέ τινα καιρὸν ἐμπίπτειν τὸν δίσκον εἴς τινα ἀποτομὴν τῆς γῆς οὐκ οἰκουμένην ὑφ' ἡμῶν καὶ οὕτως ὥσπερ κενεμβατοῦντα ἔκλειψιν ὑποφαίνειν· ὁ δ' αὐτὸς τὸν ἥλιον εἰς ἄπειρον μὲν προϊέναι, δοκεῖν δὲ κυκλεῖσθαι διὰ τὴν ἀπόστασιν. Il est évident que dans cette note ἔκλειψιν a été par erreur substitué à δύσιν, comme c'est aussi le cas dans Aet. II, 24, 4 (*Dox.* p. 354).

[2] Que ce soit là le sens de ὥσπερ κενεμβατοῦντα, cela ressort suffisamment des passages cités dans le dictionnaire de Liddell et Scott.

[3] Aet. II, 13, 14 (*Dox.* p. 343): ἀναζωπυρεῖν νύκτωρ καθάπερ τοὺς ἄνθρακας.

[4] Aet. II, 30, 8 (*Dox.* p. 362): τὸν μὲν ἥλιον χρήσιμον εἶναι πρὸς τὴν τοῦ κόσμου καὶ τὴν τῶν ἐν αὐτῷ ζῴων γένεσίν τε καὶ διοίκησιν, τὴν δὲ σελήνην παρέλκειν. Le verbe παρέλκειν signifie « ramer en paresseux ». Cf. Aristophane, *Paix*, 1306.

corps célestes, et il y a par conséquent lieu de se demander si les autres fragments supposés cosmologiques peuvent être interprétés d'après le même principe.

LIX. — La terre et l'eau.

Au fragment 29, Xénophane dit que « toutes choses sont de la terre et de l'eau », et Hippolyte nous a conservé le commentaire de Théophraste sur le passage dans lequel se trouvait cette phrase. En voici la teneur :

> Xénophane disait qu'il se produit un mélange de la terre avec la mer, et que la première est petit à petit dissoute par l'humidité. Il dit avoir de ce fait les preuves suivantes. On trouve des coquilles en des endroits situés au milieu des terres, et sur des collines, et il dit qu'on a trouvé dans les carrières de Syracuse l'empreinte d'un poisson et de fucus, à Paros la forme d'un anchois dans la profondeur de la pierre, et à Malte des impressions plates de tous les animaux marins. Ces empreintes, à ce qu'il dit, ont été produites autrefois, quand toutes choses étaient encore dans la vase, et les contours se sont séchés dans la vase. Tous les êtres humains ont été détruits quand la terre s'est engloutie dans la mer et est devenue vase. Ce changement se produit pour tous les mondes. — Hipp. *Ref.* I, 14 (R. P. 103 *a*; DV 11 A 33, 5).

C'est là, évidemment, la théorie d'Anaximandre, et c'est peut-être à ce dernier, plutôt qu'à Xénophane, que nous devons faire honneur des observations sur les fossiles[1]. Mais ce qu'il y a de plus remarquable pourtant, c'est l'affirmation que ce changement affecte « tous les mondes ». Il semble réellement impossible de douter que Théophraste n'attribuât à Xénophane la croyance à des « mondes innombrables ». Ainsi que nous l'avons déjà vu, Aétius le fait figurer dans sa liste de ceux qui soutenaient

---

[1] Il y a à ce sujet une note intéressante dans Gomperz, *Penseurs de la Grèce*, I, p. 175. J'ai traduit sa conjecture φυκῶν, au lieu de la leçon du ms. φωκῶν, parce que celle-ci implique, dit-on, une impossibilité paléontologique, et que l'on a trouvé des impressions de fucoïdes non pas, il est vrai, dans les carrières de Syracuse, mais dans le voisinage. Il paraît d'ailleurs qu'il n'y a pas de fossiles à Paros, de sorte que l'anchois n'a sans doute existé que dans l'imagination de Xénophane.

cette doctrine, et Diogène l'en crédite aussi[1]. Dans le passage ci-dessus, Hippolyte paraît tenir la chose pour assurée. Nous le constaterons aussi, cependant : Xénophane déclarait, à un autre propos, que le Monde ou Dieu était un. Si nous le comprenons bien, il n'y a pas de difficulté ici. Le point essentiel est que, bien loin d'être une déesse primordiale, et « un lieu sûr à tout jamais pour toutes choses », Gaia non plus n'est qu'une apparence passagère. Ceci fait partie de l'attaque dirigée contre Hésiode, et si, à ce propos, Xénophane parlait avec Anaximandre de « mondes innombrables », tandis qu'ailleurs il disait que Dieu ou le Monde était un, cela est probablement en rapport avec une contradiction encore mieux attestée, que nous avons maintenant à examiner.

LX. — Fini ou infini ?

Aristote a essayé en vain de découvrir, par l'étude des poèmes de Xénophane, si celui-ci regardait le monde comme fini ou comme infini. « Il n'a fait aucune déclaration précise à ce sujet », conclut-il[2]. Selon Théophraste, en revanche, Xénophane tenait le monde pour sphérique et fini, puisqu'il le disait « égal en tous sens[3] ». Ceci, toutefois, nous engage dans de très sérieuses difficultés. Ainsi que nous l'avons déjà vu, notre philosophe disait que le soleil se mouvait en ligne droite à l'infini, et cela s'ac-

---

[1] Aet. II, 1, 2 (*Dox.* p. 327; DV 2, 17); Diog. IX, 19 (R. P. 103 c). Il est vrai, naturellement, que ce passage de Diogène vient du manuel biographique (*Dox.* p. 168), mais il n'en est pas moins chose sérieuse que de nier l'origine théophrastique d'une indication qui se trouve dans Aétius, Hippolyte et Diogène.

[2] Arist. *Met.* A, 5. 986 b 23 (R. P. 101; DV 11 A 30) : οὐδὲν διεσαφήνισεν.

[3] Ceci est donné pour une inférence de Simpl. *Phys.* p. 23, 18 (R. P. 108 b; DV 11 A 31, 9) : διὰ τὸ πανταχόθεν ὅμοιον, et ne vient pas simplement de *M. X. G.* (977 b 1 ; R.P.108) : πάντῃ δ' ὅμοιον ὄντα σφαιροειδῆ εἶναι. Hippolyte a aussi cette indication (*Ref.* 1, 14; R. P. 102 a; DV 11 A 33, 2); elle remonte donc à Théophraste. Timon de Phlionte comprenait Xénophane de la même manière, car il lui fait appeler l'Un ἴσον ἁπάντῃ (frg. 60, Diels = 40 Wachsm.; R. P. 102 a).

corde avec l'idée qu'il se faisait de la terre, à savoir celle d'une plaine infiniment étendue. Plus difficile encore à concilier avec la conception d'un monde sphérique et fini est l'indication du fragment 28, d'après laquelle la terre a une limite supérieure que nous voyons, mais n'a pas de limite inférieure. Ce point est attesté par Aristote, qui nous dit que la terre a « des racines infinies », et ajoute qu'Empédocle blâmait Xénophane d'avoir soutenu cette opinion[1]. Il ressort en outre du fragment d'Empédocle cité par Aristote qu'au dire de Xénophane le « vaste air » s'étendait à l'infini du côté d'en haut[2]. Nous voilà donc tenus de trouver, ou plutôt d'essayer de trouver de l'espace pour une terre infinie et un air infini dans un monde sphérique et fini! Cela vient de ce que nous essayons de trouver de la science dans de la satire. Si, en revanche, nous envisageons ces déclarations du même point de vue que celles qui concernent les corps célestes, nous verrons tout de suite ce qu'elles signifient très probablement. L'histoire d'Ouranos et de Gaia était toujours le principal scandale de la *Théogonie*, et l'air infini nous débarrasse d'Ouranos. Quant à la terre, si elle s'étend en bas à l'infini, elle nous délivre du Tartare, qu'Homère situait à l'extrême limite de ce côté, aussi loin au-dessous de l'Hadès que le ciel est élevé au-dessus de la terre[3]. Ceci n'est naturellement qu'une conjecture; mais, cela ne fût-il que possible, nous sommes autorisés à ne pas croire que des contradictions aussi surprenantes se soient trouvées dans un poème cosmologique.

Une plus subtile explication de la difficulté nous est donnée par le Péripatéticien postérieur qui écrivit sur l'école

---

[1] Arist. *de Cælo*, B, 13. 294 a 21 (R. P. 103 b; DV 11 A 47).

[2] Je prends δαψιλός comme attribut, et ἀπείρονα comme prédicat aux deux sujets.

[3] *Il.* VIII, 13-16, 478-481, et spécialement les mots : οὐδ' εἰ κε τὰ νείατα πείραθ' ἵκηαι | γαίης καὶ πόντοιο κ. τ. λ. Le VIIIe livre de l'*Iliade* doit avoir paru particulièrement mauvais à Xénophane.

éléate un traité dont il existe encore, dans le recueil aristotélicien, une partie généralement connue sous le titre de traité *sur Mélissos, Xénophane et Gorgias*[1]. Selon cet écrivain, Xénophane déclarait que le monde n'était ni fini ni infini, et il énumérait une série d'arguments à l'appui de cette thèse, à laquelle il en ajoutait une analogue, à savoir que le monde n'est ni en mouvement ni en repos. Cela a introduit dans nos sources des confusions à perte de vue. Alexandre utilisait ce traité aussi bien que la grande œuvre de Théophraste, et Simplicius supposait que les citations qui en étaient tirées provenaient aussi de Théophraste. N'ayant pas d'exemplaire du poème, il fut complètement déconcerté, et jusqu'il y a peu de temps toutes les analyses de Xénophane ont été viciées par la même confusion. On peut même prétendre que, sans cet écrit, nous aurions fort peu entendu parler de la « philosophie de Xénophane », manière de dire qui, en somme, n'est qu'une survivance de l'époque où l'on ignorait encore que cet exercice scolastique n'avait aucune autorité.

---

[1] Dans l'édition de Bekker, ce traité porte le titre de Περὶ Ξενοφάνους, περὶ Ζήνωνος, περὶ Γοργίου, mais le meilleur ms. donne pour titres des trois sections : (1) Περὶ Ζήνωνος, (2) Περὶ Ξενοφάνους, (3) Περὶ Γοργίου. Mais la première section se rapporte clairement à Melissos, de sorte que le traité tout entier est maintenant intitulé *De Melisso, Xenophane, Gorgia* (*M. X. G.*). Il a été édité par Apelt dans la bibliothèque Teubner, et plus récemment par Diels (*Abh. der K. Preuss. Akad.* 1900), qui a aussi donné la section traitant de Xénophane dans *P. Ph. Fr.*, p. 24-29 (*Vors.* p. 36 sq.). Diels a maintenant abjuré l'opinion qu'il soutenait dans *Dox.*, p. 108, à savoir que l'ouvrage appartient au IIIe siècle avant J.-C., et pense maintenant qu'il a été *a Peripatetico eclectico* (*i. e. sceptica, platonica, stoica admiscente*) *circa Christi natalem conscriptum*. S'il en est ainsi, il n'y a pas de raison de douter, comme je le faisais autrefois, que la 2e section traite réellement de Xénophane. L'écrivain n'aurait par conséquent pas connu les poèmes de celui-ci de première main, et l'ordre dans lequel les philosophes sont discutés est celui du passage de la *Métaphysique* qui a soulevé toute la question. Il est possible qu'une section sur Parménide précédât ce que nous avons maintenant.

LXI. — Dieu et le monde.

Dans le passage de la *Métaphysique* auquel nous venons de faire allusion, Aristote parle de Xénophane comme du « premier partisan de l'Un [1] », et le contexte montre qu'il voulait donner à entendre par là que Xénophane avait été le premier des Eléates. Nous avons déjà vu que, si l'on en juge par les faits certains de sa vie, il est fort peu vraisemblable qu'il se soit fixé à Elée et y ait fondé une école, et il est à croire que, comme d'habitude en cas pareil, Aristote reproduit simplement certaines indications de Platon. En tout cas, Platon avait parlé des Eléates comme des « partisans du Tout [2] », et il avait aussi dit de l'école qu'elle était « partie de Xénophane et même d'une date plus ancienne [3] ». Ces derniers mots, toutefois, montrent assez clairement ce qu'il voulait donner à entendre par là. De même qu'il appelait les Héraclitiens « successeurs d'Homère et de maîtres encore plus anciens [4] », il rattachait l'école éléate à Xénophane et à des autorités plus anciennes encore. Nous avons vu dans d'autres cas comment ces remarques plaisantes et ironiques de Platon furent prises au sérieux par ses successeurs, et nous ne devons pas

---

[1] *Met.* A. 5, 986 b 21 (R. P. 10 ; DV 11 A 30) : πρῶτος τούτων ἑνίσας. Le verbe ἑνίζειν ne se rencontre nulle part ailleurs, mais il est clairement formé sur l'analogie de μηδίζειν, φιλιππίζειν, etc. Il n'est pas probable qu'il signifie « unifier ». Aristote aurait pu dire ἑνώσας, s'il avait voulu exprimer cette idée.

[2] *Tht.* 181 a 6 : τοῦ ὅλου στασιῶται. Le substantif στασιώτης n'a pas d'autre sens que celui de « partisan ». Il n'y a pas de verbe στασιοῦν signifiant « rendre stationnaire », et pareille formation serait contraire à toute analogie. La dérivation στασιώτας... ἀπὸ τῆς στάσεως apparaît pour la première fois dans Sext. *Math.* X, 46, passage dont nous pouvons inférer qu'Aristote employait le mot, non qu'il donna la dérivation.

[3] *Soph.* 242 d 5 (R. P. 101 b ; DV 11 A 29). Si ce passage implique que Xénophane s'établit à Elée, cela l'implique aussi de ses prédécesseurs. Mais quand Elée fut fondée, Xénophane était déjà dans la force de l'âge.

[4] *Tht.* 179 e 3 : τῶν Ἡρακλειτείων ἢ, ὥσπερ σὺ λέγεις, Ὁμηρείων καὶ ἔτι παλαιοτέρων. Dans ce passage, Homère est aux Héraclitiens exactement ce que Xénophane est aux Eléates dans le *Sophiste*.

laisser celle-ci influencer indûment notre opinion générale sur Xénophane.

Aristote nous dit en outre que Xénophane, « considérant le monde entier [1], disait que l'Un était dieu ». Ceci fait clairement allusion aux fragments 23 à 26, où tous les attributs humains sont déniés à un dieu qui est affirmé un, et « le plus grand parmi les dieux et les hommes ». On peut ajouter que ces vers sont beaucoup plus piquants, si nous pouvons les concevoir en relation étroite avec les fragments 11 à 16, au lieu de les attribuer en partie aux satires et en partie à un poème cosmologique. C'était probablement dans le même contexte que Xénophane disait le monde ou Dieu « égal en tous sens [2] », et contestait qu'il respirât [3]. L'indication suivant laquelle il n'y a pas d'hégémonie parmi les dieux [4] s'accorde aussi fort bien avec le fragment 26. Un dieu n'a pas de besoins, et il ne convient pas à un dieu d'être le serviteur des autres, comme c'est le cas dans Homère pour Iris et pour Hermès.

LXII. — Monothéisme ou polythéisme ?

Que ce « dieu » soit justement le monde, Aristote nous l'affirme, et cet emploi du mot θεός est tout à fait conforme à celui qu'en fait Anaximandre. Xénophane lui attribuait des sensations, sans lui reconnaître des organes spéciaux

---

[1] *Met.* 981 b 24. Ces mots ne peuvent pas signifier « levant ses regards vers le Ciel » ou quelque chose d'analogue. Ils sont entendus comme je les entends par Bonitz (im Hinblicke auf den ganzen Himmel) et par Zeller (im Hinblick auf das Weltganze). Le mot ἀποβλέπειν était devenu beaucoup trop incolore pour exprimer l'autre idée, et οὐρανός, nous le savons, désigne ce qui fut plus tard appelé κόσμος.

[2] Voir plus haut, p. 138, n. 3.

[3] Diog. IX, 19 (R. P. 103 c): ὅλον δ' ὁρᾶν καὶ ὅλον ἀκούειν, μὴ μέντοι ἀναπνεῖν. Voir plus haut, p. 122, n. 2.

[4] [Plut.] *Strom.* frg. 4 (DV 11 A 32): ἀποφαίνεται δὲ καὶ περὶ θεῶν ὡς οὐδεμιᾶς ἡγεμονίας ἐν αὐτοῖς οὔσης· οὐ γὰρ ὅσιον δεσπόζεσθαί τινα τῶν θεῶν, ἐπιδεῖσθαί τε μηδενὸς αὐτῶν μηδένα μηδ' ὅλως, ἀκούειν δὲ καὶ ὁρᾶν καθόλου καὶ μὴ κατὰ μέρος.

à cet effet, et il le faisait gouverner toutes choses par les
« pensées de son esprit ». Il l'appelle aussi le « dieu unique », et si cela est du monothéisme, alors Xénophane
était monothéiste, quoiqu'il ne le fût certainement pas au
sens où mot est généralement compris. Le fait est que
l'expression « dieu unique » éveille dans notre esprit toutes
sortes d'associations qui n'existaient pas du tout pour les
Grecs de ce temps-là. Il est probable que les contemporains
de Xénophane l'eussent appelé athée plutôt que n'importe
quoi d'autre. Comme le dit excellemment Edouard Meyer :
« En Grèce, la question de savoir s'il y a un dieu ou plusieurs ne joue pour ainsi dire aucun rôle. Que la puissance
divine soit conçue comme unité ou pluralité, est chose sans
importance en comparaison de la question de savoir si
elle existe et comment il faut en comprendre la nature et
les relations avec le monde [1]. »

D'autre part, c'est une erreur de dire, avec Freudenthal,
que Xénophane était en n'importe quel sens un polythéiste [2].
Qu'il employât le langage du polythéisme dans ses élégies,
on devait s'y attendre, et l'on ne pouvait s'attendre à autre
chose, et quant à ses autres allusions aux « dieux », la
meilleure explication qu'on en puisse donner, c'est de les
rattacher à ses attaques contre les dieux anthropomorphiques d'Homère et d'Hésiode. En un cas, Freudenthal a
serré de trop près une manière proverbiale de parler [3]. Et
moins que n'importe quoi, nous ne pouvons admettre que
Xénophane concédât l'existence de dieux subordonnés ou
spéciaux; car c'est justement l'existence de ces dieux-là
qu'il avait particulièrement à cœur de nier. Mais en même

[1] *Gesch. des Alterth.* II, § 466.

[2] Freudenthal, *Die Theologie des Xenophanes.*

[3] Xénophane appelle son Dieu « le plus grand parmi les dieux et les hommes », mais c'est là simplement une de ces « expressions polaires » auxquelles on trouvera des parallèles dans la note de Wilamowitz à l'*Héraklès* d'Euripide, v. 1106. Cf. spécialement l'indication d'Héraclite (frg. 20) suivant laquelle « aucun des dieux ou des hommes » n'a créé le monde.

temps, je ne puis m'empêcher de penser que Freudenthal est plus près de la vérité que Wilamowitz, lequel prétend que Xénophane « représentait le seul vrai monothéisme qui ait jamais existé sur la terre[1] ». Diels se rapproche davantage du but, à mon sens, quand il qualifie la doctrine du vieux poète de « panthéisme quelque peu étroit[2] ». Mais toutes ces opinions auraient à peu près également surpris Xénophane lui-même. Il était en réalité le *Weltkind* de Gœthe, avec des prophètes à sa droite et à sa gauche, et il eût souri s'il eût su qu'un jour il serait regardé comme un théologien.

[1] *Griechische Literatur*, p. 38 (3ᵉ édit., p. 62).
[2] *Parmenides Lehrgedicht*, p. 9.

CHAPITRE III

HÉRACLITE D'ÉPHÈSE

LXIII. — Vie d'Héraclite.

Héraclite d'Ephèse, fils de Blyson, « florissait », dit-on, dans la LXIX⁰ Olympiade (504/3-501/0 av. J.-C.)¹, c'est-à-dire juste au milieu du règne de Darius, et plusieurs traditions le mettent en rapport avec ce souverain². Nous verrons que Parménide était placé dans la même Olympiade, quoique pour une autre raison (§ 84). Il est plus important, toutefois, pour le but que nous nous proposons, de noter que tandis qu'Héraclite parle de Pythagore et de Xénophane au passé (fg. 16), il est à son tour l'objet d'une allusion de Parménide (fg. 6). Ces références sont suffisantes pour marquer sa place dans l'histoire de la philosophie. Zeller soutient, il est vrai, qu'il ne peut avoir publié son œuvre qu'après 478, en se fondant sur le fait que l'expulsion de son ami Hermodore, à laquelle il fait allusion dans le fragment 114, ne peut avoir eu lieu avant l'écroulement de la domination perse. S'il en était ainsi, il serait difficile de comprendre comment Parménide pourrait avoir connu les doctrines d'Héraclite; mais il n'y a assurément aucune difficulté à supposer que les Ephésiens aient banni un de leurs plus éminents citoyens à l'époque

---

¹ Diog. IX, 1 (R. P. 29), sans doute d'après Apollodore, par quelque autorité intermédiaire. Jacoby, p. 227 sq.

² Bernays, *Die Heraklitischen Briefe*, p. 13 sq.

où ils payaient encore le tribut au Grand Roi. Les Perses n'enlevèrent jamais aux cités ioniennes leur autonomie interne, et les lettres apocryphes d'Héraclite montrent que, selon l'opinion reçue, Hermodore fut exilé au cours du règne de Darius [1].

Sotion dit qu'Héraclite fut élève de Xénophane [2], mais cela n'est pas probable, attendu que Xénophane paraît avoir quitté pour toujours l'Ionie avant qu'Héraclite fût né. Il est plus vraisemblable qu'il ne fut l'élève de personne, mais il est clair, en même temps, qu'il était au courant de la cosmologie milésienne, et qu'il avait lu les poèmes de Xénophane. Il savait aussi quelque chose des théories enseignées par Pythagore (frg. 17).

De la vie d'Héraclite, en réalité, nous ne savons rien, sauf peut-être qu'il appartenait à l'ancienne maison royale, et qu'il résigna en faveur de son frère la dignité de roi attachée à son nom [3]. L'origine des autres renseignements relatifs à sa vie est tout à fait transparente [4].

LXIV. — Son livre.

Nous ne connaissons pas le titre de l'œuvre d'Héraclite [5] — si toutefois elle en avait un — et il n'est pas très facile

---

[1] Bernays, *op. cit.* p. 20 sq.
[2] Sotion ap. Diog. IX, 5 (R. P. 29 c).
[3] Diog. IX, 6 (R. P. 31).
[4] Voir Patin, *Heraklits Einheitslehre*, p. 3 sq. Héraclite disait (frg. 68 = 38 Diels) que c'était mort pour les âmes de devenir eau, et l'on nous dit en conséquence qu'il mourut d'hydropisie. Il disait (frg. 114 = 121 D.) que les Éphésiens devraient laisser leur ville à leurs enfants et (frg. 79 = 52 D.), que le Temps était un enfant jouant aux dames. Aussi rapporte-t-on qu'il refusa de prendre une part quelconque à la vie publique, et qu'il allait jouer avec les enfants dans le temple d'Artémis. Il disait (frg. 85 = 96 D.), qu'il valait mieux jeter les cadavres que du fumier, et l'on prétend qu'il se couvrit lui-même de fumier quand il fut atteint d'hydropisie. Enfin, le frg. 58 (58 D.) fit dire qu'il avait longuement disputé avec ses médecins. Sur ces contes, voir Diog. IX, 3-5, et comparez les histoires relatives à Empédocle que nous discutons, chap. V, § 100.
[5] La variété des titres énumérés par Diog. IX, 12 (R. P. 30 b) semble

de se faire une idée claire de son contenu. On nous dit qu'elle se divisait en trois discours : un traitant de l'univers, un de politique et un de théologie [1]. Il n'est pas probable que cette division soit due à Héraclite lui-même; tout ce que nous pouvons inférer de cette indication, c'est que ce livre, de par sa nature, se divisait en ces trois parties quand les commentateurs stoïciens se mirent à en faire leurs éditions.

Le style d'Héraclite est proverbialement énigmatique, et il lui valut, à une date postérieure, le surnom d'« Obscur [2] ». Les fragments relatifs au dieu delphique et à la Sibylle (frg. 11 et 12 = 9 et 92 D.) semblent montrer qu'il avait conscience d'écrire en style oraculaire, et nous avons à nous demander pourquoi il le fit. En premier lieu, c'était la manière du temps [3]. Les événements impressionnants de cette époque et l'influence de la renaissance religieuse faisaient prendre un ton quelque peu prophétique à tous les conducteurs de la pensée. Pindare et Eschyle en usent de même. Ils sentent tous qu'ils sont en quelque mesure inspirés. C'est aussi l'époque des grandes individualités, qui sont portées à la solitude et au dédain. C'était, du moins, le cas d'Héraclite. Si les hommes veulent se donner la peine de creuser pour avoir de l'or, ils peuvent le trouver (frg. 8 = 22 D.); sinon il faut qu'ils se contentent de paille (frg. 51 = 9 D). Telle paraît avoir été l'opinion représentée par Théophraste, qui disait que l'obstination d'Héraclite

prouver qu'aucun n'était authentiquement avéré. Celui de *Muses* vient de Platon, *Soph.* 242 d 7. Les autres sont de simples « mottos » préfixés par des éditeurs stoïciens, et avaient pour but de faire ressortir leur opinion que le sujet de l'œuvre était éthique ou politique (Diog. IX, 15 ; R. P. 30 c).

[1] Diog. IX, 5 (R. P. 30). Bywater s'est inspiré de cette manière de voir dans son arrangement des fragments. Les trois sections sont : 1-90; 91-97; 98-130.

[2] R. P. 30 a. L'épithète ὁ σκοτεινός est de date postérieure, mais Timon de Phlionte l'appelait déjà αἰνικτής (frg. 43, Diels).

[3] Voir les précieuses observations de Diels dans l'Introduction à son *Herakleitos von Ephesos*, p. IV sq.

l'avait conduit parfois à des exposés incomplets et contradictoires[1]. Mais c'est là chose très différente de l'obscurité voulue et de la *disciplina arcani* qu'on lui attribue quelquefois ; si Héraclite ne se détourne jamais de sa voie pour rendre sa pensée claire, il ne la cache pas non plus (frg. 11 = 93 D).

LXV. — Les fragments.

Je donne la traduction des fragments en suivant l'ordre établi par Bywater dans sa magistrale édition[2].

1. Il est sage d'écouter, non pas moi, mais mon verbe, et de confesser que toutes choses sont Un. — R. P. 40[3] ; D 50.

2. Quoique ce verbe[4] soit toujours vrai, les hommes n'en sont pas moins aussi incapables de le comprendre quand ils l'entendent pour la première fois qu'avant de l'avoir entendu. Car, quoique toutes choses se passent conformément à ce verbe,

---

[1] Cf. Diog. IX, 6 (R. P. 31).

[2] Dans son édition, Diels ne s'est pas préoccupé d'arranger les fragments d'après leur contenu, et il en résulte que son texte ne convient pas à notre propos. Je trouve aussi qu'il exagère la difficulté d'un arrangement approprié, et s'inspire un peu trop de l'opinion que le style d'Héraclite était « aphoristique ». Qu'il le fût, c'est une remarque importante et précieuse, mais il ne suit pas de là qu'Héraclite écrivait comme Nietzsche. Pour un Grec, si prophétique qu'il pût être dans son ton, il doit y avoir toujours une distinction entre un style aphoristique et un style incohérent. Voir les excellentes remarques de Lortzing dans la *Berl. Phil. Wochenschrift* 1896, p. 1, sq.

[3] Bywater et Diels acceptent tous deux la correction de Bergk, λόγου pour δόγματος, et celle de Miller, εἶναι pour εἰδέναι. Cf. Philon, *leg. all.* III c, cité dans la note de Bywater.

[4] Le λόγος est simplement le discours d'Héraclite lui-même ; mais comme c'est celui d'un prophète, nous pouvons l'appeler le « verbe ». Il ne peut signifier ni un discours adressé à Héraclite, ni la « raison ». (Cf. Zeller, p. 630, n. 1). Une difficulté a été soulevée à propos des mots ἐόντος ἀεί. Comment Héraclite pouvait-il dire que son discours avait toujours existé ? La réponse est qu'en ionien ἐών signifie « vrai » quand il est joint à des mots tels que λόγος. Cf. Herod. I, 30 ; τῷ ἐόντι χρησάμενος λέγει ; et même Aristoph. *Grenouilles* 1052 : οὐκ ἐόντα λόγον. Ce n'est qu'en prenant les mots de cette manière que nous pouvons comprendre l'hésitation d'Aristote relativement à la ponctuation du fragment (*Rhet.* Γ, 5. 1407 b 15 ; R. P. 30 a). L'interprétation stoïcienne donnée par Marc-Aurèle, IV, 46 (R. P. 32 b ; frg. 72 D.) doit être résolument rejetée. Le mot λόγος n'a été employé dans ce sens qu'après Aristote.

il semble pourtant que les hommes n'en aient aucune expérience, quand ils font des essais, en paroles et en actions, tels que je les expose, divisant chaque chose suivant sa nature et montrant comment elle est en réalité. Mais les autres hommes ne savent pas ce qu'ils font quand ils sont éveillés, de même qu'ils oublient ce qu'ils font pendant leur sommeil. — R. P. 32 ; D 1.

3. Les fous, quand ils entendent, sont comme les sourds ; c'est d'eux que le proverbe témoigne qu'ils sont absents quand ils sont présents. — R. P. 31 a; D 34.

4. Les yeux et les oreilles sont de mauvais témoins pour les hommes, s'ils ont des âmes qui ne comprennent pas leur langage. — R. P. 32 ; D 107.

5. La foule ne prend pas garde aux choses qu'elle rencontre, et elle ne les remarque pas quand on attire son attention sur elles, bien qu'elle s'imagine le faire. — D 17.

6. Ne sachant ni écouter ni parler. — D 19.

7. Si tu n'attends pas l'inattendu, tu ne le trouveras pas, car il est pénible et difficile à trouver [1]. — D 18.

8. Ceux qui cherchent de l'or remuent beaucoup de terre, et n'en trouvent que peu. — R. P. 44 b; D 22.

10. La nature aime à se cacher. — R. P. 34 f; D 123.

11. Le maître à qui appartient l'oracle des Delphes, ni n'exprime ni ne cache sa pensée, mais il la fait voir par un signe. — R.P. 30 a; D 93.

12. Et la Sibylle, qui, de ses lèvres délirantes, dit des choses sans joie, sans ornements et sans parfum, atteint par sa voix au delà de mille années, grâce au Dieu qui est en elle. — R. P. 30 a; D 92.

13. Les choses qui peuvent être vues, entendues et apprises sont celles que j'estime le plus. — R. 42; D 55.

14. ... apportant des témoignages indignes de confiance sur des points contestés. — DV 12 a 23.

15. Les yeux sont des témoins plus exacts que les oreilles [2]. — R.P. 42 c; D 101 a.

16. Le fait d'apprendre beaucoup de choses n'instruit pas l'intelligence; autrement il aurait instruit Hésiode et Pythagore, ainsi que Xénophane et Hécatée. — R. P. 31. D 40.

17. Pythagore, fils de Mnésarque, poussa les recherches plus

---

[1] Je me suis écarté ici de la ponctuation de Bywater, et j'ai suppléé un nouvel objet pour le verbe, comme l'a suggéré Gomperz (*Arch.* I, 100).

[2] Cf. Herod. I, 8. Le sens de ce fragment est sans doute le même que celui des deux précédents. L'investigation personnelle vaut mieux que la tradition.

loin que tous les autres hommes, et choisissant ces écrits, il revendiqua comme sa propre sagesse ce qui n'était qu'une connaissance de beaucoup de choses et un art de méchanceté[1]. — R.P. 31 *a*; D 129.

18. De tous ceux dont j'ai entendu les discours, il n'en est pas un seul qui soit arrivé à comprendre que la sagesse est séparée de tout. — R.P. 32 *b*; D 108.

19. La sagesse est une seule chose. Elle consiste à connaître la pensée par laquelle toutes choses sont dirigées par toutes choses. — R. P. 40; D 41.

20. Ce monde[2], qui est le même pour tous, aucun des dieux ou des hommes ne l'a fait; mais il a toujours été, il est et sera toujours un feu éternellement vivant, qui s'allume avec mesure et s'éteint avec mesure. — R. P. 45[3]; D 30.

21. Les transformations du feu sont, en tout premier lieu, mer; et la moitié de la mer est terre, la moitié vent tourbillonhant[4]. — R. P. 35 *b*; D 31 *a*.

22. Toutes choses sont un échange pour du feu et le feu pour

---

[1] Voir chap. II, p. 109, n. 1. La leçon la mieux attestée est ἐποιήσατο, non ἐποίησεν, et ἐποιήσατο ἑωυτοῦ signifie « revendiqua pour lui-même ». Les mots ἐκλεξάμενος ταύτας τὰς συγγραφάς ont été suspectés depuis l'époque de Schleiermacher, et Diels en est maintenant venu à regarder le fragment tout entier comme apocryphe. Et cela, parce que l'on s'est fondé sur ce fragment pour prouver que Pythagore a écrit des livres (cf. Diels, *Arch.* III, p. 451). Comme l'a fait ressortir Bywater, cependant, le fragment n'affirme rien de tel; il dit seulement que Pythagore lisait des livres, ce que nous pouvons présumer qu'il fit. Je ferai remarquer en outre que le vieux mot συγγραφάς surprendrait chez un faussaire, et qu'il serait étrange que l'on eût omis précisément la chose que l'on voulait prouver. Le dernier indice de l'attribution d'un livre à Pythagore disparaît si nous lisons ἐποιήσατο au lieu de ἐποίησεν. Naturellement, un écrivain postérieur, lisant que Pythagore faisait des extraits de livres, devait supposer qu'il les insérait dans un livre de lui, exactement comme le faisaient les contemporains de cet écrivain. Au surplus, je prends le mot ἱστορίη au sens de science, et j'y vois une antithèse à la κακοτεχνίη que Pythagore puisait dans les συγγραφαί d'hommes tels que Phérécyde de Syros.

[2] Le mot κόσμος doit signifier ici « monde » et non pas simplement « ordre », car seul le monde a pu être identifié avec le feu. Cet emploi du mot est pythagoricien, et il n'y a pas de raison de douter qu'Héraclite ait pu le connaître.

[3] Il est important de noter que μέτρα est un accusatif interne dépendant d'ἁπτόμενον : « s'allumant selon ses mesures et s'éteignant selon ses mesures. »

[4] Sur le mot πρηστήρ, voir plus loin, p. 168, n. 2.

toutes choses, de même que les marchandises pour l'or et l'or pour les marchandises. — R. P. 35; D 90.

23. Elle devient mer liquide, et est mesurée avec la même mesure qu'avant de devenir terre[1]. — R. P. 39; D 31 b.

24. Le feu est manque et excès. — R. P. 36 a; D 65.

25. Le feu vit (du verbe *vivre*) la mort de l'air[2] et l'air vit la mort du feu; l'eau vit la mort de la terre, la terre celle de l'eau. — R. P. 37; D 76.

26. Le feu, dans son progrès, jugera et condamnera toutes choses[3]. — R. P. 36 a; D 66.

27. Comment pourrait-on se cacher de ce qui ne se couche jamais? — D 16.

28. C'est la foudre qui dirige le cours de toutes choses. — R. P. 35 b; D 64.

29. Le soleil ne franchira pas ses mesures; s'il le fait, les Erinyes, servantes de la Justice, le découvriront. — R. P. 39; D 94.

30. La limite de l'Orient et de l'Occident est l'Ourse; et à l'opposé de l'Ourse est le domaine du brillant Zeus[4]. — D 120.

31. S'il n'y avait pas de soleil, il ferait nuit, quoi que pussent faire tous les autres astres[5]. — D 99.

---

[1] Le sujet de ce fragment est γῆ, comme nous le voyons par Diog. IX, 9 (R. P. 36) : πάλιν τε αὖ τὴν γῆν χεῖσθαι; et par Aet. I, 3, 11 (*Dox.* p. 284 a 1; b 5; DV 12 A 5): ἔπειτα ἀναχαλωμένην τὴν γῆν ὑπὸ τοῦ πυρὸς χύσει (Dübner; φύσει, libri) ὕδωρ ἀποτελεῖσθαι. Héraclite pouvait bien dire γῇ θάλασσα διαχέεται, et le contexte de Clément (*Strom.* V, p. 712) semble l'impliquer. La phrase μετρέεται εἰς τὸν αὐτὸν λόγον peut seulement signifier que la proportion des mesures reste constante. Ainsi le comprend en fait Zeller (p. 690, n. 1): *zu derselben Grösse*.

[2] Avec Diels j'adopte la transposition (proposée par Tocco) de ἀέρος et de γῆς.

[3] Je comprends ἐπελθόν de la πυρὸς ἔφοδος, sur laquelle voir plus loin, p. 170. C'est Diels qui a fait remarquer que καταλαμβάνειν est l'ancien terme signifiant « condamner ». C'est, littéralement, « dépasser », exactement comme αἱρεῖν est « prendre. »

[4] Dans ce fragment, il est clair que οὖρος = τέρματα, et signifie par conséquent « domaine » et non « colline ». Comme αἴθριος Ζεύς signifie le brillant ciel bleu, je ne puis croire que son οὖρος puisse être le pôle sud, comme le prétend Diels. C'est plus probablement l'horizon. J'incline à voir dans ce fragment une protestation contre la théorie pythagoricienne d'un hémisphère sud.

[5] Nous savons par Diog. IX, 10 (cité plus loin, p. 167) qu'Héraclite expliquait pourquoi le soleil était plus chaud et plus brillant que la lune, et ceci est sans doute un fragment de sa démonstration. Je pense mainte-

32. Le soleil est chaque jour nouveau. — D 6.

33. Voir plus haut, chap. I, p. 41, n. 1. — D 138.

34. ... les saisons, qui apportent toutes choses. — D 100.

35. Hésiode est le maître de la plupart des hommes. Les hommes pensent qu'il savait beaucoup de choses, lui qui ne connaissait pas le jour ou la nuit. Ils ne font qu'un[1]. — R. P. 39 b ; D 57.

36. Dieu est jour et nuit, hiver et été, guerre et paix, surabondance et famine ; mais il prend des formes variées, tout de même que le feu[2], quand il est mélangé d'aromates, est nommé suivant le parfum de chacun d'eux. — R. P. 39 b ; D 67.

37. Si toutes choses devenaient fumée, les narines les distingueraient. — D 7.

38. Les âmes sentent dans l'Hadès. — R. P. 46 d ; D 98.

39. Les choses froides deviennent chaudes, et ce qui est chaud se refroidit ; ce qui est humide se sèche, et ce qui est desséché devient humide. — D 126.

40. Il se disperse et se rassemble ; il avance et se retire. — D 91.

41-42. Tu ne peux pas descendre deux fois dans les mêmes fleuves ; car de nouvelles eaux coulent toujours sur toi. — R. P. 33 ; D 12.

43. Homère avait tort de dire : « Puisse la discorde s'éteindre entre les dieux et les hommes ! » Il ne voyait pas qu'il priait pour la destruction de l'Univers ; car si sa prière était exaucée, toutes choses périraient...[3] — R. P. 34 d ; DV 12 a 22.

44. Πόλεμος (la guerre) est le père de toutes choses et le roi de toutes choses : de quelques-uns il a fait des dieux, de quelques-uns des hommes ; de quelques-uns des esclaves, de quelques-uns des libres. — R. P. 34 ; D 53.

45. Les hommes ne savent pas comment ce qui varie est d'accord avec soi. Il y a une harmonie de tensions opposées[4], comme celle de l'arc et de la lyre. — R. P. 34 ; D 51.

---

nant que les mots ἕνεκα τῶν ἄλλων ἄστρων sont d'Héraclite. De même Diels.

[1] Hésiode disait que le Jour était l'enfant de la Nuit (*Theog.* 124).

[2] Si on lit avec Diels ὅκωσπερ πῦρ pour ὅκωσπερ.

[3] *Il.* XVIII, 107. J'ajoute les mots οἰχήσεσθαι γὰρ πάντα d'après Simpl. *In Cat.* (88 b 30 schol. Br. ; 412, 26 Kalbfl.). Ils me semblent tout au moins représenter quelque chose qui était dans l'original.

[4] Je ne puis tenir pour probable qu'Héraclite ait dit à la fois παλίντονος et παλίντροπος ἁρμονίη, et je préfère le παλίντονος de Plutarque (R. P. 34 b) au παλίντροπος d'Hippolyte. Diels estime que la polémique de

46. C'est l'opposé qui est bon pour nous [1]. — D 8.

47. L'harmonie cachée vaut mieux que l'harmonie ouverte. — R. P. 34; D 54.

48. Ne conjecturons pas à tort et à travers sur les plus grandes choses. — D 47.

49. Les hommes qui aiment la sagesse doivent, en vérité, être au courant d'une foule de choses. — D 35.

50. Le sentier droit et le sentier courbe que suit le peigne du foulon est un et le même. — D 59.

51. Les ânes aiment mieux avoir de la paille que de l'or. — R. P. 31 a; D 9.

51 a. Les bœufs sont heureux quand ils trouvent à manger des vesces amères [2]. — R. P. 48 b; D 51 a.

52. L'eau de la mer est la plus pure et la plus impure. Les poissons peuvent la boire et elle leur est salutaire ; elle est imbuvable et funeste aux hommes. — R. P. 47 c; D 61.

53. Les porcs se baignent dans la fange, et les oiseaux de basse-cour dans la poussière. — D 37.

54. ... trouver ses délices dans la fange. — D 13.

55. Toute bête est poussée au pâturage par des coups [3]. — D 11.

56. Identique au n° 45. — D 89.

57. Bien et mal sont tout un. R. P. 47 c; — D 58.

58. Les médecins qui coupent, brûlent, percent et torturent les malades demandent pour cela un salaire qu'ils ne méritent pas de recevoir [4]. R. P. 47 c; — D. 58.

59. Les couples sont des choses entières et des choses non entières, ce qui est réuni et ce qui est désuni, l'harmonieux et le discordant. L'Un est composé de toutes choses, et toutes choses sortent de l'Un [5]. — D 10.

Parménide décide la question en faveur de παλίντροπος, mais voyez plus loin, p. 187, note, et chap. IV, note au frg. 6 de Parménide.

[1] A ce que je crois maintenant, ceci est la règle médicale : αἱ δ'ἰατρεῖαι διὰ τῶν ἐναντίων, par ex. βοηθεῖν τῷ θερμῷ ἐπὶ τὸ ψυχρόν (Stewart ad Arist. Eth. 1104 b 16).

[2] Ce fragment a été tiré d'Albert le Grand par Bywater. Voir Journ. of Phil. IX, p. 230.

[3] Sur le fragment 55, voir Diels dans les Berl. Sitzb. 1901, p. 188.

[4] Je lis maintenant ἐπαιτέονται avec Bernays et Diels.

[5] Sur le frg. 59, voir Diels dans les Berl. Sitzb. 1901, p. 188. La leçon συνάψιες paraît être bien attestée et donne un excellent sens. Il n'est pas exact, cependant, de dire que l'optatif ne pourrait pas être employé au sens de l'impératif.

60. Les hommes n'auraient pas connu le nom de la Justice si ces choses n'étaient pas[1]. — D 23.

61. Pour Dieu, toutes choses sont justes, et bonnes et droites, mais les hommes tiennent certaines choses pour mauvaises et certaines pour droites. — R. P. 45; D 102.

62. Nous devons savoir que la guerre est commune à tous, et que la lutte est justice, et que toutes choses naissent et périssent (?) par la lutte. — D 80.

64. Toutes les choses que nous voyons étant éveillés sont mort, de même que toutes celles que nous voyons étant assoupis sont sommeil[2]. — R. P. 42 c; D 21.

65. Le sage est un, seulement. Il ne veut pas et veut être appelé du nom de Zeus. — R. P. 40; D 32.

66. L'arc (βιός) est appelé vie (βίος), mais son œuvre est mort. — R. P. 49 a; D 38.

67. Les mortels sont immortels et les immortels sont mortels, l'un vivant la mort de l'autre et mourant la vie de l'autre. — R. P. 46; D 62.

68. Car c'est la mort pour les âmes que de devenir eau, et mort pour l'eau que de devenir terre. Mais l'eau vient de la terre, et de l'eau l'âme. — R. P. 38; D. 36.

69. Le chmin en haut et le chemin en bas sont un et le même. — R. P. 36 d; D 60.

70. Dans la circonférence d'un cercle, le commencement et la fin se confondent. — D 103.

71. Tu ne trouveras pas les limites de l'âme, quelle que soit la direction dans laquelle tu voyages, si profonde en est la mesure[3]. — R. P. 41 d; D 115.

72. C'est plaisir pour les âmes de devenir humides. — R. P. 46 c; D. 77.

73. Quand un homme est ivre, il est conduit par un jeune garçon sans barbe; il trébuche, ne sachant où il marche, parce que son âme est humide. — R. P. 42; D 117.

74-76. L'âme sèche est la plus sage et la meilleure[4]. — R. P. 42; D 118.

---

[1] Par « ces choses », Héraclite entendait probablement toutes sortes d'injustice.

[2] Diels suppose que le frg. 64 avait pour suite ὁκόσα δὲ τεθνηκότες ζωή. « Vie, Sommeil, Mort, est, dans la psychologie, la triple échelle, comme dans la physique Feu, Eau, Terre. »

[3] Je pense maintenant avec Diels que les mots οὕτω βαθὺν λόγον ἔχει sont probablement authentiques. Ils n'offrent pas de difficulté si nous nous souvenons que λόγος signifie « mesure », comme au frg. 23.

[4] Ce fragment est intéressant en raison de la haute antiquité des cor-

77. L'homme est allumé et éteint comme une lumière pendant la nuit. — D 26.

78. Et c'est la même chose en nous, ce qui est vivant et ce qui est mort, ce qui est éveillé et ce qui dort, ce qui est jeune et ce qui est vieux; les premiers sont changés de place[1] et deviennent les derniers, et les derniers, à leur tour, sont changés de place et deviennent les premiers. — R. P. 47; D 88.

79. Le temps est un enfant jouant aux dames; la puissance royale est celle d'un enfant. — R. P. 40 a; D 52.

80. Je me suis cherché moi-même. — R. P. 48; D 101.

81. Nous descendons et ne descendons pas dans les mêmes fleuves; nous sommes et ne sommes pas. R. P. 33 a; — D 12.

82. C'est une fatigue de travailler pour les mêmes maîtres et d'être gouverné par eux. — D 89 b.

83. Il se repose par le changement. — D 89 a.

84. Même la bière se décompose si elle n'est pas remuée. — D 125.

85. Il vaut mieux jeter des cadavres que du fumier. D 96.

86. Quand ils naissent, ils désirent vivre et subir leur destinée — ou plutôt jouir du repos — et ils laissent après eux des enfants pour qu'ils subissent à leur tour leur destinée. — D 20.

87-89. Un homme peut être grand-père à trente ans. — DV 12 A 19.

90. Ceux qui dorment sont des compagnons de travail... — D 75.

91 a. La pensée est commune à tous. — D 113.

ruptions qu'il a subies. Suivant Etienne, auquel se rallient Bywater et Diels, nous devrions lire: Αὔη ψυχὴ σοφωτάτη καὶ ἀρίστη, ξηρή (ou plutôt ξηρά — la forme ionienne n'ayant pu apparaître que lorsque le mot entra dans le texte) étant une simple glose au mot quelque peu désuet de αὔη. Quand une fois ξηρή se fut glissé dans le texte, αὔη devint αὐγή, et l'on eut la phrase : « la lumière sèche est l'âme la plus sage, » d'où le *siccum lumen* de Bacon. Or cette leçon est certainement aussi ancienne que Plutarque qui, dans sa vie de Romulus (ch. 28), donne à αὐγή le sens d'*éclair*, qu'il a quelquefois, et suppose que l'idée est que l'âme sage s'échappe en brûlant de la prison du corps comme l'éclair sec (que cela soit ce que cela voudra) à travers un nuage. A mon sens, le fait que Clément a commis la même erreur ne prouve rien du tout (Zeller, p. 705, n. 3), sinon qu'il avait lu son Plutarque. Enfin, il vaut la peine de noter que, quoique Plutarque ait dû écrire αὐγή, les mss varient entre αὔτη et αὐτή. L'étape suivante est la corruption du corrompu αὐγή en οὗ γῆ, ce qui exprime cette pensée que « là où la terre est sèche, l'âme est la meilleure ». Cette variante existait déjà du temps de Philon (voir les notes de Bywater).

[1] Je prends ici μεταπεσόντα dans le sens de « mus », d'une γραμμή ou division du jeu de dames à une autre.

91 b. Ceux qui parlent avec intelligence doivent tenir ferme à ce qui est commun à tous, de même qu'une cité tient ferme à sa loi, et même plus fortement. Car toutes les lois humaines sont nourries par la seule loi divine. Elle prévaut autant qu'elle le veut, et suffit à toutes choses, sans même s'épuiser. — R. P. 43; D 119.

92. Ainsi nous devons suivre le commun[1], et cependant la plupart vivent comme s'ils avaient une sagesse à eux. — R. P. 44; D 2.

93. Ils sont étrangers aux choses avec lesquelles ils ont un commerce constant[2]. — R. P. 32 b; D 72.

94. Il ne vaut rien d'agir et de parler comme gens endormis. — D. 73.

95. Ceux qui veillent ont un monde commun, mais ceux qui dorment se détournent chacun dans son monde particulier. — D 89.

96. La voie de l'homme n'a pas de sagesse, mais bien celle de Dieu. — R. P. 45; D 78.

97. L'homme est appelé par Dieu petit enfant, tout comme un enfant par un homme. — R. P. 45; D 79.

98-99. L'homme le plus sage, comparé à Dieu, est un singe, de même que le plus beau singe est laid, comparé à l'homme. — D 83, 82.

100. Le peuple doit combattre pour sa loi comme pour ses murailles. — R. P. 43 b; D 99.

101. De plus grandes morts gagnent de plus grandes portions. — R. P. 49 a; D 25.

102. Les dieux et les hommes honorent ceux qui tombent dans la bataille. — R. P. 49 a; D 24.

103. Le dérèglement doit être éteint, plus encore qu'une maison en feu. — R. P. 49 a; D 43.

104. Il n'est pas bon pour les hommes d'obtenir tout ce qu'ils désirent. C'est la maladie qui rend la santé agréable; mal[3], bien; faim, satiété; fatigue, repos. — R. P. 48 b; D 101, 111.

---

[1] Sext. *Math.* VII, 133 : διὸ δεῖ ἕπεσθαι τῷ ξυνῷ. Il me semble que ces mots doivent appartenir à Héraclite, quoique Bywater les omette. D'autre part, les mots : τοῦ λόγου δὲ ὄντος ξυνοῦ (avec les meilleurs mss, et non δ'ἐόντος) semblent clairement appartenir à l'interprète stoïcien que suit Sextus, et qui voulait relier ce fragment au frg. 2 (ὀλίγα προσδιελθὼν ἐπιφέρει) afin d'obtenir la doctrine du κοινὸς λόγος. Il vaut la peine de lire tout le contexte de Sextus.

[2] Les mots λόγῳ τῷ τὰ ὅλα διοικοῦντι, dont Diels fait une partie de ce fragment, me paraissent appartenir à Marc-Aurèle, et non à Héraclite.

[3] J'admets avec Diels la conjecture de Heitz : κακόν au lieu de καί.

105-107. Il est dur de combattre avec les désirs de son propre cœur[1]. Tout ce qu'il aspire à obtenir, il le recherche aux dépens de l'âme. — R. P. 49 a; D 85, 116, 112.

108-109. Le mieux est de cacher la folie ; mais cela est difficile au moment où l'on s'abandonne auprès des coupes. — D 109, 95.

110. Et c'est une loi, aussi, d'obéir au conseil d'un seul. — R. P. 49 a; D 33.

111. Car quelle pensée ou quelle sagesse ont-ils ? Ils suivent les poètes et prennent la foule pour maîtresse, ne sachant pas qu'il y a beaucoup de méchants et peu de bons. Car même les meilleurs d'entre eux choisissent une seule chose de préférence à toutes les autres, une gloire immortelle parmi les mortels, tandis que la plupart se gavent de nourriture comme des bêtes[2]. — R. P. 31 a; D 104, 29.

112. A Priène vivait Bias, fils de Teutamas, qui est de plus de considération que les autres. (Il disait : « La plupart des hommes sont mauvais. ») — D 39.

113. Un seul est dix mille pour moi, s'il est le meilleur. — R. P. 31 a; D 49.

114. Les Ephésiens feraient bien de se pendre, homme par homme, et d'abandonner la ville à des jeunes gens sans barbe, car ils ont chassé Hermodore, le meilleur homme qui fût jamais parmi eux, en disant : « Nous ne voulons parmi nous personne qui soit le meilleur ; s'il en est un de tel, qu'il s'en aille ailleurs et parmi d'autres gens. » — R. P. 29 b; D 121.

115. Les chiens aboient après tous ceux qu'ils ne connaissent pas. — R. P. 31 a; D 97.

116. ... (Le Sage) n'est pas reconnu, parce que les hommes manquent de foi. — D 86.

117. Le fou s'agite à chaque mot. — R. P. 44 b; D 87.

118. Le plus estimé d'entre eux ne connaît que des contes[3] ; mais en vérité la justice atteindra les artisans de mensonges et les faux témoins. — D 28.

119. Homère devrait être banni des concours et fouetté, et Archiloque pareillement. — R. P. 31; D 42.

120. Un jour est pareil à tout autre. — D 106.

---

[1] Le mot θυμός a son sens homérique. La satisfaction du désir implique l'échange du feu sec de l'âme (frg. 74) contre l'humidité (frg. 72). Aristote comprenait ici sous θυμός la colère (Eth. Nic. B 2, 1105 a 8).

[2] Ceci paraît être une claire référence aux « trois vies ». Voir chap. II, § 45, p. 110.

[3] Je lis δοκέοντα avec Schleiermacher (ou δοκέοντ' ὤν avec Diels). J'ai omis φυλάσσειν, parce que je ne comprends pas ce qu'il signifie, et qu'aucune des corrections proposées ne se recommande.

121. Le caractère de l'homme est sa destinée[1]. — D 119.

122. Quand les hommes meurent, des choses les attendent, qu'ils ne prévoient pas et auxquelles ils ne songent pas. — R. P. 46 d; D 27.

123. ...[2] qu'ils s'élèvent et deviennent les vigilants gardiens des vivants et des morts. — R. P. 46 d; D 63.

124. Noctambules, mages, prêtres de Bakchos et prêtresses des pressoirs; trafiquants de mystères... — D 14 a.

125. Les mystères pratiqués parmi les hommes sont des mystères profanes. — R. P. 48; D 14 b.

126. Et ils adressent des prières à ces images, comme si un homme voulait parler avec la maison d'un homme, ne sachant pas ce que sont les dieux ou les héros. — R. P. 49 a; D 5.

127. Car si ce n'était pas en l'honneur de Dionysos qu'ils faisaient une procession et chantaient le honteux hymne phallique, ils agiraient de la manière la plus éhontée. Mais Hadès est le même que Dionysos, en l'honneur de qui ils tombent en démence et célèbrent la fête des pressoirs. — R. P. 49; D 15.

129-130. C'est en vain qu'ils se purifient en se souillant de sang, tout comme si un homme qui eût marché dans la fange voulait se laver les pieds dans la fange. Un homme qui le verrait agir ainsi le tiendrait pour dément. — R. P. 49 a; D 68, 5.

LXVI. — La tradition doxographique.

On voit que quelques-uns de ces fragments sont loin d'être clairs, et il en est dans le nombre dont le sens ne sera jamais retrouvé. Nous nous adressons naturellement aux doxographes pour en avoir la clef; mais le mauvais sort a voulu qu'ils soient beaucoup moins instructifs en ce qui concerne Héraclite qu'en d'autres cas. En fait, nous avons à lutter contre deux grandes difficultés. La première est l'exceptionnelle pauvreté de la tradition doxographique elle-même. Hippolyte, chez qui nous trouvons généralement un compte-rendu assez exact de ce que Théophraste a réelle-

---

[1] Sur la signification de δαίμων ici, voir mon édition de l'*Ethique* d'Aristote, p. 1 sq. Ainsi que l'explique le professeur Gildersleeve, δαίμων est la forme individuelle de τύχη, comme κήρ l'est de θάνατος.

[2] Je ne me suis pas aventuré à traduire les mots ἔνθα δ'ἐόντι qui figurent au début de ce fragment, le texte me paraissant trop incertain. Voir cependant l'intéressante note de Diels.

ment dit, tira les matériaux de ses quatre premiers chapitres — qui traitent de Thalès, de Pythagore, d'Héraclite et d'Empédocle — non pas de l'excellent abrégé dont il se servit plus tard, mais d'un compendium biographique[1] qui consistait pour la plus grande partie en anecdotes et en apophtegmes apocryphes. En outre, il s'appuyait sur un auteur de *Successions* qui tenait Héraclite et Empédocle pour des Pythagoriciens. Aussi les place-t-il l'un à côté de l'autre, et fait-il de leurs doctrines un mélange désespérant. Le trait d'union entre Héraclite et les Pythagoriciens était Hippasos de Métaponte, dans le système duquel, nous le savons, le feu jouait un rôle important. Théophraste, après Aristote, avait parlé de l'un et de l'autre dans la même phrase, et cela suffit pour engager les écrivains des *Successions* dans une fausse voie[2]. Nous sommes donc forcés de recourir à la plus détaillée des deux analyses que nous donne Diogène des opinions d'Héraclite[3], analyse qui remonte aux *Vetusta Placita* et est, par bonheur, assez complète et exacte. Toutes nos autres sources sont plus ou moins teintées.

La seconde difficulté qui s'offre à nous est encore plus sérieuse, si possible. La plupart des commentateurs d'Héraclite mentionnés dans Diogène étaient Stoïciens[4] et il est certain que leurs paraphrases ont été prises parfois pour l'original. Or les Stoïciens avaient pour le philosophe d'Éphèse une estime particulière, et cherchaient à l'interpréter autant que possible dans le sens de leur propre sys-

---

[1] Sur la source utilisée par Hippolyte dans les quatre premiers chapitres de *Ref.* I, voir Diels, *Dox.* p. 145. Nous devons soigneusement distinguer *Ref.* I et *Ref.* IX comme sources d'information sur Héraclite. Ce dernier livre a pour but de montrer que l'hérésie monarchienne de Noétos était dérivée d'Héraclite et non de l'Évangile, et constitue une mine abondante de fragments héraclitéens.

[2] Arist. *Met.* A, 3, 984 a 7 (R. P. 56 c; DV 12 A 5); Théophr. ap. Simpl. *Phys.* 23, 33 (R. P. 36 c; DV 12 A 5).

[3] Sur cette double analyse, voir *Dox.* p. 163 sq., et Appendice, § 15.

[4] Diog. IX, 15 (R. P. 30 c). Schleiermacher insistait avec raison sur ce point.

tème. De plus, ils aimaient à « accommoder [1] » les vues des anciens penseurs aux leurs propres, et ce fait eut de sérieuses conséquences. Les théories stoïciennes du λόγος et de l'ἐκπύρωσις, en particulier, sont constamment attribuées à Héraclite par nos autorités, et les fragments mêmes sont adultérés par des bribes de terminologie stoïcienne.

LXVII. — La découverte d'Héraclite.

Héraclite regarde avec mépris non seulement le troupeau humain, mais tous ceux qui, avant lui, ont étudié la nature. Cela ne peut signifier qu'une chose, c'est qu'il croyait lui-même s'être rendu compte de quelque vérité non encore reconnue, quoiqu'elle brillât, pour ainsi dire, aux yeux des hommes (frg. 93 ; 72 D). Evidemment donc, si nous voulons pénétrer au point central de son enseignement, nous devons essayer de découvrir à quoi il pensait quand il dénonçait ainsi la sottise et l'ignorance humaines [2]. La réponse semble nous être fournie par les fragments 18 et 45 (108 et 51 D). Nous en inférons que la vérité jusqu'alors ignorée, c'est que les nombreuses choses apparemment indépendantes les unes des autres et en conflit les unes avec les autres dont nous avons connaissance, sont en réalité unes, et que, d'autre part, cette unité est aussi multiple. La « lutte des contraires » est en réalité une « harmonie »

---

[1] Le mot συνοικειοῦν est appliqué par Philodème à la méthode stoïcienne d'interprétation (cf. *Dox.* 517 b, n.), et Cicéron (*N. D.* I, 41) le traduit par *accommodare*. Chrysippe, en particulier, donna une vive impulsion à cette méthode, comme le montre fort bien Galien, *de Plac. Hippocr. et Plat.* livre III. On en trouvera de bons exemples dans Aét. I, 13, 2 ; 28, 1 (DV 12 A 8) ; IV, 3, 12 (DV 12 A 15) — où des doctrines nettement stoïciennes sont attribuées à Héraclite. De quoi les Stoïciens étaient capables, nous le voyons par Cléanthe, frg. 55, Pearson (635, von Arnim). Il proposait de lire Ζεῦ ἀναδωδωναῖε dans *Il.* XVI, 233, ὡς τὸν ἐκ τῆς γῆς ἀναθυμιώμενον ἀέρα διὰ τὴν ἀνάδοσιν Ἀναδωδωναῖον ὄντα.

[2] Voir Patin, *Heraklits Einheitslehre* (1886). A Patin revient indubitablement le mérite d'avoir montré clairement que l'unité des contraires était la doctrine centrale d'Héraclite. Il n'est pas toujours facile, cependant, de le suivre quand il en vient aux détails.

(ἁρμονία). Il suit de là que la sagesse n'est pas la connaissance de nombreuses choses, mais la perception de l'unité qui se cache sous les contraires en lutte. Que ce fût là vraiment la pensée fondamentale d'Héraclite, Philon l'atteste. « Car, dit-il, ce qui est fait de deux contraires est un ; et si l'Un est divisé, les contraires sont mis au jour. N'est-ce pas là justement ce que les Grecs disent que leur grand et très célèbre Héraclite mettait en tête de sa philosophie, comme la résumant toute, et de quoi il se vantait comme d'une découverte nouvelle[1] ? » Nous allons prendre un à un les éléments de cette théorie et voir comment ils doivent être compris.

LXVIII. — L'UN ET LE MULTIPLE.

Anaximandre avait déjà enseigné que les contraires étaient sortis, par différenciation, de l'Illimité, mais qu'ils s'y résolvaient et qu'ils étaient ainsi punis de leurs injustes empiétements les uns sur les autres. Cette conception implique qu'il y a quelque mal dans la guerre que se font les contraires, et que l'existence du Multiple est une brèche dans l'unité de l'Un. La vérité que proclamait Héraclite, c'est qu'il n'y a pas d'Un sans le Multiple et pas de Multiple sans l'Un. Le monde est à la fois un et multiple, et c'est justement la « tension contraire » du Multiple qui constitue l'unité de l'Un.

Le mérite d'avoir été le premier à se rendre compte de cela est expressément assigné à Héraclite par Platon. Dans le *Sophiste* (242 d) l'étranger d'Élée, après avoir expliqué par quels arguments les Éléates soutenaient que ce que nous appelons multiple est en réalité un, continue comme suit :

Mais certaines Muses ioniennes, et (à une date postérieure) certaines Muses siciliennes remarquèrent que le plus sûr était d'unir ces deux choses, et de dire que la réalité est à la fois multiple et une, et qu'elle est maintenue par la Haine et par

---

[1] Philon, *Rer. Div. Her.* 43 (R. P. 34 c).

l'Amour. « Car, disent les Muses plus sévères, dans sa division elle est toujours réunie (cf. frg. 59 ; 10 D) ; tandis que les Muses plus douces n'allaient pas jusqu'à exiger qu'il en fût toujours ainsi, et disaient que le Tout était alternativement un et en paix par la puissance d'Aphrodite et multiple et en guerre avec soi-même à cause d'une chose qu'elles appelaient la Lutte. »

Dans ce passage, les Muses ioniennes représentent naturellement Héraclite, et les siciliennes Empédocle. Nous remarquons aussi que la différenciation de l'Un en Multiple, et l'intégration du Multiple en Un, sont à la fois éternelles et simultanées, et que c'est là la base sur laquelle le système d'Héraclite est mis en opposition avec celui d'Empédocle. Nous reviendrons sur ce point. En attendant, nous nous en tenons à ceci que, suivant Platon, Héraclite enseignait que la réalité était à la fois multiple et une.

Nous devons toutefois nous garder soigneusement de croire que ce qu'Héraclite découvrit ainsi était un principe logique. C'est là l'erreur que Lassalle a commise dans son livre[1]. L'identité dans et par la diversité qu'il proclamait

[1] La source de cette erreur a été la curieuse déclaration de Hegel, qu'il n'y avait pas une proposition d'Héraclite qu'il n'eût adoptée dans sa propre logique (*Gesch. d. Phil.* I, 328). L'exemple qu'il cite est la déclaration que l'Etre n'existe pas plus que le Non-Etre, au sujet de laquelle il se réfère à Arist. *Met.* A, 4. Or, dans ce passage, cette déclaration n'est pas attribuée du tout à Héraclite, mais à Leucippe ou à Démocrite, chez lesquels elle signifie que l'espace est aussi réel que la matière (§ 175). Aristote nous dit, en vérité, dans la *Métaphysique*, que « quelques-uns » pensent qu'au dire d'Héraclite la même chose peut être et ne pas être ; mais il ajoute qu'un homme ne pense pas nécessairement ce qu'il dit (*Met.* Γ, 3. 1005 b 24 ; DV 12 A 7). Je comprends ceci en ce sens que, quoique Héraclite ait émis cette assertion en paroles, il ne voulait pas faire entendre par là ce qu'elle aurait naturellement signifié à une date postérieure. Héraclite ne parlait que de la nature ; le sens logique de ces mots ne s'est jamais présenté à son esprit. Ceci est confirmé par K, 5. 1062 a 31, où Aristote nous dit que, questionné d'une certaine manière, Héraclite aurait pu être amené à admettre le principe de la contradiction ; il ne comprenait, pour ainsi dire, pas ce qu'il disait ; en d'autres termes, il n'avait pas conscience des suites logiques de son affirmation.

Aristote se rendait donc compte que les théories d'Héraclite ne devaient pas être comprises au sens logique. Cela ne l'empêche toutefois pas de dire que selon Héraclite tout serait vrai (*Met.* Δ, 7. 1012 a 24). Si nous nous souvenons de son attitude constante à l'égard des anciens

était purement physique; la logique n'existait pas encore, et comme le principe d'identité n'avait pas été formulé, il aurait été impossible de protester contre une application abstraite qui en eût été faite. L'identité qu'il représente comme consistant dans la diversité est simplement celle de la substance primaire dans toutes ses manifestations. Cette identité avait déjà été aperçue par les Milésiens, mais ils avaient trouvé une difficulté dans la diversité. Anaximandre avait traité d'« injustice » la lutte des opposés, et ce qu'Héraclite se proposa de montrer, c'est que, au contraire, c'était la souveraine justice (frg. 62 ; 80 D).

LXIX. — Le feu.

Tout cela l'obligeait à chercher une nouvelle substance primaire. Il ne lui fallait pas seulement une chose d'où il fût concevable que le monde diversifié que nous connaissons pût être fait, ou duquel les opposés pussent sortir par « séparation », mais une chose qui, de par sa propre nature, pût se changer en n'importe quelle autre, et en laquelle n'importe quelle autre pût se changer. Cette chose, il la trouva dans le feu, et il est facile de se rendre compte pourquoi, si nous considérons le phénomène de la combustion, tel qu'il apparaît même au premier venu. La quantité de feu, dans une flamme qui brûle tranquillement, paraît rester la même; la flamme semble être ce que nous appelons une « chose ». Et pourtant la substance dont elle est faite change continuellement. Elle se transforme toujours en fumée, et sa place est toujours prise par l'afflux du combustible qui la nourrit. C'est là justement ce qu'il nous faut. Si nous considérons le monde comme « un feu toujours vivant » (frg. 20), nous pouvons comprendre comment il devient sans cesse toutes choses, tandis que toutes choses reviennent sans cesse à lui[1].

---

penseurs, cela ne nous conduira pas à suspecter sa bonne foi ou son intelligence. (Voir Appendice, § 2.)

[1] Que le Feu d'Héraclite fût quelque chose au même titre que l'« Air »

LXX. Le flux.

Ceci amène nécessairement à considérer d'une certaine manière le changement et le mouvement du monde. Le feu brûle continuellement et sans interruption. Il consomme donc sans cesse du combustible et donne sans cesse naissance à de la fumée. Toute chose, ou bien monte pour servir de combustible, ou descend après avoir alimenté la flamme. Il s'en suit que l'ensemble de la réalité est pareil à un fleuve qui coule perpétuellement, et que rien n'est jamais un seul instant en repos. La substance des choses que nous voyons est en proie à un changement incessant. Au moment même où nous les regardons, une partie de la matière dont elles sont composées a déjà passé en quelque chose d'autre, et une matière fraîche a pénétré en elles, venant d'une autre source. Cette théorie est habituellement résumée d'une manière assez exacte dans la formule :

d'Anaximène, et non un « symbole », cela est clairement impliqué dans des passages tels que Arist. *Met.* A, 3. 984 a 5. A l'appui de l'opinion qu'Héraclite entend quelque chose de différent du feu ordinaire, on cite quelquefois Platon, *Crat.* 413 b; mais l'examen du contexte montre que ce passage n'admet pas cette interprétation. Platon discute la dérivation de δίκαιον de δια-ιόν; certainement δίκη était un concept éminemment héraclitien, et une bonne partie de ce qui y est dit peut être la doctrine authentique de l'école. Socrate se plaint de ne recevoir que des réponses tout à fait contradictoires quand il demande quelle est la chose qui « passe à travers » toute chose. L'un dit que c'est le soleil. Un autre demande s'il n'y a pas de justice après le coucher du soleil, et dit que c'est simplement le feu. Un troisième dit que ce n'est pas le feu lui-même, mais la chaleur qui est dans le feu. Un quatrième l'identifie avec l'Esprit. Or tout ce que nous pouvons légitimement inférer de cela, c'est que diverses réponses étaient faites à cette question au sein de l'école héraclitienne. Ces réponses étaient un peu moins primitives que la doctrine originelle du maître, mais aucune d'elles n'implique pourtant quoi que ce soit d'immatériel ou de symbolique. L'opinion que ce n'était pas le Feu lui-même, mais la Chaleur qui « passait à travers » toutes choses, est dans le même rapport avec la théorie d'Héraclite que l'Humidité d'Hippon avec l'Eau de Thalès. Il est très probable aussi que quelques Héraclitiens essayèrent de fusionner le système d'Anaxagore avec le leur propre, exactement comme Diogène d'Apollonie essaya de fusionner le sien avec celui d'Anaximène. Nous verrons, en fait, que nous avons encore une œuvre dans laquelle est faite cette tentative (p. 170, n. 2).

« Toutes choses s'écoulent » (πάντα ῥεῖ), quoique, par un singulier hasard, on ne puisse prouver que ce soit là une citation d'Héraclite. Platon, toutefois, exprime l'idée très clairement. « Rien n'est jamais, tout est dans le devenir »; « toutes choses sont en mouvement comme des fleuves »; « toutes choses passent, et rien ne demeure »; « Héraclite dit quelque part que toutes choses passent et que rien ne demeure; et comparant les choses au cours d'une rivière, il dit qu'on ne peut pas descendre deux fois dans le même fleuve » (Cf. frg. 41 ; 12 D), — tels sont les termes dans lesquels il décrit le système. Et Aristote dit la même chose : « Toutes choses sont en mouvement »; « rien n'est stable[1]. » Héraclite soutenait, en fait, que n'importe quelle chose donnée, quoique stable en apparence, n'était qu'une section du fleuve, et que la matière dont elle était composée n'était jamais la même dans deux moments consécutifs quelconques. Nous allons voir comment il concevait la marche de ce processus; en attendant, nous ferons remarquer que l'idée n'était pas entièrement nouvelle, et qu'elle ne constitue guère le point central du système d'Héraclite. Les Milésiens soutenaient une opinion analogue. Tout au plus, le flux d'Héraclite était-il plus incessant et plus universel.

LXXI. — LE SENTIER EN HAUT ET LE SENTIER EN BAS.

Héraclite paraît avoir développé les détails du flux perpétuel en se reportant aux théories d'Anaximène[2]. Il est improbable, cependant, qu'il expliquât les transformations de la matière par la raréfaction et la condensation[3]. Théophraste donnait, semble-t-il, à entendre que l'Éphésien le faisait, mais il reconnaissait que ce n'était nullement clair.

---

[1] Platon, *Tht.* 152 e 1; *Crat.* 401 d 5, 402 a 8; Arist. *Top.* A, 11. 104 b 22; *de Cælo,* Γ, 1. 298 b 30; *Phys.* Θ, 3. 253 b 2.

[2] Voir plus haut, chap. I, § 29.

[3] Voir cependant la remarque de Diels, citée R. P. 36 c (*Dox.* p. 103).

Le passage de Diogène que nous allons citer a fidèlement reproduit cette appréciation [1]. Dans les fragments, en tous cas, nous ne trouvons rien sur la raréfaction et la condensation. L'expression employée est « échange » (frg. 22; 90 D); et elle est certainement très bien choisie pour désigner ce qui arrive quand le feu dégage de la fumée, et absorbe en échange du combustible.

Nous avons fait remarquer qu'à défaut d'Hippolyte, notre meilleure analyse de la doxographie théophrastique d'Héraclite est la plus développée des deux que nous donne Diogène Laërce. En voici la traduction :

Ses opinions sur des points particuliers sont les suivantes :

Il soutenait que le feu était l'élément, et que toutes choses étaient un échange du feu, produit par condensation et raréfaction. Mais il n'explique rien clairement. Toutes choses seraient produites en opposition les unes aux autres, et toutes choses seraient un écoulement comme un fleuve.

Le tout est fini, et le monde est un. Il naît du feu et est de nouveau consumé par le feu, alternativement à travers toute l'éternité, suivant certains cycles. Ceci arrive conformément au destin. Ce qui conduit à la naissance des opposés est appelé Guerre et Lutte; ce qui conduit à la conflagration finale est Concorde et Paix.

Il appelait changement le chemin en haut et en bas, et soutenait que le monde vient à l'existence en vertu de cela. Quand le feu est condensé, il devient humide, et quand il est comprimé, il se transforme en eau ; l'eau, étant congelée, se transforme en terre, et c'est là ce qu'il appelle le chemin en bas. Puis la terre se liquéfie de nouveau, et d'elle naît l'eau, et de celle-ci tout le reste ; car il rapporte presque chaque chose à l'évaporation de la mer. C'est le chemin en haut. R. P. 36.

Il soutenait aussi que les exhalaisons naissaient à la fois de la mer et de la terre, quelques-unes claires et pures, d'autres sombres. Le feu était nourri par les claires, et l'humidité par les autres.

Il ne s'explique pas très clairement sur la nature de ce qui entoure le monde. Il soutenait toutefois qu'il y avait en lui des auges dont les faces concaves étaient tournées de notre côté, et dans lesquelles les exhalaisons claires étaient réunies et produisaient des flammes. Celles-ci sont les corps célestes.

---

[1] Diog. IX, 8 : σαφῶς δ'οὐδὲν ἐκτίθεται.

La flamme du soleil est la plus claire et la plus chaude, car les autres corps célestes sont plus éloignés de la terre, et pour cette raison donnent moins de lumière et de chaleur. La lune, d'autre part, est plus rapprochée de la terre, mais elle se meut à travers une région impure. Le soleil se meut dans une région claire et sans mélange, et en même temps est juste à la distance convenable de nous. C'est pourquoi il donne plus de chaleur et de lumière. Les éclipses du soleil et de la lune sont dues au fait que les auges se tournent du côté d'en haut, tandis que les phases mensuelles de la lune sont produites par une révolution graduelle de son auge.

Jour et nuit ; mois, saisons et années ; pluies et vents, et choses analogues sont dues aux diverses exhalaisons. L'exhalaison claire, quand elle s'allume dans le cercle du soleil, produit le jour, et la prépondérance de l'exhalaison opposée produit la nuit. L'accroissement de chaleur provenant de l'exhalaison claire produit l'été, et la prépondérance de l'humidité provenant de l'exhalaison sombre produit l'hiver. C'est en conformité avec ceci qu'il assigne les causes des autres choses.

Quant à la terre, il ne donne aucune indication claire sur sa nature, pas plus qu'il ne le fait sur celle des astres.

Telles étaient donc ses opinions. R. P. 39 b..

Il est évident que si nous pouvons nous fier à ce passage, on ne saurait s'en exagérer la valeur ; et que nous le puissions, en somme, cela ressort du fait qu'il suit exactement l'ordre des matières adopté par toutes les doxographies dérivées du grand ouvrage de Théophraste. D'abord, nous avons la substance primaire, puis le monde, puis les corps célestes, et enfin les phénomènes météorologiques. Nous concluons donc qu'il peut être tenu pour authentique, à l'exception : premièrement, de la conjecture probablement erronée de Théophraste que nous avons mentionnée plus haut sur la raréfaction et la condensation, et, secondement, de quelques traces d'interprétation stoïcienne, qui viennent des *Vetusta Placita*.

Considérons les détails de la théorie. Le feu pur, nous dit-on, se trouve essentiellement dans le soleil. Celui-ci, de même que les autres corps célestes, est une auge ou peut-être une sorte de barque ; sa face concave, où se réunissent et brûlent les exhalaisons claires de la mer, est tournée de notre côté. Comment le feu du soleil passe-t-il en d'autres formes? Si nous consultons les fragments qui traitent du chemin en bas, nous trouvons que la première transformation qu'il subit est celle qui le fait devenir mer, et, de plus, nous apprenons que la moitié de la mer est terre et l'autre moitié πρηστήρ (frg. 21 ; 31 a D). Nous verrons tout à l'heure la pleine signification de cette phrase ; il nous faut d'abord établir ce que c'est que le πρηστήρ. Nombre de théories ont été mises en avant sur ce sujet ; mais, à ma connaissance, personne[1] n'a encore proposé de prendre ce mot dans le sens qu'il a partout ailleurs, c'est-à-dire celui d'ouragan accompagné d'une trombe enflammée[2]. Et, cependant, c'est là sûrement la chose requise ici. Il est amplement attesté qu'Héraclite expliquait le passage de la mer au feu par le moyen d'évaporations claires ; et il nous faut une explication météorologique analogue du retour du feu à l'eau. Il nous faut, en fait, une chose qui représente également la fumée produite par la combustion du soleil, et l'état immédiat entre le feu et l'eau. Qu'est-ce qui répondrait mieux à ce but qu'une trombe enflammée ? Elle ressemble assez à la fumée pour être tenue pour le produit de la combustion du soleil, et elle descend certainement sous forme d'eau. Et cette interprétation acquiert en fait la certitude si nous la rapprochons de l'exposé que fait Aétius de la théorie héraclitique des πρηστῆρες. Ils étaient dus, nous dit-il, « à l'embrasement et à l'extinction de nuages[3] ». En d'autres termes, la

[1] Ceci a été écrit en 1890. Dans son *Herakleitos von Ephesos* (1901) Diels entend comme moi le πρηστήρ et traduit ce mot par *Glutwind*.

[2] Cf. Herod., VII, 42, et Lucrèce, VI, 424. Sénèque (*Quæst. Nat.* II, 56) appelle ce phénomène *igneus turbo*. Les opinions des anciens philosophes à ce sujet sont réunies dans Aet. III, 3. Le πρηστήρ d'Anaximandre (chap. I, p. 69, n. 2) est une chose toute différente, mais il est très probable que les marins grecs nommaient ce phénomène météorologique d'après le soufflet du forgeron.

[3] Aet. III, 3, 9: πρηστῆρας δὲ κατὰ νεφῶν ἐμπρήσεις καὶ σβέσεις (sc. Ἡράκλειτος ἀποφαίνεται γίγνεσθαι). Diels (*Herakleitos*, p. V) paraît considérer

vapeur claire, après s'être enflammée dans la coque du soleil et s'être de nouveau éteinte, réapparaît sous forme de nuée d'orage sombre et enflammée, et se transforme une fois de plus en mer. Au stade suivant, nous voyons l'eau passer continuellement à l'état de terre. Nous sommes déjà familiarisés avec cette idée (§ 10), et nous n'avons pas besoin d'en dire davantage sur ce sujet. Revenant au « chemin en haut », nous voyons que la terre se liquéfie dans la même proportion que la mer devient terre, de sorte que la mer est « toujours mesurée avec la même mesure » (frg. 23; 31 *b* D). Pour une moitié, elle est terre, et pour une moitié πρηστήρ (frg. 21). Cela doit signifier qu'à n'importe quel moment donné, la moitié de la mer s'engage dans le chemin en bas, après avoir été nuée orageuse enflammée, et que l'autre moitié prend celui d'en haut, immédiatement après avoir été terre. Dans la proportion où la mer est augmentée par la pluie, l'eau se transforme en terre; dans la proportion où elle est diminuée par l'évaporation, elle est nourrie par la terre. Enfin, l'ignition, dans la coque du soleil, de la vapeur claire sortie de la mer, complète le cercle du « chemin en haut et du chemin en bas ».

LXXII. — Mesure pour mesure.

La question se pose maintenant de savoir comment il se fait qu'en dépit de ce flux constant, les choses nous apparaissent relativement stables. A cette question, Héraclite répondait que, grâce à l'observation des « mesures », et en vertu de celles-ci, la masse agrégée de chaque forme de matière demeure la même dans ce long circuit, quoique la substance dont elle est formée change constamment. Certaines « mesures » du « feu toujours vivant » sont toujours en train de s'allumer, tandis que des « mesures » égales s'éteignent sans cesse (frg. 20; 30 D); et ces mesures, le

le πρηστήρ comme la forme sous laquelle l'eau monte vers le ciel. Mais les Grecs savaient très bien que les trombes crèvent et tombent.

soleil ne les excédera pas. Toutes choses sont « échangées » contre le feu, et le feu contre toutes choses (frg. 22), et cela implique que pour chaque chose qu'il prend, le feu en rend autant. « Le soleil n'excédera pas ses mesures » (frg. 29 ; 94 D).

Et cependant les « mesures » ne doivent pas être regardées comme absolument fixes. Le passage de Diogène cité plus haut nous apprend que Théophraste parlait d'une prépondérance alternante des exhalaisons claires et des sombres, et Aristote parle d'Héraclite comme expliquant toutes choses par l'évaporation[1]. C'est de cette manière, en particulier, qu'il rendait compte de l'alternance du jour et de la nuit, de l'été et de l'hiver. En outre, dans un passage du traité pseudo-hippocratique περὶ διαίτης, qui est presque certainement d'origine héraclitique[2], il est question d'une « avance du feu et de l'eau », en relation avec le jour et la nuit, et avec le cours du soleil et de la lune[3]. Enfin

---

[1] Arist. de An. B, 2, 405 a 26 : τὴν ἀναθυμίασιν ἐξ ἧς τἆλλα συνίστησιν.

[2] La présence d'éléments héraclitiques dans ce traité a été mise en lumière par Gesner, mais Bernays a été le premier à en faire un ample usage pour la reconstitution du système. Les ouvrages relatifs à cette question ont en grande partie vieilli depuis la publication des *Hippokratische Untersuchungen* de Carl Fredrichs (1899), où nous a été donné pour la première fois un texte satisfaisant des sections qui nous intéressent ici. Fredrichs montre que (comme je l'ai dit déjà dans ma première édition) l'ouvrage appartient à la période d'éclectisme et de réaction que j'ai brièvement caractérisée au § 184, et il fait ressortir que le chap. 3, que l'on supposait autrefois être essentiellement héraclitique, provient en réalité de quelque œuvre fortement influencée par Empédocle et par Anaxagore. Je pense toutefois qu'il se fourvoie en attribuant la section à un « physicien » anonyme de l'école d'Archelaos, ou même à Archelaos lui-même ; elle ressemble beaucoup plus à ce que nous pourrions attendre des éclectiques héraclitiques que Platon décrit dans le *Crat.* 413 c (voir p. 163, note). Il a certainement tort de soutenir que la doctrine de l'équilibre du feu et de l'eau n'est pas héraclitique, et il n'y a pas de motif valable pour séparer de son contexte la remarque citée dans le texte parce que, fortuitement, elle concorde presque mot pour mot avec le commencement du chap. 3. Comme nous le verrons, ce passage aussi est d'origine héraclitique.

[3] Περὶ διαίτης. I, 5, passage que je lirais comme suit : ἡμέρη καὶ εὐφρόνη ἐπὶ τὸ μήκιστον καὶ ἐλάχιστον· ἥλιος, σελήνη ἐπὶ τὸ μήκιστον καὶ ἐλάχιστον πυρὸς ἔφοδος καὶ ὕδατος. En tous cas, le sens est le même, et la phrase

dans le frg. 26 (66 D), nous lisons que le feu « avance ». Tous ces faits paraissent intimement liés. Nous devons donc essayer de voir si, dans les autres fragments, il n'y a rien qui se rapporte à ce sujet.

LXXIII. — L'homme.

Pour étudier cette avance alternante du feu et de l'eau, il convient de partir du microcosme. Nous possédons des informations plus précises sur les deux exhalaisons dans l'homme que sur les processus analogues dans l'univers, et il semble qu'Héraclite lui-même expliquait l'univers par l'homme plutôt que l'homme par l'univers. D'un passage bien connu d'Aristote, il ressort que l'âme est identique à l'exhalaison sèche [1], et cela est pleinement confirmé par les fragments. L'homme est fait de trois choses : feu, eau et terre. Mais tout comme, dans le macrocosme, le feu est identifié avec la seule sagesse, dans le microcosme, le feu seul est conscient. Quand il a quitté le corps, ce qui reste, la terre et l'eau, est absolument sans valeur (frag. 85 ; 96 D). Naturellement, le feu qui anime l'homme est sujet au « chemin en haut et au chemin en bas », exactement comme le feu du monde. Le περὶ διαίτης nous a conservé cette phrase évidemment héraclitique : « Toutes choses, tant les humaines que les divines, passent en haut et en bas par le fait des échanges [2]. » Nous sommes en flux perpétuel aussi bien que n'importe quoi d'autre dans le monde. Nous sommes et ne sommes pas les mêmes pendant deux ins-

---

se trouve entre χωρεῖ δὲ πάντα καὶ θεῖα καὶ ἀνθρώπινα ἄνω καὶ κάτω ἀμειβόμενα et πάντα ταὐτὰ καὶ οὐ τὰ αὐτά, qui sont sûrement des déclarations héraclitiques.

[1] Arist. de An. A, 2, 405 a 25 (R. P. 38 ; DV 12 A 15). Diels attribue à Héraclite lui-même les mots : καὶ ψυχαὶ δὲ ἀπὸ τῶν ὑγρῶν ἀναθυμιῶνται, qui se trouvent dans Arcios Didymos après le frg. 42 (12 D.). J'ai de la peine à croire, cependant, que le mot ἀναθυμίασις soit héraclitique. Héraclite semble plutôt avoir appelé les deux exhalaisons καπνός et ἀήρ (cf. frg. 37 ; 7 D.).

[2] Περὶ διαίτης I, 5 : χωρεῖ δὲ πάντα καὶ θεῖα καὶ ἀνθρώπινα ἄνω καὶ κάτω ἀμειβόμενα.

tants consécutifs (frg. 81; 12 D). En nous, le feu devient perpétuellement eau, et l'eau terre; mais, comme le processus contraire se poursuit en même temps, nous paraissons rester les mêmes [1].

LXXIV. — *a.* SOMMEIL ET VEILLE.

Mais ce n'est pas tout. L'homme est sujet à une certaine oscillation dans ses « mesures » de feu et d'eau, et cela donne naissance aux alternatives de sommeil et de veille, de vie et de mort. Le *passage classique* sur ce sujet est un passage de Sextus Empiricus, qui reproduit l'analyse de la psychologie héraclitique donnée par Enésidème (un sceptique, circa 80-50 av. J.-C.) [2]. En voici la teneur (R. P. 41; DV 12 A 16):

Le philosophe naturaliste est d'avis que ce qui nous entoure [3] est rationnel et doué de conscience. Selon Héraclite, quand nous aspirons cette raison divine par la respiration, nous devenons des êtres raisonnables. Dans le sommeil, nous oublions, mais à notre réveil, nous redevenons conscients. Car dans le sommeil, quand les ouvertures des sens se ferment, l'esprit qui est en nous est coupé du contact avec ce qui nous entoure, et seule est conservée notre relation avec lui par la respiration comme une sorte de racine (de laquelle le reste peut sortir à nouveau); et quand il est ainsi séparé, il perd la faculté de

---

[1] Il y a, semble-t-il, une claire allusion à ceci dans Epicharme, frg. 2 Diels (170 *b* Kaibel) : « Considère maintenant aussi les hommes. L'un croit et l'autre diminue, et tous sont en proie à un changement incessant. Ce qui change dans sa substance (κατὰ φύσιν), et ne reste jamais dans le même lieu sera déjà chose différente de ce qui a péri. Ainsi toi et moi, nous étions différents hier, et sommes maintenant de tout autres gens, et nous deviendrons de nouveau autres et ne serons plus jamais les mêmes, et ainsi de suite. » Ce langage est mis dans la bouche d'un débiteur qui n'a pas envie de payer. Voir Bernays sur le αὐξανόμενος λόγος (*Ges. Abh.* I, p. 109 sq.

[2] Sextus cite « Enésidème suivant Héraclite ». Natorp (*Forschungen*, p. 78) est d'avis qu'Enésidème combinait en réalité l'héraclitisme avec le scepticisme. Diels, d'autre part (*Dox.* p. 210, 211), soutient qu'Enésidème ne fait qu'analyser les théories d'Héraclite. L'usage que nous faisons de ce passage n'est affecté en rien par cette controverse.

[3] Τὸ περιέχον ἡμᾶς, opposé mais parallèle à τὸ περιέχον τὸν κόσμον.

mémoire qu'il avait auparavant. Mais quand nous nous réveillons, il regarde à travers les ouvertures des sens comme à travers des fenêtres, et, se réunissant à l'esprit qui l'entoure, il reprend la faculté de la raison. De même, alors, que des charbons qui changent et deviennent ardents quand on les approche du feu, et s'éteignent quand on les en éloigne, la partie de l'esprit environnant qui séjourne dans notre corps perd sa raison quand elle en est coupée, et pareillement elle reprend une nature semblable à celle du tout quand le contact est établi à travers le plus grand nombre d'ouvertures.

Dans ce passage, il y a évidemment un abondant mélange d'expressions postérieures et d'idées plus récentes. En particulier, l'identification de « ce qui nous entoure » avec l'air ne peut pas être d'Héraclite, car Héraclite ne peut rien avoir connu de l'air, qui, de son temps, était regardé comme une forme de l'eau (§ 27). La mention des pores ou ouvertures des sens lui est probablement étrangère aussi, car la théorie des pores est due à Alcméon (§ 96). Enfin, la distinction entre l'esprit et le corps est beaucoup trop nettement tirée. D'autre part, le rôle important assigné à la respiration peut très bien être héraclitique, car nous l'avons déjà rencontré chez Anaximène. Et il est difficile de ne pas croire à l'authenticité de l'excellente comparaison de l'esprit avec les charbons qui brûlent quand on les approche du feu (cf. frg. 77; 26D). La vraie doctrine d'Héraclite était sans doute que le sommeil était produit par l'empiétement des exhalaisons humides et sombres de l'eau que renferme le corps, empiètement qui fait que le feu se ralentit. Dans le sommeil, nous perdons le contact avec le feu du monde, qui est commun à tous, et nous nous retirons dans un monde à nous (frg. 95; 89 D). Dans une âme où le feu et l'eau sont également balancés, l'équilibre est rétabli le matin par une avance égale de l'exhalaison claire.

LXXV. — b. Vie et mort.

Mais, dans aucune âme, le feu et l'eau ne sont également balancés pour longtemps. L'un ou l'autre acquiert la prédominance, et le résultat, dans l'un ou l'autre cas, est la mort. Examinons successivement chacun de ces cas. C'est, nous le savons, la mort pour les âmes de devenir eau (frg. 68; 36 D); et c'est justement ce qui arrive aux âmes qui recherchent le plaisir. Car le plaisir est une mouillure de l'âme (frg. 72; 77 D), comme on peut le voir par l'exemple de l'homme ivre, lequel, en le poursuivant, a mouillé la sienne à tel point qu'il ne sait pas où il va (frg. 73; 117 D). Même quand on se laisse aller honnêtement à la jouissance des coupes, il est plus difficile de cacher sa folie qu'en d'autres temps (frg. 108; 95 D). C'est pourquoi il est si nécessaire pour nous de réprimer le dérèglement (frg. 103; 43 D); car quel que soit le désir qui s'empare de notre cœur, celui-ci le poursuit au prix de la vie, c'est-à-dire du feu qui est en nous (frg. 105; 85 D). Voyons maintenant l'autre cas. L'âme sèche, celle qui renferme le moins d'humidité, est la meilleure (frg. 74; 118 D); mais la prépondérance du feu cause la mort aussi bien que celle de l'eau. C'est une mort très différente, cependant, et elle assure de « plus grandes portions » à ceux qui en meurent (frg. 101; 25 D). Ceux qui tombent dans la bataille partagent apparemment leur sort (frg. 102; 24 D). Nous n'avons aucun fragment qui nous dise directement en quoi consiste ce sort, mais le groupe de déclarations que nous allons examiner ne laisse que peu de doutes à cet égard. Ceux qui meurent de la mort du feu et non de la mort de l'eau deviennent, en fait, des dieux, mais non au sens dans lequel la seule sagesse est dieu. Il est probable que le fragment corrompu 123 (63 D) se rapporte à ce sort inattendu (frg. 122; 27 D) qui attend les hommes quand ils meurent.

De plus, si l'été et l'hiver sont un et se reproduisent nécessairement l'un l'autre par leur « tension opposée », il en est de même de la vie et de la mort. Elles aussi sont une, nous dit Héraclite, et une aussi la jeunesse et le grand âge (frg. 78; 88 D). Il s'ensuit que l'âme doit être tantôt vivante et tantôt morte ; qu'elle ne se transforme en feu ou en eau, selon les circonstances, que pour recommencer une fois de plus son incessant voyage en haut et en bas. L'âme qui est morte d'excès d'humidité descend sur la terre ; mais de la terre se forme de l'eau, et de l'eau s'exhale une fois encore une âme (frg. 68 ; 60 D). C'est également ainsi (frg. 67 ; 62 D) que dieux et hommes sont en réalité un. Ils vivent la vie et meurent la mort l'un de l'autre. Ceux des mortels qui meurent de la mort du feu deviennent immortels[1] ; ils deviennent les gardiens des vivants de des morts (frg. 123 ; 63 D)[2] ; et ces immortels deviennent mortels à leur tour. Toute chose est en réalité la mort de quelque chose d'autre (frg. 64 ; 21 D). Les vivants et les morts prennent sans cesse la place les uns des autres (frg. 78; 88 D), comme les pièces d'un jeu d'enfant (frg. 79 ; 52 D), et cela s'applique non seulement aux âmes qui sont devenues eau, mais à celles qui sont devenues feu et sont maintenant des esprits gardiens. La fatigue réelle est la continuation dans le même état (frg. 82 ; 84 D) et le réel repos est le changement (frg. 83 ; 84 D). Dans n'importe quel autre sens, le repos est l'équivalent de la dissolution (frg. 84 ; 125 D)[3]. C'est ainsi

[1] Le mot populaire est employé ici en raison de son effet paradoxal. Strictement parlant, ils sont tous mortels à un point de vue et immortels à un autre.

[2] Nous pouvons sans hésiter attribuer à Héraclite l'opinion que les morts deviennent les démons gardiens des vivants ; elle apparaît déjà dans Hésiode, *Travaux et Jours*, 121, et les communautés orphiques l'avaient popularisée. Rohde, *Psyche*, p. 442 sq. (2ᵉ éd., II, 148 sq.) se refusait à admettre qu'Héraclite crût à la survivance de l'âme après la mort. Strictement parlant, c'est sans doute une inconséquence ; mais, avec Zeller et Diels, je pense qu'une inconséquence comme celle-là peut fort bien être admise. Nombre de penseurs ont parlé d'une immortalité personnelle, bien qu'il n'y eût en réalité aucune place pour elle dans leurs systèmes. Il vaut la peine de noter à ce propos que le premier argument dont se sert Platon pour établir la doctrine de l'immortalité dans le *Phédon* est justement le parallélisme héraclitique de la vie et de la mort avec le sommeil et la veille.

[3] Ces fragments sont cités par Plotin, Jamblique et Noumenios exactement dans cet ordre d'idées (voir R. P. 46 c), et il ne me paraît pas possible de soutenir avec Rohde que ces écrivains n'avaient pas de motifs pour les interpréter ainsi. Ils connaissaient le contexte, et nous ne le connaissons pas.

qu'eux aussi naissent encore une fois. Héraclite évaluait à trente années la durée du cycle qui maintient l'équilibre de la vie et de la mort, soit au temps le plus court dans lequel un homme peut devenir grand-père (frg. 87-89; DV 15 A 19)[1].

LXXVI. — Le jour et l'année.

Venons-en maintenant au monde. Diogène nous dit que le feu était maintenu par les vapeurs claires de la terre et de la mer, et l'humidité par les vapeurs obscures[2]. Quelles sont ces vapeurs « obscures » qui accroissent l'élément humide ? Si nous nous souvenons de l'« air » d'Anaximène, nous inclinerons à les regarder comme l'obscurité elle-même. Nous savons qu'il n'est pas naturel à l'esprit ingénu de considérer l'obscurité comme la privation de lumière. Même à notre époque, on entend parler quelquefois d'une obscurité « à couper au couteau ». Héraclite, donc, croyait, à ce que je suppose, que la nuit et l'hiver étaient produits par le fait que l'obscurité s'élève de la terre et de la mer — il voyait naturellement les vallées s'assombrir avant les sommets des montagnes — et que cette obscurité, étant humide, augmentait l'élément aqueux au point d'éteindre la lumière du soleil. Ceci, cependant, détruit la puissance de l'obscurité elle-même. Elle ne peut plus s'élever à moins que le soleil ne lui communique le mouvement, et c'est ainsi qu'il devient possible pour un nouveau soleil (frg. 32; 6 D) de s'allumer, et de se nourrir un temps aux dépens de l'élément humide. Mais ce ne peut être qu'un

---

[1] Plut. *def. orac.* 415 d : ἔτη τριάκοντα ποιοῦσι τὴν γενεὰν καθ' Ἡράκλειτον, ἐν ᾧ χρόνῳ γεννῶντα παρέχει τὸν ἐξ αὐτοῦ γεγενημένον ὁ γεννήσας. Philon, Fr. Harris, p. 20 : δυνατὸν ἐν τριακοστῷ ἔτει αὖ τὸν ἄνθρωπον πάππον γενέσθαι κ. τ. λ. Censorinus, *de die nat.* 17, 2 : « hoc enim tempus (triginta annos) *geneam* vocari Heraclitus auctor est, quia *orbis aetatis* in eo sit spatio : orbem autem vocat aetatis, dum natura ab sementi humana ad sementim revertitur. » Les mots *orbis aetatis* semblent signifier αἰῶνος κύκλος, « le cercle de la vie ». S'il en est ainsi, nous pouvons comparer le κύκλος γενέσεως des Orphiques.

[2] Diog. IX, 9 (R. P. 39 *b*).

temps. Le soleil, en consumant la vapeur claire, se prive lui-même de nourriture, et la vapeur sombre prend une fois de plus le dessus. C'est dans ce sens que « le jour et la nuit sont un » (frg. 35 ; 57 D). Chacun d'eux implique l'autre, et ils doivent par conséquent être regardés simplement comme les deux côtés de l'Un, dans lequel seul peut être trouvée la cause qui les explique véritablement (frg. 36 ; 67 D).

L'été et l'hiver étaient faciles à expliquer de la même manière. Nous savons que les « tours » du soleil étaient un sujet d'intérêt en ces temps-là, et il était naturel pour Héraclite de voir dans la retraite de cet astre vers le Sud l'avance graduelle de l'élément humide, causée par la chaleur du soleil lui-même. Mais cela diminue la puissance d'évaporation du soleil, et il est par conséquent obligé de retourner vers le nord pour trouver un nouvel aliment. Telle était, en tous cas, la doctrine stoïcienne sur ce point[1], et le fait qu'elle se rencontre dans le περὶ διαίτης semble prouver qu'elle vient d'Héraclite. Il paraît impossible de rapporter à n'importe quelle autre source la phrase suivante :

Et tour à tour chacun d'eux (le feu et l'eau) l'emporte et succombe au plus haut et au plus bas degré qu'il soit possible. Car ni l'un ni l'autre ne peut l'emporter tout à fait pour les raisons suivantes. Quand le feu s'avance jusqu'à l'extrême limite de l'eau, l'aliment lui fait défaut. Et quand l'eau s'avance jusqu'à l'extrême limite du feu, le mouvement lui fait défaut. A ce point, donc, elle s'arrête ; et, quand elle en est venue à s'arrêter, elle n'a plus le pouvoir de résister, mais elle sert de nourriture au feu qui tombe sur elle. Pour ces raisons, ni l'un ni l'autre ne peut prévaloir tout à fait. Mais si, à un moment quelconque, l'une des deux choses devait l'emporter d'une manière quelcon-

---

[1] Voir Cléanthe, frg. 29 Pearson : ὠκεανός δ'ἐστὶ <καὶ γῆ> ἧς τὴν ἀναθυμίασιν ἐπινέμεται (ὁ ἥλιος). Cf. Cic. *N. D.* III, 37 : « Quid enim ? non eisdem vobis placet omnem ignem pastus indigere nec permanere ullo modo posse, nisi alitur : ali autem solem, lunam, reliqua astra aquis, alia dulcibus (de la terre), alia marinis ? eamque causam Cleanthes adfert cur se sol referat nec longius progrediatur solstitiali orbi itemque brumali, ne longius discedat a cibo. »

que, alors ni l'une ni l'autre n'existerait plus telle qu'elle est maintenant. Aussi longtemps que les choses sont comme elles sont, le feu et l'eau seront toujours aussi, et ni l'un ni l'autre ne fera jamais défaut[1].

LXXVII. — La grande année.

Héraclite parlait aussi d'une assez longue période, que l'on identifie avec la « grande année », et dont la durée est évaluée par les uns à 18 000, par les autres à 10 800 ans[2]. Mais nous n'avons aucune indication précise sur le processus qu'Héraclite supposait se dérouler dans la grande année. Nous avons vu que la période de 36 000 ans était, selon toute probabilité, babylonienne, et était celle de la révolution qui produit la précession des équinoxes[3]. Or 18 000 années constituent exactement la moitié de cette période, fait que l'on peut rapprocher de l'habitude d'Héraclite de diviser tous les cycles en « un sentier en haut et un sentier en bas ». Il n'est pas du tout probable, cependant, qu'Héraclite — qui soutenait avec Xénophane que le soleil était « chaque jour nouveau » — se soit mis en peine de la précession des équinoxes, et nous sommes forcés, semble-t-il, de supposer qu'il donnait de la période traditionnelle quelque nouvelle explication. Les Stoïciens, ou du moins quelques-uns d'entre eux, affirmaient que la

---

[1] Pour le texte grec de ce passage, voir plus loin, p. 185, n. 3 Fredrichs admet qu'il provient de la même source que celui que nous avons cité plus haut (p. 172) et comme cette source est le Περὶ διαίτης I, 3, il en nie également l'origine héraclitique. Il n'a pas tenu compte du fait que ce passage expose la doctrine stoïcienne, ce qui constitue une présomption en faveur de la paternité d'Héraclite. Si je pouvais me rallier à la théorie de Fredrichs, je dirais que le présent passage est une interpolation héraclitique chez le *Physicien*, et non pas que l'autre était une interpolation du *Physicien* dans la section héraclitique. Quoi qu'il en soit, je n'éprouve aucune difficulté à croire que les deux passages donnent la doctrine héraclitique, quoique celle-ci soit amalgamée dans la suite avec d'autres théories Voir p. 170, n. 2.

[2] Aet. II, 32, 3 : Ἡράκλειτος ἐκ μυρίων ὀκτακισχιλίων ἐνιαυτῶν ἡλιακῶν (τὸν μέγαν ἐνιαυτὸν εἶναι). Censorinus, *de die nat.* 11, Heraclitus et Linus, XDCCC.

[3] Voir Introd. § XII, p. 25, n. 1.

grande année était la période comprise entre deux conflagrations du monde. Mais ils avaient soin de la faire beaucoup plus longue que ne la faisait Héraclite, et nous n'avons pas le droit d'attribuer à ce dernier sans autre forme de procès la théorie d'une conflagration générale[1]. Nous devons essayer d'abord, si possible, d'interpréter la grande année sur l'analogie des périodes plus brèves déjà discutées.

Nous avons vu qu'une génération est le plus court temps dans lequel un homme puisse devenir grand-père ; c'est la période du sentier en haut ou du sentier en bas de l'âme,. et l'interprétation la plus naturelle de la plus longue période serait sûrement d'y voir le temps pris par une « mesure » du feu mondial pour se transformer en terre par le sentier en bas ou pour redevenir feu une fois de plus par le sentier en haut. Platon implique à n'en pas douter qu'un parallélisme de ce genre était reconnu entre les périodes de l'homme et du monde[2], et ce fait reçoit une curieuse confirmation d'un passage d'Aristote, que l'on suppose habituellement se rapporter à la doctrine d'une conflagration périodique. Il discute la question de savoir si les « cieux » — c'est-à-dire ce qu'il appelle le « premier ciel » — sont éternels ou non, et il les identifie assez naturellement, à son propre point de vue, avec le feu d'Héraclite. Il cite ce dernier à côté d'Empédocle comme soutenant que les

[1] Sur la doctrine stoïcienne, cf. Nemesios, de nat. hom. 38 (R. P. 503; II, 625 von Arnim). M. Adam concédait qu'aucune destruction du monde, aucune conflagration ne marquait la fin de l'année de Platon, mais il refusait de tirer de là une conclusion qui me paraît naturelle: c'est que la connexion entre les deux choses appartient à une époque postérieure, et ne doit par conséquent pas être attribuée à Héraclite en l'absence de tout témoignage tendant à l'établir. Néanmoins, son étude de ces questions dans le 2ᵉ volume de son édition de la République, p. 302 sq., doit servir de base à toute discussion ultérieure sur ce sujet. Il m'a certainement aidé à exprimer l'opinion qu'il rejette sous une forme que l'on trouvera, je l'espère, plus convaincante.

[2] C'est là le sens général du parallélisme entre les période de l'ἀνθρώπειον et du θεῖον γεννητόν, de quelque manière que nous en comprenions les détails. Voir Adam, Republic, vol. II, p. 288 sq.

« cieux » sont alternativement tels qu'ils sont aujourd'hui et dans quelque autre état, état de destruction ; et il continue en faisant ressortir qu'il n'est pas exact de dire qu'ils périssent, pas plus qu'il ne le serait de dire qu'un homme cesse d'être quand il se transforme de jeune garçon en homme et de nouveau d'homme en jeune garçon[1]. Il est bien clair que le Stagirite fait ici allusion au parallèle entre la génération et la grande année, et s'il en est ainsi, l'interprétation ordinaire du passage ne saurait être la bonne. Il est vrai que cela ne s'accorde pas tout à fait avec la théorie de supposer qu'une « mesure » de feu puisse garder son identité à travers tout son voyage en haut et en bas; mais c'est exactement la même inconséquence que nous nous sommes sentis obligés de reconnaître en ce qui concerne la survivance des âmes individuelles, fait qui est réellement en faveur de notre interprétation. On pourrait ajouter que si 18 000 est la moitié de 36 000, 10 800 est égal à 360×30, ce qui ferait pour chaque génération un jour de la grande année[2].

LXXVIII. — Héraclite enseignait-il une conflagration générale ?

La plupart des écrivains modernes, cependant, attribuent à Héraclite la doctrine d'une conflagration périodique ou ἐκπύρωσις, pour employer le terme stoïcien[3]. Il est évident

---

[1] Arist. *de Cælo*, A, 10. 279 b 14: οἱ δ'ἐναλλάξ ὁτὲ μὲν οὕτως, ὁτὲ δὲ ἄλλως ἔχειν φθειρόμενον.... ὥσπερ Ἐμπεδοκλῆς ὁ Ἀκραγαντῖνος καὶ Ἡράκλειτος ὁ Ἐφέσιος. Aristote fait ressortir qu'en réalité cela revient seulement à dire qu'il est éternel et change de forme, ὥσπερ εἴ τις ἐκ παιδὸς ἄνδρα γιγνόμενον καὶ ἐξ ἀνδρὸς παῖδα ὁτὲ μὲν φθείρεσθαι, ὁτὲ δ'εἶναι οἴοιτο (280 a 14). La référence à Empédocle ressort du *de Gen. Corr.* B, 6. 334 a 1 sq. Ce qu'Aristote trouve faux dans les deux théories, c'est qu'elles ne considèrent pas la substance des cieux comme en dehors du mouvement des éléments en haut et en bas.

[2] Ceci est pratiquement l'opinion de Lassalle sur la Grande Année, si ce n'est qu'il commet l'anachronisme de parler d'« atomes » de feu, au lieu de « mesures ».

[3] Schleiermacher et Lassalle constituent de notables exceptions. Zeller, Diels et Gomperz affirment tous trois qu'Héraclite croyait à l'ἐκπύρωσις.

que cela ne s'accorde pas avec la théorie, telle que nous l'avons interprétée, et Zeller lui-même le reconnaît. A sa paraphrase de l'indication de Platon citée plus haut (p. 161), il ajoute ces mots : « Il n'était pas dans l'intention d'Héraclite de rétracter ce principe par sa doctrine d'un changement périodique de la constitution du monde; si les deux doctrines ne sont pas compatibles, c'est une contradiction qu'il n'a pas remarquée. » Or il est tout à fait probable en soi qu'il y avait des contradictions dans l'exposé d'Héraclite, mais il est tout à fait improbable qu'on y trouvât justement celle-là. En premier lieu, c'est une contradiction qui atteint l'idée centrale de son système, la pensée qui occupait tout son esprit (§ 67), et nous ne pouvons en admettre la possibilité que si les preuves à l'appui sont absolument péremptoires. En second lieu, une telle interprétation détruit toute l'opposition que Platon signale entre Héraclite et Empédocle (§ 68), et qui est justement celle-ci : tandis qu'Héraclite disait que l'Un était toujours multiple, et le Multiple toujours un, Empédocle affirmait que le Tout était alternativement multiple et un. L'interprétation de Zeller nous oblige donc à supposer qu'Héraclite contredisait positivement sa propre découverte, sans s'en rendre compte, et que Platon, en discutant cette même découverte, ne s'apercevait pas non plus de cette contradiction[1].

On ne trouve rien non plus dans Aristote qu'on puisse opposer à l'indication emphatique de Platon. Nous avons vu que le passage dans lequel il dit qu'Héraclite et Empédocle soutenaient que les cieux étaient alternativement

---

[1] Dans sa 3º édition (p. 699), Zeller semble sentir cette dernière difficulté, car il dit : «Es ist ein Widerspruch, den er *und den wahrscheinlich auch Plato* nicht bemerkt hat.» Ceci me semble encore moins propre à être utilisé comme argument. Platon peut s'être ou ne s'être pas mépris, mais il fait cette constatation parfaitement précise qu'Héraclite dit ἀεί, tandis qu'Empédocle dit ἐν μέρει. Les Muses ioniennes sont appelées συντονώτεραι et les siciliennes μαλακώτεραι justement parce que ces dernières « abaissaient la hauteur » (ἐχάλασαν) de la doctrine qu'il en est toujours ainsi (τὸ ἀεὶ ταῦτα οὕτως ἔχειν).

dans un état puis dans un autre, ne se rapporte pas au monde en général, mais au feu, qu'Aristote identifiait avec la substance de son propre « premier ciel »[1]. Il s'accorde tout à fait aussi avec notre interprétation quand il dit que toutes choses, une fois ou l'autre, deviennent feu. Cela ne signifie pas nécessairement qu'elles deviennent feu toutes en même temps ; ce n'est qu'une manière d'exprimer l'indiscutable doctrine héraclitique du sentier en haut et du sentier en bas[2].

Les seuls textes affirmant clairement qu'Héraclite enseignait la doctrine d'une conflagration générale sont postérieurs à la naissance du Stoïcisme. Il n'est pas nécessaire de les énumérer, puisqu'il n'y a aucun doute sur leur signification. Les apologètes chrétiens, eux aussi, étaient intéressés à l'idée d'une conflagration finale, et reproduisent l'opinion stoïcienne. Chose curieuse, toutefois, il y avait divergence d'idées sur ce point, même parmi les Stoïciens. Marc-Aurèle dit quelque part : « De sorte que toutes ces choses sont absorbées dans la Raison de l'Univers, soit par une conflagration périodique, soit par une rénovation effectuée par des échanges éternels[3]. » Il s'en trouvait, en vérité, quelques-uns pour affirmer qu'il n'y avait aucune conflagration générale du tout dans Héraclite. « J'entends dire

---

[1] Voir plus haut, p. 180, n. 1.

[2] *Phys.* Γ 5. 205 a 3 (*Met.* K, 10. 1067 a 4) : ὥσπερ Ἡράκλειτός φησιν ἅπαντα γίνεσθαί ποτε πῦρ. Dans sa 5ᵉ édition encore (p. 691), Zeller traduit : *es werde alles dereinst zu Feuer werden* ; mais il faudrait pour cela γενήσεσθαι. On ne peut accorder non plus aucune valeur à l'argument qu'il tire de ἅπαντα (et non simplement πάντα) pour établir que toutes choses deviennent feu à la fois. A l'époque d'Aristote, il n'y avait aucune différence de sens entre πᾶς et ἅπας. Même s'il avait dit σύμπαντα, nous n'aurions pas le droit d'en tirer la conclusion de Zeller. Ce qu'il y a vraiment à noter dans cette phrase, c'est l'infinitif présent γίνεσθαι, qui suggère indiscutablement l'idée d'un processus continu, et non celle d'une série de conflagrations.

[3] Marc-Aurèle X, 7 : ὥστε καὶ ταῦτα ἀναληφθῆναι εἰς τὸν τοῦ ὅλου λόγον, εἴτε κατὰ περίοδον ἐκπυρουμένου, εἴτε ἀιδίοις ἀμοιβαῖς ἀνανεουμένου. Les ἀμοιβαί sont spécifiquement héraclitiques, et la déclaration est d'autant plus remarquable que Marc-Aurèle suit ailleurs l'interprétation stoïcienne habituelle.

tout cela, fait dire Plutarque à un de ses personnages, à beaucoup de gens, et je vois la conflagration stoïcienne se répandre sur les poèmes d'Hésiode, exactement comme elle le fait sur les écrits d'Héraclite et les vers d'Orphée[1]. » Nous voyons par là que la question était débattue, et nous nous attendrions par conséquent à voir citer à tout propos quelque texte d'Héraclite qui la tranchât. Il est hautement significatif qu'on ne puisse produire une seule citation de cette nature.

Au contraire, l'absence de tout témoignage prouvant qu'Héraclite affirmait une conflagration générale ne devient que plus évidente si nous considérons les quelques fragments qui sont supposés l'attester. Celui auquel on s'en réfère de préférence est le frg. 24, où il est dit que le Feu est défaut et excès. Cette phrase est bien dans sa manière, et elle a un sens parfaitement intelligible dans notre interprétation, qui est de plus confirmée par le frg. 36. D'autre part, il semble nettement artificiel de comprendre l'excès comme se rapportant au fait que le feu a dévoré tout le reste, et encore plus d'interpréter le défaut comme signifiant que le feu, ou la plus grande partie du feu, s'est transformée en monde. L'autre fragment est le 26, où nous lisons que le feu, dans son avance, jugera et condamnera toutes choses. Il n'y a rien là, cependant, qui suggère que le feu jugera toutes choses à la fois plutôt que successivement, et, en vérité, l'expression nous rappelle l'avance du feu et de l'eau, que nous avons eu des raisons d'attribuer à Héraclite, mais qui est expressément limitée à un

---

[1] Plut. de def. orac. 415 f: καὶ ὁ Κλεόμβροτος· Ἀκούω ταῦτ', ἔφη, πολλῶν καὶ ὁρῶ τὴν Στωικὴν ἐκπύρωσιν ὥσπερ τὰ Ἡρακλείτου καὶ Ὀρφέως ἐπινεμομένην ἔπη οὕτω καὶ τὰ Ἡσιόδου καὶ συνεξάπτουσαν. Comme le reconnaît Zeller (p. 693 n.), cela prouve que certains adversaires de l'ἐκπύρωσις stoïcienne cherchaient à lui enlever l'appui d'Héraclite. Auraient-ils pu le faire si Héraclite avait dit quelque chose à ce sujet, et n'auraient-ils pas produit une citation décisive? Nous pouvons être certains que si quelqu'un l'avait fait, la citation eût été répétée *ad nauseam*, car l'indestructibilité du monde était l'une des grandes questions du jour.

certain maximum[1]. Voilà, semble-t-il, les seuls passages que les Stoïciens et les apologètes chrétiens purent découvrir à l'appui de leur thèse, et que notre interprétation en soit juste ou fausse, il est parfaitement évident qu'ils n'autorisent pas la conclusion qu'on en tire, mais qu'on n'en pouvait trouver aucun qui se prêtât mieux à la démonstration.

Il est beaucoup plus facile de trouver des fragments inconciliables avec l'idée d'une conflagration générale. Les « mesures » des frg. 20 et 29 doivent être la même chose, et elles doivent sûrement être interprétées à la lumière du frg. 23. S'il en est ainsi, le frg. 20, et plus encore le frg. 29, contredisent directement l'hypothèse d'une conflagration générale. « Le soleil ne franchira pas ses mesures[2]. » Secondement, la métaphore de l' « échange », qui est appliquée aux transformations du feu dans le frg. 22, parle dans le même sens. Quand de l'or est donné en échange de marchandises et des marchandises en échange d'or, la somme ou « mesure » de chacun reste constante, quoiqu'ils changent de propriétaires. Et les marchandises et l'or ne tombent pas dans les mêmes mains. Pareillement, si quelque chose devient feu, une chose d'égal montant doit cesser d'être feu, si l'on veut que l'échange soit juste ; et qu'il doive être juste, nous en sommes assurés par la vigilance des Erinyes (frg. 29), qui veillent à ce que le soleil ne prenne pas plus qu'il ne donne. Il y a naturellement, nous l'avons vu, une certaine variation, mais elle est confinée entre des limites strictes, et elle est compensée à la longue par une variation en sens contraire. Troisièmement, le frg. 43, dans lequel Héraclite blâme Homère de désirer la cessation de la lutte est tout à fait concluant. La cessation

---

[1] Περὶ διαίτης, I, 3: ἐν μέρει δὲ ἑκάτερον κρατεῖ καὶ κρατεῖται ἐς τὸ μήχιστον καὶ ἐλάχιστον ὡς δυνατόν.

[2] S'il se trouve quelqu'un pour douter que ce soit là réellement le sens des « mesures », qu'il compare l'emploi du mot dans Diogène d'Apollonie, frg. 3.

de la lutte signifierait que toutes choses prennent en même temps le sentier en haut ou le sentier en bas, et cessent de « courir dans des directions opposées ». Si elles prenaient toutes le sentier en haut, nous aurions une conflagration générale. Or, si Héraclite avait lui-même soutenu que tel était l'ordre du destin, est-il probable qu'il eût reproché à Homère de désirer un anéantissement aussi nécessaire[1]? Quatrièmement, nous remarquons qu'au frg. 20 c'est *ce monde*[2], et non pas seulement le « feu toujours vivant », qui est dit éternel, et il paraît aussi que cette éternité dépend du fait qu'il s'allume toujours et s'éteint toujours dans les mêmes « mesures », ou qu'un empiétement dans une direction est compensé par un empiétement subséquent dans l'autre. Enfin, l'argument tiré par Lassalle de la dernière phrase du passage cité plus haut du περὶ διαίτης n'est, en réalité, pas touché par l'objection de Zeller, consistant à dire qu'il ne peut être héraclitique parce qu'il implique que toutes choses sont feu et eau. Il n'implique pas cela, mais seulement que l'*homme*, comme les corps célestes, oscille entre le feu et l'eau; et c'est précisément ce qu'enseignait Héraclite. Il ne semble pas non plus que les mesures de terre variassent le moins du monde. Or, dans ce passage, nous lisons que ni le feu ni l'eau ne peuvent prévaloir complètement, et une très bonne raison en est donnée, raison qui est, elle aussi, en accord frappant avec les autres opinions d'Héraclite[3]. Et, en vérité, il n'est pas

---

[1] C'est là justement l'argument que Platon emploie dans le *Phédon* (72.c) pour prouver la nécessité de l'ἀνταπόδοσις, et la série entière d'arguments qui se trouve dans ce passage porte nettement le cachet héraclitique.

[2] Comment que nous comprenions ici le terme κόσμος, le sens est le même. En vérité, si nous supposons avec Bernays qu'il signifie « ordre », l'argument développé dans notre texte n'en devient que plus fort. Dans aucun sens du mot, un κόσμος ne pourrait survivre à l'ἐκπύρωσις, et c'est pourquoi les Stoïciens disaient que le κόσμος était φθαρτός.

[3] Περὶ διαίτης, I, 3 (voir plus haut, p. 170, n. 2); οὐδέτερον γὰρ κρατῆσαι παντελῶς δύναται διὰ τάδε τό· <τε> πῦρ ἐπεξιὸν ἐπὶ τὸ ἔσχατον τοῦ ὕδατος ἐπιλείπει ἡ τροφή· ἀποτρέπεται οὖν ὅθεν μέλλει τρέφεσθαι· τὸ ὕδωρ τε ἐπεξιὸν τοῦ

facile de voir comment, suivant ces opinions, le monde pourrait jamais renaître d'une conflagration générale, si elle devait se produire. Tout le processus dépend, autant que nous pouvons nous en rendre compte, du fait qu'excès est aussi défaut, ou, en d'autres termes, qu'une avance du feu augmente l'exhalaison humide, tandis qu'une avance de l'eau prive le feu de sa puissance d'évaporation. La conflagration, ne durât-elle qu'un moment[1], détruirait la tension des contraires, dont dépend la naissance d'un nouveau monde, et alors le mouvement deviendrait impossible.

LXXIX. — Lutte et « harmonie ».

Nous sommes maintenant à même de comprendre plus clairement la loi de lutte ou d'opposition qui se manifeste dans le « sentier en haut et le sentier en bas ». A n'importe quel moment donné, chacune des trois formes de la matière, Feu, Eau et Terre, est formée de deux portions égales, — sujettes, naturellement, à l'oscillation décrite plus haut, — dont l'une prend le sentier en haut et l'autre le sentier en bas. Et c'est justement le fait que les deux moitiés de chaque chose sont « tirées dans des directions opposées », c'est cette « tension opposée » qui « garde les choses ensemble », et les maintient dans un équilibre qui ne peut être troublé que temporairement et au dedans de

πυρὸς ἐπὶ τὸ ἔσχατον, ἐπιλείπει ἡ κίνησις· ἴσταται οὖν ἐν τούτῳ, ὅταν δὲ στῇ, οὐκέτι ἐγκρατές ἐστιν, ἀλλ᾽ ἤδη τῷ ἐμπίπτοντι πυρὶ ἐς τὴν τροφὴν καταναλίσκεται· οὐδέτερον δὲ διὰ ταῦτα δύναται κρατῆσαι παντελῶς, εἰ δέ ποτε κρατηθείη καὶ ὁπότερον, οὐδὲν ἂν εἴη τῶν νῦν ἐόντων ὥσπερ ἔχει νῦν· οὕτω δὲ ἐχόντων ἀεὶ ἔσται τὰ αὐτὰ καὶ οὐδέτερον οὐδαμὰ ἐπιλείψει.

[1] Dans sa note au frg. 66 (= 26 Byw.), Diels cherche à réduire au minimum la difficulté de l'ἐκπύρωσις en disant que ce n'est qu'une petite conflagration, et qu'elle ne peut durer qu'un moment; mais la contradiction notée plus haut n'en subsiste pas moins. Diels est d'avis qu'Héraclite n'était « obscur que dans la forme » et qu'il « se rendait parfaitement compte à lui-même du sens et de la portée de ses idées » (*Herakleitos*, p. 1). A quoi j'ajouterais qu'il était probablement surnommé l' « obscur » justement parce que les Stoïciens avaient parfois de la peine à trouver leurs propres idées dans son langage.

certaines limites. Cette tension constitue ainsi l'« harmonie cachée » de l'Univers (frg. 47), quoique, à un autre point de vue, elle soit lutte. Bernays a fait observer que le mot ἁρμονία signifie à l'origine « structure », et l'exemple de l'arc et de la lyre montre que cette idée en faisait le fond. D'autre part, celui qu'on tire de l'accord de notes hautes et de notes basses montre que le sens musical du mot, à savoir une octave, n'était pas entièrement absent non plus. En ce qui concerne l'« arc » et la « lyre » (frg. 45), je pense que c'est le professeur Campbell qui a le mieux mis en évidence le sens de la comparaison. « Quand, dit-il, le trait quitte la corde, les mains tirent en sens opposés, soit par rapport à elles, soit par rapport aux différentes parties de l'arc (Cf. Platon, *Rep.*, 4, 439); et le beau son de la lyre est dû à une tension et à une détension analogues. Le secret de l'univers est le même [1]. » La guerre, donc, est le père et le roi de toutes choses, dans le monde comme dans la société humaine (frg. 44), et quand Homère souhaitait de voir cesser la lutte, il souhaitait en réalité la destruction du monde (frg. 43).

Nous savons par Philon qu'Héraclite alléguait une foule d'exemples pour prouver que l'harmonie résulte de la lutte ; et, par un heureux hasard, quelques-uns de ces exemples peuvent être retrouvés. Il y a une remarquable concordance entre un passage y relatif du traité pseudo-aristotélicien intitulé *Le Kosmos*, et le traité hippocratique auquel nous avons déjà renvoyé. Que les auteurs des deux ouvrages aient puisé à la même source, à savoir dans Héraclite, cela est probable en soi, et cela est pratiquement rendu certain par le fait que cette concordance s'étend à

---

[1] Campbell, *Theætetus* (2ᵉ éd.), p. 244. Voir plus haut, p. 152, n. 4. Bernays expliquait l'expression comme se rapportant à la *forme* de l'arc et de la lyre, mais cela est bien moins probable. L'interprétation de Wilamowitz est la même, en substance, que celle de Campbell. « Es ist mit der Welt wie mit dem Bogen, den man auseinanderzieht, damit er zusammenschnellt, wie mit der Saite, die man ihrer Spannung entgegen ziehen muss, damit sie klingt. » (*Lesebuch*, II, p. 129.)

une partie des *Lettres d'Héraclite*, qui, bien qu'apocryphes, furent certainement composées par un homme qui eut entre les mains l'œuvre originale. Le thème en était que les hommes eux-mêmes agissent exactement de la même manière que la Nature, et qu'il est par conséquent surprenant qu'ils ne reconnaissent pas les lois suivant lesquelles elle opère. Le peintre produit ses harmonieux effets par le contraste des couleurs, le musicien par celui des notes hautes et basses. « Si l'on faisait toutes choses pareilles, il n'y aurait aucune jouissance en elles. » Il y a beaucoup d'exemples analogues dans le traité hippocratique, et quelques-uns d'entre eux remontent certainement à Héraclite, mais il n'est pas facile de les séparer des additions postérieures[1].

LXXX. — Corrélation des contraires.

Dans la collection des fragments d'Héraclite, il y en a un certain nombre qui forment une classe par eux-mêmes, et qui comptent parmi les déclarations les plus extraordinaires qui nous aient été conservées. Leur caractéristique commune est d'affirmer de la manière la plus nette l'identité de choses variées, habituellement tenues pour opposées. La clef de ces fragments doit être cherchée, dans l'explication que nous avons déjà donnée de celui qui affirme que jour et nuit sont tout un. Nous avons vu qu'Héraclite veut dire non pas que le jour soit nuit, ou que

[1] Sur tout ceci, voir Patin, *Quellenstudien zu Heraklit* (1881). La phrase (Περὶ διαίτης, I, 5) : καὶ τὰ μὲν πρήσσουσιν οὐκ οἴδασιν, ἃ δὲ οὐ πρήσσουσι δοκέουσιν εἰδέναι· καὶ τὰ μὲν ὁρέουσιν οὐ γινώσκουσιν, ἀλλ' ὅμως αὐτοῖσι πάντα γίνεται.... καὶ ἃ βούλονται καὶ ἃ μὴ βούλονται, porte le vrai cachet héraclitique. Et celle-ci ne peut guère non plus avoir été écrite par un autre auteur : « Ils se fient plutôt à leurs yeux qu'à leur entendement, quoique leurs yeux ne soient pas même capables de juger des choses que l'on voit. Mais je dis ces choses d'après l'entendement. » Ces mots sont positivement grotesques dans la bouche du compilateur médical ; mais nous sommes habitués à entendre de telles choses de la part de l'Éphésien. D'autres exemples qui peuvent être héraclitiques sont l'image des deux hommes qui scient du bois — « l'un pousse, l'autre tire » — et l'exemple de l'art d'écrire.

la nuit soit jour, mais qu'il y a deux faces du même processus, à savoir l'oscillation des « mesures » de feu et d'eau, et qu'aucun des deux ne serait possible sans l'autre. Toute explication que l'on peut donner de la nuit sera donc aussi une explication du jour, et vice versa, car ce sera une explication de ce qui est commun aux deux, et qui se manifeste tantôt sous forme de l'un, tantôt sous forme de l'autre. De plus, c'est justement parce qu'il s'est manifesté sous une forme qu'il doit ensuite apparaître sous l'autre, car ainsi l'exige la loi de compensation ou Justice.

Ceci n'est qu'une application particulière de ce principe universel que le feu primordial est un, même dans sa division. Lui-même, il est, même dans son unité, à la fois excès et défaut, guerre et paix (frg. 36). En d'autres termes, la « satiété » qui fait que le feu passe en d'autres formes, qui le fait chercher « le repos dans le changement » (frg. 82 et 83) et « se cacher » (frg. 10) dans l' « harmonie cachée » de l'opposition, n'est qu'une des faces du processus. L'autre face est le « défaut » qui l'amène à consumer la vapeur claire qui lui sert de combustible. Le sentier en haut n'est rien sans le sentier en bas (frg. 69). Si l'un des deux devait cesser d'être, l'autre cesserait aussi, et le monde disparaîtrait, car il a besoin de tous deux pour conserver une réalité en apparence stable.

Toutes les autres affirmations de ce genre doivent être expliquées de la même manière. S'il n'y avait pas le froid, il n'y aurait pas de chaleur, car une chose ne peut devenir chaude que si, et dans la mesure où elle est déjà froide. Et l'on en peut dire autant de l'opposition de l'humide et du sec (frg. 39). Ce sont là, précisément, on le remarquera, les deux oppositions primordiales d'Anaximandre, et Héraclite montre que la guerre entre elles est réellement paix, car elle est l'élément commun en elles (frg. 62), qui se manifeste comme lutte, et cette lutte précisément est justice, et non, comme Anaximandre l'avait enseigné, une injustice qu'elles commettent l'une à l'égard de l'autre, et qui doit être expiée par une réabsorption de toutes deux dans leur fonds commun[1]. C'est la lutte elle-même qui est le fonds commun (frg. 62), et elle est éternelle.

La plus déconcertante de ces déclarations est celle qui nous dit que le bien et le mal se confondent (frg. 57). Cela ne signifie pas le moins du monde, toutefois, que le bien soit mal ou que le mal soit bien, mais simplement qu'ils sont les deux inséparables moitiés d'une seule et même chose. Une chose ne peut devenir bonne qu'autant qu'elle est déjà mauvaise, et mauvaise qu'autant qu'elle est déjà bonne, et tout dépend du contraste. L'exemple donné au frg. 58 le montre clairement. La douleur, pourrait-on dire, est un mal, et cependant elle est tournée en bien par la présence d'un autre mal, à savoir la maladie, comme l'atteste le fait que les chirurgiens exigent un salaire pour infliger des souffrances à leurs patients. D'autre part, la justice, qui est un bien, serait totalement inconnue sans l'existence de l'injustice, qui est un mal (frg. 60). Et c'est pourquoi il n'est pas bon pour les hommes d'obtenir tout ce qu'ils désirent (frg. 104). De même que la cessation de la lutte dans le monde signifierait sa destruction, la disparition de la faim, de la maladie et de la lassitude signifierait la disparition du rassasiement, de la santé et du repos.

Ceci conduit à une théorie de la relativité qui prépare la voie à la doctrine de Protagoras, selon laquelle « l'homme est la mesure de toutes choses[2] ». L'eau de la mer est bonne pour les poissons et mauvaise pour les hommes (frg. 52), et il en est de même de beaucoup d'autres choses.

---

[1] Chap. I, § 16.

[2] L'exposition que fait Platon dans le *Théétète* (152 d sq.) de la relativité de la connaissance ne peut guère remonter à Héraclite lui-même, mais est destinée à montrer comment l'Héraclitisme pouvait naturellement donner naissance à une telle doctrine. Si l'âme est un fleuve, et si les choses sont un fleuve, alors évidemment la connaissance est relative. Il est très possible que les représentants postérieurs de l'Héraclitisme aient développé la théorie dans cette direction, mais à l'époque d'Héraclite lui-même le problème de la connaissance n'avait pas encore été soulevé.

Et cependant Héraclite n'est pas un adepte de l'absolue relativité. Le processus du monde n'est pas simplement un cercle, mais un « sentier en haut et en bas ». A l'extrémité supérieure, où les deux sentiers se rencontrent, nous avons le feu pur, dans lequel il n'y a pas de relativité parce qu'il n'y a pas de séparation. L'Éphésien nous dit expressément que, tandis que pour l'homme certaines choses sont mauvaises et certaines bonnes, toutes sont bonnes pour Dieu (frg. 61). Par Dieu, d'ailleurs, il n'y a pas de doute qu'Héraclite n'entende le Feu. Il l'appelle aussi le « seul Sage » et peut-être disait-il que le Feu « sait toutes choses ». Ce qu'il voulait dire par là, — la chose paraît hors de toute contestation, — c'est qu'en lui s'évanouissent l'opposition et la relativité, qui sont universelles dans le monde. Et c'est assurément à ce sujet que se rapportent les fragments 96, 97 et 98.

LXXXI. — Le Sage.

Héraclite parle de « sagesse » et de « Sage » en deux sens. Il disait, nous l'avons vu déjà, que la sagesse était « une chose à part de toute autre chose » (frg. 18), entendant par là la perception de l'unité du multiple ; et il applique aussi le terme à cette unité elle-même regardée comme la « pensée qui dirige le cours de toutes choses ». En ce sens, elle est synonyme du feu pur, non différencié en deux parties, dont l'une prend le sentier en haut et l'autre le sentier en bas. Cela seul possède la sagesse ; les choses particulières que nous voyons ne la possèdent point. Nous-mêmes, nous ne sommes sages que dans la mesure où nous renfermons du feu (frg. 74).

LXXXII. — Théologie.

Avec certaines réserves, Héraclite était disposé à appeler l'unique Sagesse du nom de Zeus. Tel, du moins, paraît être le sens du fragment 65. Ce qu'étaient ces réserves, il est facile de le deviner. L'unique Sagesse ne doit naturellement pas être représentée sous forme humaine. Si Héraclite ne l'a pas expressément dit, c'est qu'il n'aurait fait que répéter ce qu'avaient déjà dit Anaximandre et Xénophane. Il s'accorde, en outre, à soutenir avec Xénophane que ce « dieu » — s'il faut l'appeler ainsi — est un, mais sa polémique contre la religion populaire était dirigée plutôt contre les rites et les cérémonies que contre ses excroissances purement mythologiques. Il donne (frg. 124) la liste de quelques-unes des figures religieuses les plus caractéristiques de son temps, et le contexte dans lequel le fragment est cité montre qu'il les menaçait en quelque sorte de la colère à venir. Il glose sur l'absurdité de la prière adressée à des images (frg. 126), et sur cette étrange idée que le meurtre puisse être lavé par l'effusion du sang (frg. 130). Il semble avoir dit aussi qu'il était absurde de célébrer le culte de Dionysos par des cérémonies gaies et licencieuses, tandis que l'on cherchait à se rendre l'Hadès propice par des rites lugubres (frg. 127). Suivant la doctrine mystique elle-même, les deux dieux n'en formaient en réalité qu'un, et seule la Sagesse devait être adorée comme un Tout.

Les quelques fragments qui traitent de théologie et de religion ne nous portent guère à croire qu'Héraclite eût de la sympathie pour la renaissance religieuse de l'époque, et cependant on nous a invités à considérer son système « à la lumière de l'idée des mystères[1] ». On appelle notre attention sur le fait qu'il était « roi » d'Ephèse, c'est-à-dire prêtre de la branche des mystères éleusiniens établie dans cette cité, laquelle était aussi en relations avec le culte d'Artémis ou de la Grande Mère[2]. Ces indications peuvent être exactes, mais, même si elles le sont, qu'en résulte-t-il ? Nous devrions sûrement, à l'heure qu'il est, avoir appris de Lobeck qu'il n'y avait aucune « idée » du tout dans les

---

[1] E. Pfleiderer, *Die Philosophie des Heraklit von Ephesus im Lichte der Mysterienidee* (1886).

[2] Antisthène (l'auteur des *Successions*) dans Diog. IX, 6 (R. P. 31). Cf. Strabon, XIV, p. 633 (R. P. 31 b; DV 12 A 2).

mystères ; et sur ce point, les résultats des recherches anthropologiques récentes ont amplement confirmé ceux des études philologiques et historiques.

LXXXIII. — Morale d'Héraclite.

L'enseignement moral d'Héraclite a parfois été regardé comme une anticipation de la théorie morale du « sens commun[1] ». Le « commun » sur lequel Héraclite insiste est cependant quelque chose de très différent du sens commun, pour lequel, en vérité, l'Ephésien avait le plus grand mépris possible (frg. 111). En fait, la plus grave objection qu'il fasse à « la foule », c'est que ses membres vivent chacun dans son monde à lui (frg. 95), comme s'ils avaient une sagesse à eux (frg. 92); et l'opinion publique est par conséquent exactement l'opposé du « commun ».

L'éthique d'Héraclite doit être regardée comme un corollaire de ses vues anthropologiques et cosmologiques. Ce qu'elle requiert de nous avant tout, c'est que nous gardions nos âmes sèches, et qu'ainsi nous les rendions semblables à l'unique Sagesse, qui est feu. Voilà ce qui est en réalité « commun », et la plus grande faute est d'agir comme des hommes endormis (frg. 94), c'est-à-dire de nous couper nous-mêmes du feu du monde en laissant nos âmes devenir humides. Nous ne savons pas quelles conséquences Héraclite déduisait de la règle en vertu de laquelle nous devons tenir ferme à ce qui est commun, mais il est facile de voir de quelle nature elles devaient être. Le Sage n'essaiera pas de s'assurer le bien sans son corrélatif, le mal. Il ne cherchera pas le repos sans la fatigue, et ne s'attendra pas à jouir du contentement sans souffrir d'abord du mécontentement. Il ne se plaindra pas d'avoir à prendre le mauvais avec le bon, mais il sera conséquent et envisagera les choses comme un tout.

Héraclite prépara la voie au cosmopolisme stoïcien en

---

[1] Köstlin, *Gesch. der Ethik*, I, p. 160 sq.

comparant le « commun » aux lois d'une cité. Et ces lois sont même plus qu'une simple copie de la loi divine : elles en sont des incarnations imparfaites. Elles ne peuvent, cependant, l'épuiser complètement ; car, dans toutes les affaires humaines, il y a un élément de relativité (frg. 91). « L'homme est un petit garçon, comparé à Dieu » (frg. 97). Telles qu'elles sont, cependant, la cité doit combattre pour elles comme pour des murailles ; et si elle a la bonne fortune de posséder un citoyen à l'âme sèche, il en vaut dix mille (frg. 113) ; car en lui seul est incarné le « commun ».

CHAPITRE IV

PARMÉNIDE D'ÉLÉE

LXXXIV. — SA VIE.

Parménide, fils de Pyrès, était citoyen d'Hyele, Elia, ou Velia, colonie fondée en Oenotrie par des réfugiés de Phocée en 540-39 avant J.-C.[1]. Diogène nous dit qu'il « florissait » dans la LXIXᵉ Olympiade (504-500), et c'était là, sans aucun doute, la date donnée par Apollodore[2]. D'un autre côté, Platon affirme que Parménide vint à Athènes dans sa soixante-cinquième année, accompagné de Zénon, et qu'il conversa avec Socrate, alors tout à fait jeune. Or Socrate venait de dépasser les soixante-dix ans quand il fut mis à mort, en 399 ; et par conséquent, si nous supposons qu'il était *éphèbe*, c'est-à-dire qu'il avait de dix-huit à vingt ans au moment de son entrevue avec Parménide, nous obtenons comme date de cet événement les années 451 à 449, c'est-à-dire qu'en acceptant la date d'Apollodore, Parménide aurait eu plus de quatre-vingts ans. Je n'hésite pas à accepter l'indication de Platon[3], étant donné que nous avons une

---

[1] Diog. IX, 21 (R. P. 111). Sur la fondation d'Elée, voir Hérod. I, 165 sq. Cette localité était située sur la côte de Lucanie, au sud de Poseidonia (Pæstum).

[2] Diog. IX, 23 (R. P. 111). Cf. Diels, *Rhein. Mus.* XXXI, p. 34, et Jacoby, p. 231 sq.

[3] Platon, *Parm.* 127 *b* (R. P. 111 *d* ; DV 19 A 5). Il y a, comme Zeller l'a montré, un certain nombre d'anachronismes dans Platon, mais il n'y en a pas un seul du calibre qu'aurait celui-ci, si Apollodore avait raison. Tout d'abord, nous avons des indications exactes relativement aux âges de Parménide et de Zénon, indications d'où il ressort que le

autre preuve indépendante de la visite de Zénon à Athènes, où l'on dit que Périclès l'« entendit »[1]. D'autre part, la date donnée par Apollodore dépend seulement de celle de la fondation d'Elée, qu'il avait adoptée comme étant celle de l'*akmé* de Xénophane. Parménide est né cette année-là, tout comme Zénon est né l'année où Parménide « florissait ». Pourquoi l'on pourrait préférer ces transparentes combinaisons au témoignage de Platon, il m'est bien difficile de le comprendre, quoique l'on puisse également se demander pourquoi Apollodore lui-même a négligé des dates aussi précises.

Nous avons déjà vu (§ 55) qu'Aristote mentionne une indication suivant laquelle Parménide aurait été l'élève de Xénophane; mais la valeur de son témoignage est diminuée par le ton douteux dans lequel il s'exprime, et il est plus que probable qu'il s'en réfère simplement à ce que dit Platon dans le *Sophiste*[2]. Il est, nous l'avons vu aussi, très improbable que Xénophane ait fondé l'école d'Elée, quoiqu'il soit bien possible qu'il ait visité cette ville. Il nous raconte lui-même qu'il voyageait encore de ci de là, dans sa quatre-vingt-douzième année (fragm. 8). A cette époque, Parménide devait être déjà très avancé en âge. Et nous ne devons pas perdre de vue l'indication de Sotion, que nous a conservée Diogène, et suivant laquelle, si Parménide a « entendu » Xénophane, il ne l'a pas « suivi ». Si l'on en croit ce renseignement, notre philosophe fut l'« associé » d'un Pythagoricien, Ameinias, fils de Diochaitas, « pauvre mais noble homme, auquel il éleva plus tard

---

dernier était de vingt-cinq ans plus jeune que le premier, et non de quarante, comme l'a dit Apollodore. En second lieu, Platon mentionne cette rencontre en deux autres passages (*Tht.* 183 e 7 et *Soph.* 217 c 5), qui ne semblent pas être de simples allusions au dialogue intitulé *Parménide*. On ne peut citer aucun parallèle d'un anachronisme aussi évident et délibéré que le serait celui-ci. E. Meyer (*Gesch. des Alterth.* IV, § 509 note) regarde aussi comme historique la rencontre de Socrate et de Parménide.

[1] Plut. *Per.* 4, 3. Voir plus loin, chap. VIII, § 155, note.
[2] Voir plus haut, chap. II, p. 141, n. 3.

un *heroôn* ». Ce fut Ameinias, et non Xénophane, qui « convertit » Parménide à la vie philosophique [1]. Ceci ne paraît pas être une invention, et nous devons nous souvenir que les Alexandrins avaient sur l'histoire de l'Italie méridionale des informations que nous n'avons pas. Le monument élévé par Parménide existait encore, semble-t-il, à une date bien postérieure, comme le tombeau de Pythagore à Métaponte. Il convient de mentionner encore le fait que Strabon range Parménide et Zénon parmi les Pythagoriciens, et que Cébès parle d'une « conduite de vie parménidienne et pythagoricienne [2] ». Zeller explique tout cela en supposant que, comme Empédocle, Parménide approuvait et pratiquait le genre de vie des Pythagoriciens sans adopter leur système. Il peut être vrai que Parménide crût à une « vie philosophique » (§ 35), et qu'il en ait pris l'idée chez les Pythagoriciens, mais il n'y a, soit dans ses écrits, soit dans ce que l'on nous raconte à son sujet, que de bien faibles indices qu'il ait été affecté d'une manière quelconque par le côté religieux du Pythagorisme. L'ouvrage d'Empédocle a évidemment été modelé sur celui de Parménide, et cependant il y a entre les deux un abîme infranchissable. L'élément de charlatanisme qui constitue un si étrange trait de la copie, est absolument absent du modèle. Il est vrai, sans doute, qu'il y a des traces d'idées orphiques dans le poème de Parménide [3], mais on les trouve toutes soit dans l'introduction allégorique, soit dans la

---

[1] Diog. IX, 21 (R. P. 111), où je lis Ἀμεινίᾳ Διοχαίτα avec Diels (*Hermes* XXXV, p. 197). Sotion, dans ses *Successions*, séparait Parménide de Xénophane et l'associait aux Pythagoriciens (*Dox.* p. 146, 148, 166).

[2] Strabon, VI, 1, p. 252 (p. 198, note, DV 18 A 12); *Ceb. Tab.* 2 (R. P. 111 c). Ce Cébès n'est pas celui du *Phédon*; mais il vécut certainement quelque temps avant Lucien, qui parle de lui comme d'un écrivain bien connu. Un Cynique de ce nom est mentionné par Athénée (156 d). Les indications de Strabon sont de la plus grande valeur, car elles sont basées sur des historiens actuellement perdus.

[3] O. Kern, dans l'*Archiv*, III, p. 173 sq. Nous en savons trop peu, toutefois, sur les poèmes apocalyptiques du VI⁰ siècle avant J.-C. pour être sûrs des détails. Tout ce que nous pouvons dire, c'est que Parménide a tiré de quelque source de ce genre la forme de son poème. Voir Diels,

seconde partie de cette œuvre, et il n'y a par conséquent pas lieu de les prendre trop au sérieux. Or Parménide était un Hellène d'occident ; il avait probablement été Pythagoricien, et il n'est par conséquent pas peu remarquable qu'il soit resté si exempt de la tendance commune de son siècle et de son pays. Si l'on peut trouver quelque part une trace de l'influence de Xénophane, c'est sur ce point. En ce qui concerne ses relations avec le système pythagoricien, nous aurons quelque chose à en dire plus tard. Pour le moment, il nous suffira de noter que, comme la plupart des anciens philosophes, il prit part à la politique, et Speusippe rapportait qu'il fut le législateur de sa cité natale. D'autres ajoutent que les magistrats d'Elée faisaient jurer chaque année aux citoyens de garder les lois que Parménide leur avait données[1].

LXXXV. — LE POÈME.

Parménide fut en fait le premier philosophe qui exposa son système en langage métrique. Comme il existe quelque confusion sur ce sujet, quelques mots d'explication ne seront pas de trop. A propos d'Empédocle, M. J.-A. Symonds écrit : « L'âge dans lequel il vivait n'avait pas encore jeté par-dessus bord la forme poétique dans l'exposé de la philosophie. Même Parménide avait confié au vers hexamètre ses austères théories. » Il y a là une inexactitude. Les premiers philosophes, Anaximandre, Anaximène et Héraclite, écrivirent tous en prose, et les seuls Grecs qui écrivirent des ouvrages philosophiques en vers furent justement ces deux : Parménide et Empédocle ; car Xénophane n'était pas plus qu'Epicharme un philosophe de carrière.

Ueber die poetischen Vorbilder des Parmenides (Berl. Sitzb. 1896) et l'introduction à son *Parmenides Lehrgedicht*, p. 9 sq.

[1] Diog. IX, 23 (R. P. 111); Plut. *adv. Col.* 1226 *a* (DV 18 A 12): Παρμενίδης δὲ τὴν ἑαυτοῦ πατρίδα διεκόσμησε νόμοις ἀρίστοις, ὥστε τὰς ἀρχὰς καθ' ἕκαστον ἐνιαυτὸν ἐξορκοῦν τοὺς πολίτας ἐμμενεῖν τοῖς Παρμενίδου νόμοις. Strabon VI, 1, p. 252: (Ἐλέαν) ἐξ ἧς Παρμενίδης καὶ Ζήνων ἐγένοντο ἄνδρες Πυθαγόρειοι. δοκεῖ δέ μοι καὶ δι' ἐκείνους καὶ ἔτι πρότερον εὐνομηθῆναι.

Empédocle imita Parménide, et celui-ci fut sans aucun doute influencé par Xénophane et les Orphiques. Mais la chose était une innovation, et cette innovation ne se maintint pas.

Les fragments de Parménide nous ont été conservés pour la plus grande partie par Simplicius, qui les a heureusement insérés dans son commentaire, parce qu'à son époque l'œuvre originale était déjà rare[1]. Je suis l'arrangement de Diels.

1. Les cavales qui m'emportent m'ont conduit aussi loin que mon cœur pouvait le désirer, puisqu'elles m'ont amené et déposé sur la voie fameuse de la déesse qui seule dirige l'homme qui sait à travers toutes choses. C'est là que j'ai été conduit ; car les très habiles coursiers m'y ont transporté, traînant mon char, et des jeunes filles montraient la voie. Et l'axe, brûlant dans le moyeu, — car il était pressé de chaque côté par les roues tourbillonnantes, — faisait entendre un son strident, quand les filles du Soleil, pressées de me conduire à la lumière, écartèrent leurs voiles de leurs faces et quittèrent la demeure de la Nuit.

Là se trouvent les portes [où se séparent les] chemins de la Nuit et du Jour[2], pourvues en haut d'un linteau et en bas d'un seuil de pierre. Elle-même, élevée dans l'air, est formée par de puissants battants, et la Justice vengeresse garde les clefs qui les ouvrent et les ferment. Les jeunes filles lui parlèrent avec de douces paroles et la persuadèrent habilement d'ôter des portes sans hésiter les barres verrouillées. Quand les portes furent ouvertes, elles laissèrent voir une ouverture béante, car leurs battants d'airain, garnis de clous et d'agrafes, tournèrent l'un après l'autre dans leurs écrous. Droit à travers elles, sur la large route, les jeunes filles guidèrent les chevaux et le char ; la déesse me salua amicalement, prit ma main droite dans les siennes et me dit ces paroles :

Sois le bienvenu, ô jeune homme, qui viens à ma demeure sur le char qui te porte, conduit par d'immortels cochers ! Ce n'est pas un mauvais destin, c'est le droit et la justice qui t'ont engagé sur cette voie éloignée du sentier battu des hommes ! Mais il faut que tu apprennes toutes choses, aussi bien le cœur

---

[1] Simpl. *Phys.* 144, 25 (R. P. 117 ; DV 18 A 21). Simplicius avait naturellement à sa disposition la bibliothèque de l'Académie. Diels remarque cependant que Proclus semble avoir utilisé un ms. différent.

[2] Voir à ce sujet Hésiode, *Theog.* 748.

inébranlable de la vérité bien arrondie, que les opinions illusoires des mortels, dans lesquelles n'habite pas la vraie certitude. Néanmoins, tu dois apprendre aussi ces choses — comment [les mortels] auraient dû juger que sont les choses qui leur apparaissent — tandis que toi, tu vas à travers toutes choses dans ton voyage[1].

. . . .

Mais éloigne ta pensée de cette voie de recherche, et ne laisse pas l'habitude te forcer, par sa grande expérience, à jeter sur cette voie un œil sans but, ou une oreille sonore, ou une langue, mais juge par le raisonnement la preuve très discutée que j'ai prononcée. Il ne reste plus qu'une voie dont il puisse être parlé...[2] — R. P. 113.

La voie de la vérité.

2. Considère fermement les choses avec ton esprit, bien qu'elles soient éloignées, comme si elles étaient à portée de ta main. Tu ne peux pas couper ce qui est de ses relations avec ce qui est, de sorte que ni il ne se dissipe au dehors, ni ne se rassemble. — R. P. 118 a.

3. Ce m'est tout un par où je commence, car je reviendrai ici.

4, 5. Viens maintenant, je vais te dire — et toi, prête l'oreille à mes paroles et garde-les en toi-même — les deux seules voies de recherche que l'on puisse concevoir. La première, à savoir qu'*il est*, et qu'il est impossible pour lui de ne pas être, est la voie de la Persuasion, car elle est accompagnée de la Vérité. La seconde, à savoir qu'*il n'est pas*, et qu'il n'est pas nécessaire qu'il soit — celle-là, je te le dis, est un sentier dans lequel personne ne peut rien apprendre. Car tu ne peux pas connaître ce qui n'est pas — cela est impossible — ni l'exprimer; car une seule et même chose peut être conçue et peut être[3]. — R. P. 114.

---

[1] Voir plus loin, p. 213, n. 2.

[2] Je lis μῦθος, comme dans le passage parallèle frg. 8, au commencement. L'interprétation que donne Diels de θυμὸς ὁδοῖο (leçon du ms. ici): *ein lebendiger Weg*, ne me convainc pas, et la confusion des deux mots est très commune.

[3] Je lis avec Zeller (p. 558, n. 1): τὸ γὰρ αὐτὸ νοεῖν ἐστιν τε καὶ εἶναι. Outre l'anachronisme philosophique que l'on commet en faisant dire à Parménide que « la pensée et l'être sont la même chose », on le rend coupable d'un anachronisme grammatical en lui faisant employer un infinitif (avec ou sans article) comme sujet d'une phrase. D'autre part, il emploie l'infinitif actif après εἶναι dans la construction où nous employons habituellement un infinitif passif (Monro, *Hom. Gramm.* § 231 vers la fin). Cf. frg. 4 : εἰσὶ νοῆσαι, sont à penser, c'est-à-dire peuvent être pensés.

6. De toute nécessité, cela doit être, qui peut être pensé et dont on peut parler, car il est possible pour lui d'être, mais il n'est pas possible que soit ce qui n'est rien[1]. C'est ce que je te prie de considérer. Je te mets en garde contre cette première voie de recherche, contre cette autre aussi, sur laquelle les mortels ignorants errent sous un double visage ; car c'est l'incapacité qui guide dans leurs poitrines leur pensée vacillante, et ils s'agitent de ci, de là, hébétés, comme des hommes sourds et muets. Foules sans jugement, aux yeux de qui cela est et cela n'est pas, le même et non le même[2], et toutes choses vont dans des directions opposées[3]. — R. P. 115.

7. Car cela ne sera jamais prouvé : que les choses qui sont ne sont pas ; mais toi, retiens ta pensée de cette voie de recherche. (R. P. 116.)

8. Il ne reste qu'un chemin dont nous ayons à parler, à savoir que *Cela est*. En lui sont une foule de signes que ce qui *est* est incréé et indestructible ; car il est complet[4], immobile et sans fin. Ni il n'a jamais été, ni il ne sera, parce qu'*il est* maintenant, tout à la fois, sans discontinuité. Car quelle sorte d'origine veux-tu chercher pour lui ? De quelle manière et de quelle source pourrait-il avoir tiré sa croissance ? Je ne te laisserai ni dire ni penser qu'il est sorti de ce qui n'est pas, car on ne peut ni penser ni articuler que quelque chose n'est pas. Et s'il

---

[1] La construction est ici la même que celle que nous avons expliquée dans la note précédente. Il est surprenant que de bons hellénistes se rallient à la traduction de τὸ λέγειν τε νοεῖν τε par « dire et penser ceci ». Ensuite ἔστι γὰρ εἶναι signifie « cela peut être », et non « l'être est », et la dernière phrase doit être construite οὐκ ἔστι μηδὲν (εἶναι).

[2] Je construis οἷς νενόμισται τὸ πέλειν τε καὶ οὐκ εἶναι ταὐτὸν καὶ οὐ ταὐτόν. Le sujet des infinitifs πέλειν καὶ οὐκ εἶναι est le *ce(la)*, qu'il faut suppléer aussi avec ἔστιν et οὐκ ἔστιν. Cette manière de prendre les mots dispense de croire que Parménide disait (τὸ) οὐκ εἶναι au lieu de (τὸ) μὴ εἶναι pour « non-être ». Il n'y a pas de différence entre πέλειν et εἶναι, si ce n'est au point de vue métrique.

[3] Je tiens πάντων pour neutre et je considère παλίντροπος κέλευθος comme équivalent de l'ὁδὸς ἄνω κάτω d'Héraclite. Je ne crois pas que cette expression ait rien à faire avec la παλίντονος (ou παλίντροπος) ἁρμονίη. Voir chap. III, p. 152, n. 4.

[4] Je préfère toujours lire ἔστι γὰρ οὐλομελές avec Plutarque (*adv. Col.* 1114 c). Proclus (*in Parm.* 1152, 24) lit aussi οὐλομελές. Simplicius, qui a ici μουνογενές, appelle ailleurs l'Un de Parménide ὁλομελές (*Phys.* p. 137, 15). La leçon de [Plut.] *Strom.* 5, μοῦνον μουνογενές, aide à expliquer la confusion. Il suffit de supposer que les lettres μ, ν, γ furent écrites au-dessus de la ligne dans l'exemplaire de Parménide appartenant à l'Académie, par quelqu'un qui songeait à *Tim.* 31 b 3.

venait de rien, quelle nécessité eût pu le faire naître de préférence plus tard que plus tôt ? Ainsi donc, il doit être ou bien tout à fait ou n'être pas du tout. La force de la vérité ne permettra pas non plus à quoi que ce soit de naître à ses côtés de ce qui n'est pas[1]. C'est pourquoi la Justice ne délie pas ses chaînes et ne laisse rien venir au jour ou disparaître, mais maintient fermement ce qui est. Notre jugement à cet égard dépend de ceci : *Cela est-il ?* ou *Cela n'est-il pas ?* Sûrement la question est jugée comme elle doit nécessairement l'être, à savoir que nous devons écarter l'une des voies comme inconcevable et innommable (car ce n'est pas une voie véritable), et que l'autre est réelle et véritable. Comment donc ce qui *est* peut-il être sur le point d'être dans l'avenir ? Ou comment a-t-il pu venir à l'existence ? S'il est venu à l'existence, il n'est pas ; il n'est pas non plus s'il est sur le point d'être dans l'avenir. Ainsi la naissance est éteinte et on ne saurait parler de destruction. — R. P. 117.

Il n'est pas non plus divisible, puisqu'il est absolument pareil, et qu'il n'y a pas plus[2] de lui dans un lieu que dans un autre, ce qui l'empêcherait de se maintenir, ni moins de lui non plus, mais tout est plein de ce qui est. Aussi est-il parfaitement continu, car ce qui est est en contact avec ce qui est.

De plus, il est immobile dans les liens de chaînes puissantes, sans commencement et sans fin, puisque la naissance et la destruction ont été rejetées bien loin, et que la vraie croyance les a repoussées. Cela est le même et reste au même lieu, habitant en lui-même. Et ainsi il reste constamment à sa place, car une rigoureuse nécessité le garde dans les liens de la limite qui le tient ferme de chaque côté. C'est pourquoi il n'est pas permis

---

[1] Diels lisait autrefois ἐκ πῃ ἐόντος « de ce qui est de quelque manière » ; mais il est maintenant revenu à la leçon ἐκ μὴ ἐόντος, supposant que l'autre partie du dilemme s'est perdue. Dans tous les cas, « rien si ce n'est ce qui n'est pas ne peut naître de ce qui n'est pas » donne un sens parfaitement satisfaisant.

[2] Sur les difficultés que l'on a trouvées ici dans le mot μᾶλλον, voir la note de Diels. S'il faut presser le sens de ce mot, son interprétation est admissible ; mais il me semble que nous avons simplement ici un exemple d' « expression polaire ». Il est vrai qu'un seul cas est important pour la divisibilité de l'Un : celui dans lequel il y a moins de ce qui est, en un lieu qu'en un autre ; mais s'il y en a moins en un lieu, il y en a plus en un autre lieu que dans celui-là. La langue grecque aime ces façons indirectes de s'exprimer. La position de la proposition relative fait une difficulté pour nous, mais elle n'embarrassait guère un Grec.

à ce qui est d'être infini, car il ne lui manque rien; tandis que, s'il était infini, il manquerait de tout[1]. — R. P. 118.

La chose qui peut être pensée et celle à l'égard de laquelle la pensée existe sont une seule et même chose[2], car tu ne saurais trouver une pensée sans une chose qui soit, et au sujet de laquelle elle soit exprimée[3]. Et il n'y a et il n'y aura jamais une chose quelconque en dehors de ce qui est, puisque le destin l'a enchaîné de façon à ce qu'il soit entier et immuable. Ainsi donc, toutes ces choses ne sont que des noms que les mortels ont donnés, les croyant vraies : naissance et destruction, être et non être, changement de lieu et altération de la brillante couleur. — R. P. 119.

Puisque, donc, il a une limite extrême, il est complet en tous sens, comme la masse d'une sphère arrondie, également pesant à partir du centre dans toutes les directions; car il ne peut pas être plus grand ou plus petit en un lieu qu'en un autre. Car il n'est rien qui puisse l'empêcher de s'étendre également, et rien de ce qui est ne peut être plus ici et moins là que ce qui est, puisque tout est inviolable. Car le point à partir duquel il est égal en tous sens tend également vers les limites. — R. P. 120.

La Voie de l'Opinion.

Je clorai ici mon discours digne de confiance et mes pensées sur la vérité. Dès ici, apprends à connaître les opinions des mortels, prêtant l'oreille à l'ordre décevant de mes paroles.

Les mortels ont résolu de nommer deux formes, dont ils ne devraient pas nommer l'une[4], et c'est en ce point qu'ils s'écar-

---

[1] Simplicius lisait certainement : μὴ ἐὸν δ'ἂν παντὸς ἐδεῖτο, ce qui est métriquement impossible. J'ai suivi Bergk en supprimant μὴ, et ai interprété avec Zeller. Voir aussi Diels.

[2] Sur la construction de ἔστι νοεῖν, voir plus haut, p. 200, n. 3.

[3] Comme le fait justement remarquer Diels, l'ionien φατίζειν est l'équivalent de ὀνομάζειν. La pensée est, me semble-t-il, celle-ci : nous pouvons nommer les choses comme il nous plaît, mais il ne peut pas y avoir de pensée correspondant à un nom qui ne soit pas le nom de quelque chose de réel.

[4] C'est ainsi que Zeller entend ces mots, et il me paraît toujours que c'est la meilleure manière de les entendre. Diels, lui aussi, traduit maintenant (2ᵉ éd. des *Vors.*): «von denen man aber eine nicht *benennen* sollte.» L'emploi de μίαν pour τὴν ἑτέραν est parfaitement légitime quand on insiste sur le nombre. C'est ainsi qu'Aristote doit également avoir compris la phrase, car il infère qu'une des μορφαί doit être identifiée avec τὸ ἐόν.

tent de la vérité. Ils les ont jugées opposées quant à la forme, et leur ont assigné des marques différentes les unes des autres. A l'une, ils accordent le feu du ciel, qui est doux, très léger, pareil à lui-même en tous sens, mais non le même que l'autre. L'autre est justement son contraire, c'est la sombre nuit, corps épais et pesant. De ces choses, je t'annonce tout l'arrangement, comme il semble probable, car ainsi aucune pensée de mortel ne te surpassera jamais. — R. P. 121.

9. Maintenant, puisque toutes choses ont été nommées lumière et nuit, et que les noms qui appartiennent à la puissance de chacune ont été assignés à ces choses-ci et à celles-là, toute chose est pleine à la fois de lumière et de sombre nuit, toutes deux égales, puisqu'aucune n'a rien à faire avec l'autre.

10, 11. Et tu connaîtras la substance du ciel, et tous les signes que renferme le ciel, et les effets resplendissants du pur flambeau du soleil, et d'où ils prennent naissance. Et tu apprendras également les œuvres vagabondes de la lune à face arrondie, et sa substance. Tu connaîtras aussi les cieux qui nous entourent, d'où ils sont nés, et comment la Nécessité les a saisis et les a forcés de garder les limites des astres... comment la Terre, et le Soleil et la Lune, et le Ciel qui est commun à tous, et la Voie lactée, et l'Olympe le plus reculé, et la force brûlante des étoiles ont pris naissance. — R. P. 123, 124.

12. Les anneaux plus étroits sont remplis de feu sans mélange, et ceux qui viennent après, de nuit, et au milieu de ceux-ci se répand leur portion de feu. Au milieu de ces cercles, est la divinité qui dirige le cours de toutes choses; car elle est le principe de toute naissance douloureuse et de toute génération, poussant la femelle dans les embrassements du mâle, et le mâle dans ceux de la femelle. — R. P. 125.

13. Avant tous les autres dieux, elle a créé Eros. — R. P. 125.

14. Brillant la nuit d'une lumière empruntée[1], et errant autour de la Terre.

15. Toujours regardant du côté des rayons du Soleil.

16. Car, tout de même que la pensée trouve en tout temps le mélange de ses organes errants, ainsi en est-il des hommes; car ce qui pense est le même, à savoir la substance des membres dans chaque et tout homme; car leur pensée est ce de quoi il y a le plus en eux[2]. — R. P. 128.

[1] Notez la curieuse assonance à *Iliade*, V, 214. Empédocle l'a aussi (v. 154). Cela paraît être une plaisanterie, faite dans l'esprit de Xénophane, quand on eut découvert pour la première fois que la lune brillait d'une lumière réfléchie.

[2] Ce fragment de la théorie de la connaissance, qui était exposée dans

17. A droite les garçons ; à gauche les filles¹.

19. Ainsi, selon les opinions des hommes, les choses sont venues à l'existence et ainsi elles sont maintenant. Au cours du temps, elles croîtront et seront détruites. A chacune de ces choses, les hommes ont assigné un nom déterminé. — R. P. 129 b.

LXXXVI. — « Cela est. »

Dans la première partie de son poème, nous voyons Parménide préoccupé surtout de prouver que *il est;* mais il n'est pas tout à fait évident à première vue ce qu'est ce *il* qui *est.* Il dit simplement : *Ce qui est, est.* Pour nous, cela ne nous paraît pas très clair, et pour deux raisons. Tout d'abord nous ne songerions jamais à en douter, et nous ne pouvons, par conséquent, comprendre pourquoi cela nous est affirmé à tant de reprises et avec tant de vigueur. En second lieu, nous sommes habitués à toutes sortes de distinctions entre les différentes espèces et les différents degrés de réalité, et nous ne voyons pas desquels Parménide entend parler. Mais pareilles distinctions étaient tout à fait inconnues à son époque. « Ce qui est », pour lui, c'est premièrement ce que, dans le langage populaire, on appelle matière ou corps ; seulement, ce n'est pas la matière en tant que distinguée d'autre chose. Elle est certainement regardée comme étendue dans l'espace, car la forme sphérique lui est tout à fait sérieusement attribuée (frg. 8). De plus, Aristote nous dit que Parménide ne croyait à rien si ce n'est à une réalité sensible, ce qui ne signifie pas nécessairement pour lui une réalité actuellement perçue par les sens, mais inclut

la seconde partie du poème de Parménide, doit être interprété en connexion avec ce que nous dit Théophraste dans le « fragment sur la sensation » (*Dox.* p. 499; cf. p. 224). Il appert de là qu'il disait que le caractère de la pensée de l'homme dépendait de la prépondérance de l'élément lumineux ou de l'élément sombre dans le corps. L'homme est sage quand l'élément lumineux prédomine et insensé quand le sombre prend le dessus.

¹ Ceci est un fragment de l'embryologie de Parménide. Le frg. 18 de Diels (non reproduit dans les *Vors.*) est une retraduction des hexamètres latins de Cælius Aurelianus, cités R. P. 127 a.

tout ce qui pourrait être ainsi perçu si les sens étaient plus parfaits qu'ils ne sont[1]. Parménide ne dit nulle part un seul mot de l'«être»[2]. L'assertion que *il est* revient précisément à dire que l'univers est un *plenum*, et qu'il n'existe aucune chose telle que l'espace vide, ni à l'intérieur ni à l'extérieur du monde. Il suit de là qu'il ne peut y avoir aucune chose telle que le mouvement. Au lieu d'assigner à l'Un une tendance au changement, comme l'avait fait Héraclite, et de rendre ainsi possible l'explication du monde, Parménide écarte le changement, où il ne voit qu'une illusion. Il montra une fois pour toutes que si l'on envisage l'Un sérieusement, on est obligé de nier tout le reste. Toutes les solutions précédentes de la question avaient donc manqué le but. Anaximène, qui pensait sauvegarder l'unité de la substance primordiale par sa théorie de la raréfaction et de la condensation, ne se rendait pas compte qu'en admettant qu'il y avait moins en un lieu qu'en un autre de ce qui est, il affirmait virtuellement l'existence de ce qui n'est pas (frg. 8). L'explication pythagoricienne impliquait que l'espace vide ou air existait en dehors du monde, et qu'il entrait dans celui-ci pour en disjoindre l'unité (§ 53). Cela aussi suppose l'existence de ce qui n'est pas. La théorie d'Héraclite n'est pas plus satisfaisante, car elle est basée

---

[1] Arist. *de Caelo*, I' 1, 298 b 21; ἐκεῖνοι δὲ (οἱ περὶ Μέλισσόν τε καὶ Παρμενίδην) διὰ τὸ μηθὲν μὲν ἄλλο παρὰ τὴν τῶν αἰσθητῶν οὐσίαν ὑπολαμβάνειν εἶναι κ. τ. λ. Ainsi s'exprime aussi Eudème dans le livre I de sa *Physique* (ap. Simpl. *Phys.* p. 133, 25) en parlant de Parménide : τὸ μὲν οὖν κοινὸν οὐκ ἂν λέγοι. οὔτε γὰρ ἐζητεῖτό πω τὰ τοιαῦτα, ἀλλ' ὕστερον ἐκ τῶν λόγων προῆλθεν, οὔτε ἐπιδέχοιτο ἂν ἃ τῷ ὄντι ἐπιλέγει. Πῶς γὰρ ἔσται τοῦτο « μέσσοθεν ἰσοπαλὲς » καὶ τὰ τοιαῦτα; τῷ δὲ οὐρανῷ (le monde) σχεδὸν πάντες ἐφαρμόσουσιν οἱ τοιοῦτοι λόγοι. Les Néoplatoniciens voyaient naturellement dans l'Un le νοητὸς κόσμος et Simplicius appelle la sphère une « fiction mythique ». Voir surtout Bäumker, *Die Einheit des Parmenideischen Seienden*, dans le *Jahrb. f. klass. Phil.*, 1886, p. 541 sq. et *Das Problem der Materie*, p. 50 sq.

[2] Nous ne devons pas traduire τὸ ἐόν par l'*être* (Sein, Being). Ce mot signifie *ce qui est* (das Seiende, What is). Quant à (τὸ) εἶναι, il ne se rencontre pas et ne pouvait pas se rencontrer. Voir plus haut, p. 200, n. 3.

sur cette contradiction que le feu, à la fois, est et n'est pas (frg. 6).

L'allusion à Héraclite dans les vers auxquels nous venons de renvoyer a été mise en doute, quoique pour des motifs insuffisants. Zeller fait ressortir très justement qu'Héraclite ne dit jamais que l'Etre et le Non-Etre soient une seule et même chose (traduction courante du frg. 6); et s'il n'y avait pas d'autre indice de la référence, celle-ci pourrait bien paraître douteuse. Mais cette indication que, suivant la vue en question, « toutes choses se meuvent dans des directions opposées », ne peut guère se comprendre d'autre chose que du « sentier en haut », et du « sentier en bas » d'Héraclite (§ 71). Et, comme nous l'avons vu, Parménide n'attribue pas l'opinion que l'Etre et le Non-Etre sont identiques au philosophe qu'il attaque ; il dit seulement que *il* est et qu'il n'est pas, à la fois le même et non le même[1]. C'est le sens naturel des mots, et il nous donne une analyse très fidèle de la théorie d'Héraclite.

LXXXVII. — La méthode de Parménide.

La grande nouveauté, dans le poème de Parménide, c'est la méthode de raisonnement. Il se demande d'abord quelle est la présupposition commune de toutes les opinions dont il a à s'occuper, et il trouve que c'est l'existence de ce qui n'est pas. La question suivante est de savoir si cela peut être pensé, et la réponse est que cela ne le peut pas. Si vous pensez d'un manière quelconque, votre pensée doit s'appliquer à quelque chose. En conséquence, il n'y a pas de rien. La philosophie n'avait pas encore appris à faire cette concession qu'une chose pouvait être impossible à penser et ne pas moins exister. Cela seul peut être qui peut être pensé (frg. 5); car la pensée existe en vue de ce qui est (frg. 8).

Cette méthode, Parménide l'applique avec la plus extrême

[1] Voir plus haut, p. 201, n. 2.

rigueur. Il nous interdit de prétendre que nous pensons ce que nous sommes forcés de reconnaître impossible à penser. Il est vrai que si nous prenons la résolution de ne rien admettre que ce que nous pouvons comprendre, nous en arrivons à un conflit direct avec l'évidence de nos sens, qui nous mettent en présence d'un monde sujet au changement et à la destruction. Tant pis pour les sens, dit Parménide. A beaucoup, cela paraîtra sans aucun doute une erreur de sa part, mais voyons ce que l'histoire nous dit sur ce point. La théorie de Parménide est l'inévitable résultat du monisme corporel, et la hardie proclamation qu'il fait de ce résultat aurait dû détruire cette théorie à jamais. S'il avait manqué de courage pour pousser les vues prédominantes de son époque à leur conclusion logique et pour accepter cette conclusion, quelque paradoxale qu'elle pût paraître, les hommes auraient continué à se mouvoir à jamais dans le cercle sans fin de l'opposition : de la raréfaction et de la condensation, de l'un et du multiple. Ce fut la dialectique pénétrante de Parménide qui rendit le progrès possible. La philosophie devait désormais cesser d'ê moniste ou cesser d'être corporaliste. Elle ne pouvait cesser d'être corporaliste, car l'incorporel était encore inconnu. Elle cessa donc d'être moniste, et aboutit à la théorie atomique, laquelle, à notre connaissance, est le dernier mot de l'opinion selon laquelle le monde est de la matière en mouvement. Ayant résolu ses problèmes sur la base de ces conditions, la philosophie les attaqua ensuite de l'autre côté. Elle cessa d'être corporaliste, et trouva moyen d'être une fois de plus moniste, au moins pour un temps. Ce progrès aurait été impossible sans cette foi en la raison qui donna à Parménide le courage de rejeter comme non vrai ce qui, pour lui, n'était pas pensable, quelque étrange que le résultat pût être.

LXXXVIII. — Les résultats.

Parménide continue à développer toutes les conséquences du fait qu'il a admis que *il est*. *Il* doit être incréé et indestructible. *Il* ne peut pas être sorti du néant, car il n'existe aucune chose qui soit le néant. *Il* ne peut pas non plus être sorti de quelque chose, car il n'y a place pour rien si ce n'est pour lui-même. Ce qui est ne peut avoir à côté de lui un espace vide dans lequel quelque chose d'autre pourrait naître, car l'espace vide n'est rien ; un rien ne saurait être pensé, et par conséquent exister. Ce qui est n'est jamais venu à l'existence, et ce n'est pas non plus une chose qui doive venir à l'existence dans l'avenir. « Est-il ou n'est-il pas? » S'il est, alors il est maintenant, tout d'une fois.

Que Parménide niât réellement l'existence de l'espace vide, c'était un fait bien connu de Platon. Parménide, nous dit-il, soutenait que « toutes choses sont unes, et que l'Un reste en repos en lui-même, *n'ayant pas d'espace dans lequel se mouvoir*[1] ». Aristote est non moins clair. Dans le *De Caelo*, il expose que Parménide fut amené à soutenir cette thèse que l'Un est immobile précisément parce que personne n'avait encore imaginé qu'il y eût une réalité autre que la réalité sensible[2].

Ce qui est, est ; et il ne peut être plus ou moins. Il y en a donc autant dans un lieu que dans un autre, et le monde est un *plenum* continu, indivisible. Il en résulte immédiatement qu'il doit être immobile. S'il se mouvait, il devrait se mouvoir dans un espace vide, et il n'y a pas d'espace vide. Il est enveloppé de toutes parts par *ce qui est*, par le réel. Pour la même raison, il doit être fini, et ne peut rien avoir au delà de lui. Il est complet en lui-même, et n'a nullement besoin de s'étendre indéfiniment dans un espace

[1] Platon, *Tht.* 180 e 3 : ὡς ἓν τε πάντα ἐστὶ καὶ ἕστηκεν αὐτὸ ἐν αὑτῷ οὐκ ἔχον χώραν ἐν ᾗ κινεῖται.
[2] Arist. *de Cælo*, Γ, 1, 298 b 21, cité plus haut, p. 206, n. 1.

vide qui n'existe pas. Il ressort aussi de là qu'il est sphérique. Il est également réel dans toutes les directions, et la sphère est la seule forme qui remplisse cette condition. S'il en affectait n'importe qu'elle autre, il y aurait plus de lui dans une direction que dans une autre. Et cette sphère ne peut pas même se mouvoir autour de son propre axe, car il n'est rien en dehors d'elle par rapport à quoi on pourrait dire qu'elle se meut.

LXXXIX. — Parménide, père du matérialisme.

Résumons-nous. Ce qui *est* est un *plenum* corporel fini, sphérique et immobile, et il n'y a rien en dehors de lui. Les apparences de multiplicité et de mouvement, d'espace vide et de temps, sont des illusions. Nous voyons par là que la substance primordiale dont les premiers cosmologues avaient fait l'objet de leurs recherches est maintenant devenue une sorte de « chose en soi ». Elle ne reperdit jamais complètement ce caractère. Ce qu'Empédocle dénommera plus tard ses éléments, les soi-disant « homéoméries » d'Anaxagore et les atomes de Leucippe et de Démocrite sont exactement l'« être » de Parménide. Parménide n'est pas, comme quelques-uns l'ont dit, le « père de l'idéalisme » ; bien au contraire, il n'est pas de matérialisme qui ne dépende de sa conception de la réalité.

XC. — Les croyances des « Mortels ».

On dit communément que, dans la seconde partie de son poème, Parménide offrait une théorie dualiste de l'origine des choses, et que c'était sa propre explication conjecturale du monde sensible, ou que, comme le dit Gompertz, [« ce qu'il expose dans ses *Opinions des Mortels*, ce ne sont pas simplement les opinions des autres, mais encore les siennes propres, pour autant qu'elles ne reposent pas sur le fondement inébranlable d'une prétendue nécessité philosophique¹». Or il est vrai qu'Aristote paraît approuver quelque part une opinion de cette nature, mais ce n'en est pas moins un anachronisme². Et ce n'est d'ailleurs pas l'opinion réelle d'Aristote. Il se rendait parfaitement bien compte que Parménide n'admettait à aucun degré l'existence du « Non-Etre »; mais c'était une manière naturelle de parler que d'appeler la cosmologie de la seconde partie du poème celle de Parménide. Ses auditeurs comprenaient sans doute immédiatement dans quel sens il fallait l'entendre. En tous cas, la tradition péripatéticienne était que Parménide avait voulu donner, dans la seconde partie de son poème, la croyance du « grand nombre ». C'est ainsi que Théophraste expose la question, et Alexandre semble avoir parlé de la cosmologie comme d'une chose que Parménide lui-même regardait comme entièrement fausse³. L'autre vue vient des Néoplatoniciens, et spécialement de Simplicius, qui regardait très naturellement la *Voie de la Vérité* comme un exposé du monde intelligible, et la *Voie de l'Opinion* comme une description du sensible. Il est à peine besoin de dire que c'est là un anachronisme presque aussi grand que le parallélisme kantien suggéré par Gomperz⁴. Parménide lui-

---

¹ *Penseurs de la Grèce*, I, p. 194.

² *Met.* A, 5. 986 b 31 (R. P. 121 a ; DV 18 A 24). La façon dont Aristote expose la question est due à son interprétation du frg. 8, qui, selon lui, signifie que l'une des deux « formes » doit être identifiée avec τὸ ὄν, et l'autre avec τὸ μὴ ὄν. Cf. *Gen. Corr.* A, 3. 318 b 6 (DV 65 A 42): ὥσπερ Παρμενίδης λέγει δύο, τὸ ὂν καὶ τὸ μὴ ὂν εἶναι φάσκων. Cette dernière phrase montre clairement que lorsqu'Aristote dit : Παρμενίδης, il entend ce que nous appellerions « Parménide ». Il ne peut pas avoir supposé que Parménide admit l'existence du μὴ ὄν dans un sens quelconque (cf. Platon, *Soph.* 241 d 5).

³ Theophr. *Phys. Op.* frg. 6 (*Dox.* p. 482; R. P. 121 A ; DV 18 A 7): κατὰ δόξαν δὲ τῶν πολλῶν εἰς τὸ γένεσιν ἀποδοῦναι τῶν φαινομένων δύο ποιῶν τὰς ἀρχάς. Sur Alexandre, cf. Simpl. *Phys.* p. 38, 24.

⁴ Simpl. *Phys.* p. 39, 10 (R. P. 121 b ; DV 18 A 34). Gomperz, *Penseurs de la Grèce*, p. 194. Ed. Meyer dit (*Gesch. des Altert.* IV, § 510, note): « Comment s'imaginer aussi qu'un maître de sagesse n'enseignât rien à ses élèves sur la façon dont ils devaient envisager le monde sensible, même si ce monde n'était qu'une illusion ? » Ceci implique : (1) que la

même nous dit dans le langage le plus net qu'il n'y a pas de vérité du tout dans la théorie qu'il expose, et il la donne simplement pour la croyance des « mortels ». Ce fut là ce qui conduisit Théophraste à en parler comme de l'opinion du « grand nombre ».

Son explication, cependant, quoique préférable à celle de Simplicius, n'est pas non plus convaincante. Le « grand nombre » est aussi loin que possible de croire à un dualisme nettement formulé, tel que l'exposait Parménide, et c'est une hypothèse hautement artificielle que de prêter à celui-ci l'intention de montrer comment la conception populaire du monde pouvait le mieux être systématisée. Le « grand nombre » aurait difficilement été convaincu de son erreur si on lui eût présenté ses croyances sous une forme qu'il n'eût certainement pas reconnue. Cette interprétation, en vérité, paraît la plus incroyable de toutes. Elle trouve cependant encore des adhérents; de sorte qu'il est nécessaire de faire ressortir que les opinions en question sont appelées « opinions des mortels » simplement parce que c'est une déesse qui les expose. Il y a lieu de noter, en outre, que Parménide interdit deux voies de recherche, et nous avons vu que la seconde de ces voies, qui est expressément aussi attribuée aux « mortels », doit être le système d'Héraclite. Nous pouvons donc sûrement nous attendre à trouver que l'autre voie était aussi le système de quelque école contemporaine, et il semble difficile d'en découvrir une d'importance suffisante, à part la pythagoricienne. Or il est admis de chacun qu'il y a des idées pythagoriciennes dans la seconde partie du poème, et il est par conséquent à présumer, en l'absence de preuves du contraire, que tout le système vient de la même source. Il ne semble pas que Parménide ait dit, relativement à

distinction entre l'apparence et la réalité avait été clairement perçue, et (2) que l'on concédait à l'apparence une certaine vérité hypothétique et relative. Ce sont là de palpables anachronismes. Ces deux opinions sont platoniciennes, et Platon ne les exprime même pas encore dans ses premiers écrits.

Héraclite, rien de plus que les mots auxquels nous avons fait allusion, et dans lesquels il interdit la seconde voie de recherche. Il implique, en vérité, qu'il n'y a réellement que deux voies imaginables, et que la tentative faite par Héraclite pour les combiner était futile[1]. En tous cas, les Pythagoriciens étaient de bien plus sérieux adversaires en Italie à cette date, et c'est certainement à leur égard que nous devrions nous attendre à voir Parménide préciser son attitude.

On peut cependant encore se demander pourquoi il aurait pris la peine de formuler en hexamètres une conception qu'il estimait fausse. Ici, il devient important de rappeler qu'il avait été lui-même Pythagoricien, et que le poème est un désaveu de ses propres croyances. En pareil cas, les hommes sentent communément la nécessité de montrer en quoi leurs anciennes opinions étaient erronées. La déesse lui dit qu'il doit apprendre aussi de ces opinions « comment les hommes auraient dû juger que les choses qui leur apparaissent étaient réellement[2] ». Jusqu'ici, cela est clair ; mais cela n'explique pas complètement la question. Nous trouvons un nouvel indice dans un autre passage. Il doit apprendre ces croyances « pour qu'aucune opinion des mortels ne puisse jamais triompher de lui » (frg. 8). Si nous nous souvenons qu'à cette époque le système pythagoricien n'était transmis que par tradition orale, nous verrons peut-être ce que cela signifie. Parmé-

---

[1] Cf. frg. 4 et 6, et spécialement les mots : αἵπερ ὁδοὶ μοῦναι διζήσιός εἰσι νοῆσαι. La troisième voie, celle d'Héraclite, n'est ajoutée que comme pensée subséquente — αὐτὰρ ἔπειτ' ἀπὸ τῆς κ. τ. λ.

[2] Je lis χρῆν δοκιμῶς' εἶναι au frg. 1, avec Diels, mais je ne puis accepter sa traduction : « wie man bei gründlicher Durchforschung annehmen müsste, dass sich jenes Scheinwesen verhalte. » Il faut, je crois, prendre χρῆν δοκιμῶσαι (i. e. δοκιμάσαι tout à fait strictement, et χρῆν avec l'infinitif signifie « auraient dû ». Le sujet le plus naturel de l'infinitif en ce cas est βροτούς, tandis que εἶναι doit dépendre de δοκιμῶσαι, et avoir pour sujet τὰ δοκοῦντα. Cette manière d'interpréter est confirmée par le frg. 8 : τῶν μίαν οὐ χρεών ἐστιν, si on l'entend comme je l'entends avec Zeller. Voir plus haut, p. 203, n. 4.

nide fondait une école dissidente, et il était tout à fait nécessaire pour lui d'instruire ses disciples du système qu'ils pouvaient être appelés à combattre. En tous cas, ils ne pouvaient pas le rejeter d'une manière intelligente sans le connaître, et, à cette connaissance, Parménide avait à pourvoir lui-même[1].

XCI. — LA COSMOLOGIE DUALISTE.

La thèse que la seconde partie du poème de Parménide était une esquisse de la cosmologie pythagoricienne contemporaine n'est sans doute pas susceptible d'être rigoureusement démontrée, mais elle peut, je crois, être amenée à un très haut degré de probabilité. L'histoire entière du Pythagorisme jusqu'à la fin du Ve siècle est certainement conjecturale ; mais si nous rencontrons chez Parménide des idées sans relation aucune avec sa propre conception du monde, et si nous trouvons précisément les mêmes idées dans le Pythagorisme postérieur, la conclusion la plus naturelle qu'on puisse tirer du fait sera sûrement que les Pythagoriciens postérieurs dérivaient ces idées de leurs prédécesseurs, et qu'elles faisaient partie du fonds originel

---

[1] L'idée que les opinions contenues dans la seconde partie sont celles des autres, et ne sont données en aucun sens comme vraies, est de Diels. Les objections de Wilamowitz (*Hermes*, XXXIV, p. 203 sq.) ne me paraissent pas concluantes. Si nous l'entendons bien, Parménide ne dit jamais que « cette explication hypothétique soit.... meilleure que celle de n'importe qui d'autre. » (E. Meyer, IV, § 510, note.) Ce qu'il dit, c'est que cette explication est entièrement fausse. Il me semble toutefois que Diels a affaibli sa cause en refusant d'identifier la théorie ici exposée avec le Pythagorisme, et en la rapportant surtout à Héraclite. Héraclite n'était notoirement *pas* un dualiste, et je ne puis m'imaginer que le représenter comme tel eût été même ce que Diels appelle une « caricature » de sa théorie. Les caricatures doivent avoir quelques points de ressemblance. Je suis encore plus surpris de voir que Patin, qui fait de ἓν πάντα εἶναι la pierre angulaire de l'Héraclitisme, ait adopté cette opinion (*Parmenides im Kampfe gegen Heraklit*, 1899). E. Meyer, *loc. cit.*, semble penser que si Zénon a modifié la δόξα de Parménide dans un sens empédocléen (Diog. IX, 29 ; R. P. 140), cela prouve qu'elle était supposée renfermer une part de vérité. Tout au contraire, si cela était vrai, cela prouverait seulement que Zénon avait à combattre d'autres adversaires que Parménide.

de la société à laquelle ils appartenaient. Cela ne sera que confirmé si nous constatons qu'elles sont des développements de certains traits de la cosmologie ionienne. Pythagore venait de Samos, qui fut toujours dans les rapports les plus étroits avec Milet ; et ce ne fut pas, pour autant que nous pouvons nous en rendre compte, dans ses vues cosmologiques qu'il déploya surtout son originalité. Nous avons déjà fait remarquer plus haut (§ 53) que l'idée de la respiration du monde provenait d'Anaximène, et nous ne devrions pas être surpris de trouver aussi chez lui des traces d'Anaximandre. Or, si nous en étions réduits à ce qu'Aristote nous dit sur ce sujet, il serait presque impossible de se former un jugement ; mais les indications qu'il fournit demandent, comme d'habitude, à être examinées avec un soin particulier. Il dit, en tout premier lieu, que les deux éléments de Parménide étaient le Chaud et le Froid[1]. Sur ce point, il est justifié par les fragments en ce sens que, du moment que le feu dont parle Parménide est évidemment chaud, l'autre « forme », qui a toutes les qualités opposées, doit de toute nécessité être froide. Néanmoins, l'emploi habituel des termes « *le* chaud » et « *le* froid » est une accommodation au propre système d'Aristote. Chez Parménide lui-même, ils étaient simplement une couple d'attributs parmi d'autres.

Plus trompeuse encore est l'identification que fait Aristote de ces attributs avec le Feu et la Terre. Il n'est pas tout à fait certain qu'il ait voulu dire que Parménide lui-même faisait cette identification ; mais, en somme, il est très probable qu'il l'a voulu, et Théophraste l'a certainement suivi en cela[2]. C'est une autre question de savoir si cela est

---

[1] *Met.* A, 5. 986 *b* 34 (DV 18 A 24) : θερμὸν καὶ ψυχρόν ; *Phys.* A, 5, 188 *a* 20 (DV 18 B 8) ; *Gen. Corr.* A, 3. 318 *b* 6 (DV 55 A 52) ; B, 3. 330 *b* 14 (D V 18 A 35).

[2] *Phys.* A, 5. 188 *a* 21 (voir note précédente) : ταῦτα δὲ (θερμὸν κα ψυχρόν) προσαγορεύει πῦρ καὶ γῆν ; *Met.* A, 5. 986 *b* 34 (v. note préc.) : οἷον πῦρ καὶ γῆν λέγων. Cf. Theophr. *Phys. Op.* frg. 6 (*Dox.* p. 482 ; R. P. 121 *a* ;

exact. Simplicius, qui avait le poème devant les yeux (§ 85), après avoir mentionné le Feu et la Terre, ajoute tout de suite « ou plutôt la Lumière et l'Obscurité¹ », et cela est assez suggestif. Enfin, l'identification, par Aristote, de l'élément dense avec « ce qui n'est pas² », l'irréel de la première partie du poème, n'est pas très facile à concilier avec l'opinion que c'est la terre. D'autre part, si nous supposons que la seconde des deux « formes », celle qui n'aurait pas dû être « nommée », est l'air ou le vide de Pythagore, nous obtenons une très bonne explication de l'identification qu'en fait Aristote avec « ce qui n'est pas ». Il semble donc que nous soyons justifiés à négliger pour le moment l'identification de l'élément dense avec la terre. Quand nous serons plus avancés dans notre étude, nous serons en mesure de nous rendre compte comment elle a pu prendre naissance³. L'indication que nous donne en outre Théophraste, à savoir que le Chaud était la cause efficiente et le Froid la cause matérielle ou passive⁴, est assez intelligible si nous les identifions respectivement avec la Limite et l'Illimité, mais elle ne doit naturellement pas être tenue pour historique.

Nous avons vu que Simplicius, le poème de Parménide devant les yeux, corrige Aristote en substituant la Lumière et l'Obscurité au Feu et à la Terre, et, en cela, il est amplement appuyé par les fragments qu'il cite. Parménide lui-même appelle l'une des « formes » Lumière, Flamme et Feu, et l'autre Nuit, et nous avons maintenant à considérer si ces deux termes peuvent être identifiés avec la Limite et

DV 18 A 7). [Plut.] *Strom.* frg. 5 (*Dox.* p. 581; DV 18 A 22): λέγει δὲ τὴν γῆν τοῦ πυκνοῦ καταρρυέντος ἀέρος γεγονέναι. Zeller, p. 568, n. 1.

¹ *Phys.* p. 25, 15 (DV 18 A 34) : ὡς Παρμενίδης ἐν τοῖς πρὸς δόξαν πῦρ καὶ γῆν (ἢ μᾶλλον φῶς καὶ σκότος).

² *Met.* A, 5. 986 b 35: τούτων δὲ κατὰ μὲν τὸ ὂν τὸ θερμὸν τάττει, θάτερον δὲ κατὰ τὸ μὴ ὄν. Voir plus haut, p. 211, n. 2.

³ Voir plus loin, chap. VII, § 147.

⁴ Theophr. *Phys. Op.* frg. 6 (*Dox.* p. 482; R. P. 121 *a*; DV 18 A 7), suivi par les doxographes.

l'Illimité de Pythagore. Nous avons trouvé (§ 58) de bonnes raisons de croire que l'idée du monde qui respire appartenait à la forme la plus ancienne du Pythagorisme, et il ne peut y avoir aucune difficulté à identifier cette « haleine illimitée » avec l'Obscurité, qui tient très bien la place de l'Illimité. L'« air » ou humidité était toujours regardé comme l'élément sombre[1]. Et ce qui donne à la vague obscurité un caractère déterminé, c'est certainement la lumière ou feu, et cela peut nous rendre compte du rôle prépondérant donné à cet élément par Hippasos[2]. Nous pouvons donc conclure avec probabilité que la distinction pythagoricienne entre la Limite et l'Illimité, que nous aurons à considérer plus tard (chap. VII), fit sa première apparition sous cette forme grossière. Si, d'autre part, nous identifions l'obscurité avec la Limite, et la lumière avec l'Illimité, comme le font la plupart des critiques, nous nous heurtons à d'insurmontables difficultés.

XCII. — Les corps célestes.

Nous devons maintenant examiner les vues cosmiques générales exposées dans la seconde partie du poème. Les fragments sont maigres, et la tradition doxographique difficile à interpréter; mais nous avons des éléments suffisants pour montrer qu'ici encore nous sommes en terrain pythagoricien. Toute discussion du sujet doit partir de l'important passage d'Aétius que voici :

Parménide soutenait qu'il y avait des couronnes se croisant les unes les autres[3] et s'encerclant l'une l'autre, formées respec-

---

[1] Notez l'identification de l'élément dense avec l'« air » dans [Plut.] *Strom.*, cité p. 215, n. 2; et pour l'identification de cet « air » avec l'« humidité et l'obscurité », cf. chap. I, § 27, et chap. V, § 107. Il y a lieu de remarquer, en outre, que Platon place cette identification dans la bouche d'un Pythagoricien (*Tim.* 52 d).

[2] Voir plus haut, p. 123.

[3] Il paraît très probable que ἐπαλλήλους signifie ici « se croisant les unes les autres » comme la Voie lactée croise le Zodiaque. Le mot ἐπάλληλος est opposé à παράλληλος.

tivement de l'élément rare et de l'élément dense, et qu'entre celles-ci il y en avait d'autres, formées d'un mélange de lumière et d'obscurité. Ce qui les environne toutes est solide comme une muraille, et dessous il y a une couronne de feu. Ce qui se trouve au milieu de toutes les couronnes est solide aussi et entouré également d'un cercle de feu. Le cercle central des couronnes mixtes est la cause du mouvement et du devenir pour tout le reste. Il l'appelle « la Divinité qui dirige leur cours », la « Gardienne des Lots » et la « Nécessité ». Aët. II. 7, 1 (R. P. 126; DV 18 A 37).

XCIII. — Les couronnes.

La première chose que nous ayons à observer, c'est qu'on est tout à fait injustifié à tenir ces « couronnes » pour des sphères. Le mot στέφαναι peut signifier « bords » ou « ourlets » ou quelque chose d'analogue, mais il semble incroyable qu'il puisse être employé pour désigner des sphères. Il ne paraît pas, non plus, que le cercle solide qui entoure toutes les couronnes doive être regardé comme sphérique. L'expression « comme une muraille » ne serait pas du tout appropriée en ce cas. Nous sommes donc, semble-t-il, en présence d'une chose qui rappelle les « roues » d'Anaximandre, et il est certainement très probable que c'est à Anaximandre que Pythagore a pris cette théorie. Et nous ne sommes pas sans indices portant à croire que les Pythagoriciens se faisaient une idée de ce genre des corps célestes. Dans le mythe d'Er, de Platon, qui est à coup sûr pythagoricien dans ses grandes lignes, nous n'entendons pas parler de sphères, mais des « bords » d'anneaux concentriques ajustés les uns aux autres comme une pile de boîtes [1]. Même dans le Timée, il n'y a pas de sphères, mais des bandes ou rebords se croisant les unes les autres à un certain angle [2]. Enfin, dans l'hymne homérique à Arès, qui paraît avoir été composé sous une

---

[1] Rep. X, 616 d 5 : καθάπερ οἱ κάδοι οἱ εἰς ἀλλήλους ἁρμόττοντες; e 1 : κύκλους ἄνωθεν τὰ χείλη φαίνοντας (σφονδύλους).

[2] Tim. 36 b 6 : ταύτην οὖν τὴν σύστασιν πᾶσαν διπλῆν κατὰ μῆκος σχίσας,

influence pythagoricienne, le mot employé pour désigner l'orbite de la planète est ἄντυξ, qui doit signifier « bord »[1].

Le fait est qu'il n'y a en réalité aucune preuve qu'un philosophe quelconque ait jamais adopté la théorie des sphères célestes jusqu'à ce qu'Aristote ait transformé en choses réelles la construction géométrique imaginée par Eudoxe « pour sauver les apparences » (σώζειν τὰ φαινόμενα)[2]. A partir de ce temps, nous entendons parler de sphères à tout propos, et il était naturel que des écrivains postérieurs les attribuassent à Pythagore, mais ce n'est pas une raison de faire violence au langage de Parménide, et de transformer ses « couronnes » en quoi que ce soit de cette sorte. A cette date, les sphères n'auraient servi à expliquer rien qui ne pût être expliqué plus simplement sans elles.

On nous dit ensuite que ces « couronnes » s'encerclent les unes les autres ou se croisent les unes les autres, et qu'elles sont faites de l'élément rare et de l'élément dense. Nous apprenons en outre qu'il y a entre elles des « couronnes mixtes », faites de lumière et d'obscurité. Or il y a lieu d'observer, premièrement, que la lumière et l'obscurité sont exactement la même chose que le rare et le dense,

μέσην πρὸς μέσην ἑκατέραν ἀλλήλαις οἷον χεῖ (la lettre X) προσβαλὼν κατέκαμψεν εἰς ἓν κύκλῳ.

[1] Hymne à Arès, 6 :

...... πυραυγέα κύκλον ἑλίσσων
αἰθέρος ἑπτακόροις ἐνὶ τείρεσιν, ἔνθα σε πῶλοι
ζαφλεγέες τριτάτης ὑπὲρ ἄντυγος αἰὲν ἔχουσι.

C'est ainsi que, par allusion à une opinion essentiellement pythagoricienne, Proclus dit à la planète Vénus (H. IV, 17):

εἴτε καὶ ἑπτὰ κύκλων ὑπὲρ ἄντυγας αἰθέρα ναίεις.

[2] Sur les sphères concentriques d'Eudoxe, voir Dreyer, *Planetary Systems*, chap. IV. Malheureusement, l'analyse donnée dans cet ouvrage de l'astronomie de Platon est tout à fait inadéquate, par suite de l'excessive confiance qu'avait l'auteur en Bœckh, lequel fut amené par des témoignages généralement regardés aujourd'hui comme sans valeur, à attribuer toute l'astronomie de l'Académie à ses prédécesseurs, et spécialement à Philolaos.

et il semble qu'il y ait quelque confusion ici. On peut se demander si ces indications sont basées sur un autre texte que celui du fragment 12, qui pourrait certainement signifier qu'entre les couronnes de feu il y avait des couronnes de nuit, contenant une portion de feu. Cela peut être vrai, mais je pense qu'il est plus naturel d'interpréter ce passage en ce sens que les cercles plus étroits sont entourés par des cercles de nuit plus larges, chacun avec sa portion de feu affluant à son centre. Ces derniers mots seraient alors une simple répétition de l'indication que les cercles plus étroits sont remplis d'un feu sans mélange[1], et nous aurions une reproduction tout à fait exacte du système planétaire d'Anaximandre. Il est cependant possible, quoique moins probable, à mon avis, que Parménide représentât l'espace entre les cercles comme occupé par des anneaux semblables, dans lesquels le feu et l'obscurité étaient mélangés, au lieu que le feu y fût enfermé dans l'obscurité.

XCIV. — La Divinité.

« Au milieu de ceux-ci, dit Parménide, se trouve la Divinité qui dirige le cours de toutes choses. » Selon l'explication d'Aétius, c'est-à-dire de Théophraste, cela veut dire : au milieu des couronnes mixtes, tandis que, d'après la déclaration de Simplicius, cela signifie : au milieu de toutes les couronnes, soit au centre du monde[2]. Il est très probable qu'ils n'avaient ni l'un ni l'autre de meilleure autorité à l'appui de leur opinion que les mots de Parménide, que nous venons de citer, et ils sont ambigus. Simplicius, ainsi que cela ressort clairement des

---

[1] Pareille répétition (παλινδρομία) est caractéristique de tout style grec, mais la répétition qui se trouve à la fin de la période ajoute généralement une nouvelle touche à l'indication du début. La nouvelle touche est donnée ici par le mot ἴσαι. Je n'insiste pas trop sur cette interprétation, quoiqu'elle me semble de beaucoup la plus simple.

[2] Simpl. *Phys.* p. 34, 14 (R. P. 125 *b* ; DV 18 A 37).

expressions dont il se sert, identifiait la divinité avec l'Hestia pythagoricienne ou feu central, tandis que Théophraste ne pouvait le faire parce qu'il savait et soutenait que Parménide tenait la terre pour sphérique et la plaçait au centre du monde [1]. Dans ce même passage, on nous affirme que ce qui se trouve au milieu de toutes les couronnes est solide. Les données fournies par Théophraste excluent en fait absolument l'identification de la divinité avec le feu central. Nous ne pouvons dire que ce qui est au milieu de *toutes* les couronnes est solide, et que, au-dessous de cela, il y a de nouveau une couronne de feu [2]. Il ne semble pas non plus convenable de reléguer une divinité au milieu d'une terre sphérique et solide. Il nous faut essayer de trouver pour elle une place ailleurs..

Aétius nous dit en outre que cette divinité était appelée Ananké, et la « gardienne des lots [3] ». Nous savons déjà qu'elle dirige le cours de toutes choses, c'est-à-dire qu'elle règle les mouvements des couronnes célestes. Simplicius ajoute, malheureusement sans citer les termes mêmes de Parménide, qu'elle envoie les âmes tantôt de la lumière au

---

[1] Diog. IX, 21 (R. P. 126 a).

[2] Je ne discute pas l'interprétation de περὶ ὃ πάλιν πυρώδης, que Diels a donnée dans son *Parmenides' Lehrgedicht*, p. 104, et qui est adoptée dans R. P. 162 a, puisqu'en fait il l'a maintenant rétractée. Dans la seconde édition de ses *Vorsokratiker* (p. 111), il lit : καὶ τὸ μεσαίτατον πασῶν στερεόν, ⟨ὑφ' ᾧ⟩ πάλιν πυρώδης [sc. στεφάνη]. C'est une flagrante contradiction. Il est intéressant d'observer que M. Adam pénètre aussi dans l'intérieur de la terre dans son interprétation du mythe d'Er. Cela est instructif aussi parce que cela montre que nous avons réellement affaire au même ordre d'idées. La tentative la plus héroïque qu'on ait faite pour sauver le feu central pour Pythagore a été ma propre hypothèse d'une terre annulaire (1ᵉ éd., p. 203). Elle a été raillée comme elle le méritait, et pourtant c'est la seule solution possible du problème tel qu'il est posé. Nous verrons au chap. VII que le feu central appartient au dernier stade de développement du Pythagorisme.

[3] R. P. 126, où l'ingénieuse correction de Fülleborn, κληδοῦχον pour κληροῦχον est tacitement adoptée. Cette correction est basée sur l'opinion qu'Aétius (ou Théophraste) pensait à la divinité qui garde les clefs dans le prologue du poème (frg. 1, 14). Je pense maintenant que les κλῆροι du mythe d'Er sont la vraie explication du nom. Philon emploie l'expression κληροῦχος θεός.

monde invisible, tantôt du monde invisible à la lumière¹. Il serait difficile de décrire plus exactement ce que fait la divinité dans le mythe d'Er, et ainsi, une fois de plus, il semble que nous soyons sur le terrain pythagoricien. Il y a lieu de noter en outre qu'au fragment 10 nous voyons comment Anankè prit les cieux et les força de garder le cours déterminé des astres, et qu'au fragment 12 nous sommes avertis qu'elle est l'auteur de tout rapprochement des sexes et de toute naissance. Enfin, au fragment 13, nous voyons qu'elle créa Eros avant tous les autres dieux. Les parallèles modernes sont dangereux, mais on ne va réellement pas bien au delà de ce qui est écrit en disant que cet Eros est la Volonté de Vivre, qui conduit à des renaissances successives de l'âme. Ainsi nous trouverons qu'il y a, dans Empédocle, un ancien oracle ou décret qui fait tomber les dieux et les oblige à s'incarner dans un cycle de naissances².

Nous serions donc plus certains de la place qu'occupe la divinité dans l'univers si nous savions d'une manière tout à fait sûre où siège Anankè dans le mythe d'Er. Sans vouloir soulever ici cette question très discutée, nous pouvons déclarer avec quelque confiance que, suivant Théophraste, elle occupait une position intermédiaire entre la terre et le ciel. Que nous croyions ou non aux « couronnes mixtes », cela ne fait aucune différence à cet égard ; car l'indication d'Aétius, suivant laquelle elle était au milieu des couronnes mixtes, implique sans aucun doute qu'elle était dans cette région. Or, elle est identifiée avec une des couronnes dans un passage quelque peu confus de Cicéron³, et nous avons vu plus haut (p. 70) que toute la

---

¹ Simpl. *Phys.* p. 39, 19 : καὶ τὰς ψυχὰς πέμπειν ποτὲ μὲν ἐκ τοῦ ἐμφανοῦς εἰς τὸ ἀειδές (*i. e.* διδές), ποτὲ δὲ ἀνάπαλίν φησιν. On relierait ceci avec quelque probabilité à l'indication de Diogène IX, 22 (R. P. 127) suivant laquelle les hommes naquirent du soleil (si on lit ἡλίου avec les mss au lieu de la conjecture ἰλύος de l'édition de Bâle).

² Empédocle, frg. 115.

³ Cicéron, *De nat. D.* I, 11, 28 : « Nam Parmenides quidem commen-

théorie des roues ou des couronnes fut probablement suggérée par la Voie lactée. Il me semble donc que nous devons nous représenter la Voie lactée comme une couronne intermédiaire entre celles du soleil et de la lune, et cela s'accorde très bien avec la place importante qui lui est attribuée au fragment 11. Il vaut mieux ne pas être trop positif relativement aux autres détails du système, quoiqu'il soit intéressant de noter que suivant les uns ce fut Pythagore, suivant d'autres Parménide qui découvrit l'identité de l'étoile du soir et de l'étoile du matin. Cela s'accorde exactement avec notre conception générale du système[1].

A part cela, il est parfaitement certain que Parménide exposait encore comment les autres dieux étaient nés et comment ils tombèrent, idée que nous savons être orphique, et qui peut fort bien avoir été pythagoricienne. Nous y reviendrons en étudiant Empédocle. Dans le *Symposion* de Platon, Agathon associe Parménide à Hésiode comme narrateur des anciens actes de violence commis par les dieux[2]. Si Parménide exposait la théologie pythagoricienne, tout cela était précisément ce que nous devions attendre; mais c'est une tentative, semble-t-il, vouée d'avance à l'insuccès, que de vouloir l'expliquer en partant de l'une quelconque des autres théories que nous avons

---

ticium quiddam coronæ simile efficit (στεφάνην appellat), continente ardore lucis orbem, qui cingat cælum, quem appellat deum. » Nous pouvons rapprocher ceci de l'indication d'Aétius, II, 20, 8 (DV 18 A 43): τὸν ἥλιον καὶ τὴν σελήνην ἐκ τοῦ γαλαξίου κύκλου ἀποκριθῆναι.

[1] Diog. IX, 23 : καὶ δοκεῖ (Παρμενίδης) πρῶτος πεφωρακέναι τὸν αὐτὸν εἶναι Ἕσπερον καὶ Φωσφόρον, ὥς φησι Φαβωρῖνος ἐν πέμπτῳ Ἀπομνημονευμάτων· οἱ δὲ Πυθαγόραν. Si, comme le prétend Achille, le poète Ibycus de Rhegium avait proclamé cette découverte avant Parménide, cela doit s'expliquer par le fait que Rhegium était devenu le principal siège de l'école pythagoricienne.

[2] Platon, *Symp.* 195 c 1. Il ressort du contexte que ces παλαιὰ πράγματα étaient πολλὰ καὶ βίαια, car ils comprenaient des choses telles que des ἐκτομαί et des δεσμοί. La critique épicurienne de tout ceci est partiellement conservée dans Philodème, *de pietate*, p. 68, Gomperz; et Cicéron, *de Nat. D.* I, 11, 28 (*Dox.* p. 534; R. P. 126 b).

exposées à propos de la Voie de l'Opinion. Pareilles choses ne se déduisent pas naturellement de la conception ordinaire du monde, et nous n'avons aucune raison de supposer qu'Héraclite exposait sous cette forme ses vues sur les sentiers en haut et en bas de l'âme. Il était certainement d'avis que les esprits gardiens entraient dans des corps humains; mais le caractère essentiel de sa théorie était de donner une explication plutôt naturaliste que théologique de ce processus. Encore moins pouvons-nous tenir pour probable que Parménide ait inventé lui-même ces histoires pour montrer ce que la conception populaire du monde impliquait réellement si elle était correctement formulée. Nous devons exiger, je pense, que toute théorie sur le sujet rende compte de ce qui, évidemment, constituait une portion considérable du poème.

XCV. — Physiologie.

En exposant les opinions de ses contemporains, Parménide était obligé, nous le voyons par ses fragments, de s'étendre assez longuement sur des questions physiologiques. Comme toute autre chose, l'homme est composé pour lui de chaud et de froid, et la mort est causée par la disparition du chaud. Il émettait aussi de curieuses idées relativement à la génération. Tout d'abord, les mâles proviennent du côté droit et les femelles du côté gauche. Les femmes renferment une plus grande quantité de chaud, et les hommes une plus grande de froid, opinion contre laquelle, nous le verrons, s'élève Empédocle[1]. C'est précisément la proportion du chaud et du froid dans les hommes qui détermine le caractère de leur pensée, de sorte que les cadavres eux-mêmes, que le chaud a quittés, gardent la perception de ce qui est froid et sombre[2]. Ces frag-

---

[1] Sur tout ceci, voir R. P. 127 a, ainsi que Arist. de Part. An. B, 2, 648 a 28; de Gen. An. Δ, 1.765 b 19 (DV 18 A 52-54).

[2] Theophr. de Sens. 3, 4 (R. P. 129; Dox. 499; DV 18 A 46).

ments d'information ne nous disent pas grand'chose considérés en eux-mêmes ; mais ils se relient de la manière la plus intéressante à l'histoire de la médecine, et mettent en évidence le fait que l'une de ses écoles principales était en rapports étroits avec l'association pythagoricienne. Nous savons que Crotone était célèbre par ses docteurs même avant l'époque de Pythagore. Un Crotoniate, Démocède, était médecin de la cour du roi de Perse et épousa la fille de Milon, le Pythagoricien [1]. Nous connaissons aussi le nom d'un écrivain médical très distingué, qui vivait à Crotone dans l'intervalle qui sépare Pythagore de Parménide, et les quelques faits qu'on rapporte à son sujet nous permettent de regarder les idées physiologiques qu'exposait Parménide non comme des curiosités isolées, mais comme des jalons grâce auxquels nous pouvons retracer l'origine et le développement de l'une des théories médicales les plus influentes, celle qui explique la santé par l'équilibre de facteurs opposés.

XCVI. — ALCMÉON DE CROTONE.

Aristote nous dit qu'Alcméon de Crotone [2] était encore un jeune homme alors que Pythagore était dans un âge avancé. Le Stagirite n'affirme pas expressément, comme le font des écrivains postérieurs, qu'Alcméon appartenait à l'école pythagoricienne, mais il fait ressortir que, selon toute apparence, ou bien ce médecin dériva des Pythagoriciens sa théorie des opposés, ou que les Pythagoriciens lui empruntèrent la leur [3]. Dans tous les cas, il était intimement lié avec l'association, comme le prouve un des misé-

---

[1] Hérod. III, 131, 137.

[2] Sur Alcméon, voir spécialement Wachtler, *De Alcmæone Crotoniata* (Leipzig, 1896).

[3] Arist. *Met.* A, 5. 986 a 27 (R. P. 66 ; DV 14 A 3). A a 30, Diels lit avec une grande probabilité : ἐγίνετο τὴν ἡλικίαν <νέος> ἐπὶ γέροντι Πυθαγόρᾳ. Cf. Jambl. *V. Pyth.* 104, où Alcméon est mentionné parmi les συγχρονίσαντες καὶ μαθητεύσαντες τῷ Πυθαγόρᾳ πρεσβύτῃ νέοι.

rables fragments de son livre. Celui-ci commençait comme suit : « Alcméon de Crotone, fils de Perithoüs, dit ceci à Brotinos, à Léon et à Bathyllos. Relativement aux choses invisibles et aux choses mortelles, les dieux ont la certitude ; mais pour autant que les hommes peuvent inférer... [1] » La citation se termine malheureusement de cette manière abrupte, mais elle nous apprend deux choses. Tout d'abord, Alcméon gardait cette réserve qui distingue tous les meilleurs écrivains médicaux de la Grèce, et secondement, il dédiait son œuvre aux chefs de l'association pythagoricienne [2].

La significaton d'Alcméon pour l'histoire de la philosophie gît surtout dans le fait qu'il fut le fondateur de la psychologie expérimentale [3]. Il est certain qu'il regardait le cerveau comme le sensorium commun, découverte importante à laquelle se rangèrent Hippocrate et Platon, — tandis qu'Empédocle, Aristote et les Stoïciens revinrent à l'idée plus primitive que cette fonction est remplie par le cœur. Il n'y a pas de raison de douter qu'il ait fait cette découverte par des moyens anatomiques. Un témoignage nous permet d'affirmer qu'il pratiquait la dissection, et quoique les nerfs ne fussent pas encore reconnus comme tels, on savait qu'il existait certains « passages », qu'on pouvait empêcher, par des lésions, de communiquer les sensations au cerveau [4]. Il distinguait aussi entre la sensa-

---

[1] Ἀλκμαίων Κροτωνιήτης τάδε ἔλεξε Πειρίθου υἱὸς Βροτίνῳ καὶ Λέοντι καὶ Βαθύλλῳ· περὶ τῶν ἀφανέων, περὶ τῶν θνητῶν, σαφήνειαν μὲν θεοὶ ἔχοντι, ὡς δὲ ἀνθρώποις τεκμαίρεσθαι καὶ τὰ ἑξῆς. Le fait que ceci n'est pas écrit dans le dorien conventionnel, comme les livres pythagoriciens forgés, est une forte preuve d'authenticité.

[2] Brotinos (et non Brontinos) est tour à tour qualifié de gendre et de beau-père de Pythagore. Léon est l'un des Métapontins du catalogue de Jamblique (Diels, *Vors.* p. 268), et il est à présumer que Bathyllos est le Posidoniate Bathylaos, qui y est aussi mentionné.

[3] Tout ce qui concerne l'histoire primitive de cette question est réuni et discuté dans l'ouvrage de Beare, *Greek Theories of Elementary Cognition from Alcmaeon to Aristotle* (1906), auquel je dois renvoyer le lecteur pour tous les détails.

[4] *Theophr., de Sens.* 26 (Beare, p. 252, n. 1 ; DV 14 A 5). Nous ne

tion et l'intelligence, quoique nous n'ayons aucun moyen de nous rendre compte exactement du point où il tirait la ligne de démarcation entre elles. Ses théories sur les divers sens sont d'un grand intérêt. Nous trouvons déjà chez lui ce qui caractérise les théories grecques de la vision dans son ensemble, la tentative de combiner l'opinion selon laquelle la vision est un acte procédant de l'œil avec celle qui l'attribue à une image reflétée dans cet organe. Il savait l'importance de l'air pour le sens de l'ouïe, quoiqu'il l'appelât le vide, par un trait bien pythagoricien. En ce qui concerne les autres sens, nos informations sont plus maigres, mais elles suffisent à montrer qu'il avait traité la question systématiquement [1].

Son astronomie paraît étonnamment fruste pour un homme qui était en relations étroites avec les Pythagoriciens. On nous dit qu'il adopta la théorie d'Anaximène sur le soleil et l'explication qu'Héraclite donnait des éclipses [2]. Il est d'autant plus remarquable qu'on lui attribue la paternité de l'idée qui requit plus tard toute l'autorité de Platon pour être acceptée, à savoir que les planètes ont un mouvement circulaire dans la direction opposée à la révolution diurne du ciel [3]. S'il en est ainsi, ce point était probablement en connexion étroite avec son opinion sur l'âme : elle était, disait-il, immortelle parce qu'elle ressemblait aux choses immortelles et était toujours en mouvement comme les corps célestes [4]. C'est à lui, en fait, que

savons, il est vrai, que par Chalcidius qu'Alcméon pratiquait la dissection, mais Chalcidius tirait de sources beaucoup plus anciennes ses informations sur ces matières. Pour les πόροι et pour les inférences tirées des lésions, nous avons le témoignage de Théophraste.

[1] On trouvera les détails dans Beare, p. 11 sq. (vision); p. 93 sq. (ouïe); p. 131 sq. (odorat) ; p. 160 sq. (goût); p. 180 sq. (toucher).

[2] Aet. II, 22, 4 : πλατὺν εἶναι τὸν ἥλιον; 29, 3 (DV 14 A 4): κατὰ τὴν τοῦ σκαφοειδοῦς στροφὴν καὶ τὰς περικλίσεις (ἐκλείπειν τὴν σελήνην).

[3] Aet. II, 16, 2 (DV 14 A 4 : τῶν μαθηματικῶν τινες) τοὺς πλανήτας τοῖς ἀπλανέσιν ἀπὸ δυσμῶν ἐπ' ἀνατολὰς ἀντιφέρεσθαι. τούτῳ δὲ συνομολογεῖ καὶ Ἀλκμαίων.

[4] Arist. de An. A, 2, 405 a 30 (R. P. 66 c; DV 14 a 12).

paraît remonter la curieuse théorie que Platon met dans la bouche du Pythagoricien Timée, et suivant laquelle l'âme a des cercles qui ont leur révolution tout comme le ciel et les planètes. Là aussi paraît se trouver l'explication de la cause qu'il assignait à la mort : l'homme meurt parce qu'il ne peut pas joindre le commencement à la fin[1]. Les corps célestes parcourent toujours le cercle entier de leurs orbites, mais les cercles de la tête peuvent ne pas arriver à leur achèvement. Cette nouvelle version du parallélisme entre le microcosme et le macrocosme paraît parfaitement naturelle chez Alcméon, quoiqu'elle ne soit évidemment pour Platon qu'un jeu d'imagination.

La théorie d'Alcméon, représentant la santé comme une « isonomie », est à la fois celle qui le relie le plus clairement avec les premiers investigateurs tels qu'Anaximandre, et celle qui eut la plus grande influence sur le développement subséquent de la philosophie. Il observait que « la plupart des choses humaines étaient au nombre de deux », par quoi il voulait dire que l'homme était fait de chaud et de froid, d'humide et de sec et des autres contraires[2]. La maladie était pour lui la « monarchie » de l'un ou de l'autre de ces facteurs — précisément ce qu'Anaximandre avait appelé l'« injustice », — tandis que la santé était le règne, dans le corps, d'un gouvernement libre avec des lois égales pour tous[3]. C'était là la doctrine directrice de l'école sicilienne de médecine qui prit naissance peu de temps après, et nous aurons à considérer dans la suite son influence sur le développement du Pythagorisme. Avec la théorie des « pores », elle est de la plus grande importance pour la science postérieure.

[1] Arist. *Probl.* 17, 3. 916 a 33 (DV 14 B 2) : τοὺς ἀνθρώπους φησίν Ἀλκμαίων διὰ τοῦτο ἀπόλλυσθαι, ὅτι οὐ δύνανται τὴν ἀρχὴν τῷ τέλει προσάψαι.

[2] Arist. *Met.* A, 5. 986 a 27 (R. P. 66; DV 14 A 3).

[3] Aet. V, 30. 1 (DV 19 B 4) : Ἀλκμαίων τῆς μὲν ὑγιείας εἶναι συνεκτικὴν τὴν ἰσονομίαν τῶν δυνάμεων, ὑγροῦ, ξηροῦ, ψυχροῦ, θερμοῦ, πικροῦ, γλυκέος, καὶ τῶν λοιπῶν, τὴν δ' ἐν αὐτοῖς μοναρχίαν νόσου ποιητικήν· φθοροποιὸν γὰρ ἑκατέρου μοναρχίαν.

CHAPITRE V

EMPÉDOCLE D'AGRIGENTE

XCVII. — Pluralisme.

La croyance que toutes choses sont *une* était commune aux philosophes que nous avons étudiés jusqu'ici ; mais Parménide a montré que si cette chose unique *est* réellement, nous devons abandonner l'idée qu'elle puisse prendre différentes formes. Les sens, qui nous présentent un monde changeant et multiple, sont trompeurs. A cette conclusion, il n'y avait pas moyen d'échapper ; le temps était encore à venir, où l'on chercherait l'unité du monde en quelque chose que, de par sa nature même, les sens ne pourraient jamais percevoir.

Nous constatons donc que, de l'époque de Parménide à celle de Platon, tous les penseurs aux mains desquels la philosophie fit un réel progrès abandonnèrent l'hypothèse moniste. Ceux qui s'y tinrent adoptèrent une attitude critique et se bornèrent à défendre la théorie de Parménide contre les opinions nouvelles. D'autres enseignèrent la doctrine d'Héraclite sous une forme exagérée ; quelques-uns continuèrent à exposer les systèmes des premiers Milésiens. Ceci, naturellement, témoignait d'un manque d'intelligence, mais même ceux des penseurs qui comprirent qu'on ne pouvait laisser Parménide sans réponse étaient bien loin d'être égaux à leurs devanciers en force et en profondeur. L'hypothèse corporaliste s'était révélée incapable de supporter le poids d'une construction moniste ;

mais un pluralisme intégral tel que la théorie atomique pouvait avoir quelque valeur, sinon comme explication finale du monde, du moins comme conception intelligible d'une partie du monde. Mais un pluralisme qui s'arrête devant l'atome, comme celui d'Empédocle et d'Anaxagore, ne peut aboutir à aucun résultat durable, si nombreux et si brillants que soient les aperçus qu'il renferme, car il cherchera inutilement à concilier deux choses qui ne sauraient être conciliées, et ne pourra, par conséquent, conduire, en se développant, qu'à des contradictions et à des paradoxes.

XCVIII. — Date d'Empédocle.

Empédocle était citoyen d'Agrigente, en Sicile, et d'après les indications les plus sûres, son père s'appelait Méton [1]. Son grand-père, nommé aussi Empédocle, avait remporté une victoire aux courses de chevaux d'Olympie dans la LXXIe Olympiade (496-95 avant J.-C.) [2], et Apollodore fixait l'akmè du philosophe lui-même à la première année de la LXXXIVe Olympiade (444-43). C'est là la date de la fondation de Thurium, et il résulte d'une citation de Diogène qu'au dire d'un biographe presque contemporain, Glaucus de Rhégium [3], Empédocle visita la nouvelle cité peu après sa fon-

---

[1] Aet. I, 3, 20 (R. P. 164; DV 21 A 33); Apollodore *ap.* Diog. VIII, 52 (R. P. 162). Les détails de la vie d'Empédocle sont discutés, avec une critique soignée des sources, par Bidez, *La biographie d'Empédocle* (Gand, 1894).

[2] Nous avons sur ce point l'autorité d'Apollodore (Diog. VII, 51, 52; R. P. 162), qui se règle sur les *Vainqueurs Olympiques* d'Eratosthène, lequel, de son côté, s'en réfère à Aristote. Héraclide de Pont, dans son Περὶ νόσων (voir plus loin, p. 235, n. 3) parlait du premier Empédocle comme d'un « éleveur de chevaux » (R. P. 162 a), et Timée le mentionnait dans son quinzième livre comme un homme distingué.

[3] Glaucus écrivit Περὶ τῶν ἀρχαίων ποιητῶν καὶ μουσικῶν, et l'on dit qu'il fut contemporain de Démocrite (Diog. IX, 38). Apollodore ajoute (R. P. 162) que, suivant Aristote et Héraclide, Empédocle mourut à l'âge de soixante ans. Il est à noter, toutefois, que les mots ἔτι δ' Ἡρακλείδης sont une conjecture de Sturz, les mss ayant ἔτι δ' Ἡράκλειτον, et Diogène disait certainement (IX, 3) qu'Héraclite vécut soixante ans. D'autre part, si l'indication d'Aristote vient du Περὶ ποιητῶν, on ne voit pas

dation. Mais nous ne sommes nullement obligés de croire qu'il avait juste quarante ans quand survint l'événement de sa vie qui pouvait le plus aisément être daté. C'est là la supposition que fait Apollodore, mais il y a des raisons de penser que sa date est de quelque huit ou dix ans trop récente[1]. Il est, en effet, très probable qu'Empédocle ne se rendit à Thurium qu'après avoir été banni d'Agrigente, et il se peut fort bien qu'il eût plus de quarante ans lorsque cela arriva. Donc, tout ce que nous pouvons affirmer savoir relativement à sa chronologie, c'est que son grand-père était encore en vie en 496 avant J.-C.; que lui-même déployait encore son activité à Agrigente après 472, date de la mort de Théron, et qu'il mourut après 444.

Mais ces indications suffisent à montrer qu'il était encore jeune garçon à l'époque où régnait Théron, le tyran qui, de concert avec Gélon de Syracuse, repoussa les Carthaginois d'Himéra. Le fils et successeur de Théron, Thrasydaios, était un homme d'une autre trempe. Avant son avènement au trône d'Agrigente, il avait régné à Himéra au nom de son père, et s'était complètement aliéné les habitants de cette ville. Théron mourut en 472, et Thrasydaios manifesta aussitôt tous les vices, et se rendit coupable de toutes les folies que l'on constate habituellement chez le second détenteur d'une domination usurpée. Il fut expulsé après une guerre désastreuse avec Hiéron de Syracuse, et Agrigente jouit de la liberté jusqu'à ce que, plus d'un demi-siècle plus tard, elle succomba aux attaques des Carthaginois[2].

pourquoi il aurait fait mention d'Héraclite, et Héraclide était une des principales sources pour la biographie d'Empédocle.

[1] Voir Diels, *Empedokles und Gorgias* 2 (*Berl. Sitzb.*, 1884). Théophraste disait qu'Empédocle était né « pas longtemps après Anaxagore » (*Dox.* p. 477, 17); DV 21 A 7) et Alcidamas faisait de lui le condisciple de Zénon sous Parménide, et le maître de Gorgias (voir plus loin, p. 233, n. 4). Or Gorgias était un peu plus âgé qu'Antiphon (né dans la LXXe Olymp.); il est donc clair que nous devons faire remonter la naissance d'Empédocle *pour le moins* à 490 av. J.-C.

[2] E. Meyer, *Gesch. des Allerth.* II, p. 508.

IC. — Empédocle comme homme d'État

Empédocle joua certainement un rôle en vue dans les événements politiques des années suivantes, mais nos informations à ce sujet sont d'une nature très singulière. L'historien Timée de Sicile racontait sur lui une ou deux histoires qui sont évidemment des traditions authentiques recueillies environ cent cinquante ans après, mais, comme toutes les traditions populaires, un peu confuses. Les incidents pittoresques sont rappelés, mais les parties essentielles de l'histoire sont passées sous silence. Nous n'en devons pas moins être reconnaissants de ce que le « collecteur de contes de vieilles femmes [1] » — comme l'appelaient des critiques peu respectueux — nous a mis à même de mesurer l'importance historique d'Empédocle par nous-mêmes en nous montrant comment se le représentaient les arrière-petits-fils de ses contemporains.

Nous lisons donc [2] qu'il fut prié une fois à dîner avec un des « gouvernants ». La tradition affectionne ces titres vagues. « Le dîner était très avancé sans qu'aucun vin eût encore été apporté. Le reste de la compagnie ne disait rien, mais Empédocle était à bon droit indigné, et il insista pour qu'on servît du vin. L'hôte, cependant, dit qu'il attendait l'officier du Conseil. Quand cet officier arriva, il fut désigné comme roi du festin. Ce fut naturellement l'hôte qui le désigna. Là-dessus il commença à manifester les symptômes d'une tyrannie naissante. Il ordonna aux convives de boire, s'ils ne voulaient pas que le vin fût répandu sur leurs têtes. Au moment même, Empédocle ne dit rien, mais le jour suivant il les cita tous deux devant la Cour et les fit condamner et mettre à mort — aussi bien celui qui l'avait prié à dîner que le roi du festin [3]. Tel fut le dé-

---

[1] Il est appelé γραοσυλλέκτρια dans Suidas, *s. v.* L'opinion exprimée dans notre texte quant à la valeur de ce témoignage est celle de Holm.

[2] Timée, *ap.* Diog. VIII, 64 (*F. H. G.* I, p. 214, frg. 88 *a*).

[3] Dans ma première édition, je relevais l'analogie des accusations

but de sa carrière politique. » A en croire l'anecdote suivante, le Conseil voulait accorder à son ami Acron une pièce de terre pour un tombeau de famille, en raison de son mérite éminent comme médecin, mais Empédocle l'en détourna et appuya son opposition d'une épigramme où il se livrait à des jeux de mots [1]. Enfin, il prononça la dissolution de l'assemblée des Mille — qui était peut-être une association ou un club oligarchique [2]. Peut-être fut-ce à cause de cela qu'on lui offrit la royauté, qu'il refusa, au dire d'Aristote [3]. Nous voyons en tous cas qu'Empédocle fut le grand leader démocratique d'Agrigente en ces temps-là, quoique nous n'ayons aucune notion claire de ce qu'il fit.

C. — Empédocle comme conducteur religieux.

Mais il est une autre face de son rôle public que Timée trouvait difficile de concilier avec ses vues politiques. Il se proclamait dieu, et prétendait recevoir, à ce titre, l'hommage de ses concitoyens. La vérité est qu'Empédocle n'était pas simplement un homme d'Etat; il était, en outre, et dans une grande mesure, un charlatan. Si l'on en croit Satyros [4], Gorgias affirmait avoir vu son maître se livrer à des opérations magiques. Ce que cela signifie, nous pou-

---

d'incivisme. Bidez dit (p. 127) : « J'imagine qu'un Jacobin aurait mieux jugé l'histoire (que Karsten et Holm) ; sous la Terreur, on était suspect pour de moindres vétilles. »

[1] Diog. VIII, 65. Voici le texte de l'épigramme :

ἄκρον ἰητρὸν Ἄκρων' Ἀκραγαντῖνον πατρὸς Ἄκρου
κρύπτει κρημνὸς ἄκρος πατρίδος ἀκροτάτης.

Sur Acron, voir M. Wellmann, *op. cit.* p. 235, n. 1.

[2] Diog. VIII, 66 : ὕστερον δ' ὁ Ἐμπεδοκλῆς καὶ τὸ τῶν χιλίων ἄθροισμα κατέλυσε συνεστὼς ἐπὶ ἔτη τρία. Le mot ἄθροισμα ne suggère guère l'idée d'une assemblée légale, et συνίστασθαι suggère celle d'une conspiration.

[3] Diog. VIII, 63. Aristote disait probablement cela dans son *Sophiste*. Cf. Diog. VIII, 57.

[4] Diog. VIII, 59 (R. P. 162). Satyros suivait probablement Alcidamas. Diels suggère (*Emp. und Gorg.*, p. 358) que le φυσικός d'Alcidamas était un dialogue dans lequel Gorgias était le principal interlocuteur. Dans ce cas, l'indication n'aurait qu'une faible valeur historique.

vons en juger par les fragments de ses *Purifications*. Empédocle était un apôtre de la nouvelle religion qui cherchait à délivrer de la « roue des naissances » par la pureté de l'abstinence, mais nous ne savons pas avec une entière certitude à quelle forme de cette religion il se rattachait. D'autre part, l'Orphisme paraît avoir été en pleine vogue à Agrigente à l'époque de Théron, et il y a même quelques coïncidences verbales entre les poèmes d'Empédocle et les odes orphisantes que Pindare adressait à ce prince [1]. Il y a aussi quelques points de ressemblance entre la *Théogonie rhapsodique*, telle que nous la connaissons d'après Damascius, et certains fragments d'Empédocle, quoique l'importance en ait été exagérée [2]. D'autre part, il n'y a pas de raison de douter que le fragment 134 ne se rapporte à Apollon [3], comme nous le dit Ammonius, et s'il en est ainsi, cela paraît indiquer qu'il se rattachait à la forme ionienne de la doctrine mystique, comme nous l'avons vu (§ 39) de Pythagore. De plus, Timée connaissait déjà l'histoire de son expulsion de l'Ordre pythagoricien pour « soustraction d'écrits [4] », et il est probable, en somme, que le frg. 129 vise Pythagore [5]. Il serait fort hasardeux de dogmatiser à ce sujet ; mais il paraît très vraisemblable qu'Empédocle avait été influencé, dans sa jeunesse, par des idées orphiques, et que, plus tard, il prêcha une forme de Pythagorisme que les chefs de l'Association ne considérèrent pas comme orthodoxe. Quoi qu'il en soit, il semble que son activité politique et son activité scientifique appartiennent à la même période de sa vie, et qu'il ne devint prophète itinérant qu'après avoir été banni. Il est en tous cas bien moins probable que son œuvre scientifique ait été le fruit

---

[1] Voir Bidez, p. 115, n. 1.
[2] O Kern, *Empedokles und die Orphiker*, dans l'*Arch.* I, p. 489 sq. Sur la *Théogonie rhapsodique*, voir Introd. p. 10, n. 1.
[3] Voir plus loin la n. au frg. 131.
[4] Diog. VIII, 54 (R. P. 162).
[5] Voir plus loin la n. au frg. 129.

des derniers jours de sa vie, alors qu'il vivait retiré dans l'exil[1].

On rapporte nombre de prodiges accomplis par Empédocle, mais ce ne sont, pour la plupart, que des inférences tirées de ses écrits. Timée racontait comment il avait brisé la force des vents étésiens en suspendant aux arbres, pour les capter, des sacs faits de peaux d'ânes. Il avait certainement dit, avec l'exagération dont il était coutumier, que la connaissance de la science enseignée par lui mettrait ses disciples en mesure de commander aux vents (frg. 111); et cela, joint à la fable des outres d'Éole, suffit pour expliquer le conte[2]. On nous dit aussi comment il avait ramené à la vie une femme restée pendant trente jours sans respiration et sans pouls. Le vers dans lequel il affirme que son enseignement permettra à Pausanias de ramener les morts de l'Hadès (frg. 111) montre de quelle manière cette histoire a pu prendre naissance[3]. On nous raconte ensuite qu'il assainit le marais pestilentiel qui se trouvait entre Sélinonte et la mer en y faisant passer les rivières d'Hypsas et de Sélinos. Nous savons par les monnaies que ce marais fut effectivement assaini, mais on peut se demander si le mérite de cette opération ne fut pas attribué à Empédocle à une date postérieure[4].

---

[1] Cette dernière opinion est celle de Bidez (p. 161 sq.), mais Diels a montré (*Berl. Sitzb.*, 1898, p. 406 sq.), que la première est psychologiquement plus probable.

[2] Je reproduis la forme la plus grossière de l'histoire racontée par Diog. VIII, 60, et non la version rationalisée de Plutarque (*adv. Col.* 1126 b). Les épithètes ἀλεξανέμας et κωλυσανέμας furent peut-être employées par raillerie par quelque sillographe; cf. ἀνεμοκοίτης.

[3] Le Περὶ νόσων d'Héraclide, d'où ce vers est tiré, semble avoir été une sorte de roman médico-philosophique. Le texte de Diog. (VIII, 60) est le suivant: Ἡρακλείδης τε ἐν τῷ Περὶ νόσων φησὶ καὶ Παυσανίᾳ ὑφηγήσασθαι αὐτὸν τὰ περὶ τὴν ἄπνουν. C'était un cas de suffocation hystérique.

[4] Sur ces monnaies, voir Head, *Historia Numorum*, p. 147 sq.

CI. — Rhétorique et médecine.

Aristote dit qu'Empédocle fut l'inventeur de la rhétorique[1], et Galien faisait de lui le fondateur de l'école italienne de médecine, qu'il met sur le même pied que celles de Cos et de Cnide[2]. Ces deux indications doivent être considérées en rapport avec son activité politique et scientifique. Il paraît certain que Gorgias fut son disciple en physique et en médecine, et quelques-unes des particularités de son style se trouvent déjà dans les poèmes d'Empédocle[3]. Il n'y a naturellement pas lieu de supposer qu'Empédocle écrivit un traité proprement dit de rhétorique, mais il est de toute façon probable, et conforme à son caractère, que ses discours — dont il doit avoir fait un grand nombre — étaient marqués de cet euphuisme que Gorgias introduisit plus tard à Athènes, et qui donna l'idée d'une prose artistique. L'influence d'Empédocle sur le développement de la médecine fut cependant beaucoup plus importante, car elle se fit sentir non seulement sur la médecine elle-même, mais, par l'intermédiaire de celle-ci, sur toute la tendance de la pensée scientifique et philosophique. On a dit qu'Empédocle n'avait pas eu de successeurs[4], et la remarque est exacte si nous nous en tenons strictement à la philosophie. En revanche, l'école médicale qu'il fonda existait encore du temps de Platon, et elle eut une influence considérable sur

---

[1] Diog. VIII, 57 (R. P. 162 g).

[2] Galien, X, 5 (DV 21 A 3) : ἦρξαν δ' αὐτοῖς (les écoles de Cos et de Cnide).... καὶ οἱ ἐκ τῆς Ἰταλίας ἰατροί, Φιλιστίων τε καὶ Ἐμπεδοκλῆς καὶ Παυσανίας καὶ οἱ τούτων ἑταῖροι κ. τ. λ. Philistion était le contemporain de Platon ; Pausanias est le disciple auquel Empédocle dédia son poème.

[3] Voir Diels, *Empedokles und Gorgias* (Berl. Sitzb., 1884, p. 343 sq.). Le plus ancien écrivain qui affirme que Gorgias fut disciple d'Empédocle est Satyros, ap. Diog. VIII, 58 (R. P. 162) ; mais il paraît avoir tiré son information d'Alcidamas, qui fut lui-même l'élève de Gorgias. Dans le *Ménon* de Platon (76 c 4-8), c'est à Gorgias qu'est attribuée la théorie empédocléenne des effluves et des pores.

[4] Diels, *Berl. Sitzb.*, 1884, p. 343.

lui et encore plus sur Aristote[1]. La doctrine fondamentale en était l'identification des quatre éléments avec le chaud et le froid, l'humide et le sec. Elle soutenait aussi que nous respirons par tous les pores du corps, et que l'acte de la respiration est en relation étroite avec le mouvement du sang. Elle regardait le cœur, et non le cerveau, comme l'organe de la conscience[2]. Caractéristique plus extérieure de la médecine telle que l'enseignaient les successeurs d'Empédocle : ceux-ci étaient encore attachés à des idées de nature magique. On a conservé une protestation d'un membre de l'école de Cos contre ce fait. Il traite ces médecins de « magiciens, de purificateurs, de charlatans et de vantards qui font profession d'être très religieux[3] ». Il y a sans doute en cela quelque vérité, mais ce jugement ne rend pas justice aux grands progrès que l'école sicilienne fit faire à la physiologie.

CII. — Relation d'Empédocle avec ses prédécesseurs.

Dans la biographie d'Empédocle, il est très peu question de sa théorie de la nature. Tout ce que nous y trouvons, ce sont quelques indications sur ses maîtres. Alcidamas, qui était bien placé pour se renseigner, fait de lui un condisciple de Zénon sous Parménide. Cela est à la fois possible et probable. Théophraste, lui aussi, le déclarait élève et

---

[1] Voir M. Wellmann, *Fragmentsammlung der griechischen Aerzte*, vol. I (Berlin 1901). Suivant Wellmann, Platon (dans le *Timée*) et Dioclès de Caryste dépendent tous deux de Philistion. Il est impossible de comprendre l'histoire de la philosophie à partir de ce moment sans avoir constamment à l'esprit l'histoire de la médecine.

[2] Sur les quatre éléments, cf. Anon. Lond. XX, 25 (*Iatrika* de Ménon): Φιλιστίων δ' οἴεται ἐκ δ' ἰδεῶν συνεστάναι ἡμᾶς, τοῦτ' ἔστιν ἐκ δ' στοιχείων. πυρός, ἀέρος, ὕδατος. γῆς. εἶναι δὲ καὶ ἑκάστου δυνάμεις, τοῦ μὲν πυρὸς τὸ θερμόν, τοῦ δὲ ἀέρος τὸ ψυχρόν, τοῦ δὲ ὕδατος τὸ ὑγρόν, τῆς δὲ γῆς τὸ ξηρόν. Sur la théorie de la respiration, voir Wellmann, p. 82 sq., et sur le cœur comme siège de la conscience, *ibid.* p. 15 sq.

[3] Hippocr. Περὶ ἱερῆς νόσου, c. 1 : μάγοι τε καὶ καθάρται καὶ ἀλαζόνες. Il faut lire tout le passage. Cf. Wellmann, p. 29 n.

imitateur de Parménide. Mais il ne peut pas être vrai qu'il ait « entendu » Pythagore. Alcidamas a vraisemblablement dit : « les Pythagoriciens[1] ».

Quelques écrivains prétendent que certaines parties du système d'Empédocle, en particulier la théorie des pores et des effluves (§ 118), qui ne paraissent pas découler très naturellement de ses propres principes, sont dues à l'influence de Leucippe[2]. Tel n'est pourtant pas nécessairement le cas. Nous savons qu'Alcméon (§ 46) parlait de « pores » à propos de la sensation, et ce peut tout aussi bien être à lui qu'Empédocle emprunta la théorie. On peut ajouter que cela s'accorde mieux avec l'histoire de certaines autres opinions physiologiques communes à Alcméon et aux philosophes ioniens postérieurs, — opinions qui, à ce que nous sommes généralement en mesure de constater, parvinrent en Ionie par l'intermédiaire de l'école médicale fondée par Empédocle[3].

CIII. — Sa mort.

La tradition rapporte qu'Empédocle se précipita dans le cratère de l'Etna afin qu'on le crût dieu. Cela paraît être la version malicieuse[4] d'un conte imaginé par ses adhérents, et d'après lequel il avait été enlevé au ciel pendant la nuit[5].

---

[1] Diog. VIII, 54-56 (R. P. 162).

[2] Diels, *Verhandl. der 35. Philologenversammlung*, p. 104 sq.; Zeller, p. 767. La thèse que nous soutenons dans les chapitres suivants serait ruinée si l'on pouvait prouver qu'Empédocle fut influencé par Leucippe. J'espère montrer au contraire que Leucippe fut influencé par la doctrine pythagoricienne récente (chap. IX, § 171), laquelle fut à son tour influencée par Empédocle (chap. VII, § 147).

[3] Sur les πόροι chez Alcméon, cf. Arist. *de Gen. An.* B, 6. 744 a 8; Theophr. *de Sens.* 26 (DV 14 A 10 et 5), et sur la manière dont ses vues embryologiques et autres furent transmises aux médecins ioniens par l'intermédiaire d'Empédocle, cf. Fredrich, *Hippokratische Untersuchungen*, p. 126 sq.

[4] R. P. 162 *h* (DV 21 A 16). L'histoire est toujours racontée dans une intention hostile.

[5] R. P. *ib.* C'était l'histoire racontée par Héraclide de Pont à la fin de son roman sur l'ἄπνους.

Les deux histoires trouvèrent facilement créance, car il n'y avait pas de tradition locale. Empédocle ne mourut pas en Sicile, mais dans le Péloponnèse, ou, peut-être, à Thurium. Il s'était rendu à Olympie pour y réciter son poème religieux devant les Hellènes ; ses ennemis réussirent à empêcher son retour, et on ne le revit plus en Sicile [1].

CIV. — Ses écrits.

Empédocle fut le second philosophe qui exposa son système en vers, si nous faisons abstraction du satirique Xénophane. Il fut aussi le dernier parmi les Grecs, car on peut négliger les poèmes forgés sous le nom de Pythagore [2]. Lucrèce imite en cela Empédocle, tout comme Empédocle imitait Parménide. Naturellement, les images poétiques créent une difficulté pour l'interprète, mais une difficulté dont on aurait tort de s'exagérer la portée. On ne peut pas dire qu'il soit plus difficile d'extraire la moelle philosophique des vers d'Empédocle que de la prose d'Héraclite.

Il y a quelque divergence d'opinion en ce qui concerne le mérite poétique d'Empédocle. Le panégyrique de Lucrèce est bien connu [3]. Aristote dit quelque part qu'Empédocle et Homère n'ont rien de commun que le mètre, et ailleurs qu'Empédocle était « homérique au plus haut point [4] ». A mon sens, il est indiscutable que c'était un véritable poète, beaucoup plus poète que Parménide. Personne, à l'heure qu'il est, ne met en doute que Lucrèce n'en fût un, et Empédocle lui ressemble réellement tout à fait à cet égard.

---

[1] Timée prit la peine de réfuter en détail les histoires qui couraient sur le compte d'Empédocle (Diog. VIII, 71 sq. ; R. P. *ib*.). Il affirmait tout à fait positivement que celui-ci ne retourna jamais en Sicile. Le plus probable est certainement qu'à l'époque où il errait, exilé, dans le Péloponnèse, il saisit l'occasion de se joindre aux colons de Thurium, ville qui était alors un port pour nombre de « sophistes ».

[2] Voir chap. IV, § 85.

[3] Lucr. I, 716 sq.

[4] *Poet.* I, 1447 *b* 18 (DV 21 A 22); cf. Diog. VIII, 57 (R. P. 162 *i*).

CV. — LES FRAGMENTS.

Nous avons d'Empédocle des fragments plus abondants que d'aucun des philosophes grecs primitifs. Si nous pouvons nous fier aux manuscrits de Diogène et de Suidas, les bibliothécaires d'Alexandrie évaluaient le *Poème sur la Nature* et les *Purifications* ensemble à 5000 vers, sur lesquels environ 2000 appartenaient à la première de ces œuvres[1]. Diels donne environ 350 vers et fragments de vers du poème cosmologique, ce qui n'en représente pas même la cinquième partie. Il est important de faire remarquer que, même dans ce cas favorable, la perte a été énorme. Outre les deux poèmes, les savants alexandrins possédaient une œuvre en prose sur la médecine de 600 lignes, qu'on attribuait à Empédocle. Les tragédies et les autres poèmes dont on le disait parfois l'auteur semblent, en réalité, appartenir à un écrivain plus jeune, du même nom que lui, et que Suidas dit avoir été son petit-fils[2].

Je donne les fragments tels qu'ils sont arrangés par Diels :

1. Et toi, prête l'oreille, Pausanias, fils d'Anchitos, le Sage !

2. Car étroitement limitées sont les forces qui sont répandues sur les parties de leurs corps, et nombreux sont les maux qui fondent sur eux et émoussent le tranchant de leurs soucieuses

---

[1] Diog. VIII, 77 (R. P. 162); Suidas, s. v. Ἐμπεδοκλῆς (DV 21 A 2): καὶ ἔγραψε δι' ἐπῶν Περὶ φύσεως τῶν ὄντων βιβλία β', καὶ ἔστιν ἔπη ὡς δισχίλια. Il semble peu probable, cependant, que les Καθαρμοί comptassent 3000 vers; aussi Diels propose-t-il de lire dans Diogène πάντα τρισχίλια au lieu de πεντακισχίλια. Il y a lieu d'observer qu'il n'y a pas de meilleure autorité que Tzetzes pour diviser le Περὶ φύσεως en trois livres. Voir Diels, *Ueber die Gedichte des Empedokles*, dans les *Berl. Sitzb.*, 1898, p. 396 sq.

[2] Jérôme de Rhodes déclarait (Diog. VIII, 58) qu'il avait eu sous les yeux quarante-trois de ces tragédies; mais voyez Stein, p. 5 sq. Le poème sur les guerres persiques, que mentionne aussi Jérôme (Diog. VIII, 57) semble avoir eu pour origine une ancienne corruption du texte d'Arist., *Probl.* 929 b 16, où Bekker lit encore ἐν τοῖς Περσικοῖς. On dit cependant du même passage, à *Meteor.* Δ 4, 387 a 1, qu'il se trouvait ἐν τοῖς φυσικοῖς, quoique, là aussi, E lise Περσικοῖς.

pensées ! Ils ne voient qu'une faible mesure d'une vie qui n'est pas une vie [1], et, condamnés à une prompte mort, ils sont enlevés et se dissipent comme une fumée. Chacun d'eux est instruit de cela seulement qu'il a rencontré par hasard au gré de ses errements, et il ne se vante pas moins dans sa frivolité de connaître le tout. Tant il est difficile que ces choses soient vues par les yeux ou entendues par les oreilles des hommes, ou saisies par leur esprit. Toi donc [2], puisque tu as trouvé ton chemin jusqu'ici, tu apprendras, mais non plus que l'esprit mortel ne possède de force. — R. P. 163.

3. ...à garder dans ton cœur muet.

4. Mais, ô dieux, détournez de ma langue la folie de ces hommes [3]. Sanctifiez mes lèvres et faites couler d'elles un fleuve pur ! Et toi, très courtisée Muse, vierge aux bras blancs, je te supplie de me faire entendre ce qui convient aux enfants d'un jour ! Fais-moi avancer dans ma voie dès la demeure de la Sainteté et pousse mon char docile ! Des couronnes de gloire et d'honneur de la main des mortels ne te forceront pas à les soulever du sol, afin que, dans ta fierté, tu parles au-delà de ce qui est équitable et droit et que tu gagnes ainsi un siège sur les hauteurs de la sagesse.

Commence maintenant, considère de toutes tes forces de quelle manière chaque chose est claire. N'accorde pas à ta vue un trop grand crédit en comparaison de ton oreille, et n'estime pas ton oreille qui résonne au-dessus des claires instructions de ta langue [4]; et ne refuse ta confiance à aucune des autres parties de ton corps par lesquelles il y a un accès à l'intelligence [5]; mais considère toute chose de la manière qu'elle est claire. — R. P. 163.

5. Mais c'est toujours le fait des esprits bas de ne pas croire ceux qui valent mieux qu'eux. Apprends, toi, comme te l'ordon-

---

[1] Les mss de Sextus ont ζωῆσι βίου. Diels lit ζωῆς ἰδίου. Je préfère toujours lire avec Scaliger : ζωῆς ἀβίου. Cf. frg. 15 : τὸ δὴ βίοτον καλέουσι.

[2] La personne apostrophée ici est toujours Pausanias, et celle qui parle Empédocle. Cf. frg. 111.

[3] En première ligne sans doute de Parménide.

[4] Il s'agit ici du sens du goût, non de la parole.

[5] Dans ses premières éditions, Zeller plaçait le point après νοῆσαι, ce qui donnait à peu près le sens opposé : « Refuse toute confiance aux sens du corps ; » mais il admet dans sa 5ᵉ (p. 804, n. 2), que le contexte est en faveur de Stein, qui ne met qu'une virgule après νοῆσαι, et joint ἄλλων avec γυίων. Ainsi aussi Diels. La paraphrase donnée par Sextus (R. P. ib.) est substantiellement exacte.

nent les sûrs témoignages de ma Muse, en divisant l'argument dans ton cœur.

6. Apprends d'abord les quatre racines de toutes choses : Zeus qui brille, Héra qui donne la vie, Aïdoneus et Nestis, dont les larmes sont une fontaine de vie pour les mortels[2]. — R. P. 164.

7. ...incréé.

8. Et je te dirai autre chose. Il n'est pas d'entrée à l'existence ni de fin dans la mort funeste, pour ce qui est périssable ; mais seulement un mélange et un changement de ce qui a été mélangé. Naissance n'est qu'un nom donné à ce fait par les hommes. — R. P. 165.

9. Mais quand les éléments ont été mélangés sous la figure d'un homme, et viennent à la lumière du jour, ou sous la figure d'une espèce de bêtes sauvages ou de plantes ou d'oiseaux, alors les hommes disent que ceux-ci naissent ; et quand ils sont séparés, ils donnent à cela le nom de mort douloureuse. Ils ne le nomment pas d'un nom juste ; mais, moi aussi, je suis la coutume et je l'appelle ainsi moi-même.

10. Mort vengeresse.

11, 12. Fous — car il n'ont pas de pensées étendues — qui s'imaginent que ce qui n'était pas auparavant vient à l'existence, ou que quelque chose peut périr et être entièrement détruit. Car il ne se peut pas que rien puisse naître de ce qui n'existe en aucune manière, et il est impossible et inouï que ce qui *est* doive périr ; car il *sera* toujours, en quelque lieu qu'on le place. R. P. 165 *a*.

13. Et dans le Tout, il n'y a rien de vide et rien de trop plein.

14. Dans le Tout, il n'y a rien de vide. D'où, par conséquent, pourrait venir quelque chose qui l'augmentât ?

15. Un homme sage en ces matières ne supposerait jamais dans son cœur que les mortels ne sont et ne souffrent bien et

---

[1] Il n'y a pas de difficulté dans le διατμηθέντος des mss, si nous prenons λόγοιο dans le sens d' « argument » (cf. διαιρεῖν). Diels conjecture διασσηθέντος, et traduit : « nachdem ihre Rede durch deines Geistes Sieb gedrungen ist. » Il ne me semble pas nécessaire non plus de lire χαρτά au lieu de κάρτα au premier vers.

[2] Les quatre éléments sont introduits sous des noms mythologiques, au sujet desquels voir plus loin p. 260, n. 3. Diels a certainement raison d'enlever la virgule après τέγγει, et de traduire : « Nestis quae lacrimis suis laticem fundit mortalibus destinatum. »

mal qu'aussi longtemps qu'ils vivent ce qu'ils appellent leur vie, tandis qu'ils ne sont absolument rien avant d'avoir été formés et une fois dissous.— R. P. 165 a.

16. Car vraiment ils (l'Amour et la Haine) étaient avant les temps, et ils seront; et jamais, à ce que je crois, le temps infini ne sera vide de ce couple. — R. P. 166 c.

17. Je vais t'annoncer un double discours. A un moment donné, l'Un se forma du Multiple; en un autre moment, il se divisa et de l'Un sortit le Multiple. Il y a une double naissance des choses périssables et une double destruction. La réunion de toutes choses amène une génération à l'existence et la détruit; l'autre croit et se dissipe quand les choses se séparent. Et ces choses ne cessent de changer continuellement de place, se réunissant toutes en une à un moment donné par l'effet de l'Amour, et portées à un autre moment en des directions diverses par la répulsion de la Haine. Ainsi, pour autant qu'il est dans leur nature de passer du Plusieurs à l'Un, et de devenir une fois encore Plusieurs quand l'Un est morcelé, elles entrent à l'existence, et leur vie ne dure pas. Mais, pour autant qu'elles ne cessent jamais d'échanger leurs places, dans cette mesure, elles sont toujours immobiles quand elles parcourent le cercle de l'existence.

. . . .

Mais allons, écoute mes paroles, car c'est l'étude qui augmente la sagesse. Comme je le disais déjà auparavant, quand j'exposais le but de mon enseignement, je vais t'exposer un double discours. A un moment donné, l'Un se forma du Multiple, à un autre moment, il se divisa, et de l'Un sortit le Multiple — Feu, Eau et Terre et la hauteur puissante de l'Air; la Haine redoutée aussi, à part de ceux-ci, de poids égal à chacun, et l'Amour parmi eux, égal en longueur et en largeur. Contemple-le avec ton esprit, et ne reste pas assis, les yeux éblouis. C'est lui que nous savons implanté dans les membres des mortels; c'est lui qui leur inspire des idées d'amour, et qui leur fait accomplir les travaux de la paix. Ils s'appellent des noms de Joie et d'Aphrodite. Aucun mortel ne l'a encore vu se mouvoir en cercle parmi eux[1], mais toi prête l'oreille à l'ordre de mon discours, qui ne trompe point.

Car tous ceux-ci sont égaux et de même âge; cependant chacun a une prérogative différente et sa nature particulière. Et rien ne vient à l'existence à part eux, et ils ne périssent point;

---

[1] Je lis μετὰ τοῖσιν. Je pense encore cependant que la conjecture, paléographiquement admirable, de Knatz : μετὰ θεοῖσιν (c'est-à-dire parmi les éléments) mérite considération.

car s'ils avaient péri continuellement, ils n'existeraient pas maintenant, et ce qui accroîtrait ce Tout, que serait-ce et d'où pourrait-il venir ? Comment, d'ailleurs, pourrait-il périr, puisqu'il n'y a aucun lieu vide de ces choses ? Ils sont ce qu'ils sont ; mais, courant les uns à travers les autres, ils deviennent tantôt ceci, tantôt cela [1], et toujours des choses analogues. — R. P. 166.

18. Amour.

19. Amour enlaçant.

20. Celui-ci (le conflit de l'Amour et de la Haine) est manifeste dans la masse des membres mortels. A un moment donné, tous les membres qui font partie du corps sont réunis par l'Amour au point culminant de la vie florissante ; à un autre moment, séparés par la Haine cruelle, ils errent chacun pour soi sur les écueils de la mer de la vie. Il en est de même des plantes et des poissons qui ont leur demeure dans les eaux, des bêtes qui ont leurs repaires sur les collines, et des oiseaux de mer, qui cinglent avec leurs ailes. — R. P. 173 d.

21. Allons maintenant, contemple les choses qui portent témoignage pour mes discours précédents, s'il était vrai qu'il y eût quelque insuffisance quant à la forme dans ma première énumération. Considère le soleil, partout clair et chaud, et toutes les choses immortelles qui sont baignées dans la chaleur et dans l'éclat rayonnant [2]. Considère la pluie, partout sombre et froide, et de la terre sortent des choses compactes et solides. Quand elles sont en lutte, elles sont toutes diverses de formes et séparées ; mais elles se réunissent dans l'amour, et se désirent mutuellement.

Car de celles-ci sont sorties toutes les choses qui furent, qui sont et qui seront — arbres, hommes et femmes, bêtes et oiseaux, et les poissons qui habitent dans l'eau, oui vraiment, et les dieux qui vivent de longues vies et sont grandement honorés. — R. P. 166 i.

Car ces choses sont ce qu'elles sont ; mais passant les unes à travers les autres, elles prennent des formes différentes — tellement le mélange les modifie. — R. P. 166 g.

22. Car tous ceux-ci — soleil, terre, ciel et mer — sont un avec toutes leurs parties, qui sont dispersées loin d'eux dans

---

[1] Je garde ἄλλοτε avec Diels.

[2] Je lis ἄμβροτα δ' ὅσσ' ἴδει avec Diels. Sur le mot ἴδος, cf. frgs 62 et 73. Ce passage fait allusion à la lune et aux choses qui sont faites d'air solidifié, et reçoivent leur lumière de l'hémisphère de feu. Voir plus loin, § 113.

les choses mortelles. Et pareillement toutes les choses qui sont plus portées au mélange sont semblables les unes aux autres et unies dans l'amour par Aphrodite. Mais les choses qui diffèrent le plus quant à l'origine, au mélange, et aux formes qui leur sont imprimées, sont hostiles au plus haut point les unes aux autres, étant entièrement inaccoutumées à s'unir, et très tristes de l'ordre de la Haine, qui a donné lieu à leur naissance.

23. Quand les peintres peignent des tableaux pour être offerts dans les temples, les peintres que la sagesse a bien instruits de leur art — et qu'ils ont pris dans leurs mains des matières de couleurs variées, ils les mélangent dans la proportion due, plus de quelques-unes et moins des autres, et produisent par leur moyen des formes semblables à toutes choses, faisant des arbres et des hommes et des femmes, des bêtes et des oiseaux et des poissons qui demeurent dans les eaux, oui vraiment, et des dieux qui vivent de longues vies et sont grandement honorés — de même, ne laisse pas cette erreur prévaloir sur ton esprit [1] : qu'il y ait quelque autre origine pour toutes les créatures périssables qui apparaissent en nombre infini. Sache cela de source certaine, car tu en as entendu le récit d'une déesse [2].

24. Marchant de sommet en sommet, ne pas parcourir un sentier seulement jusqu'à la fin...

25. Ce qui est juste peut bien être dit même deux fois.

26. Car ils prévalent alternativement dans la révolution du cercle, et passent les uns dans les autres, et deviennent grands selon le tour qui leur a été assigné. — R. P. 166 c.

Ils sont ce qu'ils sont, mais, passant les uns à travers les autres, ils deviennent des hommes et des races d'animaux. A un moment, ils sont tous réunis en un seul ordre par l'Amour ; à un autre, ils sont poussés dans des directions différentes par la répulsion de la Haine, jusqu'à ce qu'ils se réunissent de nouveau en un, et soient complètement soumis. Mais, en tant qu'ils ont l'habitude de passer du Plusieurs en l'Un, et, de nouveau divisés, de devenir plus d'Un, ils viennent au jour, et leur vie n'est pas durable ; mais en tant qu'ils ne cessent jamais de se transformer continuellement, ils existent toujours, immuables dans le cercle.

27. On ne distingue ni les membres rapides du Soleil, ni la

---

[1] Je lis avec Blass (*Jahrb. für klass. Phil.*, 1883, p. 19) :
οὕτω μή σ'ἀπάτη φρένα καινύτω κ. τ. λ.

Cf. Hésychius : καινύτω· νικάτω. C'est, en fait, ce que donnent les mss de Simplicius, et Hésychius a nombre de gloses empédocléennes.

[2] La « déesse » est naturellement la Muse. Cf. frg. 5.

force velue de la Terre, ni la Mer, si fort le Dieu était lié dans l'étroite enveloppe de l'Harmonie, sphérique et rond, joyeux dans sa solitude circulaire[1]. — R. P. 167.

27 a. Il n'y a ni discorde ni lutte inconvenante dans ses membres.

28. Mais il était égal en tous sens, et tout à fait infini, sphérique et rond, joyeux dans sa solitude circulaire.

29. Deux branches ne naissent pas de son dos ; il n'a pas de pieds, pas de genoux rapides, pas de parties génitales ; mais il était sphérique et égal en tous sens.

30, 31. Mais quand la Haine fut devenue grande dans les membres du dieu et se déchaîna pour réclamer ses prérogatives dans l'accomplissement du temps alterné, qui leur était assigné par le puissant serment... car tous les membres du dieu furent ébranlés les uns après les autres. — R. P. 167.

32. La jointure lie deux choses.

33. De même que lorsque la sève du figuier fait cailler et lie le blanc lait...

34. Agglutinant[2] la farine avec de l'eau.

35, 36. Mais je vais maintenant reporter mes pas sur les sentiers du chant, que j'ai parcourus auparavant, tirant de mon discours un nouveau discours. Quand la Haine fut tombée au plus profond abîme du tourbillon, et que l'Amour en eut atteint le centre, toutes les choses se réunirent en lui, pour n'être qu'Une seulement ; non pas toutes à la fois, mais en se réunissant selon leur volonté, l'une venant d'une direction, l'autre de l'autre ; et quand elles se furent mélangées, d'innombrables tribus de créatures mortelles furent çà et là répandues. Bien des choses, cependant, restèrent non mélangées, alternant avec celles qui se mélangeaient, à savoir toutes les choses que la Haine tenait en suspens ; car elle ne s'était pas encore entièrement retirée d'elles jusqu'aux limites extrêmes du cercle. Pour une part, elle restait encore à l'intérieur ; pour une autre, elle était sortie des membres du Tout. Mais, dans la mesure où elle continuait à se répandre au dehors, un doux et immortel cou-

---

[1] Le mot μονίη, s'il est exact, ne peut pas signifier « repos », mais seulement solitude. Il n'y a pas de raison de changer περιηγέι, quoique Simplicius ait περιγηθεί.

[2] Le masculin κολλήσας montre que le sujet ne peut avoir été Φιλότης, et Karsten avait sans doute raison de croire qu'Empédocle faisait intervenir un boulanger dans sa comparaison. C'est dans sa manière d'emprunter des exemples aux arts humains.

rant d'irréprochable Amour continuait à affluer au dedans, et aussitôt devenaient mortelles ces choses qui auparavant avaient été immortelles ; et ces choses étaient mélangées, qui avaient été non mélangées, chacune changeant de sentier. Et à mesure qu'elles se mélangeaient, des tribus innombrables de créatures mortelles étaient çà et là répandues, douées de toutes espèces de formes, merveilleux spectacle à contempler. — R. P. 169.

. . . .

37. La Terre accroît sa propre masse, et l'Air enfle le volume de l'Air.

38. Allons, je vais maintenant te dire en tout premier lieu le commencement du Soleil[1], et les sources d'où ont jailli toutes les choses que nous voyons maintenant, la Terre et la Mer aux flots nombreux, la Vapeur humide, et l'Air, ce Titan qui lie fortement son cercle autour de toutes choses. — R. P. 170 a.

39. Si les profondeurs de la Terre et le vaste Air étaient infinis, parole vaine qui s'est échappée des lèvres de beaucoup de mortels, quoiqu'ils n'aient vu qu'une faible partie du Tout[2]... — R. P. 103 b.

40. Le Soleil, aux traits acérés, et la douce Lune.

41. Mais (la lumière du soleil) est rassemblée et circule autour du vaste ciel.

42. Et elle lui coupe ses rayons quand il passe au-dessus d'elle, et elle projette son ombre sur une aussi grande partie de la Terre que le comporte la largeur de la Lune au pâle visage[3].

43. Le rayon de soleil, lui aussi, ayant frappé le large et puissant cercle de la Lune, se retourne aussitôt et repart pour atteindre le firmament.

44. Il repart en arrière vers l'Olympe, d'un visage exempt de crainte. — R. P. 170 c.

45, 46. Une lumière ronde et empruntée circule autour de la Terre, comme le moyeu de la roue autour du (but) le plus éloigné.

---

[1] Les mss de Clément ont ἥλιον ἀρχήν, et la leçon ἡλίου ἀρχήν est un simple expédient. Diels lit ἥλικά τ' ἀρχήν, « les premiers (éléments) égaux en âge ».

[2] Ces vers visent Xénophane suivant Aristote, qui les cite dans de Cælo B, 13, 294 a 21. Voir plus haut, chap. II, p. 138.

[3] J'ai traduit la conjecture de Diels : ἀπεστέγασεν δέ οἱ αὐγάς ἔςτ' ἂν ἴῃ καθύπερθεν. Les mss ont ἀπεσκεύασεν et ἔςτε αἶαν.

47. Car elle regarde à l'opposé le cercle sacré du Soleil-roi.

48. C'est la Terre qui fait la nuit en passant devant la lumière.

49. De la nuit solitaire, aux yeux aveugles.

50. Et Iris apporte de la mer le vent ou une pluie abondante.

51. (Le feu) qui se précipite en haut...

52. Et beaucoup de feux brûlent au-dessous de la Terre. — R. P. 171 *a*.

53. Car, comme elle courait, elle les rencontra à cette époque, quoique souvent autrement. — R. P. 171 *a*.

54. Mais l'air s'affaissa sur la terre avec ses longues racines. — R. P. 171 *a*.

55. La Mer, sueur de la Terre. — R. P. 170 *b*.

56. Le sel fut solidifié par le choc des rayons du soleil.

57. Sur elle (la Terre) naquirent beaucoup de têtes sans cous, et des bras erraient nus et privés d'épaules. Des yeux vaguaient dépourvus de fronts. — R. P. 173 *a*.

58. Des membres solitaires erraient, cherchant à s'unir.

59. Mais quand, au Dieu, le Dieu se fut mélangé dans une plus forte proportion, ces choses se réunirent au hasard de leurs rencontres, et beaucoup d'autres choses naquirent continuellement à part elles.

60. Des créatures à la démarche traînante, avec des mains innombrables.

61. Beaucoup de créatures naquirent avec des faces et des poitrines regardant en différentes directions ; quelques-unes, progéniture de bœufs à face d'hommes, tandis que d'autres, au contraire, venaient au monde, progéniture d'hommes à têtes de bœufs, et des créatures en qui la nature des hommes et des femmes était mélangée, et pourvues de parties stériles [1]. — R. P. 173 *b*.

62. Allons, écoute maintenant comment le Feu, quand il fut séparé, fit surgir les rejetons des hommes nés de la nuit et les femmes aux larmes abondantes ; car mon discours ne s'écarte pas du but et n'est point dépourvu de sagesse. Des types entièrement formés naquirent d'abord de la terre, ayant une portion à la fois d'eau et de feu [2]. Ces types, ce fut le Feu qui les fit

---

[1] Je lis στείροις avec Diels, *Hermes*, XV, loc. cit.

[2] Je garde εἴδεος (*i. e.*, ἴδεος), qui est la leçon des mss de Simplicius. Cf. plus haut, p. 244, n. 2.

surgir, désireux d'atteindre son semblable; mais ils ne montraient encore ni la forme charmante des membres féminins, ni la voix et les parties qui sont propres aux hommes. — R. P. 173 c.

63. ...Mais la substance des membres (de l'enfant) est partagée entre eux, en partie dans (le corps) de l'homme, en partie dans celui de la femme.

64. Et sur lui vint le désir, qui l'excitait par la vue.

65. ...Et il fut répandu dans les parties pures, et quand il se rencontra avec le froid, des femmes en naquirent.

66. ...Dans les pelouses fendues d'Aphrodite.

67. Car, dans sa partie la plus chaude, le sein de la femme produit des mâles, et c'est pourquoi les hommes ont le teint foncé, sont plus virils et plus velus.

68. Au dixième jour du huitième mois, se produit la putréfaction blanche [1].

69. Qui porte doublement [2].

70. Peau de brebis [3].

71. Mais si la certitude touchant ces choses était encore en quelque mesure imparfaite sur la question de savoir comment, de l'eau et de la terre, de l'air et du feu mélangés ensemble, sortirent les formes et les couleurs de toutes ces choses mortelles qui ont été agencées par Aphrodite, et viennent ainsi au jour...

72. Comment les grands arbres et les poissons dans la mer...

73. Et de même qu'en ce temps Cypris, préparant la chaleur [4], après avoir humecté la terre dans l'eau, la donna au feu rapide pour la durcir... — R. P. 171.

74. Conduisant le peuple sans voix des poissons féconds.

75. Tous, parmi ceux qui sont denses à l'intérieur et rares à l'extérieur, ayant reçu des mains de Cypris une humidité de cette espèce...

---

[1] Empédocle tenait le lait pour du sang putréfié, comme l'atteste Aristote, de Gen. An. Δ, 8, 777 a 7. Le mot πύον signifie *pus*. Il peut y avoir ici un jeu de mots avec πυός (= colostrum), mais πυός a le υ long.

[2] En parlant des femmes, qui accouchent à sept ou à neuf mois.

[3] De la membrane qui entoure le fœtus.

[4] Je lis ἴδεα ποιπνύουσα avec Diels.

76. Cela, tu peux le constater dans les coquillages au dos pesant, qui vivent dans la mer, dans les buccins et dans les tortues à la carapace de pierre. En eux, tu peux voir que la matière terreuse se tient à l'extrême surface.

77-78. C'est l'air qui fait que les arbres toujours verts fleurissent avec abondance de fruits durant toute l'année.

79. Et ainsi, premiers de tous les grands arbres, les oliviers portent des œufs...

80. A cause de quoi les grenades sont lentes à mûrir, et les pommes sont succulentes.

81. Le vin est l'eau de l'écorce, putréfiée dans le bois.

82. Les poils et les feuilles, les plumes épaisses des oiseaux, et les écailles qui croissent sur les membres puissants, sont la même chose.

83. Mais les poils des hérissons sont acérés et se raidissent sur leur dos.

84. Et de même qu'un homme qui se propose de sortir par une nuit orageuse se munit d'une lanterne, flamme de feu brillant, autour de laquelle il dispose des plaques de corne pour écarter d'elle toute espèce de vent, et que ces plaques brisent le souffle des vents qui règnent, mais que la lumière qui pénètre à travers elles brille sur le seuil de ses rayons infatigables, dans la mesure où elle est plus fine[1]; de même il (l'Amour) a capté le feu primitif, la pupille ronde, enveloppée de membranes et de tissus délicats, qui sont percés partout de passages merveilleux. Ils écartent l'eau profonde qui entoure la pupille, mais ils laissent passer le feu, dans la mesure où il est plus fin. — R. P. 177 b.

85. Mais la douce flamme (de l'œil) n'a qu'une faible portion de terre.

86. De ceux-ci, la divine Aphrodite façonna les yeux infatigables.

87. Aphrodite, unissant ceux-ci avec les rivets de l'amour.

88. Une seule vision est produite par les deux yeux.

89. Sache que des effluences s'écoulent de toutes les choses qui sont nées. — R. P. 166 h.

---

[1] Voir Beare, p. 16, n. 1, où est cité très à propos Platon, *Tim.* 45 b 4 : τοῦ πυρὸς ὅσον τὸ μὲν κάειν οὐκ ἔσχεν, τὸ δὲ παρέχειν φῶς ἥμερον. Alexandre, *ad loc.*, prend κατὰ βηλόν dans le sens de κατ' οὐρανόν, ce qui semble improbable.

90. Ainsi le doux s'empare du doux, et l'amer se précipite sur l'amer ; l'acide va à la rencontre de l'acide, et le chaud s'accouple avec le chaud.

91. L'eau s'associe mieux avec le vin, mais elle ne veut pas (se mélanger) avec l'huile. — R. P. 166 *h*.

92. Le cuivre mélangé à l'étain.

93. La baie du glauque sureau est mélangée de pourpre.

94. Et la couleur noire, au fond d'une rivière, provient de l'ombre. La même chose se voit dans les cavernes creuses.

95. Depuis qu'ils (les yeux) furent unis pour la première fois dans les mains de Cypris.

96. La Terre bienveillante reçut dans ses vastes cavités deux parts sur huit de la brillante Nestis, et quatre d'Héphaistos. Ainsi naquirent les os blancs, divinement ajustés ensemble par le ciment de l'harmonie. — R. P. 175.

97. L'épine dorsale (fut brisée).

98. Et la Terre, jetant l'ancre dans les ports parfaits d'Aphrodite, se rencontre avec ceux-ci dans des proportions à peu près égales ; avec Héphaistos, l'eau et l'air brillant — soit en prédominance légère, soit en quantité moins grande. De ces choses naquirent le sang et les multiples formes de chair. — R. P.. 175 *c*.

99. La cloche... rameau charnu (de l'oreille)[1].

100. Ainsi[2] toutes choses inspirent le souffle et l'expirent. Toutes ont des tuyaux de chair, dépourvus de sang, étendus sur la surface de leurs corps ; et à leurs embouchures, la surface extrême de la peau est percée partout de pores étroitement serrés, de sorte qu'ils retiennent le sang, mais laissent libre passage à l'air. Quand donc le sang clair s'en retire, l'air bouillonnant s'y précipite en flots impétueux, pour être expiré de nouveau quand le sang revient. De même, quand une jeune fille, jouant avec une clepsydre d'airain brillant, place l'orifice du tuyau sur sa gracieuse main, et plonge la clepsydre dans le flot argentin de

---

[1] Sur ce fragment, voir Beare, p. 96, n. 1.

[2] Ce passage est cité par Aristote (*de Respir.*, 473 *b* 9), qui a fait la curieuse méprise de prendre ῥινῶν pour le génitif de ῥίς au lieu de ῥινός. Le passage classique sur la clepsydre est *Probl.* 914 *b* 9 sq. (à *b* 12, il faut lire αὐλοῦ au lieu de ἄλλου). La clepsydre était un vase de métal au col étroit (αὐλός), avec une sorte d'entonnoir (ἠθμός), percé de trous (τρήματα, τρυπήματα) à sa partie inférieure. Le passage des *Problèmes* indiqué plus haut attribue cette théorie du phénomène à Anaxagore, et nous verrons plus loin qu'il fit aussi une expérience de ce genre (§ 131).

l'eau qui cède, — le flot ne pénètre pas alors dans le vase, mais la masse d'air qui y est renfermé, pressant contre les trous étroits, le retient jusqu'à ce que la jeune fille découvre (délivre) le courant comprimé ; alors l'air s'échappe et un volume égal d'eau fait son entrée, — exactement de la même manière, quand l'eau occupe les profondeurs du vase d'airain, et que l'ouverture et le passage sont tenus fermés par la main humaine, l'air extérieur, cherchant à entrer, retient en pressant sur sa surface l'eau aux portes du col qui fait entendre un bruit sourd ; jusqu'à ce qu'elle (la jeune fille) retire sa main. Alors, juste dans le sens opposé à ce qui se passait auparavant, l'air se précipite à l'intérieur, et un volume d'eau égal s'échappe pour lui faire place [1]. Pareillement, quand le sang clair, qui s'agite à travers les veines, reflue à l'intérieur, le flux d'air entre avec un bruit violent, mais quand le sang fait retour, l'air est expiré en quantité égale.

101. (Le chien) flairant avec son nez les particules des membres d'animaux, et l'exhalaison de leurs pieds, qu'ils laissent dans l'herbe tendre [2].

102. Ainsi toutes choses ont leur part de souffle et d'odeur.

103, 104. Ainsi toutes choses pensent de par la volonté de la Fortune.. Et pour autant que les choses les moins denses se sont unies dans leur chute.

105. (Le cœur), demeurant dans la mer de sang qui coule dans des directions opposées, où réside principalement ce que les hommes appellent pensée ; car le sang qui entoure le cœur est la pensée des hommes. — R. P. 178 a.

106. Car la sagesse des hommes s'accroît en proportion de ce qu'ils ont devant eux. — R. P. 177.

107. Car de celle-ci, toutes choses sont formées et ajustées ensemble, et c'est par elles que les hommes pensent et sentent plaisir et peine. — R. P. 178.

---

[1] Ceci paraît être l'expérience décrite dans *Probl.* 914 b 26 : ἐὰν γάρ τις αὐτῆς (τῆς κλεψύδρας) αὐτὴν τὴν κωδίαν ἐμπλήσας ὕδατος, ἐπιλαβὼν τὸν αὐλόν, καταστρέψῃ ἐπὶ τὸν αὐλόν, οὐ φέρεται τὸ ὕδωρ διὰ τοῦ αὐλοῦ ἐπὶ στόμα. ἀνοιχθέντος δὲ τοῦ στόματος, οὐκ εὐθὺς ἐκρεῖ κατὰ τὸν αὐλόν, ἀλλὰ μικροτέρῳ ὕστερον, ὡς οὐκ ἂν ἐπὶ τῷ στόματι τοῦ αὐλοῦ, ἀλλ' ὕστερον διὰ τούτου φερόμενον ἀνοιχθέντος. La meilleure explication de l'épithète δυσηχέος, appliquée à ἰσθμοῖο, consiste à la rapporter à l'ἐρυγμός ou « glouglou » dont il est parlé à 915 a 7 comme accompagnant le dégagement de l'eau à travers l'αὐλός. Chacun peut produire cet effet avec une carafe. Si ce n'était cette épithète, on serait tenté de lire ἠθμοῖο au lieu de ἰσθμοῖο. C'était la conjecture de Sturz, et c'est en fait la leçon de quelques mss.

[2] Sur ce fragment, voir Beare, p. 135, n. 2.

108. Dans la mesure où ils (les hommes) deviennent différents, des pensées différentes se présentent toujours à leurs esprits (en songe)[1]. — R. P. 177 a.

109. Car c'est avec la terre que nous voyons la terre, et avec l'eau que nous voyons l'eau ; par l'air, nous voyons l'air brillant, par le feu le feu dévorant. C'est par l'amour que nous voyons l'Amour, et par la funeste haine que nous voyons la Haine. — R. P. 176.

110. Car si, appuyé sur ton ferme esprit, tu contemples ces choses dans une bonne intention et avec un soin irréprochable, alors tu auras toutes ces choses en abondance ta vie durant, et tu en gagneras encore beaucoup d'autres par elles. Car ces choses croissent d'elles-mêmes dans ton cœur, où est le vrai caractère de chaque homme. Mais si tu aspires à des choses d'autre nature, comme c'est l'habitude des hommes, alors une foule innombrable de maux t'attendent, pour émousser tes pensées. Bientôt ces choses t'abandonneront, quand le temps aura fait sa révolution ; car elles aspirent à retourner une fois de plus à leur propre nature ; car sache que toutes choses ont de la sagesse et une part à la pensée.

111. Et tu apprendras à connaître tous les médicaments qui son une défense contre les maux de la vieillesse, car c'est pour toi seul que je veux accomplir tout cela. Tu arrêteras la violence des vents infatigables qui s'élèvent et de leurs souffles détruisent les campagnes, et de nouveau, si tu le désires, tu ramèneras leurs souffles en arrière. Tu procureras aux hommes une sécheresse opportune après les sombres pluies, et de nouveau tu changeras la sécheresse de l'été en pluies qui nourrissent les arbres quand elles tombent du ciel. Tu ramèneras de l'Hadès la vie d'un homme mort.

Purifications.

112. Amis qui habitez la grande ville dont les regards plongent sur les jaunes rochers d'Akragas, en haut près de la citadelle, empressés aux bonnes œuvres, ports d'honneur pour l'étranger, hommes qui ne connaissez pas la bassesse, salut à vous ! Je marche parmi vous en dieu immortel, n'étant plus mortel maintenant, honoré parmi tous comme il convient, couronné de bandelettes et de guirlandes de fleurs. Dès que, avec ces (adorateurs), hommes et femmes, je fais mon entrée dans les villes florissantes, des hommages me sont témoignés ; ils me

---

[1] C'est par Simplicius, *de An.* p. 202, 30 (DV 26 B 108) que nous savons que c'est en songe.

suivent en foule innombrable, me demandant quelle est la voie du gain ; quelques-uns désirent des oracles, tandis que d'autres, qui ont été blessés par les douloureux aiguillons de toutes sortes de maladies, désirent entendre de moi le mot qui sauve. — R. P. 162 *f*.

113. Mais pourquoi m'arrêter là-dessus, comme si c'était quelque chose de grand que de surpasser les hommes mortels et périssables ?

114. Amis, je sais que la vérité réside dans les paroles que je vais prononcer, mais elle est difficile pour les hommes, et ils sont jaloux de l'assaut de la croyance sur leurs âmes.

115. Il y a un oracle de la Nécessité[1], une antique ordonnance des dieux, éternelle et fortement scellée par de larges serments : si jamais l'un des démons, qui ont obtenu du sort de longs jours, a souillé criminellement ses mains de sang[2], ou a suivi la Haine et s'est parjuré, il doit errer trois fois dix mille ans loin des demeures des bienheureux, naissant dans le cours du temps sous toutes sortes de formes mortelles, et changeant un pénible sentier de vie contre un autre. Car l'Air puissant le pousse dans la Mer, et la Mer le vomit sur la Terre aride ; la Terre le projette dans les rayons du brillant Soleil, et celui-ci le renvoie dans les tourbillons de l'Air. L'un le reçoit de l'autre, et tous le rejettent. Je suis maintenant l'un de ceux-ci, un banni et un homme errant loin des dieux, car je mettais ma confiance dans la Haine insensée. — R. P. 181.

116. Charis a horreur de l'intolérable Nécessité.

117. Car j'ai été autrefois un jeune garçon et une jeune fille, un buisson et un oiseau, et un poisson muet dans la mer. — R. P. 182.

118. Je pleurai et je me lamentai quand je vis le pays, qui ne m'était pas familier. — R. P. 182.

119. De quels honneurs, de quelle hauteur de félicité suis-je tombé pour errer ici sur terre parmi les mortels !

120. Nous sommes venus sous cette caverne[3]...

---

[1] Bernays conjecturait ῥῆμα, « décret », au lieu de χρῆμα, mais cela n'est pas nécessaire. La Nécessité est un personnage orphique, et Gorgias, le disciple d'Empédocle, dit : θεῶν βουλεύμασιν καὶ ἀνάγκης ψηφίσμασιν (*Hel.* 6).

[2] Je garde φόνῳ au v. 3 (de même Diels). Le premier mot du v. 4 s'est perdu. Diels suggère Νείκεϊ, qui peut bien être juste, et tient ἁμαρτήσας pour équivalent de ὁμαρτήσας. J'ai traduit en conséquence.

[3] D'après Porphyre, qui cite ce vers (*de Antro Nymph.* 8), ces mots

121. ...le pays sans joie, où sont la Mort et la Colère, et des bandes de Kères et les Fléaux qui dessèchent, et la Pourriture et les Flots rôdent dans l'obscurité sur la prairie d'Atè.

122, 123. Là étaient Chtoniè et Heliope dont la vue s'étend au loin, la sanglante Discorde et l'Harmonie au doux regard, Kallisto et Aischrè, la Hâte et la Lenteur, l'aimable Vérité et l'Incertitude aux noirs cheveux ; la Naissance et le Dépérissement ; le Sommeil et la Veille, le Mouvement et l'Immobilité ; la Grandeur couronnée et la Bassesse, le Silence et la Parole. — R. P. 182 a.

124. Malheur à toi, misérable race des Mortels, deux fois maudite : de quelles luttes et de quels gémissements vous êtes nés !

125. De créatures vivantes, il les fit mortes, en changeant leurs formes.

126. (La Divinité) les revêtant d'une étrange enveloppe de chair [2].

127. Parmi les animaux, ils deviennent des lions [3], qui font leur repaire sur les collines, et leur gîte sur le sol ; et des lauriers parmi les arbres au beau feuillage. — R. P. 181 b.

128. Ils [4] n'avaient pas encore Arès pour dieu, ni Kydoimos, ni non plus le roi Zeus, ni Kronos ni Poseidon, mais Cypris, la reine... Ils se la rendaient propice par de pieux présents, par des figures peintes [5] et des encens au subtil parfum, par des offrandes de myrrhe pure et des baumes à la douce senteur, répandant sur le sol des libations de miel brun. Et l'autel ne

---

étaient prononcés par les « puissances » qui conduisent l'âme dans le monde (ψυχοπομποὶ δυνάμεις). La « caverne » n'est pas platonicienne, mais orphique d'origine.

[1] Ce passage est exactement modelé sur le catalogue des Nymphes dans l'*Iliade*, XVIII, 39 sqq.. Chthoniè se trouve déjà dans Phérécyde (Diog. I, 119).

[2] J'ai gardé ἀλλόγνωτι, comme étant le plus voisin des mss, quoiqu'il soit un peu difficile à expliquer. Sur l'histoire postérieure du *chitôn* orphique, dans le langage imagé des gnostiques, voir Bernays, *Theophr. Schr.* n. 9. Ce *chitôn* fut identifié avec le vêtement de peaux que fit Dieu pour Adam.

[3] C'est là la meilleure μετοίκησις (Ael. *Nat. An.* XII, 7).

[4] Les hommes de l'âge d'or.

[5] Les mss de Porphyre ont γραπτοῖς τε ζώοισι, texte accepté par Zeller et par Diels. La correction de Bernays (adoptée par R. P.), ne me convainc pas. Je me hasarde à suggérer μακτοῖς, en m'appuyant sur l'histoire racontée par Favorinus (Diog. VIII, 53) du sacrifice non sanglant offert par Empédocle à Olympie.

ruisselait pas du sang pur des taureaux, mais c'était parmi les hommes le plus grand crime que de dévorer leurs nobles membres après leur avoir arraché la vie. — R. P. 184.

129. Et il y avait parmi eux un homme d'un rare savoir, versé au plus haut point en toute espèce d'œuvres sages, un homme qui avait acquis la plus grande richesse en connaissances ; car lorsqu'il tendait les forces de son esprit, il voyait facilement chacune des choses qui sont en dix, en vingt vies d'hommes [1].

130. Car toutes (les créatures) étaient apprivoisées et douces aux hommes, tant les bêtes que les oiseaux, et la flamme de la bienveillance brûlait partout. — R. P. 184 a.

131. Si jamais, quoiqu'il s'agit de choses d'un jour, Muse immortelle, tu as daigné prendre connaissance de mes efforts, assiste-moi encore une fois, je t'en supplie, ô Calliope, car je profère une pure doctrine sur les dieux bienheureux. — R. P. 179.

132. Béni est l'homme qui a acquis le trésor de la divine sagesse ; malheureux celui qui n'a dans le cœur qu'une opinion confuse sur les dieux. — R. P. 179.

133. Il ne nous est pas possible de placer Dieu devant nos yeux, ou de le saisir de nos mains, ce qui est la voie de persuasion la plus large qui conduise dans le cœur de l'homme.

134. Car son corps n'est pas pourvu d'une tête humaine; deux rameaux ne s'élancent pas de ses épaules ; il n'a pas de pieds, pas de genoux agiles, pas de parties velues ; il est seulement un esprit sacré et ineffable, dont les pensées rapides traversent le monde entier comme des éclairs. — R. P. 180.

135. Cela n'est pas légitime pour quelques-uns et illégitime pour d'autres ; mais la loi s'étend partout pour tous, à travers l'air qui règne au loin et l'infinie lumière du ciel. — R. P. 183.

136. Ne cesserez-vous pas ce meurtre au bruit funeste ? Ne voyez-vous pas que vous vous dévorez les uns les autres dans l'étourderie de vos cœurs ? — R. P. 184 b.

137. Et le père soulève son propre fils, qui a changé de forme, et le tue en prononçant une prière. L'insensé ! Et ils se précipitent vers les meurtriers, demandant grâce, tandis que lui, sourd à leurs cris, les égorge dans son palais et prépare l'abominable festin. Pareillement, le fils saisit son père, et les

---

[1] Timée voyait déjà dans ces vers une allusion à Pythagore (Diog. VIII 54). Comme on nous dit (Diog. ib.) que selon quelques-uns ils visaient Parménide, il est clair qu'aucun nom n'y était exprimé.

enfants leur mère, leur arrachent la vie et dévorent la chair qui leur est parente. — R. P. 184 b.

138. Epuisant leur vie avec l'airain.

139. Malheur à moi, que le jour impitoyable de la mort ne m'ait pas anéanti avant que j'accomplisse avec mes lèvres les œuvres mauvaises de la voracité ! — R. P. 184 b.

140. S'abstenir tout à fait des feuilles de laurier.

141. Misérables, derniers des misérables, gardez vos mains des fèves !

142. Le palais, recouvert d'un toit, de Zeus qui tient l'égide ne le réjouira jamais, non plus que la maison de...

143. Lavez-vous les mains, prenant l'eau des cinq sources dans le bronze inflexible [1]. — R. P. 184 c.

144. Jeûnez de la méchanceté ! — R. P. 184 c.

145. C'est pourquoi vous êtes saisis par la dure perversité, et ne voulez pas délivrer vos âmes des misérables soucis.

146, 147. Mais, enfin, ils apparaissent parmi les hommes mortels comme prophètes, poètes, médecins et princes ; et ensuite ils s'élèvent au rang de dieux comblés d'honneurs, participant au foyer des autres dieux et à la même table, libres des misères humaines, assurés contre la destinée et à l'abri des offenses. — R. P. 181 c.

148. ...La terre qui enveloppe l'homme.

CVI. — Empédocle et Parménide.

Dès le début de son poème, Empédocle prend soin de marquer la différence entre les investigateurs qui l'ont précédé et lui-même. Il parle avec aigreur de ceux qui, quoique n'ayant qu'une expérience partielle, se vantaient d'avoir tout découvert (frg. 2) ; pour lui, c'est une vraie « folie » (frg. 4). Sans aucun doute, il songe à Parménide. Son attitude, à lui, n'est cependant pas le scepticisme. Il se contente de s'élever contre la témérité qu'il y a à improviser une théorie de l'univers au lieu d'essayer de comprendre toutes les choses qui se présentent à nous « de la

---

[1] Sur les fragments 138 et 143, voir Vahlen sur Arist. *Poet.* 21, 1547 b 13, et Diels dans l'*Hermes*, XV, p. 173.

manière où cela est clair» (frg. 4). Et cela signifie que nous ne devons pas, comme Parménide, rejeter le secours des sens. Tout faibles qu'ils sont (frg. 2), ce sont les seuls canaux à travers lesquels la connaissance puisse pénétrer dans nos esprits. Nous nous apercevrons bientôt, cependant, qu'Empédocle ne tient pas grand compte de ses avertissements. Lui aussi met sur pieds un système qui doit tout expliquer, bien que ce ne soit plus un système moniste.

On a souvent dit que ce système constituait un essai de conciliation entre Parménide et Héraclite. Il n'est pas facile, toutefois, d'y trouver une trace quelconque de la doctrine spécialement héraclitique, et il serait plus vrai de dire qu'il visait à concilier l'Eléatisme et le témoignage des sens. Il répète, presque dans les mêmes termes, l'argument éléatique tendant à prouver la seule réalité et indestructibilité de « ce qui est » (frg. 11-15) ; et sa conception de la « sphère » paraît être dérivée de la description parménidienne de l'univers, tel qu'il est véritablement[1]. La réalité qui est à la base du monde illusoire que nous présentent les sens, Parménide soutenait que c'était un *plenum* sphérique, continu, éternel et immobile, et c'est de là que part Empédocle. Etant donnée la sphère de Parménide, semble-t-il s'être dit, comment en arriverons-nous de là au monde que nous connaissons? Comment introduire le mouvement dans l'immobile *plenum*? Parménide n'était pas obligé de nier la possibilité du mouvement dans l'intérieur de la Sphère, s'il l'était de dénier tout mouvement à la Sphère elle-même, mais pareille concession de sa part, s'il l'eût faite, n'eût servi à expliquer quoi que ce soit. Si une partie quelconque de la sphère doit se mouvoir, l'espace occupé par la matière déplacée doit être immédiatement occupé par une autre matière, puisqu'il n'y a pas d'espace vide. Mais celle-ci serait précisément de la même nature

---

[1] Cf. Emp. frgs. 27, 28 avec Parm. frg. 8.

que la matière dont elle aurait pris la place, car tout « ce qui est » est un. Le résultat du mouvement serait donc précisément le même que celui du repos ; il ne pourrait rendre compte d'aucun changement. Mais, doit s'être demandé Empédocle, cette supposition de la parfaite homogénéité de la Sphère est-elle réellement nécessaire ? Evidemment non ; ce n'est autre chose que l'ancien sentiment irraisonné que l'existence doit être une. Si, au lieu de cela, nous supposions un nombre déterminé de choses existantes, il serait parfaitement possible d'appliquer à chacune d'elles tout ce que Parménide dit de la réalité, et les formes d'existence que nous connaissons pourraient être expliquées par le mélange et la séparation de ces réalités. La conception des « éléments » (στοιχεῖα), pour employer un terme postérieur [1], était trouvée, et la formule requise suit immédiatement. Pour autant qu'il s'agit des choses particulières, il est vrai, comme nos sens nous le disent, qu'elles naissent et qu'elles périssent ; mais si nous envisageons les éléments derniers dont elles sont composées, nous dirons avec Parménide que « ce qui est » est incréé et indestructible (frg. 17).

CVII. — Les « quatre racines ».

Les « quatre racines » de toutes choses (frg. 6), que supposait Empédocle, étaient celles qui sont devenues traditionnelles : Feu, Air, Terre et Eau. Il faut noter, toutefois, qu'il n'appelle pas l'Air ἀήρ, mais αἰθήρ, et cela pour la raison, sans doute, qu'il désirait éviter toute confusion avec ce que l'on avait entendu jusqu'alors sous le premier de ces termes. Il avait effectivement fait la grande découverte que l'air atmosphérique est une substance corporelle

---

[1] Pour l'histoire du terme στοιχεῖον, voir Diels, *Elementum*. Eudème dit (ap. Simpl. *Phys.* p. 7, 13) que Platon fut le premier à en faire usage, et cela est confirmé par la manière dont le mot est introduit dans *Tht.* 201 e. Le terme primitif était μορφή ou ἰδέα.

distincte, et ne doit être identifié ni avec l'espace vide, ni avec le brouillard raréfié. L'eau n'est pas de l'air liquide, mais quelque chose de tout différent [1]. Cette vérité, Empédocle la démontrait au moyen de l'appareil connu sous le nom de *clepsydre*, et nous possédons encore les vers dans lesquels il faisait servir sa découverte à l'explication de la respiration et du mouvement du sang (frg. 100). Aristote se moque de ceux qui essayent de montrer qu'il n'y a pas d'espace vide en enfermant de l'air dans des horloges à eau et en comprimant des outres à vin. Tout ce qu'ils prouvent, dit-il, c'est que l'air est une chose [2]. Mais c'était précisément ce qu'Empédocle entendait prouver, et ce fut là une des plus importantes découvertes de l'histoire primitive de la science. Il y a lieu pour nous de traduire l'αἰθήρ d'Empédocle par « air » ; mais nous devons éviter soigneusement de rendre par le même terme le mot ἀήρ, qu'Anaxagore paraît avoir été le premier à employer en parlant de l'air atmosphérique.

Empédocle donnait aussi aux « quatre racines » les noms de certaines divinités : Zeus qui brille, Héra qui donne la vie, Aidoneus et Nestis (frg. 6), mais il règne quelque doute sur la manière dont ces noms doivent être répartis entre les éléments. Nestis était, dit-on, une divinité aquatique de la Sicile, et la façon dont elle est décrite montre qu'elle représente l'eau, mais il y a conflit d'opinion quant aux trois autres. Ceci, toutefois, ne doit pas nous arrêter [3]. Le fait qu'Empédocle qualifiait ses éléments de

---

[1] Cf. chap. I, § 27.

[2] Arist. *Phys.* Δ, 6, 213 a 22 (R. P. 159 ; DV 46 A 68). Aristote ne mentionne dans ce passage que le nom d'Anaxagore ; mais il parle au pluriel, et nous savons par le frg. 100 que l'expérience de la clepsydre fut faite par Empédocle.

[3] Dans l'antiquité les interprètes allégorisants d'Homère faisaient d'Héra la Terre et d'Aïdoneus l'air, opinion qui a passé de Posidonius à Aëtius. Elle prit naissance comme suit. Les interprètes d'Homère n'avaient aucun intérêt pour la science d'Empédocle, et ne voyaient pas que son αἰθήρ était chose toute différente de l'ἀήρ d'Homère. Or ce dernier est l'élément sombre, et la nuit en est une forme, de sorte qu'il

dieux n'a rien qui puisse nous surprendre, puisque tous les penseurs de l'époque ancienne ont honoré de ce titre ce qu'ils regardaient comme la substance primordiale. Il faut seulement prendre garde que le mot n'est pas employé dans un sens religieux. Empédocle n'adressait pas de prières et n'offrait pas de sacrifices aux éléments, et l'emploi de noms divins est essentiellement un accident dû à la forme poétique dans laquelle il exposa son système.

Empédocle tenait les « racines de toutes choses » pour éternelles. Rien ne peut sortir de rien ou être réduit à rien (frg. 12) ; ce qui est *est*, et il n'y a aucune place pour la naissance et pour la destruction (frg. 8). Il enseignait, en outre, à ce que nous dit Aristote, qu'elles étaient immuables[1]. Cela, Empédocle l'exprimait en disant qu'« elles sont ce qu'elles sont » (frg. 17, 34 ; 21, 13) et qu'elles sont « toujours pareilles ». De plus, elles sont toutes « égales », indication qui paraissait étrange à Aristote[2], mais était tout à fait compréhensible à l'époque d'Empédocle. Avant tout, les éléments sont indivisibles. Tous les autres corps, comme l'exprime Aristote, peuvent être divisés jusqu'à ce qu'on arrive aux éléments ; mais Empédocle ne pouvait donner aucune caractéristique ulté-

---

était naturel de l'identifier avec Aïdoneus. En outre, Empédocle appelle Héra φερέσβιος, vieille épithète de la Terre dans Homère. Une autre opinion courante dans l'antiquité identifiait Héra avec l'Air, ce qui est la théorie du *Cratyle* de Platon, et Aïdoneus avec la Terre. Les interprètes allégorisants d'Homère identifiaient ensuite Zeus avec le Feu, opinion à laquelle ils furent sans doute conduits par l'emploi du mot αἰθήρ. Or ce mot signifie certainement le Feu chez Anaxagore, comme nous le verrons, mais il n'est pas douteux que chez Empédocle il signifie l'Air. Il paraît donc probable que Knatz a raison (*Empedoclea*, dans les *Schedæ Philologicæ Hermanno Usenero oblatæ*, 1891, pp. 1 sq.) de soutenir que l'Air brillant d'Empédocle était Zeus. Il ne reste ainsi qu'Aïdoneus pour représenter le Feu, et rien ne pouvait être plus naturel que cette identification pour un poète sicilien qui avait à l'esprit les volcans et les sources chaudes de son île natale. Il parle lui-même des feux qui brûlent sous la Terre (frg. 52). S'il en est ainsi, nous devons admettre avec les interprètes allégorisants d'Homère que Héra est la Terre, et il n'y a assurément aucune improbabilité à cela.

[1] Arist. *de Gen. Corr.* B, 1, 329 *b* 1.
[2] *Ibid.* B, 6, 333 *a* 16.

rieure de ceux-ci sans dire (ce qu'il ne fit pas) qu'il est un élément dont le Feu et les autres sont à leur tour composés [1].

Les « quatre racines » sont données comme une énumération épuisant tous les éléments (frg. 23 *sub fin.*) ; car ils rendent compte de toutes les qualités que le monde offre aux sens. Si nous constatons — comme c'est le cas — que l'école de médecine qui regardait Empédocle comme son fondateur identifiait les quatre éléments avec les « opposés », chaud et froid, l'humide et sec, qui formaient le fondement théorique de son système à elle, nous voyons immédiatement dans quel rapport se trouve la théorie avec les conceptions antérieures de la réalité [2]. Pour le dire en peu de mots, ce qu'Empédocle fit, fut de prendre les opposés d'Anaximandre et de déclarer qu'ils étaient des « choses », dont chacune était réelle au sens parménidien. Nous devons nous souvenir que le concept de qualité n'avait pas encore été formé. Anaximandre avait, sans aucun doute, tenu ses « opposés » pour des choses, quoique, avant le temps de Parménide, personne ne se fût rendu pleinement compte de tout ce qu'impliquait l'affirmation que quelque chose est une *chose*. C'est là le point où nous sommes maintenant arrivés. Le concept de qualité est encore à naître, mais on a une claire intelligence de la portée de ce que l'on affirme quand on dit qu'une chose *est*.

Aristote déclare par deux fois [3] que, bien que supposant

---

[1] *Ibid.* A, 8. 325 *b* 19 (R. P. 164 *e*; DV 21 B 159). Les écrivains postérieurs se sont si complètement mépris sur ce point qu'ils attribuent en fait à Empédocle la doctrine de στοιχεῖα πρὸ τῶν στοιχείων (Aet. I,13,1 ; 17, 3; DV 21. A 43). Le criticisme des Pythagoriciens et de Platon avait rendu l'hypothèse des éléments presque inintelligible pour Aristote, et *a fortiori* pour ses successeurs. Selon l'expression de Platon (*Tim.* 48 *b* 8), ce n'étaient « pas même des syllabes », bien loin d'être des « lettres » (στοιχεῖα). C'est pourquoi Aristote, qui les dérivait de quelque chose de plus primaire, les appelle τὰ καλούμενα στοιχεῖα. (Diels, *Elementum*, p. 25.)

[2] Nous savons par Ménon que Philistion représentait ainsi la chose. Voir p. 237, n. 2.

[3] Arist. *Met.* A, 4 985 a 31 ; *de Gen. Corr.* B, 3. 330 *b* 19 (R. P. 164 *e* ; DV 21 A 36, 37).

quatre éléments, Empédocle raisonnait comme s'il n'en admettait que deux, opposant le Feu à tout le reste. Et cela, ajoute-t-il, nous pouvons le constater nous-mêmes en lisant son poème. Or, on a beau envisager dans toute son étendue la théorie générale des éléments, il est impossible d'y voir rien de pareil ; mais, quand nous en viendrons à l'origine du monde (§ 112), nous verrons que le Feu y joue, en effet, le rôle principal, et c'est peut-être ce qu'Aristote a voulu dire. Il est vrai aussi que, dans sa biologie (§ 114-116), le Feu remplit une fonction à part, tandis que les trois autres éléments agissent plus ou moins de la même manière les uns que les autres. Mais nous ne devons pas perdre de vue qu'il n'a pas de prééminence sur le reste : tous sont égaux.

CVIII. — Haine et Amour.

Le criticisme des Eléates avait fait aux penseurs subséquents un devoir d'expliquer le mouvement[1]. Empédocle part, nous l'avons vu, d'un état originel des « quatre racines » qui ne diffère de la Sphère de Parménide qu'en tant qu'il constitue un mélange, non une masse homogène et continue. Le fait que la sphère constitue un mélange rend le changement et le mouvement possibles ; mais s'il n'y avait rien en dehors d'elle qui pût y entrer — comme l'« Air » des Pythagoriciens — pour séparer les quatre éléments, rien n'en pourrait jamais naître. Empédocle supposa donc l'existence d'une substance de cette nature, et il lui donna le nom de Haine. Mais l'effet de celle-ci serait de séparer complètement tous les éléments renfermés dans la Sphère, et alors il ne pourrait rien arriver de plus ; il fallait donc quelque chose d'autre pour les rapprocher de nouveau. Empédocle trouva ce quelque chose dans l'Amour, qu'il regardait comme identique à l'impulsion innée aux corps humains de s'unir (frg. 17, 22 sq.). Il le considère, en fait, d'un point de vue purement physiologique, comme cela

[1] Cf. Introd. § VIII.

était naturel pour le fondateur d'une école médicale. Aucun mortel n'avait encore remarqué, dit-il, que le même Amour que les hommes connaissent dans leur corps avait une place parmi les éléments.

Il est important d'observer que l'Amour et la Haine d'Empédocle ne sont pas des forces incorporelles, mais des éléments corporels, comme les quatre autres. A l'époque, cela était inévitable : on n'avait encore songé à rien d'incorporel. Naturellement, Aristote est déconcerté par cette caractéristique de ce qu'il regardait comme causes efficientes. « L'Amour d'Empédocle, dit-il [1], est à la fois cause efficiente, puisqu'il rapproche les choses, et cause matérielle, puisqu'il constitue une part du mélange. » Et Théophraste exprimait la même idée en disant [2] qu'Empédocle attribuait parfois un pouvoir efficient à l'Amour et à la Haine, et parfois les mettait au même niveau que les quatre autres éléments. Les vers d'Empédocle lui-même ne permettent pas de douter qu'il se les représentât comme étendus et corporels. Tous les six sont appelés « égaux ». L'Amour est dit « égal en longueur et en largeur » aux autres, et la Haine est décrite comme équivalente en poids à chacun d'eux (frg. 17).

La fonction de l'Amour est de produire l'union ; celle de la Haine est de la rompre. Cependant Aristote fait remarquer avec raison que, dans un autre sens, c'est l'Amour qui divise et la Haine qui unit. Quand la Sphère est brisée par la Haine, le résultat en est que le Feu, par exemple, qui était contenu en elle, se rassemble et devient un ; et, quand les éléments sont réunis une fois de plus par l'Amour, la masse de chacun est divisée. Dans un autre passage, il dit que la Haine a beau être supposée cause de destruction, ce n'en est pas moins elle qui, en réalité,

---

[1] Arist. *Met.* A, 10, 1075 *b* 3.

[2] Theophr. *Phys. Op.* frg. 3 (*Dox.* p. 477); *ap.* Simpl. *Phys.* p. 25, 21 (R. P. 166 *b*).

donne naissance à tout le reste, en agissant comme telle [1].
Il s'ensuit que nous devons distinguer avec soin entre
l'Amour d'Empédocle et cette « attraction du semblable
par le semblable » à laquelle il attribuait aussi une part
importante dans la formation du monde. Cette dernière
n'est pas un élément distinct des autres ; elle dépend, nous
le verrons, de la nature propre de chaque élément, et elle
n'est en mesure de déployer son effet que lorsque la haine
divise la Sphère. L'Amour, au contraire, est quelque chose
qui vient de l'intérieur et produit une attraction des *dissemblables*.

CIX. — Mélange et séparation.

Mais, quand une fois la Haine a séparé les éléments,
qu'est-ce qui détermine la direction de leur mouvement ?
Empédocle paraît n'avoir donné d'autre explication, si ce
n'est que chacun court « dans une certaine direction »
(frg. 53). Platon condamne sévèrement cela dans les *Lois* [2],
pour la raison qu'aucune place n'est ainsi laissée à une
intention. Aristote blâme aussi l'Agrigentin de ne donner
aucune explication du hasard, auquel il attribuait une si
grande importance. Il n'explique pas davantage la Nécessité, dont il parlait aussi [3]. La Haine pénètre dans la Sphère
à un moment donné, en vertu de la Nécessité, ou du « puissant serment » (frg. 30) ; mais il nous laisse dans le vague
quant à l'origine de celui-ci.

L'expression dont se sert Empédocle pour décrire le
mouvement des éléments est qu'ils « courent au travers les

---

[1] Arist. *Met.* A, 4, 985 a 21 ; (DV 21 A 37) ; Γ 4, 1000 a 24 ; b 9 (R. P. 166 i).

[2] Platon, *Lois* X, 889 b (DV 21 A 48). Empédocle n'est pas seul visé dans ce passage, mais l'expression montre que c'est surtout à lui que pense Platon.

[3] Arist. *de Gen. Corr.* B, 6, 334 a 1 ; *Phys.* Θ 1, 252 a 5 (R. P. 166 k ; DV 21 B 53 ; 21 A 38).

uns des autres » (frg. 17, 34). Aristote nous dit [1] qu'il expliquait le mélange en général par la « symétrie des pores ». Et c'est là la vraie explication de « l'attraction du semblable par le semblable ». Les « pores » de corps semblables sont naturellement à peu près de même grandeur, et ces corps peuvent, par conséquent, se mélanger aisément. D'autre part, un corps plus fin « courra au travers » d'un plus grossier sans s'y mélanger, et un corps grossier sera dans l'impossibilité absolue de pénétrer dans les pores d'un plus fin. On observera que, comme le dit Aristote, ceci implique réellement quelque chose d'analogue à la théorie atomique ; mais il n'y a aucune preuve qu'Empédocle lui-même en eût conscience. Une autre question soulevée par Aristote est encore plus instructive. Les pores, demande-t-il, sont-ils vides ou pleins ? S'ils sont vides, que devient la négation du vide ? S'ils sont pleins, à quoi sert-il d'en supposer l'existence[2] ? Questions auxquelles Empédocle eût été embarrassé de répondre. Elles dévoilent un véritable manque de profondeur dans son système, et le caractérisent comme une simple étape dans la transition du monisme à l'atomisme.

CX. — Les quatre périodes.

Il résulte clairement de tout cela que nous devons distinguer quatre périodes dans le cycle. En premier lieu, nous avons la Sphère, dans laquelle tous les éléments sont mélangés par l'Amour. Secondement, vient la période où l'Amour s'en va et où la Haine fait son apparition ; où, par conséquent, les éléments sont en partie séparés, en partie combinés. En troisième lieu, arrive la complète séparation des éléments, quand l'Amour est en dehors du monde, et que la Haine a donné libre jeu à l'attraction du semblable par le semblable. Enfin, nous avons la période dans

---

[1] *Ibid.* A, 8. 324 *b* 34 (R. P. 166 *h* ; DV 21 A 87).
[2] Arist. *de Gen. Corr.* A 8. 326 *b* 6.

laquelle l'Amour rapproche de nouveau les éléments, et où la Haine s'éloigne. Ceci nous ramène à l'époque de la Sphère, et le cycle recommence. Or, un monde comme le nôtre ne peut exister que dans la seconde et la quatrième de ces périodes, et il est clair que si nous voulons comprendre Empédocle, nous devons déterminer dans laquelle nous sommes maintenant. Il semble généralement admis que nous sommes dans la quatrième[1] ; j'espère montrer que nous sommes en réalité dans la seconde, celle où la Haine commence à reprendre le dessus.

CXI. — Notre monde, œuvre de la Haine.

Qu'un monde formé de choses périssables naisse tant dans la seconde que dans la quatrième période, cela est expressément affirmé par Empédocle (frg. 17), et il est inadmissible qu'il soit resté dans le vague sur la question de savoir lequel de ces mondes est le nôtre. Aristote est clairement d'avis que c'est celui qui naît quand la Haine commence à grandir. Il dit quelque part qu'Empédocle « soutient que le monde est maintenant dans la période de la Haine, en une condition analogue à celle où il était autrefois dans celle de l'Amour[2] ». Dans un autre passage, il déclare qu'Empédocle passe sous silence la génération des choses dans la période de l'Amour, justement parce qu'il n'est pas naturel de représenter ce monde, dans lequel les éléments sont séparés, comme naissant de choses dans un état de séparation[3]. Cette

---

[1] C'est là l'opinion de Zeller (pp. 785 sqq.), mais il admet que les témoignages extérieurs, en particulier celui d'Aristote, sont entièrement en faveur de l'autre. Pour lui, la difficulté réside dans les fragments, et si l'on peut montrer que ceux-ci peuvent être interprétés d'accord avec les indications d'Aristote, la question est tranchée. Aristote s'intéressait spécialement à Empédocle, et il n'est pas probable qu'il le trahisse précisément sur ce point.

[2] Arist. *de Gen. Corr.* B. 6, 334 a 6 (DV 21 B 54) : τὸν κόσμον ὁμοίως ἔχειν φησὶν ἐπί τε τοῦ νείκους νῦν καὶ πρότερον ἐπὶ τῆς φιλίας.

[3] Arist. *de Caelo*, Γ, 2, 301 a 14 (DV 21 A 42) : ἐκ διεστώτων δὲ καὶ

remarque peut seulement signifier que les théories scientifiques contenues dans le poème d'Empédocle supposaient la croissance de la Haine ou, en d'autres termes, qu'elles représentaient le cours de l'évolution comme la désintégration de la Sphère, et non pas comme la sortie des choses de l'état de séparation et leur rapprochement graduel[1]. C'est là précisément ce que l'on est en droit d'attendre, si nous avons raison de supposer que le problème qu'il se proposait de résoudre était de savoir comment ce monde était sorti de la Sphère de Parménide, et cette opinion est aussi en harmonie avec la tendance universelle de ces spéculations, qui était de représenter le monde comme devenant pire plutôt que meilleur. Il ne nous reste donc plus qu'à examiner si les détails du système s'accordent avec cette idée générale.

CXII. — Formation du monde par la Haine.

Pour commencer par la Sphère, dans laquelle les « quatre racines de toutes choses » sont mélangées, nous notons en premier lieu que, dans les fragments, elle est appelée dieu, tout comme les éléments, et qu'Aristote y fait allusion plus d'une fois et de la même manière[2]. Nous

κινουμένων οὐκ εὔλογον ποιεῖν τὴν γένεσιν. διὸ καὶ Ἐμπεδοκλῆς παραλείπει τὴν ἐπὶ τῆς φιλότητος· οὐ γὰρ ἂν ἠδύνατο συστῆσαι τὸν οὐρανὸν ἐκ κεχωρισμένων μὲν κατασκευάζων, σύγκρισιν δὲ ποιῶν διὰ τὴν φιλότητα· ἐκ διακεκριμένων γὰρ συνέστηκεν ὁ κόσμος τῶν στοιχείων (« notre monde est formé des éléments à l'état de séparation »), ὥστ' ἀναγκαῖον γενέσθαι ἐξ ἑνὸς καὶ συγκεκριμένου.

[1] Cela ne signifie pas nécessairement qu'Empédocle ne disait rien du tout du monde de l'Amour, car il dit manifestement quelque chose des deux mondes dans le frg. 17. Il suffit de supposer que les ayant décrits les deux dans des termes généraux, il se contenta, dans la suite, de traiter en détail de celui de la Haine.

[2] Arist. de Gen. Corr. B 6, 333 b 21 (R. P. 168 e ; DV 21 A 40); Met. B, 4, 1000 a 29 (R. P. 166 i). Cf. Simpl. Phys. p. 1124, 1 (R. P. 167 b ; DV 21 B 29). Dans d'autres passages, Aristote parle d'elle comme de « l'Un ». Cf. de Gen. Corr. A, 1, 315 a 7 (R. P. 168 e); Met. B, 4. 1000 a 29 (R. P. 166 f); A, 4, 985 a 28 (R. P. ib. DV 21 A 37). Ceci implique toutefois un léger « développement » au sens aristotélicien. Ce n'est pas tout à fait la même chose de dire, comme le fait Empédocle,

devons nous souvenir que l'Amour lui-même est une part de ce mélange[1], tandis que la Haine l'entoure ou l'enveloppe de tous côtés exactement comme l'Illimité enveloppe le monde dans les systèmes antérieurs. La Haine, toutefois, n'est pas illimitée, mais égale en volume à chacune des quatre racines et à l'Amour.

Au temps marqué, la Haine commence à pénétrer dans la Sphère et l'Amour à en sortir (frg. 30, 31). Les fragments eux-mêmes ne jettent que peu de lumière sur ce point, mais Aétius et le Pseudo-Plutarque des *Stromates* nous ont conservé, à eux deux, un souvenir très fidèle de ce que Théophraste en a dit.

Empédocle soutenait que l'Air fut séparé en premier lieu, et secondement le Feu. Ensuite vint la Terre, de laquelle, fortement comprimée comme elle le fut par l'impétuosité de sa révolution, jaillit l'Eau. De l'Eau, le Brouillard fut produit par l'évaporation. Les cieux furent formés de l'Air, et le soleil du Feu, tandis que les choses terrestres sortirent, par condensation, des autres éléments. — Aét. II, 6, 3 (*Dox.* p. 334 ; R. P. 170 ; DV, 21 A, 49).

Empédocle soutenait que l'Air, quand il se fut dégagé du mélange originel des éléments, se répandit en cercle. Après l'Air, le Feu, qui tendait à l'extérieur et ne trouvait aucune autre place, se porta en haut sous le corps solide qui entourait

---

que toutes choses se réunissent « en une », ou de dire qu'elles se réunissent « dans l'Un ». Cette dernière expression donne à entendre qu'elles perdent dans la Sphère leur caractère propre et distinctif, et qu'elles deviennent ainsi quelque chose d'analogue à la « matière » d'Aristote. Comme nous l'avons expliqué (p. 262, n. 1), Aristote avait grand'peine à concevoir des éléments irréductibles ; mais il ne peut y avoir de doute que, dans la Sphère comme dans leur séparation, les éléments ne restent « ce qu'ils sont » pour Empédocle. Comme Aristote le sait également fort bien, la Sphère est un mélange. Comparez ce que nous disons, chap. I § 15, sur les difficultés que soulève l' « Un » d'Anaximandre.

[1] Ceci explique ce que nous affirme Aristote une fois positivement (*Mét.* B, 1, 996 a 7), une fois avec un doute très marqué (*Mét.* Γ, 4, 1001 a 12), à savoir que l'Amour était le substratum de l'Un dans le même sens exactement que le Feu d'Héraclite, l'Air d'Anaximène ou l'Eau de Thalès. Il pense que tous les éléments se fondent dans l'Amour et perdent ainsi leur identité. En ce cas, c'est dans l'Amour qu'il reconnaît sa propre « matière ».

l'Air[1]. Il y eut ainsi deux hémisphères qui tournèrent autour de la terre, l'un entièrement composé de feu, l'autre d'un mélange d'air avec un peu de feu. Ce dernier, il le supposait être la Nuit. Quant à l'origine de leur mouvement, il la dérivait du fait que le Feu s'était accumulé dans un hémisphère et y était prépondérant. — Ps. Plut. *Strom*, frg. 10 (*Dox.*, p. 582 ; R. P. 170 *a* ; DV, 21 A, 30).

Le premier des éléments qui furent séparés par la Haine fut donc l'Air, qui prit la position la plus extérieure et entoura le monde (cf. frg. 38). Nous ne devons pas, toutefois, prendre trop à la lettre l'indication qu'il entoura le monde « en cercle ». Il est manifeste qu'Empédocle se représentait les cieux sous la forme d'un œuf, probablement sous l'influence des idées orphiques[2]. Quoi qu'il en soit, le cercle extérieur de l'Air se solidifia ou se congela, et se transforma ainsi en une voûte cristalline, qui limite le monde. Nous notons que ce fut le Feu qui condensa l'Air et le changea en glace. En général, le Feu a la vertu de solidifier[3].

Par sa poussée en haut, le Feu entraîna une portion de l'Air dans la moitié supérieure de la sphère concave formée par le ciel congelé. Cet air redescendit ensuite, emportant avec lui une petite portion du feu. Ainsi furent produits deux hémisphères : l'un l'hémisphère diurne, consistant uniquement en feu ; l'autre, le nocturne, consistant en air avec un peu de feu.

L'accumulation de Feu dans l'hémisphère supérieur rompt l'équilibre des cieux et occasionne leur révolution, et celle-ci non seulement produit l'alternance du jour et de la nuit, mais maintient à leurs places les cieux et la terre par sa rapidité. Ce fait était illustré, à ce que nous raconte Aristote, par la comparaison avec une coupe pleine d'eau,

---

[1] Sur l'expression τοῦ περὶ τὸν ἀέρα πάγου, comp. Περὶ διαίτης, I, 10, 1 : πρὸς τὸν περιέχοντα πάγον. *Etym. Magn. s. v.* βηλός ... τὸν ἀνωτάτω πάγον καὶ περιέχοντα τὸν πάντα ἀέρα. Ceci vient probablement, et en dernière analyse d'Anaximène. Cf. chap. I, p. 83, n. 2.

[2] Aet. II, 31, 4 (*Dox.* p. 363 ; DV 21 A 50).

[3] Aet. II, 11, 2 (R. P. 170 c ; DV 21 A 51).

que l'on fait tourner à l'extrémité d'un cordon[1]. Les vers qui contenaient ce remarquable exposé sur ce que l'on appelle « force centrifuge » se sont perdus, mais l'illustration par l'expérience est bien dans la manière d'Empédocle.

CXIII. — Le soleil, la lune, les étoiles et la terre.

On aura sans doute remarqué que le jour et la nuit ont été expliqués sans l'intervention du soleil. Le jour est produit par la lumière de l'hémisphère diurne — qui est de feu — et la nuit est l'ombre projetée par la terre quand l'hémisphère de feu est de l'autre côté de son disque (frag. 48). Qu'est-ce donc que le soleil? Les *Stromates* du Pseudo-Plutarque[2] nous fournissent de nouveau la réponse : « Le soleil n'est pas une substance ignée, mais une image réfléchie de feu, pareille à celle qui vient de l'eau. » Plutarque lui-même fait dire à l'un des personnages : « Vous vous moquez d'Empédocle parce qu'il dit que le soleil est un produit de la terre, qui a pour origine la réflexion de la lumière du ciel, et qui, une fois encore, « se réverbère sur l'Olympe sans que rien trouble son aspect[3] ». Aétius dit de son côté[4] : « Empédocle soutenait qu'il y avait deux soleils :

---

[1] Arist. *de Cælo*, B, 13, 295 a 16 (R. P. 170 b; DV 21 A 67). L'expérience avec τὸ ἐν τοῖς κυάθοις ὕδωρ, qui κύκλῳ τοῦ κυάθου φερομένου πολλάκις κάτω τοῦ χαλκοῦ γινόμενον ὅμως οὐ φέρεται κάτω, nous rappelle l'expérience de la clepsydre dont il est question au frg. 100.

[2] [Plut.] *Strom.* frg. 10 (*Dox.* p. 582. 11; R. P. 170 c; DV 21 A 30).

[3] Plut. *de Pyth. Or.* 400 b (R. P. 170 c; DV 21 B 44). Nous devons conserver la leçon du ms. περὶ γῆν avec Bernardakis et Diels. La leçon περιαυγῆ dans R. P. est une conjecture de Wyttenbach ; mais cf. Aet. II, 20, 13, cité dans la note suivante.

[4] Aet. II, 20, 13 (*Dox.* p. 350; DV 21 A 56) : Ἐμπεδοκλῆς δύο ἡλίους· τὸν μὲν ἀρχέτυπον, πῦρ ὂν ἐν τῷ ἑτέρῳ ἡμισφαιρίῳ τοῦ κόσμου, πεπληρωκὸς τὸ ἡμισφαίριον, αἰεὶ κατ' ἀντικρὺ τῇ ἀνταυγείᾳ ἑαυτοῦ τεταγμένον· τὸν δὲ φαινόμενον, ἀνταύγειαν ἐν τῷ ἑτέρῳ ἡμισφαιρίῳ τῷ τοῦ ἀέρος τοῦ θερμομιγοῦς πεπληρωμένῳ, ἀπὸ κυκλοτεροῦς τῆς γῆς κατ' ἀνάκλασιν γιγνομένην εἰς τὸν ἥλιον τὸν κρυσταλλοειδῆ. συμπεριελκομένην δὲ τῇ κινήσει τοῦ πυρίνου. ὡς δὲ βραχέως εἰρῆσθαι συντεμόντα, ἀνταύγειαν εἶναι τοῦ περὶ τὴν γῆν πυρὸς τὸν ἥλιον.

l'un, l'archétype, le feu dans un hémisphère du monde, qui remplit toujours tout l'hémisphère placé en face de sa propre réflexion ; l'autre, le soleil visible, réflexion du premier dans l'autre hémisphère, qui est rempli d'air mélangé de feu. Celui-ci est produit par la réflexion de la terre, qui est ronde, sur le soleil cristallin, et mû en cercle par le mouvement de l'hémisphère de feu. Ou, pour le dire en peu de mots, le soleil est une image réfléchie du feu terrestre. »

Ces passages, et surtout le dernier, ne sont nullement clairs. L'image réfléchie que nous appelons le soleil ne peut pas être dans l'hémisphère opposé à celui de feu, car c'est l'hémisphère nocturne. Nous devons dire plutôt que la lumière de l'hémisphère de feu est réfléchie par la terre sur l'hémisphère de feu lui-même en un rayon concentré. Il résulte de là que l'apparence à laquelle nous donnons le nom de soleil est de même grandeur que la terre. Nous pouvons expliquer comme suit l'origine de cette conception. On venait de découvrir que la lune brillait d'une lumière réfléchie, et l'on est toujours porté à donner à une théorie nouvelle une application plus étendue qu'elle ne le comporte en réalité. Dans la première partie du Ve siècle avant J.-C., les hommes voyaient partout une lumière réfléchie ; les Pythagoriciens soutenaient une opinion tout à fait analogue, et quand nous en arriverons à eux, nous verrons pourquoi Aétius, ou plutôt sa source, l'exprime en parlant de « deux soleils ».

C'est probablement à ce propos qu'Empédocle déclarait que la lumière met quelque temps à parcourir l'espace, quoique sa vitesse soit si grande qu'elle échappe à notre perception [1].

« La lune, selon Empédocle, est composée d'air coupé par le feu ; elle est gelée exactement comme la grêle et emprunte sa lumière au soleil. » C'est, en d'autres termes, un disque d'air congelé, de la même substance que la voûte

---

[1] Arist. *de Sensu*, 6, 446 a 28; *de An.* B, 7, 418 b 20 (DV 21 A 57).

solide qui entoure les cieux. Au dire de Diogène, Empédocle enseignait qu'elle était plus petite que le soleil, et Aétius nous apprend qu'elle était à une distance de moitié moindre de la terre [1].

Empédocle n'essaya pas d'expliquer les étoiles fixes, ni même les planètes, par la lumière réfléchie. Pour lui, elles sont faites de feu, de ce feu que l'Air entraîna avec lui quand il fut pressé sous la terre, comme nous l'avons vu plus haut, par la poussée du feu en haut lors de la première séparation. Les étoiles fixes sont attachées à l'air congelé ; les planètes se meuvent librement [2].

Empédocle connaissait (frg. 42) la vraie théorie des éclipses de soleil, qui, avec celle de la lumière de la lune, fut la grande découverte de cette période. Il savait aussi (frag. 48) que la nuit est le cône d'ombre de la terre, et non une sorte d'exhalaison.

Il expliquait les vents par les mouvements opposés des hémisphères de feu et d'air. Selon lui, la pluie a pour cause la compression de l'air, qui exprime par ses pores, sous forme de gouttes, toute l'eau dont il est imprégné. L'éclair est le feu qui se dégage des nuages, de façon tout à fait analogue [3].

La terre était d'abord mélangée d'eau, mais la compression toujours plus grande causée par la rapidité de la révolution du monde en fit jaillir l'eau, de sorte que la mer est appelée « sueur de la terre », expression à laquelle Aristote reproche de n'être qu'une simple métaphore poétique. La salure de la mer était expliquée à l'aide de cette analogie [4].

---

[1] [Plut.] *Strom.* frg. 10 (*Dox.* p. 582, 12 ; R. P. 170 c ; DV 21 A 30) ; Diog. VIII, 77 ; Aet. II, 31, 1 (DV 21 A 61 ; cf. *Dox.* p. 63).

[2] Aet. II, 13, 2 et 11 (*Dox.* p. 341 sq. ; DV 21 A 53, 54).

[3] Aet. III, 3, 7 ; Arist. *Meteor.* B, 9, 369 *b* 12, avec le commentaire d'Alexandre (DV 21 A 63).

[4] Arist. *Meteor.* B, 3, 357 *a* 24 (DV 21 A 23) ; Aet. III, 16, 3 (R. P. 170 *b* ; DV 21 A 66). Cf. l'allusion manifeste d'Arist., *Meteor.* B, 1, 353 *b* 11.

CXIV. — Combinaisons organiques.

Empédocle entreprit ensuite de montrer comment les quatre éléments, mélangés en proportions diverses, donnèrent naissance aux choses périssables, telles que os, chair, etc. Ces choses sont naturellement l'œuvre de l'Amour ; mais ce fait ne contredit en aucune façon l'opinion émise plus haut quant à la période d'évolution à laquelle ce monde appartient. L'Amour n'est point encore banni du monde, quoiqu'il doive l'être un jour. A l'heure qu'il est, il est toujours en mesure de former des combinaisons d'éléments ; mais, justement parce que la Haine est en voie de croissance, elles sont toutes périssables.

La possibilité de combinaisons organiques dépend du fait qu'il y a encore de l'eau et même du feu dans la terre (frg. 52). Les sources chaudes de la Sicile en étaient la preuve, pour ne pas parler de l'Etna. Ces sources, Empédocle paraît les avoir expliquées par une de ses images caractéristiques, tirée cette fois du chauffage des bains[1]. On notera que ses comparaisons sont presque toutes tirées d'inventions et d'actions humaines.

CXV. — Les plantes.

Plantes et animaux furent formés des quatre éléments, sous l'influence de l'Amour et de la Haine. Les fragments qui traitent des arbres et des plantes sont les fragments 77 à 81 ; rapprochés de certaines indications d'Aristote et de la tradition doxographique, ils nous permettent de nous rendre compte assez exactement de ce qu'était la théorie d'Empédocle. Le texte d'Aétius est très corrompu ici ; mais peut-être peut-on le rendre comme suit :

---

[1] Sénèque, *Quæst. Nat.* III, 24 : « facere solemus dracones et miliaria et complures formas in quibus aere tenui fistulas struimus per declive circumdatas, ut sæpe eundem ignem ambiens aqua per tantum fluat spatii quantum efficiendo calori sat est. frigida itaque intrat, effluit calida. idem sub terra Empedocles existimat fieri. »

Empédocle dit que les arbres furent les premières créatures vivantes à croître de la terre, avant que le soleil fût étendu, et avant que le jour et la nuit fussent distingués l'un de l'autre ; qu'en raison de la symétrie de leur mélange, ils contiennent la proportion du mâle et de la femelle ; qu'ils croissent en s'élevant grâce à la chaleur qui se trouve dans la terre, de sorte qu'ils constituent des parties de la terre exactement comme les embryons sont des parties de l'utérus ; que les fruits sont des excrétions de l'eau et du feu dans les plantes, et que ceux (des végétaux) qui n'ont pas suffisamment d'humidité perdent leurs feuilles quand elle est évaporée par la chaleur du soleil, tandis que ceux qui en ont davantage restent toujours verts, tels le laurier, l'olivier et le palmier ; que les différences de goût sont dues à des variations dans les particules contenues dans la terre, et au fait que les plantes en tirent des particules différentes, comme c'est le cas des vignes, car ce n'est pas la différence des vignes qui fait le vin bon, mais celle du sol qui les nourrit. — Aet. V, 26, 4 (R. P., 172 ; DV, 21 A, 70).

Aristote blâme Empédocle d'expliquer la double croissance des plantes, en haut et en bas, par les mouvements naturels opposés de la terre et du feu contenus en elles[1]. Aux « mouvements naturels » nous devons évidemment substituer l'attraction du semblable par le semblable (§ 109). Théophraste dit à peu près la même chose[2]. La croissance des plantes doit donc être envisagée comme un incident dans cette séparation des éléments que produit la Haine. Une partie du feu qui est encore sous la terre (frg. 52), se rencontrant dans sa course en haut avec la terre encore humectée d'eau, et qui descend pour « rejoindre son semblable », s'unit avec elle sous l'influence de l'Amour qui est resté dans le monde pour former une de ces combinaisons temporaires que nous appelons arbres ou plantes.

Au commencement du traité pseudo-aristotélicien *sur les Plantes*[3] il est dit qu'Empédocle attribuait à celles-ci le désir, la sensation et la faculté d'éprouver du plaisir, ou de la peine ; il avait d'ailleurs reconnu que les deux sexes sont

---

[1] Arist. *de An.* B, 4, 415 b 28 (DV 21 A 70).

[2] Theophr. *de causis plantarum* I, 12, 5 (DV 21 A 70).

[3] [Arist.] *de plantis*, A, 1, 815 a 15 (DV 21 A 70).

combinés en elles. Ce fait est mentionné par Aétius, et discuté dans le traité pseudo-aristotélicien. Si nous pouvons avoir quelque confiance dans cette traduction byzantine d'une version latine de l'arabe [1], nous y trouvons une indication très précieuse sur la cause qui lui est assignée. Les plantes, y lisons-nous, vinrent à l'existence « dans un état imparfait du monde [2] », à savoir à un moment où la Haine n'avait pas encore assez prévalu pour différencier les sexes. Nous verrons que la même remarque s'applique à la race originelle des animaux dans ce monde. Il est étrange qu'Empédocle n'ait jamais observé le processus réel de la génération chez les plantes, mais se soit borné à dire qu'elles « portent » spontanément « des œufs », c'est-à-dire des fruits (frg. 79).

CXVI. — Évolution des animaux.

Les fragments qui traitent de l'évolution des animaux (57-62) doivent être interprétés à la lumière de l'indication du frg. 17, suivant laquelle il y a une double naissance et une double destruction des choses mortelles. Empédocle décrit deux processus d'évolution, qui suivent des cours exactement opposés, l'un appartenant à la période de l'Amour et l'autre à celle de la Haine. Les quatre phases de cette double évolution sont distinguées avec soin dans un passage d'Aétius [3], et nous verrons qu'il y a des raisons d'en rapporter deux à la seconde période de l'histoire du monde, et deux à la quatrième.

La première phase est celle dans laquelle les diverses parties des animaux naissent séparément. C'est celle des têtes

---

[1] L'Anglais Alfred traduisit la version arabe en latin sous le règne d'Henri III (d'Angleterre). De cette version, il fut retraduit en grec à l'époque de la Renaissance par un Grec résidant en Italie.

[2] A, 2. 817 b 35 : « mundo.... diminuto et non perfecto in complemento suo » (Alfred).

[3] Aet. V, 19, 5 (R. P. 173 ; DV 21 A 72). Platon a fait usage, dans le mythe du *Politique*, de l'idée de l'évolution régressive.

sans cous, des bras sans épaules et des yeux sans fronts (frg. 57). Il est clair que ce doit être la première phase de ce que nous avons appelé la quatrième période de l'histoire du monde, celle dans laquelle l'Amour fait son entrée et où la Haine s'éloigne. Aristote l'attribue expressément à la période de l'Amour, par laquelle il entend, comme nous l'avons vu, la période où l'Amour est en croissance[1]. C'est en accord avec ceci qu'il dit encore que ces membres dispersés furent dans la suite réunis par l'Amour[2].

La seconde phase est celle dans laquelle les membres dispersés sont unis. Tout d'abord, ils furent combinés de toutes les manières possibles (frg. 59). Il y avait des bœufs à têtes humaines, des êtres à double face et à double poitrine, et toutes sortes de monstres (frg. 61). Ceux qui étaient aptes à survivre survécurent ; les autres périrent. C'est ainsi que se fit l'évolution des animaux dans la période de l'Amour [3].

La troisième phase appartient à la période où l'unité de la sphère est détruite par la Haine. C'est, par conséquent, la première phase de l'évolution de notre monde actuel. Elle commence avec les « formes brutes » dans lesquelles il n'y a encore aucune distinction de sexes ou d'espèces [4]. Ces « formes » sont composées de terre et d'eau, et produites par le mouvement en haut du feu, qui cherche à atteindre son semblable.

Dans la quatrième phase, les sexes et les espèces ont été

---

[1] Arist. *de Cælo*, Γ, 2. 300 *b* 29 (R. P. 173 *a*; DV 21 B 57). Cf. *de Gen. An.* A, 17. 722 *b* 17 (DV 21 B 63), où le fragment 57 est introduit par les mots καθάπερ Ἐμπεδοκλῆς γεννᾷ ἐπὶ τῆς Φιλότητος. Simplicius, *de Cælo*, p. 587, 18 (DV 21 B 58), exprime la même chose en disant : μουνομελῆ ἔτι τὰ γυῖα ἀπὸ τῆς τοῦ Νείκους διακρίσεως ὄντα ἐπλανᾶτο.

[2] Arist. *de An.* Γ, 6. 430 *a* 30 (R. P. 173 *a*).

[3] Ceci est clairement exprimé par Simplicius, *de Cælo*, p. 587. 20 (DV 21 B 59). C'est : ὅτε τοῦ Νείκους ἐπικρατεῖ λοιπὸν ἡ Φιλότης.... ἐπὶ τῆς Φιλότητος οὖν ὁ Ἐμπεδοκλῆς ἐκεῖνα εἶπεν, οὐχ ὡς ἐπικρατούσης ἤδη τῆς Φιλότητος, ἀλλ' ὡς μελλούσης ἐπικρατεῖν. A *Phys.*, p. 371, 33 (DV 21 B 61), il dit que les bœufs à têtes humaines vivaient κατὰ τὴν τῆς Φιλίας ἀρχήν.

[4] Cf. Platon, *Symp.* 189 *e*.

séparés, et les nouveaux animaux ne naissent plus des éléments, mais par voie de génération. Voyons maintenant l'idée que se faisait Empédocle de la reproduction.

Dans ces deux processus d'évolution, Empédocle était guidé par l'idée de la survivance des plus aptes. Aristote le critique sévèrement sur ce point. « Nous pouvons supposer, dit-il, que toutes choses sont arrivées par hasard, exactement comme elles l'auraient fait si elles avaient été produites pour quelque fin. Certaines choses se sont conservées parce qu'elles avaient acquis spontanément une structure appropriée, tandis que celles qui n'étaient pas constituées de la sorte ont péri et périssent encore, comme Empédocle le dit des bœufs à faces humaines [1]. » C'est là, suivant Aristote, laisser trop de place au hasard. Un curieux exemple nous a été conservé. La formation des vertèbres a été expliquée en disant qu'un animal invertébré de l'époque ancienne avait essayé de se tourner, et ce faisant s'était rompu le dos. Cette variation lui fut favorable et il survécut [2]. Il y a lieu de noter que ce fait appartient clairement à la période de la Haine, et non, comme les bœufs à têtes humaines, à celle de l'Amour. La survivance des plus aptes était la loi des deux processus d'évolution.

CXVII. — Physiologie.

La distinction des sexes fut un important résultat de la différenciation graduelle produite par l'entrée de la Haine dans le monde. Empédocle s'écartait de la théorie donnée par Parménide dans la seconde partie de son poème (§ 95), en ce sens que, selon lui, l'élément chaud est prépondérant dans le sexe masculin, et que les mâles sont conçus dans la partie la plus chaude de l'utérus (frg. 65). Le fœtus est formé pour une part de la semence du mâle, pour une part de celle de la femelle (frg. 63), et c'est justement le

---

[1] Arist. *Phys.* B, 8. 198 *b* 29 (R. P. 173 *a*; DV 21 B 61).
[2] Arist. *de Part. An.* A, 1, 640 *a* 19 (DV 21 B 97).

fait que la substance corporelle d'un être nouveau est partagée entre le mâle et la femelle qui engendre le désir quand ces deux êtres s'aperçoivent (frg. 64). Une certaine symétrie des pores dans la semence du mâle et de la femelle est naturellement nécessaire pour la procréation, et c'est par son absence qu'Empédocle expliquait la stérilité des mulets. L'enfant ressemble le plus à celui des parents qui a le plus contribué à sa formation. L'influence des statues et des peintures était notée, toutefois, comme modifiant l'aspect de la progéniture. Les couches doubles et triples sont dues à la surabondance et à la division de la semence [1].

En ce qui concerne la croissance du fœtus dans l'utérus, Empédocle enseignait qu'il était enveloppé d'une membrane, que sa formation commençait le trente-sixième jour, et qu'elle était complète le quarante-neuvième. Le cœur est constitué en premier lieu, les ongles et choses de même nature en dernier. La respiration ne commence qu'au moment de la naissance, quand les fluides qui entourent le fœtus sont éloignés. La naissance se produit le neuvième ou le septième mois, parce que le jour avait primitivement une durée de neuf, puis de sept mois. Le lait fait son apparition le dixième jour du huitième mois (frg. 68) [2].

La mort est la séparation finale, par la Haine, du feu et de la terre qui se trouvent dans le corps, et qui, tous deux, ont sans cesse aspiré à « rejoindre leur semblable ». Le sommeil est une séparation temporaire, et jusqu'à un certain degré, de l'élément igné [3]. A sa mort, l'animal se résout en ses éléments, qui peut-être entrent en de nouvelles combinaisons, et peut-être aussi s'unissent d'une

---

[1] Aet. V, 10, 1; 11, 1; 12, 2; 14, 2 (DV 21 A 81, 82). Cf. Fredrich, *Hippokratische Untersuchungen*, p. 126 sq.

[2] Aet. V, 15, 3; 21, 1 (*Dox.* p. 190; DV 21 A 74).

[3] Aet. V, 25, 4 (*Dox.* p. 437; DV 21 A 85).

manière permanente avec « leur propre espèce ». Il ne saurait être question ici d'une âme immortelle.

Même pendant la vie, nous pouvons voir l'attraction du semblable par le semblable s'exercer chez les animaux exactement comme elle le fait dans la croissance des plantes en haut et en bas. La chevelure est la même chose que le feuillage (frg. 82); et, généralement parlant, la partie ignée des animaux tend vers le haut et la partie terrestre vers le bas, quoiqu'il y ait des exceptions, comme on peut le voir dans le cas de certains coquillages (frg. 76), chez lesquels la partie terrestre est en haut. Ces exceptions ne sont possibles que parce qu'il y a encore une grande proportion d'Amour dans le monde. Nous voyons aussi l'attraction du semblable par le semblable dans les diverses habitudes des diverses espèces d'animaux. Ceux qui ont en eux le plus de feu volent dans les hauteurs de l'air; ceux dans lesquels la terre est prépondérante se tiennent sur la terre, comme fait le chien, qui se couche toujours sur une brique[1]. Les animaux aquatiques sont ceux dans lesquels l'eau prédomine. Ceci ne s'applique toutefois pas aux poissons, qui sont de feu dans une large proportion, et qui ne font de l'eau leur habitat que pour se rafraîchir[2].

Empédocle accorda une grande attention au phénomène de la respiration, et la très ingénieuse explication qu'il en donnait nous a été conservée dans un fragment ininterrompu (100). Nous respirons, disait-il, à travers tous les pores de la peau, et non pas seulement par les organes spécialement affectés à cette fonction. La cause de l'inspiration et de l'expiration alternatives du souffle est le mouvement du sang du cœur à la surface du corps et vice-versa, mouvement illustré par l'analogie de la clepsydre.

La nutrition et la croissance des animaux doivent naturellement être expliquées par l'attraction du semblable par

---

[1] Aet. V, 19, 5 (*Dox.* p. 431; DV 21 A 72). Cf. *Eth. Eud.* II, 1, 1235 a 11.
[2] Arist. *de Respir.* 14, 477 a 32; Theophr. *de causis plant.* I, 21 (DV 21 A 73).

le semblable. Chaque partie du corps a des pores auxquels la nourriture appropriée s'adapte. Le plaisir et la peine sont causés par l'absence ou la présence d'éléments semblables, c'est-à-dire d'éléments appropriés aux pores. Les larmes et la sueur ont pour origine un trouble qui fait coaguler le sang ; elles sont, pour ainsi dire, le petit-lait du sang [1].

CXVIII. — Perception.

Sur la théorie empédocléenne de la perception, nous avons l'analyse même de Théophraste :

Empédocle parle de la même manière de tous les sens, et dit que la perception est due aux « effluences » appropriées aux passages de chaque sens. Et c'est pourquoi l'un ne peut juger les objets de l'autre ; car les passages de quelques-uns d'entre eux sont trop larges et ceux des autres trop étroits pour l'objet sensible, de sorte que ce dernier, ou bien passe à travers sans toucher, ou ne peut pas entrer du tout. — R. P. 177 b (DV 21 A 86 ; 168, 7-10).

Il essaie aussi d'expliquer la nature de la vision. Il dit que l'intérieur de l'œil consiste en feu, tandis que, tout autour, c'est de la terre et de l'air [2], à travers lesquels le feu est capable de passer, à cause de sa finesse, comme la lumière à travers les lanternes (frg. 84). Les passages du feu et de l'eau sont arrangés alternativement ; à travers ceux du feu, nous percevons les objets brillants, à travers ceux de l'eau les objets sombres ; chaque classe d'objets s'adapte à chaque classe de passages, et les couleurs sont communiquées à la vue par effluence. — R. P. ib. (DV Ibid. 11-16).

Mais les yeux ne sont pas tous composés de la même manière ; quelques-uns sont composés d'éléments semblables, et quelques-uns d'éléments opposés ; quelques-uns ont le feu au centre, et quelques-uns à la périphérie. C'est pourquoi certains animaux voient de jour et d'autres de nuit. Ceux qui ont le moins de feu

---

[1] Nutrition, Act. V, 27, 1 (DV 21 A 77) ; plaisir et peine, Act. IV, 9, 15 ; V, 28, 1 (DV 21 A 95) ; larmes et sueur, V, 22, 1.

[2] C'est-à-dire une vapeur aqueuse, et non l'air ou l'αἰθήρ comme élément (§ 107). Cette vapeur est identique à l'« eau » mentionnée plus loin. Il n'est donc pas nécessaire d'insérer ici καὶ ὕδωρ après πῦρ, comme le font Karsten et Diels.

voient de jour, car le feu qui est à l'intérieur est complété par celui de l'extérieur ; ceux qui ont le moins de l'élément opposé (c'est-à-dire d'eau), voient de nuit, car alors il est remédié à leur insuffisance. Mais, dans le cas contraire, chacun se comporte de la manière contraire. Les yeux dans lesquels le feu prédomine sont éblouis pendant le jour, parce que le feu, étant encore augmenté, occupe et obstrue les pores de l'eau. Ceux dans lesquels l'eau prédomine, dit-il, éprouveront la même chose de nuit, parce que le feu est obstrué par l'eau. Et cela continue jusqu'à ce que, pour les uns, l'eau soit séparée par le feu, et pour les autres le feu soit séparé par l'eau, car, dans chaque cas, c'est le contraire qui est le remède. La vue la mieux constituée et la plus excellente est celle qui est composée des deux éléments en proportions égales. Voilà ce qu'il dit, en fait, de la vision.

L'audition, selon lui, est produite par le son extérieur, quand l'air, ébranlé par la voix, résonne au dedans de l'oreille ; car le sens de l'ouïe est une sorte de cloche qui résonne au dedans de l'oreille, et qu'il appelle un « bourgeon de chair ». Quand l'air est mis en mouvement, il frappe les parties solides et produit un son [1]. Selon lui, l'odorat naît de la respiration, et c'est pourquoi ceux-là sentent le mieux, dont le souffle a le mouvement le plus violent, et l'odeur la plus forte provient de corps subtils et légers [2]. Quant au toucher et au goût, il n'indique pas comment, ou par le moyen de quoi ils se produisent, si ce n'est qu'il nous donne une explication applicable à tous les sens, à savoir que la sensation résulte de l'adaptation aux pores. Le plaisir est produit par ce qui est semblable dans ses éléments et dans leur mélange ; la peine par ce qui est opposé. — R. P. *ib.* (DV *Ibid.*, 17-37.)

Et il donne une explication tout à fait semblable de la pensée et de l'ignorance. La pensée naît de ce qui est semblable, et l'ignorance de ce qui est dissemblable, impliquant ainsi que la pensée est la même chose, ou à peu près, que la perception. Car, après avoir énuméré comment nous savons chaque chose au moyen d'elle-même, il ajoute : « Car de celles-ci toutes choses sont formées et jointes ensemble, et c'est par elles que les hommes pensent et sentent plaisir et peine » (frg. 107). Et pour cette raison, nous pensons essentiellement avec notre sang, car c'est en lui que, de toutes les parties du corps, tous les éléments

---

[1] Beare, p. 96, n. 1.
[2] *Ibid.*, p. 133.

sont le plus complètement mélangés. — R. P. 178 (DV *Ibid.*, 38-13).

Tous ceux, donc, chez lesquels le mélange est égal, ou à peu près, et chez lesquels les éléments ne sont ni à de trop grands intervalles, ni trop petits ni trop grands, sont les plus sages et ont les perceptions les plus exactes ; et ceux qui viennent le plus près d'eux sont sages à proportion. Ceux qui sont dans la condition opposée sont les plus fous. Ceux dont les éléments sont rares et séparés par des intervalles, sont obtus et laborieux ; ceux chez lesquels ils sont serrés et divisés en menues particules sont impétueux ; ils essayent beaucoup de choses et en terminent peu à cause de la rapidité avec laquelle leur sang se meut. Ceux qui ont un mélange bien proportionné dans quelque partie de leur corps seront habiles sous ce rapport. C'est pourquoi quelques-uns sont bons orateurs et quelques-uns bons artisans. Ces derniers ont un mélange favorable dans leurs mains, et les premiers dans leurs langues, et il en est ainsi des autres capacités spéciales. — R. P. *ib.* (DV, *Ibid.* 44-169, 6).

La perception est donc due à la rencontre d'un élément qui est en nous avec le même élément en dehors de nous. Elle se produit quand les pores de l'organe des sens ne sont ni trop grands ni trop petits pour les « effluences » que tous les corps émettent constamment (fig. 89). L'odorat était expliqué par la respiration. Le souffle aspire avec lui les petites particules qui s'adaptent aux pores. Aétius nous apprend [1] qu'Empédocle prouvait cela par l'exemple des gens qui sont enrhumés du cerveau, et qui ne peuvent pas sentir justement parce qu'ils éprouvent de la difficulté à respirer. Nous voyons aussi, par le fragment 101, que l'odorat des chiens était invoqué à l'appui de la théorie. Empédocle ne parait pas avoir donné un exposé détaillé de l'odorat, et ne s'était pas occupé du tout du toucher [2]. Il expliquait l'audition par le mouvement de l'air qui frappe le cartilage à l'intérieur de l'oreille, et le fait vibrer et résonner comme une cloche [3].

[1] Aet. IV, 17, 2 (*Dox.*, p. 407 ; DV 21 A 94). Beare, p. 133.
[2] Beare, p. 161-63 ; 180-81.
[3] *Ibid.*, p. 95 sq.

La théorie de la vision [1] est plus compliquée ; et comme Platon en a adopté la plus grande partie, elle est de la plus haute importance pour l'histoire de la philosophie. Empédocle se représentait l'œil comme Alcméon (§ 96) [2], c'est-à-dire comme composé de feu et d'eau. De même que, dans une lanterne, la flamme est protégée du vent par la corne (frg. 84), ainsi le feu de l'iris est protégé de l'eau qui l'entoure dans la pupille par des membranes dont les pores sont très fins, de sorte que le feu peut sortir sans que l'eau puisse entrer. La vision est produite par le feu intérieur de l'œil, qui sort à la rencontre de l'objet. Cela nous paraît étrange, parce que nous sommes habitués à l'idée d'images imprimées sur la rétine. Mais le fait de *regarder* une chose semblait sans aucun doute beaucoup plus être une action procédant de l'œil qu'un état purement passif.

Empédocle se rendait parfaitement compte aussi que des « effluences », comme il les appelait, partaient également des choses pour aboutir aux yeux, car il définissait les couleurs comme des « effluences des formes (ou « choses ») qui s'adaptaient aux pores et étaient perçues [3] ». Quant à savoir comment ces deux explications de la vision étaient conciliées, ou jusqu'à quel point nous sommes autorisés à créditer Empédocle de la théorie platonicienne, cela n'est pas très clair. Les indications que nous avons citées semblent impliquer quelque chose de tout à fait analogue [4].

Théophraste nous dit qu'Empédocle ne faisait aucune distinction entre la pensée et la perception, remarque déjà faite par Aristote [5]. Le siège principal de la perception est

---

[1] *Ibid.*, p. 14 sq.

[2] Theophr. *de Sens.* 26 (DV 14 A 5).

[3] La définition est citée comme étant de Gorgias par Platon. *Men.* 76 d 4 (DV 21 A 92). Tous nos mss ont ἀπορροαὶ σχημάτων, mais Ven. T porte en marge γρ. χρημάτων, ce qui peut bien être une ancienne tradition. Le mot ionien pour « choses » est χρήματα. Voir Diels, *Empedokles und Gorgias*, p. 439.

[4] Voir Beare, *Elementary Cognition*, p. 18.

[5] Arist. *de An.* Γ, 3. 427 a 21 (DV 21 B 106).

pour lui le sang, dans lequel les quatre éléments sont le plus également mélangés, et spécialement le sang dans le voisinage du cœur (frg. 105)[1]. Cela n'exclut cependant pas l'idée que d'autres parties du corps puissent percevoir aussi ; en réalité, Empédocle soutenait que toutes choses ont leur part de pensée (frg. 103). Mais le sang est particulièrement apte à sentir à cause de la plus grande finesse de son mélange[2]. Il résulte naturellement de là qu'Empédocle se rangeait à l'opinion, déjà émise dans la seconde partie du poème de Parménide (frg. 16), que notre connaissance varie avec la constitution variable de nos corps (frg. 106). Cette considération devint très importante plus tard, en tant que l'un des fondements du scepticisme ; mais Empédocle en tira seulement la conclusion que nous devons faire le meilleur usage possible de nos sens, et les contrôler l'un par l'autre (frg. 4).

CXIX. — Théologie et religion.

La théologie théorique d'Empédocle nous rappelle Xénophane ; son enseignement religieux pratique nous rappelle Pythagore et les Orphiques. Dans la première partie de son poème, il nous dit que certains « dieux » sont composés des éléments, et que, par conséquent, quoiqu'ils « vivent de longues vies », ils doivent périr (frg. 21). Nous avons vu que les éléments et la sphère sont aussi appelés dieux, mais dans un tout autre sens du mot.

Si nous passons à l'enseignement religieux des *Purifications*, nous voyons que tout pivote autour de la doctrine de

---

[1] R. P. 178 a. C'était là la doctrine caractéristique de l'école sicilienne, de laquelle elle passa à Aristote et aux Stoïciens. Platon et Hippocrate, d'autre part, adoptèrent l'opinion d'Alcméon (§ 97) suivant laquelle c'est le cerveau qui est le siège de la conscience. Critias (Arist. *de An.* A, 2, 405 b 6; DV 81 A 23) reprit probablement de Gorgias la doctrine sicilienne. A une date postérieure, Philistion de Syracuse, ami de Platon, y substitua le ψυχικὸν πνεῦμα (« esprits animaux »), qui circule avec le sang.

[2] Beare, p. 253.

la transmigration. Sur le sens général de celle-ci, nous en avons dit assez plus haut (§ 42) ; les détails donnés par Empédocle sont particuliers. En vertu d'un décret de la Nécessité, les « démons » qui ont péché sont obligés de quitter leur demeure céleste et d'errer pendant trois fois dix mille saisons (frg. 115). Il est lui-même une divinité en exil, et il est déchu de sa haute condition pour avoir placé sa confiance dans la Haine furieuse. Les quatre éléments se le renvoient l'un à l'autre avec dégoût ; aussi n'a-t-il pas été seulement un être humain et une plante, mais même un poisson. La meilleure manière de se laver soi-même de la souillure du péché originel est de pratiquer la sainteté religieuse par des purifications, et en s'abstenant de la chair des animaux. Car les animaux sont nos parents (frg. 137), et c'est un parricide que de porter les mains sur eux. En tout cela, il y a sans aucun doute certains points de contact avec la cosmologie. Nous avons le « puissant serment » (frg. 115 ; cf. frg. 30), les quatre éléments, la Haine comme source du péché originel, et Cypris comme reine de l'âge d'or (frg. 128). Mais ces points ne sont ni fondamentaux, ni même de grande importance. Et l'on ne peut nier qu'il y ait de réelles contradictions entre les deux poèmes. C'est là, d'ailleurs, exactement ce à quoi nous devions nous attendre. Pendant toute cette période, il semble y avoir eu un abîme entre les croyances religieuses des hommes — quand ils en avaient — et leurs opinions cosmologiques. Les quelques points de contact que nous avons mentionnés peuvent avoir suffi pour dissimuler ce fait à Empédocle lui-même.

CHAPITRE VI

ANAXAGORE DE CLAZOMÈNES

CXX. — Date.

Tout ce qu'Apollodore nous rapporte relativement à la date d'Anaxagore paraît reposer sur l'autorité de Démétrius de Phalère, lequel disait de lui, dans le *Registre des Archontes*, qu'il commença à étudier la philosophie à Athènes à l'âge de vingt ans, sous l'archontat de Callias ou de Calliadès (480-79 av. J.-C.)[1]. Cette date était probablement dérivée d'un calcul basé sur l'âge du philosophe au moment de son procès, âge que Démétrius avait toute facilité d'apprendre d'après des sources aujourd'hui perdues. Apollodore en inférait qu'Anaxagore était né dans la LXXe Olympiade (500-496), et il ajoute qu'il mourut à l'âge de soixante-douze ans, dans la première année de la LXXXVIIIe Olympiade (428-27)[2]. Il trouvait sans doute naturel que le Clazoménien n'eût pas survécu à Périclès,

---

[1] Diog. II, 7 (R. P. 148). [Je suis maintenant convaincu que la date reculée impliquée par Diogène est exacte, et que l'accusation fut portée contre Anaxagore au moment où Périclès commençait sa carrière politique, et à l'époque à peu près où Damon était victime de l'ostracisme. Cela a, je crois, été prouvé par le prof. A.E. Taylor (*Classical Quarterly* XI, 81 sq.). C'est pourquoi Platon ne dit jamais que Socrate rencontra Anaxagore. Ce dernier avait remis son école à Archélaos du temps où Socrate était tout à fait jeune. L'opinion que le procès d'Anaxagore eut lieu immédiatement avant qu'éclatât la guerre du Péloponnèse est due à la façon dont Ephore arrangea son récit de ces événements, et non à une tradition chronologique authentique. Elle ne s'accorde nullement avec le fait bien attesté que Périclès fut l'élève d'Anaxagore, comme il le fut de Damon. J. B. 1918.]

[2] Lire ὀγδοηκοστῆς avec Meursius, pour que les chiffres s'accordent.

et plus naturel encore qu'il fût mort l'année où naquit Platon [1]. Nous avons de plus ce renseignement, d'origine douteuse, mais probablement dû aussi à Démétrius, qu'Anaxagore vécut trente ans à Athènes. Cela peut être une tradition authentique [2], et s'il en est ainsi nous voyons que son séjour dans cette ville dura de 480 environ à 450.

Il est hors de doute que ces dates sont très approximativement exactes. Aristote nous dit [3] qu'Anaxagore était l'aîné d'Empédocle, qui naquit vers 490 (§ 98); et Théophraste affirme [4] qu'Empédocle vit le jour « pas longtemps après Anaxagore ». Démocrite disait, de son côté, qu'il était lui-même un jeune homme quand Anaxagore était un vieillard, et il doit être né vers 460 avant Jésus-Christ [5].

CXXI. — Sa jeunesse.

Anaxagore naquit à Clazomènes, et Théophraste nous apprend que son père s'appelait Hégésiboulos [6]. Les noms, tant du père que du fils, ont une résonance aristocratique, et nous pouvons supposer qu'ils appartenaient à une famille qui s'était distinguée dans l'État. Rien ne nous force non plus à rejeter la tradition suivant laquelle Anaxagore négligea ses biens pour se livrer à la science [7]. Il est certain, en tous cas, qu'il était déjà regardé au IVe siècle comme le type de l'homme qui mène la « vie théorétique [8] ».

---

[1] Sur les indications d'Apollodore, voir Jacoby, p. 244 sq.

[2] Diog., *loc. cit.* Dans tous les cas, ce n'est pas un simple calcul d'Apollodore, car il aurait certainement donné quarante ans à Anaxagore à la date de son arrivée à Athènes.

[3] Arist. *Met.* A, 3. 984 a 11 (R. P. 150 a; DV 21 A 6).

[4] *Phys. Op.* frg. 3 (Dox. p. 477), ap. Simpl. *Phys.* p. 25, 19 (R. P. 162 e; DV 21 A 7; 46 A 8).

[5] Diog. IX, 41 (R. P. 187); sur la date de Démocrite, cf. chap. IX, § 171.

[6] *Phys. Op.* fr. 4 (Dox. p. 478; DV 46 A 41) répété par les doxographes.

[7] Platon, *Hipp. maior* 283 a : τοὐναντίον γὰρ Ἀναξαγόρᾳ φασὶ συμβῆναι ἢ ὑμῖν· καταλειφθέντων γὰρ αὐτῷ πολλῶν χρημάτων καταμελῆσαι καὶ ἀπολέσαι πάντα· οὕτως αὐτὸν ἀνόητα σοφίζεσθαι. Cf. Plut. *Per.* 16 (DV 46 A 13).

[8] Arist. *Eth. Nic.* K, 9. 1179 a 13. Cf. *Eth. Eud.* A, 4. 1215 b 6 et 15, 1216 a 10 (tous deux DV 46 A 30).

Naturellement, les nouvellistes s'emparèrent plus tard de l'histoire de son mépris pour les biens de ce monde, et l'affublèrent des apophtegmes habituels. De ces apophtegmes, nous n'avons pas à nous occuper ici.

On rapporte un incident qui se produisit au moment où Anaxagore avait atteint l'âge d'homme, à savoir l'observation qu'il fit de l'énorme aérolithe qui tomba dans l'Aigospotamos en 468-67 avant J.-C.[1]. Nos autorités nous assurent qu'il avait prédit ce phénomène, ce qui est parfaitement absurde. Mais il y a, nous le verrons, des raisons de croire que cet incident peut avoir occasionné une de ses divergences les plus frappantes de la cosmologie primitive, et l'avoir conduit à adopter l'opinion précisément pour laquelle il fut condamné à Athènes. Quoi qu'il en soit, la chute du météore fit une profonde impression à l'époque, et la pierre était encore montrée aux touristes du temps de Pline et de Plutarque[2].

CXXII. — Rapport avec l'École ionienne.

Les doxographes parlent d'Anaxagore comme d'un élève d'Anaximène[3]. De cela, il ne saurait naturellement être question : Anaximène était très probablement mort avant qu'Anaxagore vint au monde. Mais il ne suffit pas de dire que cette indication provient du fait que le nom d'Anaxa-

---

[1] Diog. II, 10 (R. P. 149 a) Pline, N. H. II, 149, donne la date Ol. LXXVIII, 2, et Eusèbe Ol. LXXVIII, 3. Mais cf. Marm. Par. 57 : ἀφ' οὗ ἐν Αἰγὸς ποταμοῖς ὁ λίθος ἔπεσε...ἔτη ΗΗΠ, ἄρχοντος Ἀθήνησι Θεαγενίδου, ce qui est l'année 468/67 (tous ces passages, DV 46 A 11). Le texte de Diogène II, 11 est corrompu. Sur les corrections suggérées, voir Jacoby, p. 244, n. 2, et Diels, Vors. p. 294, 28 et 704.

[2] Pline, loc. cit. : « qui lapis etiam nunc ostenditur magnitudine vehis colore adusto. » Cf. Plut. Lys. 12 (DV 46 A 12) : καὶ δείκνυται.... ἔτι νῦν.

[3] Cicero, de Nat. D I, 11, 26 (DV 46 A 48, d'après Philodème) : « Anaxagoras qui accepit ab Anaximene disciplinam (i. e. διήκουσε); Diog. I, 13 (R. P. 4) et II, 6; Strabon, XIV, p. 645 (DV 46 A 7, où l'on trouvera aussi les passages cités plus bas) : Κλαζομένιος δ'ἦν ἀνὴρ ἐπιφανὴς Ἀναξαγόρας ὁ φυσικός, Ἀναξιμένους ὁμιλητής; Eusèbe P. E. p. 504; [Galien] Hist. Phil. 3; Augustin, de Civil. Dei, VIII, 2.

gore suivait celui d'Anaximène dans les *Successions*. Cela est vrai, sans doute, mais ce n'est pas toute la vérité. Nous avons la source originale de cette indication dans un fragment de Théophraste lui-même, qui affirme qu'Anaxagore avait été « un associé de la philosophie d'Anaximène [1] ». Or, cette expression a un sens très précis si l'on accepte l'opinion relative aux « écoles » de science, que nous avons exposée dans notre introduction (§ XIV). Elle signifie que l'ancienne école ionienne survécut à la destruction de Milet en 494 avant J.-C., et continua à fleurir en d'autres cités de l'Asie. Elle signifie en outre que cette école ne produisit aucun philosophe éminent après son troisième grand représentant, et que « la philosophie d'Anaximène » était encore enseignée par tous ceux qui étaient alors à la tête de l'association.

A ce point, il sera peut-être bon d'indiquer brièvement les conclusions auxquelles nous arriverons dans les chapitres prochains, touchant le développement de la philosophie durant la première moitié du Vme siècle avant J.-C. Nous verrons que si la vieille école ionienne était encore capable de former des grands hommes, elle ne l'était plus de les garder. Anaxagore s'engagea dans sa voie à lui ; Mélissus et Leucippe, bien qu'ayant gardé suffisamment des anciennes vues pour porter témoignage de la source de leur inspiration, furent trop fortement influencés par la dialectique éléate pour se contenter des théories d'Anaximène. Il était réservé aux esprits de second rang, comme Diogène, de défendre le système orthodoxe, tandis que ceux du troisième rang, comme Hippon de Samos, rétrogradèrent même jusqu'à la théorie plus grossière de Thalès. Les détails de cette esquisse anticipatrice deviendront plus

---

[1] *Phys. Op.* frg. 4 (*Dox.* p. 478; DV 46 A 41): Ἀναξαγόρας μὲν γὰρ Ἡγησιβούλου Κλαζομένιος κοινωνήσας τῆς Ἀναξιμένους φιλοσοφίας κ. τ. λ. Dans sa 5ᵉ édition (p. 973, n. 2) Zeller adopte l'opinion exprimée dans notre texte et la confirme en comparant l'indication tout à fait analogue relative à Leucippe : κοινωνήσας Παρμενίδῃ τῆς φιλοσοφίας. Voir plus loin, chap. IX, § 172.

clairs à mesure que nous avancerons ; pour le moment, il suffit d'appeler l'attention du lecteur sur le fait que l'ancienne philosophie ionienne forme maintenant une sorte de fond à notre histoire, tout comme l'ont fait dans les précédents chapitres les idées religieuses orphiques et pythagoriciennes.

CXXIII. — Anaxagore a Athènes.

Anaxagore est le premier philosophe qui soit venu se fixer à Athènes. Nous ne devons pas supposer, toutefois, qu'il y fut attiré par quelque côté du caractère athénien. Sans doute, Athènes était en train de devenir à cette époque le centre politique du monde hellénique, mais elle n'avait pas encore produit un seul homme de science. Au contraire, le tempérament du corps des citoyens était et restait hostile à la libre recherche dans n'importe quel domaine. Socrate, Anaxagore et Aristote furent victimes, à des degrés divers, de la bigoterie de la démocratie, quoique leurs crimes fussent évidemment plutôt politiques que religieux. Ils furent condamnés non pas comme hérétiques, mais comme novateurs en matière de religion d'*Etat*. Comme le fait observer un récent historien, « Athènes était encore loin, dans sa période florissante, d'être un lieu où la libre recherche pût s'épanouir sans entraves [1] ». Voilà à quoi songeaient sans doute les écrivains qui ont représenté la philosophie comme non-grecque. Elle fut, en réalité, entièrement grecque, quoiqu'elle fût entièrement non-athénienne.

Nous avons l'autorité de Platon et d'Isocrate pour affirmer que Périclès fut l'élève d'Anaxagore [2]. Holm a montré avec beaucoup d'habileté que l'ambition du grand homme d'Etat était d'ioniser, pour ainsi dire, ses concitoyens, de leur communiquer un peu de cette souplesse et de cette ouverture d'esprit qui caractérisaient leurs compatriotes d'au delà de

---

[1] Holm, *Griechische Geschichte*, II, 334.
[2] Platon, *Phèdre* 269 e; Isocrate, περὶ ἀντιδόσεως 235.

la mer. L'influence d'Aspasie s'exerça sans doute dans le même sens. Les Athéniens n'en furent cependant pas impressionnés et donnèrent à Anaxagore le sobriquet de *Nous*[1].

Les relations étroites qu'Anaxagore entretint avec Périclès sont mises hors de tout doute par le témoignage de Platon. Il fait dire à Socrate dans le *Phèdre*[2]: « Tous les arts qui sont grands exigent la conversation et la discussion sur les parties des sciences naturelles qui traitent des choses d'au-dessus de la terre, car telle paraît être la source qui inspire l'élévation d'esprit et la faculté d'agir dans toutes les directions. Périclès ajouta cet avantage à ses dons naturels. Il fit, parait-il, la connaissance d'Anaxagore, qui était un homme de science, et s'imprégnant lui-même de la théorie des choses d'au-dessus de la terre après avoir acquis la connaissance de la vraie nature de l'intelligence et de la folie, ce qui était justement le point sur lequel roulaient surtout les discours d'Anaxagore, il tira de cette source tout ce qui était de nature à le faire progresser dans l'art de la parole. »

Une question plus difficile, c'est celle des relations, réelles ou prétendues, entre Euripide et Anaxagore. La plus ancienne autorité à cet égard est Alexandre d'Etolie, poète et bibliothécaire qui vivait à la cour de Ptolémée Philadelphe (vers 280 av. J.-C.). Il nommait Euripide le « nourrisson du brave Anaxagore[3] ». On a dépensé des trésors d'ingéniosité pour trouver le système d'Anaxagore dans les chœurs d'Euripide, mais, il faut le reconnaître maintenant, sans résultat[4]. Le fameux fragment sur la

---

[1] Plut. *Per.* 4 (R. P. 148 c; DV 46 A 15). J'adopte l'opinion de Zeller, p. 975, n. 1, en prenant ce surnom pour un sobriquet.

[2] 270 a (R. P. 148 c; DV 46 A 13).

[3] A. Gell. XV, 20 (R. P. 148 c; DV 46 A 21): « Alexander autem Aetolus hos de Euripide versus composuit; » ὁ δ' Ἀναξαγόρου τρόφιμος χαιοῦ (corr. de Valckenær pour ἀργαίου), κ. τ. λ.

[4] La question a été soulevée pour la première fois par Valckenær

félicité de la vie scientifique peut tout aussi bien faire allusion à n'importe quel autre cosmologue qu'à Anaxagore, et, en vérité, il fait songer plus naturellement à un penseur d'un type plus primitif[1]. D'autre part, il existe un fragment qui expose distinctement la pensée centrale d'Anaxagore, et ne pourrait que difficilement être rapporté à quelqu'un d'autre[2]. Nous pouvons donc conclure qu'Euripide connaissait le philosophe et ses opinions, mais il serait dangereux d'aller plus loin.

CXXIV. — Le procès.

Vers le milieu du siècle, les ennemis de Périclès commencèrent une série d'attaques indirectes contre lui en s'en prenant à ses amis[3]. Damon fut le premier à en souffrir, puis vint le tour d'Anaxagore. Qu'il fût un objet de haine spéciale pour le parti religieux, il n'y a pas là de quoi nous surprendre, quoique les charges portées contre lui ne donnent pas l'idée qu'il soit sorti de sa voie pour blesser leurs susceptibilités. Les détails du procès sont un peu obscurs, mais nous pouvons établir quelques points. L'ostracisme dont Damon fut victime est mentionné par Aristote[4], et un *ostrakon* portant son nom a été découvert récemment. Ce qui arriva effectivement au procès d'Anaxagore est très différemment raconté. Nos autorités en

---

(*Diatribe*, p. 26). Cf. aussi Wilamowitz, *Analecta Euripidea*), p. 162 sq.

[1] Voir Introd., p. 12, n. 2. Le fragment est cité R. P. 148 c (DV 46 A 30). Les mots ἀθανάτου φύσεως et κόσμον ἀγήρω nous reportent plutôt aux vieux Milésiens.

[2] R. P. 150 b; DV 46 A 112.

[3] Ephore (représenté par Diod. XII, 38) et la source de Plut. *Per.* 32 sont d'accord à dire que ces attaques précédèrent immédiatement la guerre. Cela peut toutefois être une façon pragmatique d'exposer les choses; les attaques eurent peut-être lieu plus tôt.

[4] Ἀθηναίων πολιτεία 27. Damon rentra à Athènes après son exil, et parvint à un grand âge. C'est alors que Socrate se lia avec lui.

donnent des récits désespérément contradictoires[1]. Il ne servirait à rien d'essayer de les concilier ; il suffit d'insister sur ce qui est certain. Or, nous savons par Platon en quoi consistait l'accusation[2]. On reprochait à Anaxagore d'enseigner que le soleil était une pierre incandescente, et la lune de la terre, et nous verrons qu'il professait certainement ces opinions (§ 133). Quant au reste, la version la plus plausible est qu'il fut tiré de prison et mis en liberté par Périclès[3]. Nous savons que pareilles choses étaient possibles à Athènes.

Chassé de sa patrie adoptive, Anaxagore s'en retourna naturellement en Ionie, où du moins il allait être libre d'enseigner ce qu'il lui plaisait. Il se fixa à Lampsaque, et nous verrons qu'il y a des raisons de croire qu'il y fonda une école[4]. Il survécut peut-être très longtemps à son exil. Les habitants de la ville élevèrent à sa mémoire, sur leur agora, un autel dédié à l'Esprit et à la Vérité, et

---

[1] Ces récits sont reproduits par Diog. II, 12-14. Il vaut la peine de placer en face les unes des autres les indications de Satyros et de Sotion pour montrer le caractère peu satisfaisant de la tradition biographique :

	Sotion	Satyros
Accusateur	Cléon.	Thucydide, fils de Mélésias.
Charge	Avoir appelé le soleil une masse incandescente.	Impiété et médisme.
Sentence	Frappé d'une amende de cinq talents.	Condamné à mort par contumace.

Hermippos dit qu'Anaxagore était déjà en prison, frappé de la sentence de mort, quand Périclès le fit remettre en liberté en faisant honte au peuple de sa conduite. Enfin Jérôme affirme qu'il ne fut pas condamné du tout, que Périclès l'amena devant le tribunal, amaigri, épuisé par la maladie, et que les juges l'acquittèrent par compassion ! On verra que Satyros a suivi une tradition meilleure que Sotion. Il est très possible que Thucydide, fils de Mélésias, fût réellement l'accusateur.

[2] *Apol.* 26 d (DV 46 A 35).

[3] Plut. *Nic.* 23 (R. P. 148 c ; DV 46 A 18). Cf. *Per.* 32 (R. P. 148 ; DV 46 A 17).

[4] Voir l'étude sur Archélaos, chap. X, § 191.

l'anniversaire de sa mort fut longtemps jour férié pour les enfants des écoles, ainsi, dit-on, qu'il en avait lui-même exprimé le désir [1].

CXXV. — Ses Écrits.

Diogène place Anaxagore dans la liste qu'il donne des philosophes qui ne laissèrent qu'un livre, et il nous a aussi conservé l'appréciation courante de ce livre, à savoir qu'il était écrit « dans un style élevé et agréable [2] ». Il n'y a aucune preuve de quelque valeur à opposer à ce témoignage, qui provient en dernière analyse des bibliothécaires d'Alexandrie [3]. On a raconté — mais cela est fort improbable — qu'Anaxagore avait écrit un traité sur la perspective appliquée à la peinture scénique [4]; et l'indication suivant laquelle il composa un ouvrage mathématique traitant de la quadrature du cercle est due à une expression de Plutarque mal interprétée [5]. Le passage de l'*Apologie* auquel nous avons fait allusion plus haut nous apprend que l'on pouvait acheter à Athènes les œuvres d'Anaxagore pour une seule drachme; et ce livre était cependant d'une certaine longueur, comme on peut l'infé-

---

[1] La plus ancienne autorité relativement aux honneurs décernés à la mémoire d'Anaxagore est Alcidamas, élève de Gorgias, au dire duquel ces honneurs étaient encore rendus de son temps. Arist. *Rhet.* B, 23, 1398 *b* 15 (DV 46 A 23).

[2] Diog. I, 16; II, 6 (R. P. 5; 153).

[3] Schaubach (*An. Claz. Fragm.* p. 57) a imaginé au moyen du traité pseudo-aristotélicien *de plantis* 817 *a* 27 une œuvre intitulée τὸ πρὸς Λεγίνεον. Mais la version latine d'Alfred, qui est l'original du grec, a simplement *et ideo dicit lechineon*, et ceci paraît être le résultat d'une tentative malheureuse pour expliquer le texte arabe, dont la traduction latine était dérivée. Cf. Meyer, *Gesch. d. Bot.* I, 60.

[4] Cette histoire vient de Vitruve, VII, pr. 11. Un faussaire cherchant à décorer ses produits d'un grand nom devait naturellement penser au philosophe qui avait, disait-on, été le maître d'Euripide.

[5] Plut. *de Exilio*, 607 *f* (DV 46 A 38). La phrase signifie simplement qu'il avait l'habitude de tracer sur le plancher de sa prison des figures mathématiques se rapportant à la quadrature du cercle.

rer de la manière dont Platon en parle[1]. Au VIme siècle après J.-C., Simplicius put en consulter un exemplaire, sans doute dans la bibliothèque de l'Académie[2], et c'est à lui que nous devons la conservation de tous nos fragments, à une ou deux exceptions près, exceptions d'ailleurs très douteuses. Malheureusement, ses citations semblent se borner au premier livre, celui qui traitait des principes généraux, de sorte que nous sommes laissés un peu dans l'ignorance sur la manière dont les détails étaient traités. Et cela est particulièrement regrettable, car ce fut Anaxagore qui donna le premier la vraie théorie de la lumière de la lune, et par conséquent la vraie théorie des éclipses.

CXXVI. — Les fragments.

Je donne les fragments d'après le texte et l'arrangement de Diels, qui en a rendu quelques-uns intelligibles pour la première fois.

1. Toutes choses étaient ensemble, infinies à la fois en nombre et en petitesse, car le petit aussi était infini. Et quand toutes choses étaient ensemble, aucune d'elles ne pouvait être distinguée à cause de leur petitesse. Car l'air et l'éther prévalaient sur toutes choses, parce que tous deux étaient infinis ; car parmi toutes les choses, celles-ci sont les plus grandes tant par la quantité que par la grandeur[3]. — R. P. 151.

2. Car l'air et l'éther sont séparés de la masse qui enveloppe le monde, et la masse enveloppante est infinie en quantité. — R. P. *ib.*

3. Il n'y a pas non plus un dernier degré de petitesse parmi ce qui est petit, mais il y a toujours un plus petit ; car il est

---

[1] *Apol.* 26 *d-e.* L'expression βιβλία implique peut-être que l'ouvrage formait plus d'un rouleau.

[2] Simplicius, lui aussi, parle de βιβλία.

[3] Simplicius nous dit que ce fragment était au commencement du livre I. La sentence familière citée par Diog. II, 6 (R. P. 153) n'est pas un fragment d'Anaxagore, mais un résumé postérieur, tout comme le πάντα ῥεῖ attribué à Héraclite (chap. III, p. 165).

impossible que ce qui est cesse d'être par la division [1]. Mais il y a aussi toujours quelque chose de plus grand que ce qui est grand, et il est égal en quantité au petit, et, comparée avec elle-même, chaque chose est à la fois grande et petite. — R. P. 159 a.

4. Et du moment que ces choses sont ainsi, nous devons supposer que beaucoup de choses, et de toutes sortes, sont contenues dans les choses qui vont s'unissant, semences de toutes choses, avec toutes sortes de formes, de couleurs et de saveurs (R. P. *ib.*), et que les hommes ont été formés en elles, ainsi que les autres animaux qui ont vie, et que ces hommes ont habité des cités et des champs cultivés comme chez nous ; et qu'ils ont un soleil et une lune et le reste comme chez nous ; et que leur terre produit pour eux une foule de choses de toutes sortes, dont ils rassemblent les meilleures dans leurs demeures, et ils en usent (R. P. 160 b.). Si j'en ai dit autant au sujet de la séparation, c'est pour montrer que ce n'est pas seulement chez nous que ces choses sont séparées, mais qu'elles le sont ailleurs aussi.

Mais avant qu'elles fussent séparées, quand toutes choses étaient ensemble, on ne pouvait distinguer aucune couleur quelconque ; car le mélange de toutes choses s'y opposait — de l'humide et du sec, du chaud et du froid, du lumineux et du sombre, et de la grande quantité de terre qui y était renfermée, et d'une multitude d'innombrables semences qui ne se ressemblaient en aucune manière. Car aucune des autres choses n'est non plus plus pareille à aucune autre. Et ces choses étant ainsi, nous devons tenir pour certain que toutes choses sont dans le Tout [2]. — R. P. 151.

5. Et ces choses ayant été ainsi décidées, nous devons savoir que toutes, parmi elles, ne sont ni plus ni moins ; car il n'est pas possible pour elles d'être plus que toutes, et toutes sont toujours égales. — R. P. 151.

6. Et puisque les portions du grand et du petit sont égales quant à leur somme, pour cette raison, aussi, toutes choses seront en chaque chose ; il n'est pas possible non plus pour elles d'être à part, mais toutes choses ont une portion de chaque chose. Puisqu'il est impossible pour elles d'être à l'ultime degré de petitesse, elles ne peuvent être séparées, ni en venir à être

---

[1] La correction de Zeller (τομῇ) me parait préférable à la leçon du ms., τὸ μή, que Diels conserve.

[2] J'avais déjà fait observer dans ma 1re édition que Simplicius cite trois fois ce fragment comme texte continu, et que nous n'avons pas le droit de le morceler. Diels le donne maintenant comme un tout.

par elles-mêmes ; mais elles doivent être maintenant exactement comme elles étaient au commencement, toutes ensemble. Et en toutes choses beaucoup de choses sont contenues, et un nombre égal à la fois dans les choses plus grandes et dans les choses plus petites, qui sont séparées.

7... de sorte que nous ne pouvons savoir le nombre des choses qui sont séparées, pas plus en parole qu'en acte.

8. Les choses qui sont dans un monde ne sont pas divisées ni coupées les unes des autres avec une hache, ni le chaud du froid, ni le froid du chaud. — R. P. 155 e.

9... comme ces choses tournent et sont séparées par la force et la rapidité. Et la rapidité fait la force. Leur rapidité n'est pareille à la rapidité d'aucune des choses qui sont maintenant parmi les hommes, mais elles sont de toute manière bien des fois aussi rapides.

10. Comment le cheveu peut-il venir de ce qui n'est pas cheveu, ou la chair de ce qui n'est pas chair ? — R. P. 155 f., note 1.

11. En chaque chose, il y a une portion de chaque chose, excepté dans le *Nous*, et il y a certaines choses dans lesquelles le *Nous* est aussi. — R. P. 160 b.

12. Toutes les autres choses participent en une certaine mesure à chaque chose, tandis que le *Nous* est infini et autonome, et n'est mélangé avec rien, mais est seul, lui-même par lui-même. Car s'il n'était pas en lui-même, mais s'il était mélangé avec quelque autre chose, il participerait à toutes choses s'il était mélangé à l'une quelconque ; car en chaque chose il y a une portion de chaque chose, comme cela a été dit par moi dans ce qui précède, et les choses mélangées avec lui l'empêcheraient, de sorte qu'il n'aurait pouvoir sur rien de la même manière qu'il l'a maintenant, étant seul en lui-même. Car il est la plus fine de toutes les choses et la plus pure, et il a toute connaissance sur chaque chose, et la plus grande force ; et le *Nous* a pouvoir sur toutes choses, tant sur les plus grandes que sur les plus petites, qui ont vie. Et le *Nous* avait pouvoir sur la révolution tout entière, de sorte qu'il se mit à se mouvoir en cercle au commencement Et il se mit à se mouvoir d'abord par un petit commencement ; mais la révolution s'étend maintenant sur un plus grand espace, et s'étendra sur un plus grand encore. Et toutes les choses qui sont mélangées ensemble et séparées et distinguées sont toutes connues du *Nous*. Et le *Nous* a mis en ordre toutes les choses qui devaient être, et toutes les choses qui étaient et ne sont pas maintenant, et qui sont, et cette révolution dans laquelle se meuvent maintenant les étoiles et le soleil

et la lune, et l'air et l'éther, qui sont séparés. Et cette révolution a opéré la séparation, et le rare est séparé du dense, le chaud du froid, le lumineux du sombre, et le sec de l'humide. Et il y a beaucoup de portions dans beaucoup de choses. Mais aucune chose n'est complètement séparée ni distinguée d'aucune autre chose, excepté le *Nous*. Et tout le *Nous* est pareil, à la fois le plus grand et le plus petit; tandis que rien d'autre n'est pareil à rien d'autre, mais chaque chose isolée est et était très manifestement ces choses dont elle a le plus en elle. — R. P. 155.

13. Et quand le *Nous* commença à mouvoir les choses, il se produisit une séparation de tout ce qui était mû, et pour autant que le *Nous* le mit en mouvement, tout fut séparé. Et dès que les choses eurent été mises en mouvement et séparées, la révolution eut pour effet de les séparer beaucoup plus.

14. Et le *Nous*, qui est toujours, est certainement là où est toute chose autre, dans la masse environnante, et dans ce qui a été uni à elle et séparé d'elle [1].

15. Le dense et l'humide, le froid et le sombre se réunirent là où est maintenant la terre, tandis que le rare et le chaud, le sec (et le lumineux) se portèrent vers la région extérieure de l'éther [2]. — R. P. 156.

16. De ces choses, quand elles sont séparées, la Terre se solidifie, car l'eau est séparée de la vapeur, et de l'eau la terre. De la terre, les pierres sont solidifiées par le froid, et elles se projettent plus loin à l'extérieur que l'eau. — R. P. 156.

17. Les Hellènes suivent un usage incorrect quand ils parlent de naissance et de destruction; car rien ne naît ou n'est détruit, mais il y a mélange et séparation des choses qui sont. Ils feraient donc bien d'appeler la naissance mélange, et la destruction séparation. — R. P. 150.

18. C'est le soleil qui met de la clarté sur la lune.

19. Nous appelons arc-en-ciel la réflexion du soleil dans les nuages. Or c'est un présage de tempête; car l'eau qui coule autour du nuage produit du vent ou ruisselle en pluie.

20. A l'époque où se lève l'étoile du Chien, les hommes commencent la moisson; à son coucher, ils commencent à cultiver

---

[1] Simplicius donne ce fragment comme suit (p. 157, 5): ὁ δὲ νοῦς ὅσα ἐστί τε κάρτα καὶ νῦν ἐστιν. Diels lit maintenant: ὁ δὲ νοῦς, ὅς ἀ<εί> ἐστι, τὸ κάρτα καὶ νῦν ἐστιν. La correspondance de ἀεί... καὶ νῦν vient fortement à l'appui de cette conjecture.

[2] Sur le texte du frg. 15, voir R. P. 156 a. J'ai suivi Schorn en ajoutant καὶ τὸ λαμπρόν d'après Hippolyte.

les champs. Elle reste cachée pendant quarante jours et quarante nuits.

21. A cause de la faiblesse de nos sens, nous ne sommes pas capables de connaître la vérité.

21 *a*. Ce qui se montre est une vision de l'invisible.

21 *b*. (Nous pouvons tirer profit des animaux inférieurs) parce que nous utilisons notre propre expérience, notre mémoire, notre sagesse et notre art.

22. Ce que l'on appelle « lait d'oiseau » est le blanc de l'œuf.

CXXVII. — ANAXAGORE ET SES PRÉDÉCESSEURS.

Le système d'Anaxagore, comme celui d'Empédocle, visait à concilier la doctrine éléate — substance corporelle immuable — avec l'existence d'un monde qui présente partout l'apparence de la naissance et de la destruction. Les conclusions de Parménide sont franchement acceptées et répétées. Rien ne peut être ajouté à l'ensemble des choses, car il ne peut rien y avoir de plus que le tout, et le tout est toujours égal à lui-même (frg. 5). Rien ne peut non plus être détruit. Ce que les hommes appellent communément naissance et destruction n'est en réalité que mélange et séparation (frg. 17).

Ce dernier fragment fait presque l'effet d'une paraphrase en prose d'Empédocle (frg. 9) et il est fort probable que c'est de son plus jeune contemporain qu'Anaxagore dériva sa théorie du mélange. Le poème de l'Agrigentin fut, en effet, très vraisemblablement, publié avant le traité du Clazoménien[1]. Nous avons vu comment Empédocle cherchait à sauver le monde de l'apparence en soutenant que les opposés — chaud et froid, humide et sec — étaient des *choses*, dont chacune était réelle au sens parménidien.

---

[1] Tel est sans aucun doute le sens des mots τοῖς ἔργοις ὕστερος dans Arist. *Met.* A, 3. 984 a 12 (R. P. 150 a; DV 46 A 43); quoique ἔργα ne signifie certainement pas « écrits » ou *opera omnia*, mais simplement « travaux ». Les autres interprétations possibles sont « plus avancé dans ses vues » et « inférieur dans son enseignement » (Zeller, p. 1023, n. 2).

Anaxagore tenait cette explication pour inadéquate. N'importe quelle chose se transforme en n'importe quelle autre [1]; les choses dont le monde est fait ne sont pas « coupées avec une hache » (frg. 8). Au contraire, la vraie formule doit être : « Il y a dans chaque chose une portion de chaque chose » (frg. 11).

CXXVIII. — « Chaque chose en chaque chose ».

Une partie du raisonnement par lequel Anaxagore cherchait à prouver ce point a été conservée sous une forme corrompue par Aétius, et Diels a retrouvé quelques-uns des termes originaux dans le scholiaste de Saint-Grégoire de Naziance. « Nous usons d'une nourriture simple, dit-il, quand nous mangeons le fruit de Déméter ou que nous buvons de l'eau. Mais comment le cheveu peut-il être fait de ce qui n'est pas cheveu, ou la chair de ce qui n'est pas chair ? » (frg. 10) [2]. C'est justement le genre de question que les premiers Milésiens doivent s'être posé ; seulement, l'intérêt physiologique a remplacé maintenant, et d'une manière définitive, l'intérêt météorologique. Nous trouverons un raisonnement analogue dans Diogène d'Apollonie (frg. 2).

L'indication suivant laquelle il y a en chaque chose une portion de chaque chose ne doit pas être comprise comme se rapportant simplement au mélange originel des choses avant la formation des mondes (frg. 1). Au contraire, même maintenant, « toutes choses sont ensemble », et chacune d'elles, quelle qu'en soit la petitesse ou la grandeur, renferme un nombre égal de « portions » (frg. 6). Une particule plus petite de matière ne pourrait contenir un nombre plus petit de portions que si l'une de ces portions cessait d'être ; mais si n'importe quoi *est*, au plein sens que don-

---

[1] Arist. *Phys.* A, 4. 187 *b* 1 (R. P. 155 *a* ; DV 46 A 52).

[2] Aet. I, 3, 5 (*Dox.* p. 279, DV 46 A 46). Voir R. P. 155 *f* et n. 1. Je lis καρπόν avec Usener.

nait Parménide à ce mot, il est impossible qu'une simple division le fasse cesser d'être (frg. 3). La matière est divisible à l'infini ; car il n'y a pas de chose qui ait atteint l'ultime degré de petitesse, de même qu'aucune n'a atteint l'ultime degré de grandeur. Mais quelque grand ou quelque petit qu'un corps puisse être, il contient exactement le même nombre de « portions », c'est-à-dire une portion de chaque chose.

CXXIX. — Les portions.

Que sont ces « choses » dont chaque chose contient une portion ? Il était d'usage, une fois, de représenter la théorie d'Anaxagore comme s'il avait dit que le blé, par exemple, contient des particules de chair, de sang, d'os, etc. ; mais nous venons de voir que la matière est divisible à l'infini (frg. 3), et qu'il y a autant de « portions » dans la plus petite particule que dans la plus grande (frg. 6). Cela est fatal pour l'ancienne opinion. Si loin que nous poussions la division, nous n'arrivons jamais à une chose « non mélangée » ; il ne peut donc y avoir aucune petite particule d'une espèce définie quelconque.

Cette difficulté ne peut être résolue que d'une manière [1]. Dans le fragment 8, les exemples donnés de choses qui ne sont pas « coupées les unes des autres à la hache » sont la chaleur et le froid ; et ailleurs (frg. 4, 15) mention est faite des autres « opposés » traditionnels. Aristote dit que si nous supposons les premiers principes infinis, ils peuvent être soit uniques quant à leur espèce, comme pour Démocrite, soit opposés [2]. Simplicius, après Porphyre et Thémistius, rapporte cette dernière opinion à Anaxa-

---

[1] Voir Tannery, *Science hellène*, p. 283 sq. Je pense encore que l'interprétation de Tannery est substantiellement exacte, quoique sa manière de la formuler demande quelques modifications.

[2] Arist. *Phys.* A, 2, 184 b 21 : ἢ οὕτως ὥσπερ Δημόκριτος, τὸ γένος ἕν, σχήματι δὲ ἢ εἴδει διαφερούσας, ἢ καὶ ἐναντίας.

gore[1], et Aristote lui-même implique que les opposés d'Anaxagore avaient autant de droit à être appelés premiers principes que les « homéoméries »[2].

C'est de ces opposés, donc, et non des diverses formes de matière, que chaque chose contient une portion. Chaque particule, quelle qu'en soit la grandeur ou la petitesse, contient chacune de ces qualités opposées. Celle qui est chaude est aussi, en une certaine mesure, froide. Même la neige, à ce qu'affirmait Anaxagore, était noire[3] ; ce qui revient à dire que même le blanc contient une certaine portion de la qualité opposée. Il suffit d'indiquer la connexion de ceci avec les opinions d'Héraclite (§ 80)[4].

CXXX. — LES SEMENCES.

La différence donc, entre ... orie d'Anaxagore et celle d'Empédocle, est celle-ci. Empédocle enseignait que si l'on divise les diverses choses qui constituent ce monde, et en particulier les parties du corps, telles que la chair, les os, etc., à un degré suffisant, on arrive aux quatre « racines » ou éléments, qui sont par conséquent l'ultime réalité. Anaxagore soutenait que, si loin que l'on puisse diviser l'une quelconque de ces choses — et elles sont divisibles à l'infini — on n'arrive jamais à une partie si petite qu'elle

---

[1] *Phys.* p. 44, 1. Il mentionne dans ce qui suit θερμότητας.. καὶ ψυχρότητας ξηρότητάς τε καὶ ὑγρότητας μανότητάς τε καὶ πυκνότητας καὶ τὰς ἄλλας κατὰ ποιότητα ἐναντιότητας. Il observe cependant qu'Alexandre rejetait cette interprétation et prenait ensemble διαφερούσας ἣ καὶ ἐναντίας comme se rapportant tous deux à Démocrite.

[2] *Phys.* A, 4. 187 a 23 (DV 21 A 46): τὸν μὲν (Ἀναξαγόραν) ἄπειρα ποιεῖν τά τε ὁμοιομερῆ καὶ τἀναντία. La propre théorie d'Aristote ne diffère de celle-ci qu'en tant qu'il donne à la ὕλη la priorité sur les ἐναντία.

[3] Sext. *Pyrrh.* I, 33 (R. P. 161 b ; DV 46 A 97).

[4] Cette connexion a déjà été notée par l'éclectique Héraclitien auquel j'attribue Περὶ διαίτης, I, 3-4 (voir plus haut, chap. III, p. 170, n. 2). Cf. les mots : ἔχει δὲ ἀπ' ἀλλήλων τὸ μὲν πῦρ ἀπὸ τοῦ ὕδατος τὸ ὑγρόν· ἔνι γὰρ ἐν πυρὶ ὑγρότης· τὸ δὲ ὕδωρ ἀπὸ τοῦ πυρὸς τὸ ξηρόν· ἔνι γὰρ καὶ ἐν ὕδατι ξηρόν.

ne contienne des portions de tous les opposés. La plus petite portion d'os est encore os. D'autre part, n'importe quelle chose peut se transformer en n'importe quelle autre précisément parce que les « semences », comme il les appelait, de chaque forme de matière contiennent une portion de chaque chose, c'est-à-dire de tous les opposés, quoique en différentes proportions. Si nous avons le droit de nous servir du mot « élément », ce sont ces semences qui sont les éléments dans le système d'Anaxagore.

Aristote exprime cela en disant qu'Anaxagore regarde les ὁμοιομερῆ comme στοιχεῖα[1]. Nous avons vu que le terme de στοιχεῖον est postérieur à Anaxagore, et il est naturel de supposer que le mot ὁμοιομερῆ n'est non plus que le mot employé par Aristote pour désigner les « semences ». Dans son propre système, les ὁμοιομερῆ sont intermédiaires entre les éléments (στοιχεῖα) dont ils sont composés, et les organes (ὄργανα) qui sont composés d'eux. Le cœur ne peut pas être divisé en cœurs, mais les parties de la chair sont chair. Cela étant, l'indication d'Aristote est parfaitement intelligible de son propre point de vue, mais il n'y a pas de raison de supposer qu'Anaxagore s'exprimait de cette façon particulière. Tout ce que nous avons le droit d'inférer est qu'il disait que les « semences » substituées par lui aux « racines » d'Empédocle n'étaient pas les opposés en état de séparation, mais que chacune contenait une portion d'elles toutes. Si Anaxagore avait employé

---

[1] Arist. *de Gen. Corr.* A, 1, 314 a 18 : ὁ μὲν γὰρ (Ἀναξαγόρας) τὰ ὁμοιομερῆ στοιχεῖα τίθησιν, οἷον ὀστοῦν καὶ σάρκα καὶ μυελόν, καὶ τῶν ἄλλων ὧν ἑκάστῳ συνώνυμον τὸ μέρος ἐστίν. Ceci fut naturellement répété par Théophraste et par les doxographes; mais il y a lieu de remarquer qu'Aétius, supposant, comme il le fait, qu'Anaxagore usait lui-même de ce terme, lui donne une signification tout à fait fausse. Il dit que les ὁμοιομέρειαι étaient ainsi appelées à cause de la similitude des particules de la τροφή avec celles du corps (*Dox.* 279 a 21 ; R. P. 155 *f*; DV 46 A 46). Lucrèce, I, 830 sq. (R. P. 150 *a*; DV 46 A 44) donne de la question une analyse analogue tirée de sources épicuriennes. Évidemment, cela ne peut être concilié avec ce que dit Aristote.

lui-même le terme d'« homéoméries[1] », il serait étrange que Simplicius n'eût pas cité un seul fragment le renfermant.

La différence entre les deux systèmes peut être aussi considérée d'un autre point de vue. Anaxagore n'était pas obligé par sa théorie de regarder les éléments d'Empédocle comme premiers, opinion contre laquelle il y avait des objections évidentes, spécialement dans le cas de la terre. Il les expliquait d'une tout autre manière. Quoique chaque chose renferme en elle une portion de chaque chose, les choses paraissent être ce dont il y a le plus en elles (frg. 12 *sub fin.*). Nous pouvons dire, donc, que l'Air est ce en quoi il y a le plus de froid, le Feu ce en quoi il y a le plus de chaleur, et ainsi de suite, sans abandonner l'idée qu'il y a une portion de froid dans le feu et une portion de chaleur dans l'air[2]. Les grandes masses qu'Empédocle avait prises pour éléments sont en réalité de vastes collections de toutes sortes de « semences ». Chacune d'elles est, en fait, une πανσπερμία[3].

---

[1] Il est plus probable que nous avons une trace de la terminologie d'Anaxagore lui-même dans Περὶ διαίτης, 3 : μέρεα μερέων, ὅλα ὅλων.

[2] Cf. plus haut, p. 303.

[3] Arist. *de Gen. Corr.* A, 1. 314 a 29. Le mot πανσπερμία était employé par Démocrite (Arist. *de An.* 404 a 8 ; R. P. 200 ; DV 54 A 28) et il se rencontre dans le Περὶ διαίτης (*loc. cit.*). Il semble naturel de supposer qu'il était employé par Anaxagore lui-même, puisque celui-ci employait le mot σπέρματα. Une grande difficulté a été causée par l'apparente inclusion de l'Eau et du Feu parmi les ὁμοιομερῆ dans Arist. *Met.* A, 3. 984 a 11 (R. P. 150 a ; DV 46 A 43). Bonitz veut que les mots καθάπερ ὕδωρ ἢ πῦρ signifient « comme nous venons de voir que le Feu et l'Eau le font dans le système d'Empédocle ». En tout cas, καθάπερ se relie étroitement à οὕτω, et le sens général est qu'Anaxagore applique aux ὁμοιομερῆ ce qui, en réalité, est vrai des στοιχεῖα. Il serait préférable de supprimer la virgule après πῦρ et d'en ajouter une après φησι, car συγκρίσει καὶ διακρίσει μόνον est explicatif de οὕτω... καθάπερ. Dans la phrase suivante, je lis ἁπλῶς pour ἄλλως avec Zeller. (*Arch.* II, p. 261). Voir aussi Arist. *de Cælo*, Γ, 3. 302 b 1 (R. P. 150 a ; DV 46 A 43) où la question est très clairement exposée.

CXXXI. — « TOUTES CHOSES ENSEMBLE. »

De tout cela, il résulte que si « toutes choses étaient ensemble », et si les diverses semences des choses étaient mélangées ensemble en particules infiniment petites (frg. 1), l'apparence présentée devait être celle de l'une des substances jusque-là regardées comme premières. En vérité, elles présentaient l'apparence de « l'air et de l'éther », car les qualités (choses) qui appartiennent à l'air et à l'éther l'emportent par la quantité sur toutes les autres choses de l'univers, et chaque chose est le plus évidemment ce de quoi elle a le plus en elle (frg. 12 *sub fin.*). Ici donc, Anaxagore se rattache à Anaximène. La condition première des choses, avant la formation des mondes, est tout à fait la même chez les deux penseurs ; seulement, chez Anaxagore, la masse originelle n'est plus la substance première, mais un mélange d'innombrables semences divisées en particules infiniment petites.

Cette masse est infinie, comme l'air d'Anaximène, et elle se supporte elle-même, puisqu'elle n'est entourée de rien[1]. En outre, les « semences » de toutes choses qu'elle contient sont infinies en nombre (frg. 1). Mais comme les innombrables semences peuvent être divisées en celles dans lesquelles prévalent les portions de froid, d'humide, de dense et de sombre, et en celles qui renferment le plus de chaud, de sec, de rare et de lumineux, nous pouvons dire que la masse originelle était un mélange d'Air infini et de Feu infini. Les semences d'Air, naturellement, contiennent des « portions » des choses qui prédominent dans le Feu, et vice versa ; mais nous regardons chaque chose comme étant ce de quoi elle a le plus en elle. Enfin, il n'y a pas de vide dans ce mélange, addition à la théorie rendue nécessaire par les arguments de Parménide. Il vaut cependant la peine de remarquer qu'Anaxagore ajouta une

---

[1] Arist. *Phys.* Γ, 5. 205 *b* 1 (R. P. 154 *a* ; DV 46 A 50).

preuve expérimentale de ce fait à la preuve purement dialectique des Éléates. Il fit, comme Empédocle, l'expérience de la clepsydre (frg. 100) et montra aussi la nature corporelle de l'air au moyen d'outres gonflées [1].

CXXXII. — Le « nous ».

Comme Empédocle, Anaxagore avait besoin de quelque cause externe pour produire le mouvement dans le mélange. Ainsi que l'avait montré Parménide, un corps ne se mouvrait jamais de lui-même, contrairement à ce qu'avaient supposé les Milésiens. Anaxagore appela la cause du mouvement du nom de *Nous*. C'est ce qui fit dire à Aristote qu'« en homme sobre, il se distinguait de ceux qui l'avaient précédé et qui parlaient au hasard [2] », et on lui a souvent, à cause de cela, attribué l'introduction de l'élément spirituel dans la philosophie. Toutefois, le désappointement exprimé à la fois par Platon et par Aristote quant à la façon dont Anaxagore développa sa théorie devrait nous mettre en garde contre une appréciation trop enthousiaste. Platon fait dire à Socrate [3] : « J'entendis une fois un homme lire un livre d'Anaxagore, à ce qu'il disait, et où était exprimée l'opinion que ce fut l'Esprit qui ordonna le monde, et qu'il était la cause de toutes choses. Je fus ravi d'entendre parler de cette cause, et je pensais qu'il avait réellement raison... Mais mes espérances exagérées furent complètement renversées quand j'allai plus loin et trouvai que cet homme ne faisait aucun usage du tout de l'Esprit. Ce n'est pas à lui qu'il attribuait une puissance causale quelconque dans l'ordonnance des choses, mais bien à l'air, à l'éther, aux eaux et à une foule d'autres choses

---

[1] *Phys.* Z, 6. 213 a 22 (R. P. 159; DV 46 A 68). Nous possédons une discussion complète des expériences avec la clepsydre dans *Probl.* 914 b 9 sq. (DV 46 A 69), passage auquel nous avons déjà recouru pour illustrer Empédocle, frg. 100. Voir plus haut, p. 251, n. 2.

[2] Arist. *Met.* A, 3. 984 b 15 (R. P. 152; DV 46 A 58).

[3] Platon, *Phd.* 97 b 8 (R. P. 155 d; DV 46 A 47).

étranges. » Aristote, songeant probablement à ce passage, dit de son côté[1] : « Anaxagore use de l'Esprit comme d'un *deus ex machina* pour rendre compte de la formation du monde ; et toutes les fois qu'il est dans l'embarras pour expliquer pourquoi une chose quelconque est nécessairement, il le fait intervenir. Mais, dans d'autres cas, il indique comme cause n'importe quoi plutôt que l'Esprit. » Ces textes sont de nature à nous faire supposer que le *Nous* d'Anaxagore n'était pas, en réalité, à un niveau plus élevé que l'Amour et la Haine d'Empédocle, et ce sentiment est confirmé par l'examen des déclarations que le philosophe fait lui-même à ce sujet.

Tout d'abord, le *Nous* est exempt de mélange (frg. 12), et ne contient pas, comme les autres choses, une portion de tout. Il ne vaudrait guère la peine de dire cela d'un esprit immatériel ; personne ne supposerait qu'il puisse être chaud ou froid. De cet état de pureté, il résulte qu'il « a pouvoir » sur chaque chose, ce qui veut dire, dans la langue d'Anaxagore, qu'il est cause du mouvement des choses[2]. Héraclite en avait dit autant du Feu, et Empédocle de la Haine. De plus, c'est la plus « subtile » de toutes les choses, de sorte qu'il peut pénétrer partout, et cela n'aurait pas de sens de dire que l'immatériel est « plus subtil » que le matériel. Il est vrai aussi que le *Nous* « sait toutes choses » ; mais c'était peut-être également le cas du Feu d'Héraclite[3], et certainement de l'Air de Diogène[4]. Zeller

---

[1] Arist. *Met.* A, 4. 905 a 13 (R. P. 155 d ; DV 46 A 47).

[2] Arist. *Phys.* Θ, 5. 256 b 24 (DV 46 A 56). διὸ καὶ Ἀναξαγόρας ὀρθῶς λέγει, τὸν νοῦν ἀπαθῆ φάσκων καὶ ἀμιγῆ εἶναι, ἐπειδήπερ κινήσεως ἀρχὴν αὐτὸν ποιεῖ εἶναι· οὕτω γὰρ ἂν μόνως κινοίη ἀκίνητος ὢν καὶ κρατοίη ἀμιγὴς ὤν. Nous ne citons ce passage que pour la signification de κρατεῖν. Naturellement, les mots ἀκίνητος ὤν ne sont pas donnés comme historiques, et moins encore l'est l'interprétation qui en est donnée à *de An.* Γ. 4. 429 a 18 (DV 46 A 100). Diogène d'Apollonie (frg. 5) joint ὑπὸ τούτου πάντα κυβερνᾶσθαι (le vieux mot milésien) avec πάντων κρατεῖν.

[3] Si nous gardons le texte du ms., εἰδέναι, dans le fragment 1. En tout cas, le nom de τὸ σοφόν n'implique pas moins.

[4] Voir frg. 3, 5.

soutient, il est vrai, qu'Anaxagore entendait parler de quelque chose d'incorporel ; mais il admet qu'il n'y réussit pas [1], et c'est là, historiquement, le point important. Le *Nous* est certainement envisagé comme occupant un espace, puisqu'il y a en lui (frg. 12) de plus grandes et de plus petites parties.

La vérité est probablement qu'Anaxagore substitua le *Nous* à l'Amour et à la Haine d'Empédocle, parce qu'il désirait garder la vieille doctrine ionienne d'une substance qui « sait » toutes choses, et l'identifier avec la théorie nouvelle d'une substance qui « meut » toutes choses. Peut-être aussi fut-ce l'intérêt plus vif qu'il avait pour les problèmes physiologiques — c'est-à-dire distincts des problèmes purement cosmologiques — qui le conduisit à parler de l'Esprit plutôt que de l'Ame. Le premier de ces mots suggère certainement avec plus de clarté que le dernier l'idée d'une intention. Mais, en tous cas, l'originalité d'Anaxagore gît beaucoup plus dans sa théorie de la matière que dans celle du *Nous*.

CXXXIII. — Formation des mondes.

La formation d'un monde part d'un mouvement rotatoire que le *Nous* communique à une partie de la masse mélangée, dans laquelle « toutes choses sont ensemble » (frg. 13) et ce mouvement rotatoire s'étend graduellement à un espace de plus en plus grand. Sa rapidité (frg. 9) produit une séparation du rare et du dense, du froid et du chaud, du sombre et du lumineux, de l'humide et du sec (frg. 15). Cette séparation engendre deux grandes masses, l'une consistant dans le rare, le chaud, le lumineux et le sec, et appelée l'« Ether » ; l'autre, dans laquelle les qualités opposées prédominent, et appelée « Air » (frg. 1). De ces deux masses, l'Ether ou Feu [2] occupa l'extérieur, tandis que l'Air occupa le centre (frg. 15).

[1] Zeller, p. 993.
[2] Notez qu'Anaxagore dit « air » là où Empédocle disait habituelle-

La phase suivante est la séparation de l'air en nuages, eau, terre et pierres (frg. 16). En cela, Anaxagore suit de près Anaximène. Toutefois, dans son explication de l'origine des corps célestes, il se montre plus original. Nous lisons à la fin du fragment 16 que les pierres « se projettent plus loin à l'extérieur que l'eau », et les doxographes nous apprennent que les corps célestes étaient tenus pour des pierres arrachées à la terre par la rapidité de sa révolution et chauffées à blanc par la vitesse de leur propre mouvement[1]. Peut-être, la chute de la pierre météorique à Aegos Potamos fut-elle pour quelque chose dans l'origine de cette théorie. On peut observer encore que si, dans les premières phases de la formation du monde, nous sommes surtout guidés par l'analogie d'une eau en rotation avec des corps légers et des corps lourds flottant sur elle, Anaxagore nous fait plutôt penser ici à une fronde.

CXXXIV. — Mondes innombrables.

Anaxagore adopta la théorie ionienne ordinaire de l'innumérabilité des mondes ; cela ressort avec une parfaite clarté du fragment 4, que nous n'avons pas le droit d'envisager comme ne formant pas un seul tout[2]. Les mots « que ce n'est pas seulement chez nous que ces choses sont séparées, mais qu'elles le sont ailleurs aussi », ne peuvent signifier qu'une chose : c'est que le *Nous* a causé un mouvement rotatoire en plus d'une partie du mélange illimité. Aétius inclut certainement Anaxagore parmi ceux qui soutenaient qu'il n'y avait qu'un monde ; mais ce témoignage ne peut pas être considéré comme de même poids que

---

ment « éther », et que pour lui « éther » est équivalent de feu. Cf. Arist. de Cælo, Γ, 3. 302 b 4 (DV 46 A 43), τὸ γὰρ πῦρ καὶ τὸν αἰθέρα προσαγορεύει αὐτό; et *ibid.* A, 3. 270 b 24 (DV 46 A 73): Ἀναξαγόρας δὲ καταχρῆται τῷ ὀνόματι τούτῳ οὐ καλῶς· ὀνομάζει γὰρ αἰθέρα ἀντὶ πυρός.

[1] Aet. II, 13, 3 (*Dox.* p. 341; R. P. 157 c; DV 46 A 71).
[2] Voir plus haut, p. 297, n. 2.

celui des fragments [1]. Il est très improbable que les mots « ailleurs que chez nous », se rapportent, comme le prétend Zeller, à la lune. Est-il vraisemblable qu'il se soit trouvé quelqu'un pour dire que les habitants de la lune « ont un soleil et une lune comme nous [2] » ?

CXXXV. — Cosmologie.

La cosmologie d'Anaxagore est nettement basée sur celle d'Anaximène; cela ressort avec évidence de la comparaison du passage suivant d'Hippolyte [3] avec les citations que nous avons faites dans notre premier chapitre (§ 29) :

3. La terre est plate, et reste suspendue à cause de sa forme, et parce qu'il n'y a pas de vide [4]. Pour cette raison, l'air est très fort et supporte la terre, qui est soutenue par lui.

4. Quant à l'humidité sur la surface de la terre, la mer se forma des eaux qui sont dans la terre (car lorsque celles-ci furent évaporées, le reste devint salé) [5], et des rivières qui s'y jettent.

5. Les rivières naissent à la fois des pluies et des eaux qui sont dans la terre; car la terre est creuse et renferme des eaux dans ses cavités. Et le Nil s'élève en été grâce à l'eau qui descend des neiges de l'Ethiopie [6].

---

[1] Aet. II, 1, 3. Voir plus haut, chap. I, p. 63.

[2] On peut prouver, de plus, que ce passage (frg. 4) se trouvait tout près du début de l'ouvrage. Cf. Simpl. *Phys.* p. 34, 28 : μετ' ὀλίγα τῆς ἀρχῆς τοῦ πρώτου Περὶ φύσεως; p. 156, 1 : καὶ μετ' ὀλίγα (après frg. 2) qui se trouvait lui-même μετ' ὀλίγον après frg. 1, qui était le commencement du livre. Une référence aux autres « mondes » serait bien en place ici, mais non une référence à la lune.

[3] *Ref.* I, 8, 3 (*Dox.* p. 562; DV 46 A 42).

[4] Ceci est une addition à l'opinion plus ancienne, addition due à la négation du vide par les Eléates.

[5] Le texte est très corrompu en cet endroit, mais le sens général peut se déduire de Aét. III, 16, 2.

[6] La leçon du ms. est ἐν τοῖς ἄρκτοις, en place de laquelle Diels adopte la conjecture de Fredrich : ἐν τοῖς ἀνταρκτικοῖς. Il m'a paru préférable de traduire le ἐν τῇ Αἰθιοπίᾳ que donne Aétius (IV, 1, 3). Cette opinion est mentionnée et rejetée par Hérodote (II, 22). Sénèque (*N. Q.* IV, 2, 17) fait remarquer qu'elle avait été adoptée par Eschyle (*Suppl.* 559, frg. 300 Nauck), Sophocle (frg. 797), et Euripide (*Hel.* 3, frg. 228). (DV 46 A 91).

6. Le soleil, la lune et toutes les étoiles sont des pierres enflammées qui sont mues circulairement par la rotation de l'éther. Sous les étoiles sont le soleil et la lune, et aussi certains corps qui font leur révolution avec eux, mais sont invisibles pour nous.

7. Nous ne sentons pas la chaleur des étoiles à cause de leur grande distance de la terre ; et d'ailleurs elles ne sont pas aussi chaudes que le soleil, parce qu'elles occupent une région plus froide. La lune est au-dessous du soleil, et plus près de nous.

8. Le soleil dépasse en grandeur le Péloponnèse. La lune n'a pas de lumière qui lui soit propre, mais la reçoit du soleil. Le cours des étoiles passe sous la terre.

9. La lune est éclipsée par la terre, qui lui dérobe la lumière du soleil, et quelquefois aussi par les corps qui sont au-dessous d'elle et se placent devant elle. Le soleil est éclipsé à la nouvelle lune, quand la lune nous le dérobe. Le soleil et la lune tournent tous deux dans leurs courses à cause de la répulsion de l'air. La lune tourne fréquemment, parce qu'elle ne peut prévaloir sur le froid.

10. Anaxagore fut le premier à déterminer ce qui concerne les éclipses et la clarté du soleil et de la lune. Et il disait que la lune était de terre, et renfermait des plaines et des ravins. La voie lactée est la réflexion de la lumière des étoiles, qui ne sont pas éclairées par le soleil. Les étoiles filantes sont des étincelles, pour ainsi dire, qui jaillissent en raison du mouvement de la voûte céleste.

11. Les vents s'élèvent quand l'air est raréfié par le soleil, et quand des corps, qui sont brûlés, se dirigent vers la voûte du ciel et sont emportés. Le tonnerre et l'éclair sont produits par la chaleur qui frappe les nuages.

12. Les tremblements de terre sont causés par le fait que l'air d'au-dessus de la terre se heurte à celui d'au-dessous ; car le mouvement de ce dernier fait balancer la terre, qui flotte sur lui.

Tout cela confirme de la manière la plus frappante l'indication de Théophraste, qu'Anaxagore avait appartenu à l'école d'Anaximène. La terre plate flottant sur l'air, les corps sombres en dessous de la lune, l'explication des solstices et des « tours » de la lune par la résistance de l'air, les explications données du vent, du tonnerre et de l'éclair, tout cela dérive des investigateurs plus anciens.

CXXXVI. — BIOLOGIE.

« En chaque chose, il y a une portion de chaque chose, excepté dans le *Nous*, et il y a certaines choses dans lesquelles le *Nous* est aussi. » (p. 11.) Dans ces mots, Anaxagore traçait la distinction entre les objets animés et les objets inanimés. Il nous dit que c'est le même *Nous* qui « a pouvoir sur » toutes les choses qui ont vie, c'est-à-dire les met en mouvement, tant les plus grandes que les plus petites (frg. 12). Le *Nous* est le même dans toutes les créatures vivantes (frg. 12), et il en résulte que les différents degrés d'intelligence que nous observons dans les mondes animal et végétal dépendent entièrement de la structure du corps. Le *Nous* est le même, mais il trouve des conditions plus favorables dans un corps que dans l'autre. L'homme est le plus sage des êtres animés, non parce qu'il a une meilleure espèce de *Nous*, mais simplement parce qu'il a des mains [1]. Cette opinion est en parfait accord avec le développement antérieur de la pensée sur ce sujet. Dans le livre II de son poème (frg. 16), Parménide avait déjà fait dépendre la pensée des hommes de la constitution de leurs membres.

Du moment que le *Nous* est partout le même, nous ne sommes pas surpris d'apprendre que les plantes étaient regardées comme des créatures vivantes. Si nous pouvons en croire le traité pseudo-aristotélicien *Sur les Plantes* [2], Anaxagore soutenait qu'elles doivent éprouver du plaisir quand elles croissent, de la peine quand leurs feuilles tombent. Au dire de Plutarque [3], il appelait les plantes des « animaux fixés dans la terre ».

Plantes et animaux doivent leur origine première à la πανσπερμία. Les plantes apparurent pour la première fois

---

[1] Arist. *de Part. An.* Δ 10, 687 a 7 (R. P. 160 b; DV 46 A 102).

[2] [Arist.] *de Plant.* A 1, 815 a 15 (R. P. 160; DV 46 A 117).

[3] Plut. *Q. N.* 1 (R. P. 160; DV 46 A 116): ζῷον.... ἔγγειον.

lorsque leurs semences, contenues dans l'air, furent entraînées en bas par l'eau des pluies [1] et les animaux prirent naissance d'une manière analogue [2]. Comme Anaximandre, Anaxagore soutenait qu'ils avaient vu le jour en premier lieu dans l'élément humide [3].

CXXXVII. — La Perception.

Il nous semble constater, dans ces maigres notices, des traces de polémique contre Empédocle, et l'on peut en observer aussi dans les analyses que nous possédons de la théorie de la perception adoptée par Anaxagore, et spécialement dans cette idée que la perception repose sur les contraires [4]. Voici comment Théophraste s'exprime sur ce sujet [5].

Mais Anaxagore dit que la perception est produite par des opposés ; car les choses semblables ne peuvent être affectées par les semblables. Il essaye de faire une description détaillée des divers sens. Nous voyons au moyen de l'image qui se forme dans la pupille ; or aucune image n'est projetée sur une chose de même couleur, mais seulement sur ce qui est différent. Chez la plupart des créatures vivantes, les objets sont de couleur différente pour la pupille pendant le jour, quoique, pour quelques-unes, ce soit le cas de nuit, et celles-ci ont par conséquent la vue perçante à ce moment. D'une manière générale, cependant, la nuit est, plus que le jour, de la même couleur que les yeux. Et une image est projetée sur la pupille de jour, parce que la lumière est une cause concomitante de l'image, et parce que la couleur qui prévaut projette plus facilement une image sur son opposé [6].

C'est de la même manière que le toucher et le goût discernent leurs objets. Ce qui est exactement aussi chaud ou exactement aussi froid que nous, ni ne nous réchauffe, ni ne nous refroidit

---

[1] Theophr. *Hist. Plant.* III, 1, 4 (R. P. 160 ; DV A 117).
[2] Irénée, *Adv. Hær.* II 14, 2 (R. P. 160 *a* ; DV 46 A 113).
[3] Hipp. *Ref.* 1, 8, 12 (*Dox.* p. 563 ; DV 46 A 42).
[4] Beare, p. 37.
[5] Theophr. *de Sensu*, 27 sq. (*Dox.* p. 507 ; DV 46 A 92).
[6] Beare, p. 38.

par son contact, et, pareillement, nous ne percevons pas par eux-mêmes le doux et l'amer. Nous connaissons le froid par le chaud, le frais par le salé, et le doux par l'amer, en vertu de notre insuffisance en chacun ; car tous ceux-ci sont en nous au commencement. Et nous sentons et entendons de la même manière : nous sentons au moyen de la respiration qui se fait en même temps ; nous entendons parce que le son pénètre dans le cerveau, car l'os qui le surmonte est creux, et c'est sur lui que le son tombe [1].

Et toute sensation implique une peine, opinion qui semblerait être la conséquence de la première supposition, car toutes les choses dissemblables produisent une peine par leur contact. Et cette peine est rendue perceptible par la longue durée ou par l'excès d'une sensation. Les couleurs brillantes et les bruits excessifs produisent de la peine, et nous ne pouvons nous arrêter longtemps sur les mêmes choses. Les animaux les plus grands sont les plus sensibles et, généralement, la sensation est proportionnée à la grandeur des organes des sens. Les animaux qui ont des yeux grands, purs et brillants, voient les grands objets et à une grande distance, et vice versa [2].

Et il en est de même de l'ouïe. Les grands animaux peuvent entendre des sons forts et distants, tandis que les sons plus faibles passent inaperçus d'eux ; les petits animaux perçoivent des sons faibles, et tout près d'eux [3]. Il en est de même aussi de l'odorat. L'air raréfié a plus d'odeur, car lorsque l'air est chauffé et raréfié, il sent. Quand un grand animal respire, il aspire l'air condensé en même temps que le raréfié, tandis qu'un petit aspire le raréfié seulement ; ainsi le grand animal perçoit davantage. Car l'odeur est mieux perçue quand elle est près que quand elle est loin, parce qu'elle est plus condensée, tandis qu'elle est faible quand elle est dispersée. Mais, généralement parlant, les grands animaux ne perçoivent pas une odeur raréfiée, ni les petits une odeur condensée [4].

Cette théorie marque sous certains rapports un progrès sur celle d'Empédocle. C'était une heureuse pensée d'Anaxagore de faire dépendre la sensation de l'excitation par les contraires, et de la lier à la peine. Plus d'une théorie moderne est basée sur une idée analogue.

[1] Beare, p. 208.
[2] *Ibid.*, p. 103.
[3] *Ibid.*, p. 209.
[4] *Ibid.*, p. 137.

Anaxagore tenait les sens pour incapables d'atteindre la vérité sur les choses : les fragments conservés par Sextus l'attestent. Mais nous ne devons pas, pour autant, faire de lui un sceptique. La déclaration conservée par Aristote[1], que « les choses sont ce que nous les supposons être », n'a aucune valeur probante. Elle provient de quelque collection d'apophtegmes, et non du traité d'Anaxagore lui-même, et il se peut fort bien qu'elle eût une application morale. Il disait (frg. 21) que « la faiblesse de nos sens nous empêche de discerner la vérité », mais cela signifie simplement que nous ne voyons pas les « portions » de chaque chose qui sont en chaque chose, par exemple les portions de noir qui sont dans le blanc. Nos sens nous montrent simplement les portions qui prédominent. Il disait aussi que les choses qui sont vues nous donnent la possibilité de voir l'invisible, ce qui est précisément le contraire du scepticisme (frg. 21 *a*).

[1] *Met.* Γ 5, 1009 *b* 25 (R. P. 161 *a* ; DV 46 A 28).

CHAPITRE VII

LES PYTHAGORICIENS

CXXXVIII. — L'ÉCOLE PYTHAGORICIENNE.

Nous avons vu (§ 40) comment les Pythagoriciens, après avoir perdu leur suprématie à Crotone, se concentrèrent à Rhegium. Mais l'école qu'ils y fondèrent fut bientôt dissoute. Archippos resta en Italie, mais Philolaos et Lysis, — ce dernier, encore jeune lors du massacre de Crotone, y avait échappé — se rendirent dans la Grèce continentale et finirent par se fixer à Thèbes. Nous savons par Platon que Philolaos y vécut quelque temps à la fin du V⁵ siècle, et Lysis fut dans la suite le maître d'Epaminondas[1]. Quelques-uns des Pythagoriciens, cependant, purent retourner plus tard en Italie. Philolaos était certainement du nombre, et Platon fait supposer qu'il avait quitté Thèbes un peu avant 399, année où Socrate fut mis à mort. Au IV⁵ siècle, le principal siège de l'école est à Tarente, et nous trouvons les Pythagoriciens dirigeant l'opposition contre Denys de Syracuse. C'est à cette période qu'appartient Archytas. Il fut l'ami de Platon, et réalisa presque, s'il ne suggéra pas, l'idéal du roi-philosophe. Il gouverna Tarente pendant des années, et Aristoxène nous dit qu'il ne fut jamais défait dans aucune bataille[2]. Il fut aussi l'inventeur de la méca-

---

[1] Sur Philolaos, voir Platon, *Phd.* 61 *d* 7; *e* 7 (DV 32 B 15), et sur Lysis, Aristoxène, dans Jambl. *V. Pyth.* 250 (R. P. 59 *b*; DV 34, 1).

[2] Diog. VIII, 79-83 (R. P. 61). Aristoxène lui-même était originaire de Tarente. Sur l'activité politique des Pythagoriciens de Tarente, voir

nique mathématique. A la même époque, le Pythagorisme avait pris racine en Hellade. Lysis, nous l'avons vu, séjournait à Thèbes, où Simmias et Cébès avaient entendu Philolaos, et il y avait une importante communauté de Pythagoriciens à Phlionte. Aristoxène était en relations personnelles avec les représentants de la dernière génération de l'école, et cite les noms de Xénophile de Chalcis, en Thrace, de Phanton, d'Echécrate, de Dioclès et de Polymnestos de Phlionte. Ils étaient tous, dit-il, disciples de Philolaos et d'Eurytos [1]. Platon était en excellents termes avec ces hommes, et leur dédia son *Phédon* [2]. Xénophile fut le maître d'Aristoxène, et vécut en parfaite santé à Athènes jusqu'à l'âge de cent cinq ans [3].

CXXXIX. — Philolaos.

Cette génération de l'école appartient cependant, en réalité, à une période postérieure et ne peut être étudiée avec profit qu'en relation avec Platon; c'est de son chef Philolaos que nous avons à nous occuper maintenant. Les faits que nous connaissons sur son enseignement dérivent de sources extérieures et sont en petit nombre. Les doxographes, il est vrai, lui attribuent une théorie approfondie du système planétaire, mais Aristote ne mentionne jamais son nom à ce propos. Il donne cette théorie comme étant des « Pythagoriciens » ou de « quelques Pythagoriciens [4] ». Il semble cependant naturel de supposer que les éléments pythagoriciens du *Phédon* et du *Gorgias* de Platon viennent surtout de Philolaos. Platon fait exprimer à Socrate sa surprise de ce que Simmias et Cébès n'avaient pas appris

Meyer, *Gesch. des Alterth.* V, § 824. L'histoire de Damon et Phintias (racontée par Aristoxène) appartient à cette période.

[1] Diog. VIII, 46 (R. P. 62).
[2] Comparez la façon dont le *Théétète* est dédié à l'école de Mégare.
[3] Voir Aristoxène, *ap.* Val. Max. VIII, 13, ext. 3, et Suidas, *s. v.*
[4] Voir plus loin, §§ 150-152.

de lui pourquoi il n'est pas permis à un homme de mettre fin à ses jours¹, et il semble ressortir de ses paroles que les Pythagoriciens de Thèbes employaient le mot « philosophe » au sens spécial d'un homme qui cherche un moyen de se délivrer du fardeau de cette vie². Il est extrêmement probable que Philolaos parlait du corps (σῶμα) comme du tombeau (σῆμα) de l'âme³. Dans tous les cas, nous avons le droit, semble-t-il, de soutenir qu'il enseignait, sous une forme ou sous une autre, la vieille doctrine religieuse des Pythagoriciens, et il est probable qu'il attachait une importance spéciale à la connaissance comme moyen de délivrance. C'est l'impression que nous donne Platon, et il est de beaucoup la meilleure autorité que nous ayons sur le sujet.

Nous savons de plus que Philolaos écrivit sur les « nombres », car Speusippe le suivit dans l'analyse qu'il donna des doctrines pythagoriciennes sur ce sujet⁴. Il est pro-

---

¹ Plato, *Phd.*, 61 d 6.

² Cela paraît résulter directement de la remarque de Simmias dans *Phd.* 64 b. Le passage entier serait dépourvu de sel si les mots φιλόσοφος, φιλοσοφεῖν, φιλοσοφία n'étaient pas devenus en quelque sorte familiers aux Thébains ordinaires du V* siècle. Or Héraclide de Pont fait inventer ce mot à Pythagore, qui l'explique dans une conversation avec Léon, tyran de Sicyone ou de Phlionte. Cf. Diog. I, 12 (R. P. 3), VIII, 8 ; Cic. *Tusc.* V, 3, 8 ; Döring dans *Arch.* V, p 503 sq. Il me paraît que la manière dont le terme est introduit dans le *Phédon* condamne l'opinion que c'est une idée socratique transférée par Héraclide aux Pythagoriciens. Cf. aussi la remarque d'Alcidamas citée par Arist. *Rhet.* B. 23, 1398 b 18 : Θήβησιν ἅμα οἱ προστάται φιλόσοφοι ἐγίνοντο καὶ εὐδαιμόνησεν ἡ πόλις.

³ Pour des raisons qu'on verra plus loin, je n'attache pas d'importance sous ce rapport à Philolaos, frg. 14 Diels = 23 Mullach (R. P. 89), mais il semble probable que le μυθολογῶν κομψὸς ἀνήρ de *Gorg.* 493 a 5 (R. P. 89 b) est responsable de toute la théorie qui y est développée. Il est certainement, en tous cas, l'auteur du τετρημένος πίθος, qui implique la même opinion générale. Or il est appelé ἴσως Σικελός τις ἢ Ἰταλικός, ce qui signifie qu'il était Italien ; car le Σικελός τις est simplement une allusion au Σικελὸς κομψὸς ἀνὴρ ποτὶ τὰν ματέρ' ἔφα de Timocréon. Nous ne connaissons aucun Italien à qui Platon pût avoir emprunté ces opinions, excepté Philolaos ou un de ses disciples. Ils n'en peuvent pas moins, malgré tout cela, avoir été à l'origine des Orphiques (cf. R. P. 89 a).

⁴ Voir plus haut, chap. II, p. 115, n. 2.

bable qu'il s'occupa surtout d'arithmétique, et il n'est guère douteux que sa géométrie ne fût du type primitif décrit dans nos premiers chapitres. Eurytos fut son disciple, et nous avons vu (§ 47) que ses théories étaient encore tout à fait grossières.

Nous savons aussi que Philolaos écrivit sur la médecine[1], et que, quoique influencé en apparence par les enseignements de l'école sicilienne, il s'y opposa du point de vue pythagoricien. Il disait en particulier que nos corps sont composés seulement de chaud, et ne participent pas du froid. Ce n'est qu'après la naissance que le froid y est introduit par la respiration. La connexion entre ce point et la vieille théorie pythagoricienne est évidente. De même que le Feu du macrocosme attire et limite le souffle froid et sombre qui entoure le monde (§ 53), de même nos corps aspirent le souffle froid de l'extérieur Philolaos tenait pour causes de maladie la bile, le sang et le phlegme ; et en vertu de la théorie que nous venons de mentionner, il devait nier que le phlegme fût froid, contrairement au dire de l'école sicilienne. L'étymologie du mot prouvait, selon lui, qu'il était chaud. Ainsi que l'a écrit Diels, Philolaos nous frappe par « le peu d'intérêt qu'offre son éclectisme » pour autant qu'on envisage ses vues médicales [2]. Nous verrons toutefois que ce fut justement cette préoccupation de la médecine dont fit preuve l'école sicilienne qui donna naissance à quelques-uns des développements les plus caractéristiques du Pythagorisme postérieur.

CXL. — Platon et les Pythagoriciens.

Tel fut, pour autant que nous pouvons le connaître, le Philolaos historique, et c'est une figure assez remarquable.

[1] Chose qui montre excellemment combien de lacunes renferme notre tradition (Introd. § XIII), ce fait était absolument inconnu jusqu'à la publication des extraits des *Iatrika* de Ménon contenus dans l'Anonyme de Londres. L'extrait qui se rapporte à Philolaos est donné et discuté par Diels, *Hermès*, XXVIII, p. 417 sq. (DV 32 A 27).
[2] *Hermès*, loc. cit.

Il est d'usage, cependant, de le représenter sous un autre jour, et l'on a même parlé de lui comme d'un « précurseur de Copernic ». Pour comprendre ce fait, nous aurons à considérer un peu l'histoire de ce que l'on ne peut appeler qu'une conspiration littéraire. Tant qu'elle n'a pas été tirée au clair, il n'est pas possible d'apprécier l'importance réelle de Philolaos et de ses disciples immédiats.

Comme nous pouvons le voir par le *Phédon* et le *Gorgias*, Platon était intime avec ces hommes, et leur enseignement religieux l'impressionnait profondément, quoique — cela est évident aussi — il n'en fit pas sa propre foi. Il était encore plus attiré par le côté scientifique du Pythagorisme, qui, jusqu'à la fin, exerça une grande influence sur lui. Son propre système a, dans sa forme finale, de nombreux points de contact avec le Pythagorisme, comme il prend soin de le marquer dans le *Philèbe*[1]. Mais, justement parce qu'il en était si près, il était en état de le développer selon certaines tendances, qui peuvent s'être ou ne s'être pas recommandées à Archytas, mais qui ne sont pas faites pour nous éclairer sur les vues de Philolaos et d'Eurytos. Si Platon avait jamais entendu parler d'un système cosmologique tel que celui dont on fait habituellement honneur à Philolaos, il serait bien étrange qu'il attribue le système développé des Pythagoriciens à Timée de Locres, dont nous ne savons rien que ce qu'il lui a plu de nous en dire. Ce qu'il nous dit de Philolaos est, comme nous l'avons vu, d'un caractère tout à fait différent.

Or Platon avait beaucoup d'ennemis et de détracteurs, et cette circonstance les mettait à même de porter contre lui l'accusation de plagiat. Aristoxène était l'un de ces ennemis, et nous savons qu'il fit l'extraordinaire déclaration que la plus grande partie de la *République* se trouvait dans une œuvre de Protagoras[2]. C'est à lui que paraît aussi remonter l'histoire d'après laquelle Platon acheta de Philo-

---

[1] Plato, *Phileb.* 16 c sq. — [2] Diog. III, 37. Sur des accusations du même genre, cf. Zeller, *Plato*, p. 429, n. 7.

laos « trois livres pythagoriciens », et en tira la substance du *Timée*. A l'en croire, ces « trois livres » étaient venus en possession de Philolaos, et comme celui-ci était tombé dans une grande pauvreté, Dion put, sur la prière de Platon, les acheter de lui ou d'un de ses parents, au prix de cent mines [1]. Il est certain, dans tous les cas, que cette histoire avait déjà cours au troisième siècle, car le sillographe Timon de Phlionte apostrophe Platon en ces termes : « Et de toi aussi, Platon, le désir s'empara d'avoir des disciples. Car, en échange de beaucoup de pièces d'argent, tu as obtenu un petit livre, et, partant de là, tu as appris à écrire le *Timée* [2]. » Au dire d'Hermippos, l'élève de Callimaque, « un écrivain » affirmait que Platon lui-même avait acheté ces livres des parents de Philolaos au prix de quarante mines d'Alexandrie, et en avait copié le *Timée*, tandis que Satyros, l'Aristarchéen, dit qu'il les obtint par l'intermédiaire de Dion et les paya cent mines [3]. Ni l'un ni l'autre de ces récits ne suggère que le livre fût de Philolaos lui-même ; ils donnent plutôt à entendre que Platon acheta, ou bien un livre de Pythagore, ou du moins des notes authentiques prises à ses cours par un de ses élèves et tombées dans les mains de Philolaos. A une date postérieure, on supposait généralement qu'il s'agissait de l'ouvrage de Timée de Locres intitulé l'*Ame du Monde* [4]; mais il est maintenant prouvé et hors de doute que ce livre ne peut avoir existé avant le premier siècle après Jésus-Christ. Nous ne savons rien de Timée, excepté ce que Platon lui-même nous en dit, et il se peut même qu'il n'ait pas plus existé que l'Etranger d'Elée. Son nom ne se trouve pas parmi les Locriens dans le catalogue des Pythagoriciens que nous a

---

[1] Jambl. V. *Pyth.* 199 (DV 4, 17). Diels a certainement raison d'attribuer cette histoire à Aristoxène (*Arch.* III, p. 461, n. 26).

[2] Timon, ap. Gell. III, 17 (frg. XXVI Wa; 54 Diels; R. P. 60 a).

[3] Sur Hermippos et Satyros, voir Diog. III, 9 ; VIII, 84, 85.

[4] Ainsi Jambl. *in Nicom.* p. 105, 11 ; Proclus, *in Tim.* p. 1, Diehl.

conservé Jamblique[1]. Cette œuvre ne remplit d'ailleurs pas la condition la plus importante, celle d'être en trois livres, qui est partout un des éléments essentiels de l'anecdote[2].

Pas un des écrivains que nous venons de mentionner ne déclare avoir vu les fameux « trois livres[3] »; mais, à une date postérieure, deux œuvres au moins prétendaient les représenter. Diels a montré comment un traité en trois sections intitulé Παιδευτικόν, πολιτικόν, φυσικόν, fut composé dans le dialecte ionien et attribué à Pythagore. Il mettait fortement à contribution les Πυθαγορικαὶ ἀποφάσεις d'Aristoxène, mais la date en est incertaine[4]. Au premier siècle avant Jésus-Christ, Démétrius Magnes était en mesure de citer les premiers mots de l'œuvre publiée par Philolaos[5]. Mais celle-ci était écrite en dialecte dorien. Démétrius ne dit pas expressément qu'elle fût de Philolaos luimême, quoique ce soit sans aucun doute la même dont un certain nombre d'extraits ont été conservés sous son nom dans Stobée et chez des écrivains postérieurs. Si elle prétendait être de Philolaos, cela n'était pas tout à fait en accord avec l'anecdote primitive; mais il est aisé de voir comment son nom peut y avoir été attaché. On nous dit que l'autre livre qui passait pour être de Pythagore était en réalité de Lysis[6]. Boeckh a montré que l'œuvre attribuée à Philolaos consistait probablement aussi en trois livres, et Proclus la citait sous le titre de *Bakchai*[7], titre

---

[1] Diels. *Vors.* p. 269.

[2] C· sont τὰ θρυλούμενα τρία βιβλία (Jambl. *V. Pyth.* 199), τὰ διαβόητα τρία βιβλία (Diog. VIII, 15).

[3] Comme le dit Bywater (*Journ. of Phil.* I, p. 29). l'histoire de cette œuvre « reads like the history, not so much of a book, as of a literary *ignis fatuus* floating before the minds of imaginative writers ».

[4] Diels, *Ein gefälschtes Pythagorasbuch* (*Archiv*, III, p. 451 sq.).

[5] Diog. VIII, 85 (R. P. 63 b). Diels lit : πρῶτον ἐκδοῦναι τῶν Πυθαγορικῶν ⟨βιβλία καὶ ἐπιγράψαι Περὶ⟩ Φύσεως.

[6] Diog. VIII, 7.

[7] Proclus, *in Eucl.* p. 22, 15 (Friedlein; DV 32 B 19). Cf. Bœckh, *Philo-*

fantastique, qui rappelle les « Muses » d'Hérodote. Deux des extraits qu'en donne Stobée le portent. Il faut avouer que toute l'histoire est très suspecte ; mais comme quelques-unes des meilleures autorités tiennent encore ces fragments pour partiellement authentiques,   est nécessaire de les examiner de plus près.

CXLI. — Les fragments de Philolaos.

Boeckh soutenait avec beaucoup d'habileté et de science que tous les fragments conservés sous le nom de Philolaos étaient authentiques ; mais, aujourd'hui, personne n'irait aussi loin. Le long extrait sur l'âme est abandonné même de ceux qui se prononcent pour l'authenticité des autres [1]. On ne peut pas dire, a priori, que cette opinion soit très plausible. Boekh a vu qu'il n'y avait pas de raison de supposer qu'il y ait jamais eu plus d'un ouvrage, et il en tirait la conclusion que nous devons accepter tous les fragments comme authentiques ou les rejeter tous comme apocryphes [2]. Comme, cependant, Zeller et Diels tiennent encore pour l'authenticité de la plupart des fragments, nous ne pouvons les ignorer complètement. Des arguments basés sur la doctrine qu'ils renferment présenteraient, il est vrai, l'apparence d'un cercle vicieux en ce point de la discussion. Ce n'est qu'en relation avec nos autres preuves qu'ils peuvent être introduits. Mais il est deux objections sérieuses aux fragments, qui peuvent être mentionnées tout de suite. Elles sont suffisamment fortes pour justifier notre

---

laos, p. 36 sq. Bœckh s'en réfère à un groupe sculptural représentant *trois* Bakchai, qu'il suppose être Ino, Agavé et Autonoé.

[1] Ce passage est donné dans R. P. 68 (DV 32 B 21. Pour une discussion complète de ce fragment et des autres, voir Bywater, *On the fragments attributed to Philolaos the Pythagorean* (Journ. of Phil. I, p. 21 sq.).

[2] Bœckh, *Philolaos*, p. 38 ; Diels (*Vors.* p. 246) distingue les Bakchai des trois livres Περὶ φύσιος (ibid. p. 289). Mais comme il identifie ces derniers avec les « trois livres » achetés de Philolaos, et les tient pour authentiques, cela n'affecte pas le raisonnement d'une manière sérieuse.

refus d'en user jusqu'à ce que nous ayons établi d'après d'autres sources quelles doctrines peuvent légitimement être attribuées aux Pythagoriciens de cette date.

En premier lieu, nous devons poser une question qui n'a pas encore été envisagée. Est-il probable que Philolaos ait écrit en dialecte dorien? L'ionien a été le dialecte de toute science et de toute philosophie jusqu'à l'époque de la guerre du Péloponnèse, et il n'y a pas de raison de supposer que les premiers Pythagoriciens en aient employé un autre [1]. Pythagore était lui-même Ionien, et il n'est pas du tout évident qu'à son époque les Etats achéens dans lesquels il fonda son ordre eussent déjà adopté le dorien [2]. Alcméon de Crotone parait avoir écrit en ionien [3]. Diels affirme, il est vrai, que Philolaos et ensuite Archytas furent les premiers Pythagoriciens à user du dialecte de leurs patries [4]; mais on ne peut guère dire que Philolaos ait eu une patrie [5], et les fragments d'Archytas ne sont pas écrits dans le dialecte de Tarente, mais dans ce qu'on peut appeler le « do-

[1] Voir Diels dans *Archiv*, III, p. 460 sq.

[2] Sur le dialecte achéen, voir O. Hoffmann dans Collitz und Bechtel, *Dialekt-Inschriften*, vol. II, p. 151. Avec quelle lenteur le dorien pénétra dans les Etats chalcidiens, on peut le voir par l'inscription de Mikythos de Rhegion (*Dial. Inschr.* III, 2, p. 498), laquelle est postérieure à 468/67, et est composée en un dialecte mélangé. Il n'y a pas de raison de supposer que le dialecte achéen de Crotone fût moins vivace.

[3] Les maigres fragments d'Alcméon renferment une seule forme dorienne, ἔχοντι (frg. 1 , mais Alcméon se donne à lui même la qualité de Κροτωνιήτης; ce qui est très significatif, car la forme achéenne — aussi bien que dorienne — est Κροτωνιάτας Il n'écrivait donc pas en un dialecte mélangé comme celui dont il est question dans la note ci-dessus. Le plus sûr parait être d'admettre avec Wachtler, *De Alcmæone Crotoniata*, p. 21 sq., qu'il se servait de l'ionien.

[4] *Archiv*, III, p. 460.

[5] Il est expressément appelé Crotoniate dans les extraits des Ἰατρικά de Ménon (cf. Diog. VIII, 84). Il est vrai qu'Aristoxène l'appelait Tarentin, qualité qu'il attribuait aussi à Eurytos (Diog. VIII, 46), mais cela signifie seulement qu'il s'établit à Tarente après avoir quitté Thèbes. Ces variations sont communes dans le cas des philosophes itinérants. Eurytos est aussi appelé Crotoniate et Métapontin (Jambl. *V. Pyth.* 148, 266). Cf. aussi la note 1 de notre chap. IX sur Leucippe et la note sur Hippon § 185.

rien commun ». Archytas peut avoir trouvé convenable d'employer ce dialecte, mais il est d'une génération au moins plus jeune que Philolaos, ce qui fait une grande différence. Nous avons la preuve qu'au temps de Philolaos, et après lui, l'ionien était encore employé par les citoyens des États doriens dans des écrits scientifiques. Diogène d'Apollonie, en Crète, et l'historien syracusain Antiochus écrivirent en ionien, et les écrivains médicaux des villes doriennes de Cos et de Cnide continuèrent à user du même dialecte. L'œuvre apocryphe de Pythagore, dont nous avons parlé plus haut, et que quelques-uns attribuaient à Lysis, était en ionien; il en était de même du livre sur les *Akousmata* attribué à Andocyde [1], qui montre que, même à l'époque alexandrine, on estimait encore que l'ionien était le dialecte consacré pour les écrits pythagoriciens.

En second lieu, il ne peut y avoir de doute que l'un des fragments ne se rapporte aux cinq solides réguliers, dont quatre sont identifiés avec les éléments d'Empédocle [2]. Or Platon nous donne à entendre, dans un passage bien connu de la *République*, qu'à l'époque où il écrivait la stéréométrie n'avait pas encore été étudiée comme elle le méritait [3], et nous avons le témoignage exprès que les cinq « figures platoniciennes », comme on les appelait, furent découvertes à l'Académie. Dans les scholies d'Euclide, nous lisons que les Pythagoriciens ne connaissaient que le cube, la pyramide (tétraèdre), et le dodécaèdre, et que l'octaèdre et l'icosaèdre furent découverts par Théétète [4]. Cela nous

---

[1] Sur Andocyde, voir Diels, *Vors.* p. 281. Comme le fait ressortir Diels (*Archiv* III. p. 461), Lucien lui-même avait suffisamment le sens du style pour faire parler Pythagore en ionien.

[2] Cf. frg. 12 = 20 M (R. P. 79) : τὰ ἐν τῇ σφαίρᾳ σώματα πέντε ἐντί.

[3] Plato, *Rep.*, 528 b.

[4] Heiberg, *Euclid*, vol. V, p. 654, 1 : Ἐν τούτῳ τῷ βιβλίῳ, τουτέστι τῷ ιγ', γράφεται τὰ λεγόμενα Πλάτωνος ε΄ σχήματα. ἃ αὐτοῦ μὲν οὐκ ἔστιν, τρία δὲ τῶν προειρημένων ε΄ σχημάτων τῶν Πυθαγορείων ἐστίν, ὅ τε κύβος καὶ ἡ πυραμὶς καὶ τὸ δωδεκάεδρον, Θεαιτήτου δὲ τὸ ὀκτάεδρον καὶ τὸ εἰκοσάεδρον. Ce n'est pas une objection de dire, comme le fait Newbold (*Arch.* XIX, p. 204), que

autorise pleinement à regarder les « fragments de Philolaos » comme un peu plus que suspects. En les examinant de plus près, nous y trouverons d'autres anachronismes encore.

CXLII. Le problème.

Nous devons donc chercher une preuve ailleurs. D'après ce qui a été dit, il est clair que nous ne pouvons pas, avec sécurité, prendre Platon pour guide dans la recherche du sens originel de la théorie pythagoricienne, quoique ce soit certainement de lui seul que nous puissions apprendre à la regarder avec sympathie. Aristote, d'autre part, n'éprouvait aucune tendresse quelconque pour la manière de penser des Pythagoriciens, mais il s'est donné beaucoup de peine pour la comprendre. Et cela parce qu'elle a joué un très grand rôle dans la philosophie de Platon et de ses successeurs, et qu'il devait se rendre aussi claires que possible, à lui-même et à ses disciples, les relations des deux doctrines. Ce que nous avons à faire, donc, c'est d'interpréter dans l'esprit de Platon ce que nous dit Aristote, et d'examiner ensuite comment la doctrine à laquelle nous arrivons de cette manière se rattache aux systèmes qui l'avaient précédée. C'est une opération délicate, sans doute, mais elle a été rendue beaucoup plus sûre par de récentes découvertes concernant l'histoire primitive des mathématiques et de la médecine.

Zeller a préparé le terrain en éliminant les éléments purement platoniciens qui s'étaient insinués dans les exposés postérieurs du système. Ils sont de deux sortes. En

---

l'inscription du dodécaèdre est plus difficile que celle de l'octaèdre et de l'icosaèdre. Les Pythagoriciens n'étaient pas réduits aux méthodes strictement euclidiennes. Il y a lieu de noter, en outre, que Tannery aboutit à une conclusion analogue en ce qui concerne l'échelle musicale décrite dans le fragment de Philolaos. « Il n'y a jamais eu, dit-il, pour la division du tétracorde, une tradition pythagoricienne ; on ne peut pas avec sûreté remonter plus haut que Platon ou qu'Archytas » (*Rev. de Philosophie*, 1904, p. 244).

tout premier lieu, nous avons des formules authentiquement académiques, telles que l'identification de la Limite et de l'Illimité avec le Un et la Dyade indéterminée[1]; et secondement il y a la doctrine néoplatonicienne qui représente leur opposition comme celle existant entre Dieu et la Matière[2]. Il n'est pas nécessaire de répéter ici les arguments de Zeller, car personne n'attribuera plus ces doctrines aux Pythagoriciens du Ve siècle.

Ceci simplifie considérablement le problème, mais il est encore extrêmement difficile. Suivant Aristote, les Pythagoriciens disaient : *Les choses sont des nombres*, quoique telle ne paraisse pas être la doctrine des fragments de « Philolaos ». Suivant ces fragments, les choses *ont* des nombres qui les rendent connaissables, alors que leur essence réelle est quelque chose d'inconnaissable[3]. Cela serait assez intelligible, mais la formule qui dit que les choses *sont* des nombres parait dénuée de sens. Nous avons vu qu'il y a des raisons de croire qu'elle remonte à Pythagore lui-même (§ 52), quoique nous n'ayons pas été en état de dire très clairement ce qu'il entendait par là. Il n'y a aucun doute de ce genre relativement à son école. Aristote dit qu'elle usait de la formule dans un sens cosmologique. Le monde, selon les Pythagoriciens, est fait de nombres dans le même sens que d'autres ont dit qu'il était fait de « quatre racines » ou de « semences innombrables ». Il ne convient pas de négliger cette opinion en la taxant de mysticisme. Quoi que nous puissions penser de Pythagore, les Pythagoriciens du

---

[1] Aristote dit clairement (*Met.* A, 6. 987 *b* 25) qu'il est caractéristique de Platon « de poser une dyade au lieu de l'Illimité regardé comme un, et de faire consister l'Illimité dans le grand et le petit ». Zeller paraît faire, relativement à ce passage, une concession sans nécessité (p. 368, n. 2).

[2] Zeller, p. 369 sq.

[3] Sur la doctrine de « Philolaos », cf. frg. 1 = 2 Ch. (R. P. 64), et sur l'inconnaissable ἐστὼ τῶν πραγμάτων voir frg. 3 = 4 Ch. (R. P. 67). Il a une ressemblance suspecte avec la ὕλη d'Aristote, ressemblance que ce dernier n'aurait certainement pas manqué de noter s'il avait jamais vu ce passage, car il guette partout les anticipations sur la ὕλη.

Vᵉ siècle étaient des hommes de science, et ils ont certainement voulu dire quelque chose de tout à fait précis. Nous serons obligés, sans doute, de reconnaître qu'en disant que *les choses sont des nombres*, ils donnaient à ces mots un sens quelque peu contraire à leur sens naturel, mais pareille supposition ne soulève aucune difficulté. Nous avons déjà vu comment les amis d'Aristoxène réinterprétaient les anciens *Akousmata* (§ 44). Les Pythagoriciens avaient certainement une grande vénération pour les paroles réelles du Maître (αὐτὸς ἔφα); mais pareille vénération est souvent accompagnée d'une singulière licence d'interprétation. Nous partirons donc de ce que nous dit Aristote relativement aux nombres.

CXLIII. — Aristote et les Nombres.

En premier lieu, il faut noter qu'Aristote a l'opinion fermement arrêtée que le Pythagorisme entendait être un système cosmologique comme les autres. « Quoique les Pythagoriciens, nous dit-il, fissent usage de premiers principes et d'éléments moins évidents que les autres, puisqu'ils ne les dérivaient pas des objets sensibles, cependant toutes leurs discussions et leurs études se rapportaient à la nature seule. Ils décrivent l'origine des cieux, et ils observent les phénomènes des parties dont ils se composent, tout ce qui s'y passe et tout ce qu'ils produisent [1]. » Ils appliquent entièrement à ces choses leurs premiers principes, « d'accord apparemment avec les autres philosophes naturalistes pour soutenir que la réalité est justement ce qui peut être perçu par les sens, et est contenu dans le cercle des cieux [2] », quoique « les premiers principes et les causes premières dont ils font usage soient réellement de nature à ex-

---

[1] Arist. *Met.* A, 8, 989 *b* 29 (R. P. 92 A; DV 45 B 22).

[2] Arist. *Met.* A, 8, 990 *a* 3: ὁμολογοῦντες τοῖς ἄλλοις φυσιολόγοις ὅτι τό γ' ὂν τοῦτ' ἐστὶν ὅσον αἰσθητόν ἐστι καὶ περιείληφεν ὁ καλούμενος οὐρανός.

pliquer des réalités d'un ordre plus élevé que le sensible [1] ».

Aristote analyse la doctrine avec plus de précision en disant qu'elle fait des éléments des nombres les éléments des choses, et que, par conséquent, les choses sont des nombres [2]. Il affirme non moins catégoriquement que ces « choses » sont des choses sensibles [3], et qu'en fait ce sont des corps [4], les corps dont le monde est construit [5]. Cette construction du monde au moyen de nombres était pour eux un processus réel, accompli dans le temps, et qu'ils décrivaient en détail [6].

De plus, par les nombres, les Pythagoriciens entendaient bien des nombres mathématiques, quoiqu'ils ne les conçussent pas comme séparés des objets sensibles [7]. D'autre part, ce n'étaient pas de simples prédicats de quelque chose d'autre, mais ils avaient leur réalité propre et indépendante. « Ils ne pensaient pas que le limité, l'illimité et le Un fussent certaines autres substances, telles que le feu,

---

[1] *Met.* ibid. 990 a 5 : τὰς δ' αἰτίας καὶ τὰς ἀρχὰς, ὥσπερ εἴπομεν ἱκανὰς λέγουσιν ἐπαναβῆναι καὶ ἐπὶ τὰ ἀνωτέρω τῶν ὄντων, καὶ μᾶλλον ἢ τοῖς περὶ φύσεως λόγοις ἁρμοττούσας.

[2] *Met.* A, 5, 986 a 1 : τὰ τῶν ἀριθμῶν στοιχεῖα τῶν ὄντων στοιχεῖα πάντων ὑπέλαβον εἶναι; N, 3. 1090 a 22 : εἶναι μὲν ἀριθμοὺς ἐποίησαν τὰ ὄντα, οὐ χωριστοὺς δέ, ἀλλ' ἐξ ἀριθμῶν τὰ ὄντα.

[3] *Met.* M, 6. 1080 b 2 : ὡς ἐκ τῶν ἀριθμῶν ἐνυπαρχόντων ὄντα τὰ αἰσθητά ; ibid. 1080 b 17 : ἐκ τούτου (τοῦ μαθηματικοῦ ἀριθμοῦ) τὰς αἰσθητὰς οὐσίας συνεστάναι φασίν.

[4] *Met.* M, 8. 1083 b 11 : τὰ σώματα ἐξ ἀριθμῶν εἶναι συγκείμενα; ibid. b 17 : ἐκεῖνοι δὲ τὸν ἀριθμὸν τὰ ὄντα λέγουσιν· τὰ γοῦν θεωρήματα προσάπτουσι τοῖς σώμασιν ὡς ἐξ ἐκείνων ὄντων τῶν ἀριθμῶν; N, 3. 1090 a 32 : κατὰ μέντοι τὸ ποιεῖν ἐξ ἀριθμῶν τὰ φυσικὰ σώματα, ἐκ μὴ ἐχόντων βάρος μηδὲ κουφότητα ἔχοντα κουφότητα καὶ βάρος.

[5] *Met.* A, 5. 986 a 2 : τὸν ὅλον οὐρανὸν ἁρμονίαν εἶναι καὶ ἀριθμόν; A, 8. 990 a 21 : τὸν ἀριθμὸν τοῦτον ἐξ οὗ συνέστηκεν ὁ κόσμος; M, 6. 1080 b 18 : τὸν γὰρ ὅλον οὐρανὸν κατασκευάζουσιν ἐξ ἀριθμῶν; de Cælo, Γ. 1, 300 a 15 : τοῖς ἐξ ἀριθμῶν συνιστᾶσι τὸν οὐρανόν· ἔνιοι γὰρ τὴν φύσιν ἐξ ἀριθμῶν συνιστᾶσιν, ὥσπερ τῶν Πυθαγορείων τινές.

[6] *Met.* N, 3. 1091 a 18 : κοσμοποιοῦσι καὶ φυσικῶς βούλονται λέγειν.

[7] *Met.* M, 6. 1080 b 16 (DV 45 B 9); N, 3. 1090 a 20 (DV 45 B 22).

l'eau ou quelque autre chose de cette nature ; mais que l'illimité lui-même et le Un lui-même étaient la réalité des choses dont ils étaient faits les prédicats, et c'est pourquoi ils disaient que le nombre était la réalité de toute chose[1]. » Par conséquent, les nombres sont, selon les termes mêmes d'Aristote, non seulement la cause formelle, mais aussi la cause matérielle des choses[2]. Suivant les Pythagoriciens, les choses sont faites de nombres dans le même sens qu'elles étaient faites de feu, d'air ou d'eau dans les théories de leurs prédécesseurs.

Enfin, Aristote note que les Pythagoriciens étaient d'accord avec Platon pour donner aux nombres une réalité propre et indépendante, tandis que Platon différait des Pythagoriciens en soutenant que cette réalité pouvait se distinguer de celle des choses sensibles[3]. Examinons en détail ces diverses indications.

CXLIV. — Les éléments des nombres.

Aristote parle de certains « éléments » (στοιχεῖα) des nombres, qui étaient aussi les éléments des choses. Ce n'est là, évidemment, que sa façon à lui de présenter la question ; mais nous aurons là évidemment aussi la clef du problème si nous pouvons découvrir ce qu'il veut dire. Premièrement, les « éléments des nombres » sont l'Impair et le Pair, mais il n'y a rien là qui semble nous être d'un grand secours. Nous constatons, cependant, que l'Impair et le Pair étaient identifiés, non sans quelque violence, avec la Limite et l'Illimité, qu'il y a, nous l'avons vu, des raisons de regarder comme les principes fondamentaux de la cosmologie pythagoricienne. Aristote nous dit que c'est le Pair qui donne aux choses leur caractère illimité, quand

---

[1] Arist. *Met.* A, 5. 987 a 15.

[2] *Met.* ibid. 986 a 15 (R. P. 66 ; DV 45 B 5).

[3] *Met.* A, 6. 987 b 27 : ὁ μὲν (Πλάτων) τοὺς ἀριθμοὺς παρὰ τὰ αἰσθητά, οἱ δ' (οἱ Πυθαγόρειοι) ἀριθμοὺς εἶναί φασιν αὐτὰ τὰ αἰσθητά.

il est contenu dans elles et limité par l'Impair [1], et les commentateurs sont unanimes à interpréter cette phrase en ce sens que le Pair est, en une certaine manière, la cause de l'infinie divisibilité. Ils se heurtent pourtant à de grandes difficultés quand ils essayent de montrer comment cela peut être. Simplicius nous a conservé une explication, due selon toute probabilité à Alexandre, et d'après laquelle ils appelaient le nombre pair illimité « parce que tout pair se divise en parties égales, et que ce qui se divise en parties égales est illimité sous le rapport de la bipartition ; car la division en égaux et demies continue *ad infinitum*. Mais si l'impair y est ajouté, il le limite, car il empêche sa division en parties égales [2]. » Or il est évident que nous ne pouvons imputer aux Pythagoriciens l'opinion que les nombres pairs puissent être indéfiniment divisés par deux. Ils avaient étudié avec soin les propriétés de la décade, et ils ne peuvent avoir ignoré que les nombres pairs 6 et 10 n'admettent pas cette division. En réalité, l'explication doit être trouvée dans un fragment d'Aristoxène où nous lisons que « les nombres pairs sont ceux qui se divisent en parties égales, tandis que les nombres impairs se divisent en parties inégales et ont un milieu [3] ». Nous trouvons de ceci un nouvel éclaircissement dans un passage cité par Stobée et qui, en dernière analyse, remonte à Posidonius. En voici la teneur : « Quand l'impair est divisé en deux parties

---

[1] *Met.* A, 5. 986 *a* 17 (R. P. 66 ; DV 45 B 5) ; *Phys.* Γ, 4. 203 *a* 10 (R. P. 66 *a* ; DV 45 B 28).

[2] Simpl. *Phys.* p. 455. 20 (R. P. 66 *a* ; DV 45 B 28). Je dois les passages que j'ai utilisés pour élucider ce point à W. A. Heidel, Πέρας und ἄπειρον in der Philosophie der Pythagoreer (Archiv, XIV, p. 384 sq.). Le principe général de mon interprétation est aussi le même que le sien bien que, en mettant le passage en rapport avec les figures numériques, je crois avoir évité la nécessité de regarder les mots ἡ γὰρ εἰς ἴσα καὶ ἡμίση διαίρεσις εἰς ἄπειρον comme une « tentative d'explication ajoutée par Simplicius ».

[3] Aristoxène, frg. 81, *ap.* Stob. I, p. 20, 1 (DV 45 B 2) : ἐκ τῶν Ἀριστοξένου Περὶ ἀριθμητικῆς .... τῶν δὲ ἀριθμῶν ἄρτιοι μέν εἰσιν οἱ εἰς ἴσα διαιρούμενοι, περισσοὶ δὲ οἱ εἰς ἄνισα καὶ μέσον ἔχοντες.

égales, il reste une unité au milieu ; mais quand le pair est ainsi divisé, il reste un champ vide, sans maître et sans nombre, montrant qu'il est défectueux et incomplet [1] ». A son tour, Plutarque dit : « Dans la division des nombres, le pair — partagé dans n'importe quelle direction — laisse en quelque sorte au dedans de lui... un champ ; mais quand la même opération est faite sur l'impair, la division laisse toujours un milieu [2] ». Il est clair que tous ces passages se rapportent au même objet, et que ce ne peut guère être autre chose que ces arrangements de « pions » en figures, avec lesquels nous sommes déjà familiers (§ 47). Si nous songeons à ces figures, nous verrons dans quel sens il est vrai que la bipartition continue *ad infinitum*. Si grands que soient les nombres, il n'y a jamais une unité au milieu d'un nombre pair.

CXLV. — Les nombres étendus.

Voilà donc comment l'Impair et le Pair furent identifiés avec la Limite et l'Illimité, et il est possible, quoique nullement certain, que Pythagore lui-même ait franchi cette étape. Dans tous les cas, il ne peut y avoir aucun doute que par son Illimité il n'entendit quelque chose d'étendu dans l'espace, et nous avons vu qu'il l'identifiait avec l'air, la nuit ou le vide ; nous ne sommes donc nullement sur-

---

[1] [Plut.] *ap.* Stob. I, p. 22, 19 : καὶ μὴν εἰς δύο διαιρουμένων ἴσα τοῦ μὲν περισσοῦ μονὰς ἐν μέσῳ περίεστι. τοῦ δὲ ἀρτίου κενὴ λείπεται χώρα καὶ ἀδέσποτος καὶ ἀνάριθμος, ὡς ἂν ἐνδεοῦς καὶ ἀτελοῦς ὄντος.

[2] Plut. *de E apud Delphos*, 388 a : ταῖς γὰρ εἰς ἴσα τομαῖς τῶν ἀριθμῶν, ὁ μὲν ἄρτιος πάντη διιστάμενος ὑπολείπει τινὰ δεκτικὴν ἀρχήν οἷον ἐν ἑαυτῷ καὶ χώραν, ἐν δὲ τῷ περιττῷ ταὐτὸ παθόντι μέσον ἀεὶ περίεστι τῆς νεμήσεως γόνιμον Les mots que j'ai laissés de côté dans ma traduction se rapportent à l'identification de l'Impair et du Pair avec le Mâle et la Femelle. Aux passages cités par Heidel, on pourrait en ajouter d'autres. Cf., par exemple, ce que dit Nicomaque (p. 13, 10 Hoche) : ἔστι δὲ ἄρτιον μὲν ὃ οἷόν τε εἰς δύο ἴσα διαιρεθῆναι μονάδος μέσον μὴ παρεμπιπτούσης, περιττὸν δὲ τὸ μὴ δυνάμενον εἰς δύο ἴσα μερισθῆναι διὰ τὴν προειρημένην τῆς μονάδος μεσιτείαν. Il ajoute, chose significative, que cette définition est ἐκ τῆς δημώδους ὑπολήψεως.

pris de voir ses successeurs se représenter aussi l'Illimité comme étendu. Aristote l'envisageait certainement ainsi. Il conclut que si l'Illimité est lui-même une réalité, et non pas simplement le prédicat de quelque autre réalité, chacune de ses parties doit être illimitée également, de même que chaque partie d'air est air [1]. La même chose est impliquée dans sa déclaration que l'Illimité de Pythagore se trouvait en dehors des cieux [2]. Aller plus loin serait un peu risqué. Philolaos et ses successeurs ne peuvent pas avoir envisagé l'Illimité comme de l'Air à la manière des anciens Pythagoriciens ; car, ainsi que nous le verrons, ils adoptèrent la théorie d'Empédocle relativement à cet « élément », et en rendirent compte autrement. D'autre part, ils ne peuvent guère l'avoir regardé comme un vide absolu ; car c'est par les Atomistes que ce concept fut introduit. Il suffit de dire que par l'Illimité ils entendaient la *res extensa*, sans pousser plus loin leur analyse de ce concept.

Puisque l'Illimité est étendu, la Limite doit l'être également, et nous devrions naturellement nous attendre à trouver que le point, la ligne et la surface étaient tous regardés comme des formes de la Limite. Ce fut la doctrine postérieure ; mais le trait caractéristique du Pythagorisme est justement que le point ne fut pas envisagé comme une limite, mais comme le premier produit de la Limite et de l'Illimité, et fut identifié avec l'unité arithmétique. En raison de cette conception, donc, le point a une dimension, la ligne deux, la surface trois, et le solide quatre [3]. En

---

[1] Arist. *Phys.* Γ, 4. 204 a 20 sq., et spécialement a 26 : ἀλλὰ μὴν ὥσπερ ἀέρος ἀὴρ μέρος, οὕτω ἄπειρον ἀπείρου, εἴγε οὐσία ἐστὶ καὶ ἀρχή.

[2] Voir chap. II, § 53.

[3] Cf. Speusippe dans l'extrait conservé dans les *Theologumena Arithmetica*, p. 61 (DV 32 A 13) : τὸ μὴν γὰρ ᾱ στιγμή, τὸ δὲ β̄ γραμμή, τὸ δὲ τρία τρίγωνον, τὸ δὲ δ̄ πυραμίς. Nous savons qu'ici Speusippe suit Philolaos. Arist. *Met.* Z, 11. 1036 b 12 : καὶ ἀνάγουσι πάντα εἰς τοὺς ἀριθμούς, καὶ γραμμῆς τὸν λόγον τὸν τῶν δύο εἶναί φασιν. La question est clairement exposée dans les scholies d'Euclide (p. 78, 19, Heiberg) : οἱ δὲ Πυθαγόρειοι τὸ μὲν σημεῖον ἀνάλογον ἐλάμβανον μονάδι, δυάδι δὲ τὴν γραμμήν, καὶ τριάδι τὸ ἐπί-

d'autres termes, les points pythagoriciens ont une grandeur, leurs lignes une largeur, et leur surface une épaisseur. Bref, la théorie tout entière roule sur la définition du point comme une unité « ayant position [1] ». Tels furent les éléments au moyen desquels il parut possible de construire un monde.

CXLVI. — LES NOMBRES GRANDEURS.

Il est clair que cette manière de considérer le point, la ligne et la surface est intimement liée à la représentation des nombres par des points arrangés en figures symétriques, représentation que, nous l'avons vu, on a des raisons d'attribuer aux Pythagoriciens (§ 47). La science géométrique avait déjà fait des progrès considérables, mais l'ancienne conception de la quantité comme somme d'unités n'avait pas été revisée, et il était inévitable qu'on en vînt à une doctrine telle que celle que nous avons indiquée. C'est là la vraie réponse à faire à Zeller, quand il prétend que regarder les nombres pythagoriciens comme étendus dans l'espace, c'est ignorer le fait que la doctrine était à l'origine plutôt arithmétique que géométrique. Notre interprétation tient pleinement compte de ce fait, et en fait même dépendre toutes les particularités du système. Aristote affirme catégoriquement que les points pythagoriciens sont étendus dans l'espace. « Ils construisent, nous dit-il, le monde entier au moyen de nombres, mais ils supposent que les unités ont de l'étendue. Quant à savoir comment naquit la première unité douée d'étendue, ils ne paraissent pas être au clair sur ce point [2] ». Zeller est d'avis que c'est là simplement une inférence d'Aristote [3], et il a probablement

πεδον. τετράδι δὲ τὸ σῶμα. Καίτοι Ἀριστοτέλης τριαδικῶς προσεληλυθέναι φησὶ τὸ σῶμα ὡς διάστημα πρῶτον λαμβάνων τὴν γραμμήν.

[1] L'identification du point avec l'unité est mentionnée par Aristote, *Phys.* E, 3, 227 α 27.

[2] Arist. *Met.* M, 6. 1080 b 18 sq., 1083 b 8 sq.; *de Cœlo*, Γ, 1. 300 a 16 (R. P. 76 a ; DV 45 B 9, 10, 38).

[3] Zeller, p. 381.

raison en ce sens que les Pythagoriciens n'éprouvèrent jamais le besoin de dire en tout autant de termes que les points avaient de l'étendue. Il semble probable, cependant, qu'ils les appelaient ὄγκοι [1].

L'autre argument avancé par Zeller pour prouver que les nombres pythagoriciens n'étaient pas étendus n'est pas plus inconciliable avec la manière dont nous venons d'exposer la question. Il admet lui-même, ou plutôt il insiste sur ce fait que les nombres étaient étendus dans la cosmologie pythagoricienne, mais il élève des difficultés en ce qui concerne les autres parties du système. Il y a, dit-il, d'autres choses, telles que l'Ame, la Justice et l'Occasion, qui sont dites être des nombres, et qu'on ne peut s'imaginer construites de points, de lignes et de surfaces [2]. Or, il me paraît que tel est justement le sens d'un passage dans lequel Aristote critique les Pythagoriciens. Ils soutenaient, dit-il, que l'Opinion prévalait dans une partie du monde, tandis qu'un peu au-dessus ou au-dessous d'elle on pouvait trouver l'Injustice ou la Séparation ou le Mélange, toutes choses qui, selon eux, étaient des nombres. Mais, dans les mêmes régions des cieux, exactement, on pouvait trouver des choses douées d'étendue, qui étaient aussi des nombres. Comment cela peut-il être, puisque la Justice n'a pas d'étendue [3] ? Cela veut dire sûrement que les Pythagori-

---

[1] Platon nous apprend, *Théét.* 148 *b* 1, que Théétète appelait les nombres irrationnels — qu'Euclide nomme δυνάμει σύμμετρα — du nom de δυνάμεις, tandis qu'il appelait les racines carrées rationnelles μήκη. Or, dans le *Timée*, 31 *c* 4, nous trouvons une division des nombres en ὄγκοι et δυνάμεις, qui semble signifier des quantités rationnelles et irrationnelles. Cf. aussi l'emploi de ὄγκοι dans *Parm.* 164 *a*. Zénon emploie ὄγκοι au sens de points dans son quatrième argument sur le mouvement, lequel, comme nous le verrons (§ 163), était dirigé contre les Pythagoriciens. Aétius, 1, 3, 19 (R. P. 76 *b* ; DV 38, 2) dit qu'Ekphantos de Syracuse fut le premier des Pythagoriciens à dire que leurs unités étaient corporelles. Il est possible, toutefois, qu' « Ekphantos » fût un personnage dans un dialogue d'Héraclide (Tannery, *Arch.* IX, p. 263 sq.) et Héraclide appelait les monades ἄναρμοι ὄγκοι (Galen. *Hist. Phil.* 18; *Dox.* p. 610).

[2] Zeller, p. 382.

[3] Arist. *Met.* A, 8. 990 *a* 22 (R. P. 81 *e* ; DV 45 B 22). Je lis et interprète

ciens avaient négligé de donner un exposé clair de la relation qu'ils établissaient entre ces analogies plus ou moins fantastiques et leur construction quasi-géométrique de l'univers. Et telle est, après tout, et en fait, la propre opinion de Zeller. Il a montré que dans la cosmologie pythagoricienne les nombres étaient regardés comme étendus [1], et il a aussi montré que la cosmologie constituait le système tout entier [2]. Nous n'avons qu'à rapprocher ces deux propositions pour arriver à l'interprétation donnée plus haut.

CXLVII. — Les nombres et les éléments.

Si nous en venons aux détails, il nous semble voir que ce qui distinguait de sa forme plus ancienne le Pythagorisme de cette période, c'est qu'il cherchait à s'adapter à la nouvelle théorie des « éléments ». C'est justement cela qui nous oblige à considérer une fois de plus le système en rapport avec les pluralistes. Quand les Pythagoriciens

comme suit : « Car, voyant que selon eux, Opinion et Occasion sont dans une partie donnée du monde, et un peu au-dessus et au-dessous Injustice, Séparation et Mélange — en preuve de quoi ils allèguent que chacune de ces choses est un nombre — et voyant qu'il arrive aussi (je lis συμβαίνη avec Bonitz) qu'il y a déjà dans cette partie du monde un certain nombre de grandeurs composées (c'est-à-dire composées de la Limite et de l'Illimité), parce que ces formes (de nombre) sont attachées à leurs régions respectives ; — (voyant qu'ils soutiennent ces deux manières de voir), la question se pose de savoir si le nombre que nous devons comprendre représenter chacune de ces choses (Opinion, etc.) est le même que le nombre dans le monde (c'est-à-dire le nombre cosmologique) ou un nombre différent. » Je ne puis douter que ce ne soient là les nombres étendus qui sont composés (συνίστανται) des éléments du nombre, le limité et l'illimité, ou comme dit ici Aristote, les « affections du nombre », l'impair et le pair. L'opinion de Zeller, que c'est des « corps célestes » qu'il est question ici, se rapproche de la mienne, mais l'application en est trop étroite. Ce n'est pas non plus le nombre (πλῆθος) de ces corps qui est en question, mais leur grandeur (μέγεθος). Sur d'autres interprétations de ce passage, voir Zeller, p. 391, n. 1.

[1] Zeller, p. 404.
[2] *Ibid.*, p. 467 sq.

retournèrent dans l'Italie méridionale, ils durent y voir prédominer des opinions qui exigeaient impérieusement une reconstruction partielle de leur propre système. Nous ignorons si Empédocle avait fondé une association philosophique, mais on ne peut mettre en doute son influence sur l'école médicale de ces régions ; et nous savons maintenant aussi que Philolaos joua un rôle dans l'histoire de la médecine [1]. Cette découverte nous donne la clef de la connexion historique qui paraissait autrefois obscure. A en croire la tradition, les Pythagoriciens expliquaient les éléments comme formés de figures géométriques, théorie que nous pouvons nous-mêmes étudier sous la forme plus développée qu'elle a prise dans le *Timée* de Platon [2]. En effet, s'ils voulaient conserver leur position de chefs des études médicales en Italie, il leur fallait rendre compte des éléments.

Nous ne devons cependant pas tenir pour démontré que la construction pythagoricienne des éléments fût exactement celle que nous trouvons dans le *Timée*. Nous avons déjà fait observer qu'il y a de bonnes raisons de croire qu'ils ne connaissaient que trois des solides réguliers, le cube, la pyramide (tétraèdre), et le dodécaèdre [3]. Or il est tout à fait significatif que Platon part du feu et de la terre [4], et procède, dans la construction des éléments, de telle manière que l'octaèdre et l'icosaèdre peuvent facilement être transformés en pyramides, tandis que le cube et le dodécaèdre ne le peuvent pas. Il résulte de là que, tandis

---

[1] Tout ceci a été mis dans sa vraie lumière par la publication de l'extrait des Ἰατρικά de Ménon, à propos duquel voir p. 320, n. 1.

[2] Dans Aet. II, 6, 5 (R. P. 80; DV 32 A 15) la théorie est attribuée à Pythagore, ce qui est un anachronisme, puisque la mention des « éléments » montre qu'elle doit être postérieure à Empédocle. Dans son extrait de la même source, Achille dit οἱ Πυθαγόρειοι, ce qui, sans aucun doute, reproduit mieux Théophraste. Il y a un fragment de « Philolaos » portant sur le sujet (R. P. 79; DV 32 B 12) où l'expression τὰ ἐν τᾷ σφαίρᾳ σώματα doit désigner les corps réguliers solides.

[3] Voir plus haut, p. 326, n. 4.

[4] Platon, *Tim.* 31 b 5.

que l'air et l'eau se transforment aisément en feu, la terre s'y refuse[1] et que le dodécaèdre est réservé pour une autre fin, que nous allons considérer. Cela s'adapterait exactement au système pythagoricien, car cela laisserait place à un dualisme analogue à celui qui est esquissé dans la seconde partie du poème de Parménide. Nous savons qu'Hippasos faisait du feu le principe premier, et nous voyons par le *Timée* comment il était possible de représenter l'air et l'eau comme des formes du feu. L'autre élément est néanmoins la terre, non l'air, comme il y a, ainsi que nous l'avons vu, des raisons de croire qu'il l'était dans le Pythagorisme primitif. Ce serait là un résultat naturel de la découverte de l'air atmosphérique par Empédocle, et de sa théorie générale des éléments. Cela expliquerait aussi ce fait énigmatique — que nous avons dû laisser inexpliqué plus haut — qu'Aristote identifie les deux « formes » dont parle Parménide avec le Feu et la Terre [2]. Tout cela est naturellement problématique ; mais il ne sera pas facile de rendre compte des faits autrement.

CXLVIII. — Le dodécaèdre.

Le point le plus intéressant de la théorie est peut-être l'usage fait du dodécaèdre. Il était identifié, nous dit-on, avec la « sphère de l'univers », ou, suivant l'expression du fragment de Philolaos, avec la « coque de la sphère [3] ». Quoi

---

[1] Platon, *Tim.* 54 c 4. Il y a lieu d'observer que, dans *Timée*, 48 b 5, Platon, parlant de la construction des éléments, dit : οὐδείς πω γένεσιν αὐτῶν μεμήνυκεν, ce qui implique qu'il y a quelque nouveauté dans la théorie, telle qu'il la fait exposer par Timée. Si nous lisons le passage à la lumière de ce qui a été dit au § 141, nous serons inclinés à croire que Platon développe la doctrine pythagoricienne en se basant sur la norme donnée par la découverte de Théétète. Une autre indication dans le même sens se trouve dans Arist. *Gen. et Corr.* B, 3. 330 b 16, où nous apprenons que, dans les Διαιρέσεις, Platon suppose trois éléments, mais fait de celui du milieu un mélange. Cela est exposé en rapport étroit avec l'attribution du Feu et de la Terre à Parménide.

[2] Voir plus haut, chap. IV, p. 215, n. 2.

[3] Aet. II. 6, 5 (R. P. 80); « Philolaos », frg. 12 (= 20 M ; R. P. 79). Sur

que nous puissions penser de l'authenticité des fragments, il n'y a aucune raison de douter que ce ne soit là une expression pythagoricienne authentique, et il faut, pour l'interpréter, la rapprocher du mot « quille » appliqué au feu central [1]. La structure du monde était comparée à la construction d'un vaisseau, idée dont on trouve d'autres traces [2]. La clef de ce qu'on nous dit du dodécaèdre nous est fournie par Platon. Nous lisons dans le *Phédon* que la « vraie terre », telle qu'elle est vue d'en haut, est « peinte de nombreuses couleurs, comme les balles qui sont faites de douze pièces de cuir [3] ». Le *Timée* fait allusion au même objet en ces termes : « De plus, comme il reste encore une construction, la cinquième, Dieu en a fait usage pour l'univers quand il l'a peint [4] ». Le nœud de la question est que le dodécaèdre se rapproche plus de la sphère qu'aucun autre des solides réguliers. Les douze pièces de cuir employées à faire une balle seraient toutes des pentagones réguliers ; et si cette matière n'était pas souple comme elle l'est, nous aurions un dodécaèdre au lieu d'une sphère. Ceci porte à croire que les Pythagoriciens ont eu tout au

l'ὁλκάς, voir Gundermann dans le *Rhein. Mus.* 1904, p. 145 sq. Je crois avec lui que le texte est correct, et que le mot signifie « vaisseau », mais je pense que c'est la structure du vaisseau et non son mouvement, qui constitue le terme de comparaison.

[1] Act. II. 4, 15: ὅπερ τρόπεως δίκην προϋπεβάλετο τῇ τοῦ παντὸς <σφαίρᾳ> ὁ δημιουργὸς θεός.

[2] Cf. les ὑποζώματα de Platon, *Rep.* 616 c 3. Comme ὕλη signifie généralement bois de construction pour les vaisseaux (quand il ne signifie pas bois à brûler), j'estime que c'est dans cette direction que l'attention devrait se porter pour expliquer l'emploi technique des mots dans la philosophie postérieure. Cf. Platon, *Phileb.* 54, c 1 : γενέσεως .... ἕνεκα .... πᾶσαν ὕλην παρατίθεσθαι πᾶσιν, partie de la réponse à la question : πότερα πλοίων ναυπηγίαν ἕνεκα φῇς; γίγνεσθαι μᾶλλον ἢ πλοῖα ἕνεκα ναυπηγίας (*ibid.* b 2); *Tim.* 69 a 6 : οἷα τέκτοσιν ἡμῖν ὕλη παράκειται.

[3] Cf. Platon, *Phd.* 110 b 6 : ὥσπερ αἱ δωδεκάσκυτοι σφαῖραι, avec la note de Wyttenbach.

[4] Platon. *Tim.* 55 c 4. Ni ce passage, ni le précédent ne peuvent se rapporter au zodiaque, qui serait décrit comme un dodécagone, non comme un dodécaèdre. Ce que Platon entend, c'est la division du Ciel en douze champs pentagonaux.

moins les rudiments de la « méthode de l'approximation »,
formulée plus tard par Eudoxe. Ils doivent avoir étudié les
propriétés du cercle au moyen de polygones inscrits et
celles de la sphère au moyen de solides inscrits [1]. Cela nous
donne une haute idée de leurs travaux mathématiques,
mais un fait nous montre que nous ne nous exagérons pas leurs
mérites dans ce domaine : c'est que les fameuses lunules
d'Hippocrate datent du milieu du V° siècle. L'inclusion de
droites et de *courbes* dans la « table des oppositions » sous
les rubriques de la Limite et de l'Illimité porte à la même
conclusion [2].

La tradition confirme d'une manière intéressante l'importance du dodécaèdre dans le système pythagoricien.
Suivant un témoignage ancien, Hippasos fut noyé dans la
mer pour en avoir révélé la construction, et pour s'en être
attribué la découverte [3]. Ce qu'était cette construction,
nous pouvons l'inférer partiellement du fait que les Pythagoriciens adoptèrent pour symbole le pentagramme ou
pentalpha. L'emploi de cette figure dans la magie postérieure est bien connu, et Paracelse en faisait encore le symbole de la santé ; or c'est là exactement le nom que lui
donnaient les Pythagoriciens [4].

CXLIX. — L'AME, UNE « HARMONIE ».

La conception de l'âme comme une « harmonie », ou plutôt comme un accord, est intimement liée à la théorie des
quatre éléments. Elle ne peut avoir appartenu à la forme
primitive du Pythagorisme ; car, ainsi que le fait voir le
Phédon de Platon, elle est tout à fait inconciliable avec

---

[1] Gow, *Short History of Greek Mathematics*, p. 164 sq.

[2] Ceci a été mis en évidence par Kinkel, *Gesch. der Phil.*, I, p. 121.

[3] Jambl. *V. Pyth.* 247 (DV 8, 4) Cf. plus haut, chap. II, p. 119, n. 4.

[4] Voir Gow, *Short History of Greek Mathematics*, p. 151, et les passages qui y sont cités, auxquels on ajoutera Schol. Luc. p. 234, 21 Rabe : τὸ πεντάγραμμον] ὅτι, τὸ ἐν τῇ συνηθείᾳ λεγόμενον πένταλφα σύμβολον ἦν πρὸς ἀλλήλους Πυθαγορείων ἀναγνωριστικὸν καὶ τούτῳ ἐν ταῖς ἐπιστολαῖς ἐχρῶντο.

l'idée que l'âme peut exister indépendamment du corps. Elle va exactement à l'encontre de la croyance que « n'importe quelle âme peut entrer dans n'importe quel corps [1] ». D'autre part, nous savons aussi par le *Phédon* qu'elle était acceptée de Simmias et de Cébès, qui avaient suivi les leçons de Philolaos à Thèbes, et d'Echécrate de Phlionte, qui était disciple de Philolaos et d'Eurytos [2]. L'analyse que fait Platon de la doctrine s'accorde tout à fait avec l'idée que cette doctrine était d'origine médicale. Simmias dit : « Notre corps étant, pour ainsi dire, tendu et maintenu par le chaud et le froid, le sec et l'humide et autres choses de cette sorte, notre âme est une espèce de mélange et d'accord de ces choses, quand elles sont unies les unes aux autres convenablement et dans les proportions requises. Si donc notre âme est un accord, il est clair que lorsque le corps a été relâché ou tendu outre mesure, par les maladies et autres maux, l'âme doit nécessairement périr aussitôt [3] ». C'est là, évidemment, une application de la théorie d'Alcméon (§ 96), et cela s'accorde avec les vues de l'école sicilienne de médecine. Et ainsi se trouve parfaite la preuve que le Pythagorisme de la fin du Ve siècle était une adaptation de l'ancienne doctrine aux nouveaux principes introduits par Empédocle.

CL. — LE FEU CENTRAL.

Le système planétaire qu'Aristote attribue aux « Pythagoriciens », et Aétius à Philolaos est vraiment remarquable [4]. La terre n'est plus au milieu du monde ; cette place est occupée par un feu central qui ne doit pas être identifié avec le soleil. Autour de ce feu gravitent dix corps. D'abord

---

[1] Arist. *de An.* A, 3. 407 *b* 20 (R. P. 86 *c* ; DV 45 B 39).

[2] Platon, *Phd.* 85 *e* sq ; et sur Echécrate, *ib.* 88 *d.*

[3] Platon, *Phd.* 86 *b* 7 — *c* 5.

[4] Pour les autorités, voir R. P. 81-83 (DV 32 A 16, 17; 45 B 35-37). L'attribution de la théorie à Philolaos est peut-être due à Posidonius. Les « trois livres » existaient sans aucun doute de son temps.

vient l'*antichton* ou anti-terre, et ensuite la terre, qui passe ainsi au rang de planète. Après la terre, vient la lune, puis le soleil, les cinq planètes et le ciel des étoiles fixes. Nous ne voyons pas le feu central et l'*antichton* parce que le côté de la terre sur lequel nous vivons leur est toujours opposé. Ceci doit s'expliquer par l'analogie de la lune. Ce corps nous présente toujours la même face, et les hommes vivant sur la face contraire ne verraient jamais la terre. Ceci implique, naturellement, que tous ces corps tournent sur leurs axes dans le même temps qu'ils gravitent autour du feu central [1].

Il est un peu difficile d'accepter l'opinion que ce système était enseigné par Philolaos. Aristote ne mentionne jamais celui-ci à propos de celui-là, et dans le *Phédon* Platon fait de la terre et de sa position dans l'univers une description entièrement opposée à ce système, mais qui n'en est pas moins acceptée sans résistance par Simmias, le disciple de Philolaos [2]. C'est indubitablement une théorie pythagoricienne, cependant, et elle témoigne d'un progrès marqué sur les idées ioniennes alors courantes à Athènes. Il est clair aussi que Platon expose à titre de nouveauté l'opinion que la terre n'a pas besoin du support de l'air ou de quoi que ce soit de pareil pour tenir en place. Anaxagore lui-même n'avait pas été capable de se débarrasser de cette idée, et Démocrite la soutenait encore [3]. La conclusion qui découle naturellement du *Phédon* serait certainement que la théo-

---

[1] Platon (*Tim.* 40 *a* 7) attribue aux corps célestes une rotation sur leur axe, qui doit être de même nature. Il est tout à fait probable que les Pythagoriciens faisaient déjà ainsi, quoique Aristote n'ait pas su discerner ce point. Il dit (*de Cælo*, B. 8 290 *a* 24): ἀλλὰ μὴν ὅτι οὐδὲ κυλίεται τὰ ἄστρα, φανερόν· τὸ μὲν γὰρ κυλιόμενον στρέφεσθαι ἀνάγκη, τῆς δὲ σελήνης ἀεὶ δῆλόν ἐστι τὸ καλούμενον πρόσωπον. C'est là, il va sans dire, précisément ce qui prouve qu'elle tourne.

[2] Platon, *Phd.* 108 *c* 4 sq. Simmias se rallie à cette doctrine par ces mots emphatiques: Καὶ ὀρθῶς γε.

[3] Le caractère primitif de l'astronomie enseignée par Démocrite, comparée à celle de Platon, est la meilleure preuve de la valeur des recherches pythagoriciennes.

rie d'une terre sphérique, maintenue au milieu du monde par son équilibre, était celle de Philolaos lui-même. S'il en était ainsi, la doctrine du feu central appartiendrait à une génération un peu plus jeune de l'école, et Platon pourrait l'avoir apprise d'Archytas et de ses amis après avoir écrit le *Phédon*. Quoi qu'il en soit, elle est d'une telle importance que nous ne pouvons la passer ici sous silence.

On suppose généralement que la révolution de la terre autour du feu central avait pour but de rendre compte de l'alternative du jour et de la nuit, et il est clair qu'un mouvement circulaire de ce genre aurait le même effet que la rotation de la terre sur son axe. Comme c'est toujours le même côté de la terre qui est tourné vers le feu central, le côté sur lequel nous vivons sera tourné vers le soleil quand la terre se trouvera du même côté du feu central, mais lui sera opposée quand ce feu se trouvera entre la terre et le soleil. Cette opinion paraît tirer quelque confirmation d'un passage d'Aristote, où il est dit que la terre, « étant en mouvement autour du centre, produit le jour et la nuit [1] ». Cette remarque, toutefois, prouverait plus qu'il ne faut ; car, dans le *Timée*, Platon appelle la terre « la gardienne et l'artisan de la nuit et du jour », tout en déclarant, en même temps, que l'alternative du jour et de la nuit est causée par la révolution diurne du ciel [2]. Cela s'explique, et d'une manière sans aucun doute tout à fait juste, si l'on dit que, même si la terre était considérée comme en repos, on pourrait encore lui attribuer la production du jour et de la nuit ; car la nuit est due à l'interposition de la terre entre le soleil et l'hémisphère qui lui est opposé. Si nous songeons depuis combien peu de temps on savait que la nuit est l'ombre de la terre, nous comprendrons combien il a pu importer de dire ceci explicitement.

---

[1] Arist. *de Cælo*. B, 13. 293 a 18 sq. (R. P. 83 ; DV 45 B 37).

[2] Platon, *Tim.* 40 c 1 : (γῆν) φύλακα καὶ δημιουργὸν νυκτός τε καὶ ἡμέρας ἐμηχανήσατο. D'autre part, νὺξ μὲν οὖν ἡμέρα τε γέγονεν οὕτως καὶ διὰ ταῦτα, ἡ τῆς μιᾶς καὶ φρονιμωτάτης κυκλήσεως περίοδος (39 c 1).

Quoi qu'il en soit, il est parfaitement incroyable que le ciel des étoiles fixes ait été regardé comme stationnaire. C'eût été le plus surprenant paradoxe qu'un homme de science eût jamais avancé, et les poètes comiques et la littérature populaire en général n'eussent pas manqué de crier aussitôt à l'athéisme. Et, surtout, Aristote n'eût-il pas fait quelque remarque à ce sujet ? Il faisait du mouvement circulaire des cieux la vraie clef de voûte de son système, et il eût tenu pour blasphème la théorie d'un ciel stationnaire. Or il argumente contre ceux qui, comme les Pythagoriciens et Platon, regardaient la terre comme en mouvement [1] ; mais il n'attribue à personne l'opinion que les cieux soient stationnaires. Il n'y a pas de connexion nécessaire entre les deux idées. Tous les corps célestes peuvent se mouvoir aussi rapidement qu'il nous plaît, pourvu que leurs mouvements relatifs soient tels qu'ils permettent de rendre compte des phénomènes [2].

Il semble probable que la théorie de la révolution de la terre autour du feu central dérive en réalité de l'explication que donnait Empédocle de la lumière du soleil. Les deux choses sont mises en étroit rapport par Aétius, au dire duquel Empédocle croyait à deux soleils, et que Philolaos croyait à deux ou même à trois [3]. La théorie d'Empédocle

---

[1] Arist. *de Cælo*, B, 13. 293 *b* 15 sq.

[2] Bœckh admettait un mouvement très lent du ciel des étoiles fixes, par lequel il supposait d'abord pouvoir rendre compte de la précession des équinoxes, mais, plus tard, il abandonna cette hypothèse (*Untersuchungen*, p. 93). Mais, comme l'admet Dreyer (*Planetary Systems*, p. 49), il n'est « pas nécessaire de supposer avec Bœckh que le mouvement de la sphère des étoiles fixes ait été excessivement lent, puisque, dans tous les cas, il pouvait se dérober à l'observation directe. »

[3] Aet. II. 20, 13 (ch. IV, p. 271, n. 4) ; cf. *ibid.* 12 (de Philolaos) : ὥστε τρόπον τινὰ διττοὺς ἡλίους γίγνεσθαι, τό τε ἐν τῷ οὐρανῷ πυρῶδες καὶ τὸ ἀπ' αὐτοῦ πυροειδὲς· κατὰ τὸ ἐσοπτροειδές· εἰ μή τις καὶ τρίτον λέξει τὴν ἀπὸ τοῦ ἐνόπτρου κατ' ἀνάκλασιν διασπειρομένην πρὸς ἡμᾶς αὐγήν. Ici, τὸ ἐν τῷ οὐρανῷ πυρῶδες est le feu central, conformément à l'emploi du mot οὐρανός expliqué dans un autre passage d'Aétius, Stob. *Ecl.* I, p. 196, 18 (R. P. 81 ; DV 32 A 16). Il me paraît que ces étranges notices doivent être les restes d'une tentative destinée à montrer comment l'hypothèse hélio-

n'est pas satisfaisante, en ce sens qu'elle donne de la nuit deux explications inconciliables. La nuit est, nous l'avons vu, l'ombre de la terre ; mais, en même temps, Empédocle reconnaissait un hémisphère diurne de feu, et un hémisphère nocturne, où le feu n'entrait qu'en faible proportion [1]. Tout cela pouvait être simplifié par l'hypothèse d'un feu central, vraie source de lumière. Pareille théorie devait, en fait, être l'aboutissement naturel des découvertes récentes relativement à la lumière de la lune et à la cause des éclipses, à condition qu'elle fût étendue de manière à inclure le soleil.

Le feu central reçut un certain nombre de noms mythologiques. Il était appelé l'Hestia ou « foyer de l'univers » ; la « maison » ou la « citadelle » de Zeus, et la « mère des dieux [2] ». C'était dans la manière de l'école ; mais ces noms ne doivent pas nous faire perdre de vue le fait que nous avons affaire à une hypothèse réellement scientifique. Ce fut une grande chose de voir que c'était par un luminaire central que les phénomènes pouvaient le mieux être « sauvés », et que la terre doit par conséquent être une sphère ayant sa révolution comme les planètes. En vérité, nous sommes presque tentés de dire que l'identification du feu central avec le soleil, laquelle fut suggérée pour la première fois à l'Académie, est un simple détail en comparaison. La grande chose fut que la terre prit définitivement place parmi les planètes, car une fois ce fait établi, nous pouvons chercher à loisir le vrai « foyer » du système planétaire. Il est probable, en tous cas, que ce fut cette théorie qui permit à Héraclide de Pont et à Aristarque de Samos

centrique sortit de la théorie d'Empédocle sur la lumière du soleil. Le sens est que le feu central était en réalité le soleil, mais que Philolaos le doubla sans nécessité en supposant que le soleil visible était l'image réfléchie du feu central.

[1] Chap. VI, § 113.

[2] Aet. I. 7, 7 (R. P. 81 ; DV 32 A 16); Procl. *in Tim.* p. 106, 22 Diehl (R. P. 83 *e*; cf. DV 45 B 37, p. 278, 31).

de formuler l'hypothèse héliocentrique [1], et ce fut certainement le retour d'Aristote à la théorie géocentrique qui obligea Copernic à découvrir une seconde fois la vérité. Ne nous dit-il pas lui-même que ce fut la théorie pythagoricienne qui le mit sur la véritable voie [2]?

CLI. — L'ANTICHTON.

L'existence de l'*antichton* était aussi une hypothèse destinée à rendre compte du phénomène des éclipses. Aristote dit quelque part, il est vrai, que les Pythagoriciens l'inventèrent afin de porter à dix le nombre des corps qui gravitent [3]; mais c'est là une simple boutade, et Aristote était en réalité mieux renseigné. Dans son livre sur les Pythagoriciens, il disait, à ce que l'on nous rapporte, que, selon ceux-ci, les éclipses de lune étaient causées tantôt par l'interposition de la terre, tantôt par celle de l'*antichton*, et la même indication était donnée par Philippe d'Oponte, autorité très compétente en la matière [4]. De fait, Aristote montre exactement, dans un autre passage, comment la théorie prit naissance. Il nous dit que, de l'avis de quelques-uns, il pouvait y avoir un nombre considérable de

---

[1] Sur ces points, voir Staigmüller, *Beiträge zur Gesch. der Naturwissenschaften im klassischen Altertum* (Progr. Stuttgart 1899) et *Herakleides Pontikos und das heliokentrische System*, dans *Archiv* XV, p. 141 sq. Pour des raisons qui ressortiront en partie des pages suivantes, je n'exposerais pas le sujet exactement comme le fait Staigmüller, mais je ne doute pas qu'il n'ait raison pour l'essentiel. Diels s'était déjà rallié à l'opinion qu'Héraclide était l'auteur réel de l'hypothèse héliocentrique (*Berl. Sitzb.* 1893, p. 18).

[2] Dans sa lettre au pape Paul III, Copernic cite Plut. *Plac.* III, 13, 2-3 (R. P. 83 *a*; DV 32, A 21), et ajoute : « Inde igitur occasionem nactus, cœpi et ego de terræ mobilitate cogitare. » Le passage entier est paraphrasé par Dreyer, *Planetary Systems*, p. 311. Cf. aussi le passage du ms original, qui a été imprimé pour la première fois dans l'édition de 1873, et traduit par Dreyer, *ib.* pp. 314 sq.

[3] Arist. *Met.* A, 5. 986 *a* 3 (R. P. 83 *b*; DV 45 B 4).

[4] Aet. II, 29, 4 : τῶν Πυθαγορείων τινὲς κατὰ τὴν Ἀριστοτέλειον ἱστορίαν καὶ τὴν Φιλίππου τοῦ Ὀπουντίου ἀπόφασιν ἀνταυγείᾳ καὶ ἀντιφράξει τοτὲ μὲν τῆς γῆς, τοτὲ δὲ τῆς ἀντίχθονος (ἐκλείπειν τὴν σελήνην).

corps se mouvant autour du centre, bien qu'invisibles pour nous à cause de l'interposition de la terre, et qu'ils rendaient compte de cette manière du fait qu'il y a plus d'éclipses de lune que de soleil[1]. Cette opinion est mentionnée en relation étroite avec l'*antichton*, de sorte qu'Aristote, à n'en pas douter, regardait les deux hypothèses comme de même nature. L'histoire de la théorie paraît être celle-ci. Anaximène avait supposé l'existence de planètes sombres pour expliquer la fréquence des éclipses de lune (§ 29), et Anaxagore avait repris cette opinion (§ 135). Certains Pythagoriciens[2] avaient placé ces planètes sombres entre la terre et le feu central à l'effet de rendre compte de leur invisibilité, et l'étape suivante devait consister à les réduire à un seul corps. Ici encore, nous voyons comment les Pythagoriciens essayèrent de simplifier les hypothèses de leurs prédécesseurs.

CLII. — Mouvements des planètes.

Il n'est pas certain que même les Pythagoriciens postérieurs fissent tourner le soleil, la lune et les planètes, y compris la terre, dans la direction opposée au ciel des étoiles fixes. Alcméon, il est vrai, était d'accord, à ce que l'on dit, avec « quelques-uns des mathématiciens[3] » pour soutenir cette opinion, mais elle n'est jamais attribuée à Pythagore ni même à Philolaos. L'ancienne

---

[1] Arist. *de Cœlo*, B, 13. 293 b 21 (DV 45 B 37 a) : ἐνίοις δὲ δοκεῖ καὶ πλείω σώματα τοιαῦτα ἐνδέχεσθαι φέρεσθαι περὶ τὸ μέσον ἡμῖν ἄδηλα διὰ τὴν ἐπιπρόσθησιν τῆς γῆς. διὸ καὶ τὰς τῆς σελήνης ἐκλείψεις πλείους ἢ τὰς τοῦ ἡλίου γίγνεσθαί φασιν· τῶν γὰρ φερομένων ἕκαστον ἀντιφράττειν αὐτήν, ἀλλ' οὐ μόνον τὴν γῆν.

[2] Il n'est pas expressément dit que ce fussent des Pythagoriciens, mais il est naturel de le supposer. Telle était, du moins, l'opinion d'Alexandre (Simpl. *de Cœlo*. p. 515, 25).

[3] L'expression οἱ μαθηματικοί est celle qu'emploie Posidonius pour désigner les astrologues chaldéens (Bérose). Diels, *Elementum*, p. 11, n. 3. Comme nous l'avons vu, les Babyloniens connaissaient les planètes mieux que les Grecs.

théorie était, nous l'avons vu (§ 54), que tous les corps célestes se meuvent dans la même direction, de l'est à l'ouest, mais que les planètes font leur révolution d'autant plus lentement qu'elles sont plus éloignées des cieux, de sorte que celles qui sont les plus rapprochées de la terre sont « devancées » par celles qui en sont les plus éloignées. Cette opinion était encore soutenue par Démocrite, et qu'elle fût aussi pythagoricienne, cela semble découler de ce que l'on nous dit de l' « harmonie des sphères ». Nous avons vu (§ 54) que nous ne pouvions pas attribuer cette théorie, sous sa forme postérieure, aux Pythagoriciens du Ve siècle mais — et en faveur de ce fait, nous avons le témoignage exprès d'Aristote — ceux des Pythagoriciens dont il connaissait la doctrine croyaient que les corps célestes produisent des sons musicaux dans leur course. De plus, les rapidités de ces corps dépendaient de leurs distances entre eux, et ces distances correspondaient aux intervalles de l'octave. Il ressort clairement de son exposé que le ciel des étoiles fixes prend part à ce concert ; car il mentionne « le soleil, la lune, et les étoiles, si grandes qu'elles soient en étendue et en nombre », phrase qui ne saurait se référer uniquement ou essentiellement aux cinq autres planètes [1]. En outre, il nous dit que les corps plus lents donnent une note basse et les plus rapides une note élevée [2]. Or la tradition qui a prévalu attribue la note élevée de l'octave au ciel des étoiles fixes [3], d'où il résulte que tous les corps

---

[1] Arist. *de Cœlo*, B, 9 290 *b* 12 sq. (R. P. 82; DV 45 B 35).

[2] Alexandre, *in Met.* p. 39, 24 (de l'ouvrage d'Aristote sur les Pythagoriciens) : τῶν γὰρ σωμάτων τῶν περὶ τὸ μέσον φερομένων ἐν ἀναλογίᾳ τὰς ἀποστάσεις ἐχόντων.... ποιούντων δὲ καὶ ψόφον ἐν τῷ κινεῖσθαι τῶν μὲν βραδυτέρων βαρύν, τῶν δὲ ταχυτέρων ὀξύν. Il ne faut pas attribuer aux Pythagoriciens de cette époque l'identification des sept planètes avec les sept cordes de l'heptacorde. Mercure et Vénus ont, en somme, la même vitesse moyenne que le soleil, et nous pouvons aussi faire entrer en ligne de compte la terre et les étoiles fixes. Nous pouvons même trouver une place pour l'*antichton* comme προσλαμβανόμενος.

[3] Sur les divers systèmes, voir Bœckh, *Kleine Schriften*, vol. III, p. 169 sq. et Carl v. Jan, *die Harmonie der Sphären* (*Philol.* 1893, p. 13

célestes gravitent dans la même direction, et que leur rapidité s'accroît en proportion de leur distance du centre.

Cependant la théorie d'après laquelle le mouvement propre du soleil, de la lune et des planètes se dirige de l'ouest à l'est, et qui les fait participer au mouvement est-ouest du ciel des étoiles fixes, apparait pour la première fois dans le mythe d'Er, de la *République* de Platon, qui est d'origine pythagoricienne. Là, elle est encore associée à « l'harmonie des sphères », quoique Platon ne nous dise pas comment elle se concilie dans le détail avec cette théorie [1]. Dans le *Timée*, nous lisons que les plus lents des corps célestes semblent les plus rapides, et vice versa; et comme cette affirmation est mise dans la bouche d'un Pythagoricien, nous pouvons supposer que

---

sq.). Ils varient avec l'astronomie de leurs auteurs, mais ils rendent témoignage du fait constaté dans notre texte. Plusieurs attribuent la note la plus élevée à Saturne et la plus basse à la Lune, tandis que d'autres font le contraire. Toutefois, le système qui s'accorde le mieux avec le système planétaire pythagoricien doit inclure le ciel des étoiles fixes et la Terre. C'est celui sur lequel sont basés les vers d'Alexandre d'Éphèse cités par Théon de Smyrne, p. 140, 4 :

γαῖα μὲν οὖν ὑπάτη τε βαρεῖά τε μέσσοθι ναίει·
ἀπλανέων δὲ σφαῖρα συνημμένη ἔπλετο νήτη, κ. τ. λ.

La « basse de l'orgue profond du Ciel » dans la « ninefold harmony » de Milton (*Hymn on the Nativity*, XIII) implique le contraire de ceci.

[1] La difficulté apparaît clairement dans la note d'Adam à *Republ.* 617 b (vol. II, p. 452). Là l'ἀπλανής apparaît justement comme la νήτη, tandis que Saturne, qui vient ensuite, est l'ὑπάτη. Il est incompréhensible que tel ait été l'ordre primitif. Aristote a bien vu la difficulté (de *Cœlo*, B, 10 291 a 29 sq.), et Simplicius observe judicieusement (de *Cœlo*, p. 476, 11) : οἱ δὲ πάσας τὰς σφαίρας τὴν αὐτὴν λέγοντες κίνησιν τὴν ἀπ' ἀνατολῶν κινεῖσθαι καθ' ὑπόληψιν (ne faudrait-il pas lire ὑπόλειψιν?) ὥστε τὴν μὲν Κρονίαν σφαῖραν συναποκαθίστασθαι καθ' ἡμέραν τῇ ἀπλανεῖ παρ' ὀλίγον, τὴν δὲ τοῦ Διὸς παρὰ πλέον καὶ ἐφεξῆς οὕτως, οὗτοι πολλὰς μὲν ἄλλας ἀπορίας ἐκφεύγουσι, mais leur ὑπόθεσις est ἀδύνατος. C'est là ce qui provoqua le retour à l'hypothèse géocentrique et l'exclusion de la terre et de l'ἀπλανής de l'ἁρμονία. La seule solution aurait été de faire tourner la terre sur son axe ou de la faire graviter en vingt-quatre heures autour du feu central, et de réserver la précession à l'ἀπλανής Comme nous l'avons vu, Bœckh attribuait, mais sans preuve, cette idée à Philolaos. S'il l'avait eue, ces difficultés ne se seraient pas produites.

quelques-uns au moins des membres de cette école avaient anticipé la théorie d'un mouvement composé[1]. Cela est naturellement possible, car les Pythagoriciens étaient singulièrement ouverts aux idées nouvelles. En même temps, nous devons noter que la théorie est même plus emphatiquement développée dans les *Lois* par l'Etranger athénien, qui est Platon lui-même dans un sens spécial. « Si nous louions les coureurs qui arrivent les derniers dans les jeux, nous ne ferions pas plaisir à leurs compétiteurs ; il ne peut pas être agréable non plus aux dieux que nous supposions que les plus lents des corps célestes sont les plus rapides ». Ce passage donne évidemment l'impression que Platon expose une théorie nouvelle[2].

CLIII. — LES CHOSES, IMAGES DES NOMBRES.

Nous avons encore à examiner une opinion qu'Aristote attribue quelquefois aux Pythagoriciens, à savoir que les choses sont « semblables à des nombres ». Le Stagirite ne paraît pas regarder cette opinion comme inconciliable avec la doctrine que les choses *sont* des nombres, quoiqu'il soit difficile de se rendre compte comment il pouvait les concilier[3]. Il n'est pas douteux, cependant, que, selon Aristoxène, les Pythagoriciens enseignaient que les choses

---

[1] *Tim.* 39 a 5 — b 2, et spécialement les mots : τὰ τάχιστα περιιόντα ὑπὸ τῶν βραδυτέρων ἐφαίνετο καταλαμβάνοντα καταλαμβάνεσθαι (ils semblent être dépassés, quoiqu'ils dépassent).

[2] Platon, *Lois*, 822 a 4 sq. [Je crois maintenant que la théorie du mouvement composé est pythagoricienne, et que le passage des *Lois* doit être interprété autrement. J. Burnet 1918.]

[3] Cf. spécialement *Mét.* A, 6. 787 b 10 (R. P. 65 d ; DV 45 B 12). Ce n'est pas tout à fait la même chose quand il dit (A, 5. 985 b 23 sq. ; R. P. *ibid.* ; DV 45 B 4) que les Pythagoriciens percevaient bien des analogies entre les choses et les nombres. Ceci se rapporte aux analogies numériques de la Justice, de l'Occasion, etc.

étaient *semblables* à des nombres [1], et il y a d'autres traces d'une tentative faite à l'effet de prouver que c'était là la doctrine primitive. On produisit une lettre, soi-disant de Théano, femme de Pythagore, dans laquelle elle dit qu'à ce qu'elle apprend beaucoup d'Hellènes pensent que Pythagore disait que les choses étaient faites *de* nombres, tandis qu'en réalité il disait qu'elles étaient faites *selon* le nombre [2]. Il est amusant de noter que cette théorie du IVe siècle dut être, à son tour, déclarée apocryphe, et, en effet — c'est Jamblique qui nous le dit — c'était Hippasos qui disait que le nombre était le modèle des choses [3].

Quand cette opinion prévaut dans son esprit, Aristote semble ne trouver qu'une différence de mots entre Platon et les Pythagoriciens : la métaphore « participation » serait simplement substituée à celle d' « imitation ». Ce n'est pas ici le lieu de discuter la signification de ce qu'on appelle la « théorie des idées » de Platon ; mais il faut rendre attentif à ce fait qu'Aristote est abondamment justifié par le *Phédon* à attribuer aux Pythagoriciens la doctrine de l' « imitation ». Les arguments avancés en faveur de l'immortalité dans la première partie de ce dialogue proviennent de sources variées. Ceux qui sont tirés de la doctrine de la réminiscence, que l'on a parfois supposée être pythagoricienne, ne sont connus aux Pythagoriciens que par ouï-dire, et Simmias demande qu'on lui explique toute la psychologie du sujet [4]. Mais quand on en vient à la question de savoir ce que c'est que nos sensations nous rappellent, son attitude change. L'opinion que l'égal proprement dit est seul réel, et que les choses que nous appelons égales n'en sont qu'une imitation imparfaite, lui est tout à

---

[1] Aristoxène, *ap.* Stob. I, pr. 6 (p. 20 ; DV 45 B 2) : Πυθαγόρας... πάντα τὰ πράγματα ἀπεικάζων τοῖς ἀριθμοῖς.

[2] Stob. *Ecl.* I, p. 125, 19 (R. P. 65 *d*).

[3] Iambl. *In Nicom.* p. 10, 20 (R. P. 56 *c* DV 8, 11).

[4] Platon, *Phd.* 73 a sq.

fait familière[1]. Il n'en demande aucune preuve, et il est finalement convaincu de l'immortalité de l'âme justement parce que Socrate lui fait voir que la théorie des formes l'implique.

Il y a lieu de remarquer encore que Socrate n'introduit pas la théorie à titre de nouveauté. La réalité des « idées » est la sorte de réalité « dont nous parlons toujours », et elles sont expliquées dans un vocabulaire particulier qui est représenté comme celui de l'école. Les termes techniques sont introduits par des formules telles que « nous disons »[2]. De qui est cette théorie? On suppose habituellement que c'est celle de Platon lui-même, quoiqu'il soit de mode à l'heure qu'il est de l'appeler sa « théorie primitive des idées », et de dire qu'il la modifia profondément dans la suite. Mais cette manière de voir soulève de sérieuses difficultés. Platon prend bien soin de nous dire qu'il n'était pas présent à la conversation reproduite dans le *Phédon*. Un philosophe quelconque a-t-il jamais proposé une théorie nouvelle imaginée par lui en la représentant comme déjà familière à nombre de contemporains vivants et distingués? Il est difficile de le croire. Il serait risqué, d'autre part, d'attribuer cette théorie à Socrate, et il ne semble rester d'autre alternative que de supposer que la doctrine des « formes » (εἴδη, ἰδέαι) fut formulée à l'origine dans les cercles pythagoriciens, et développée sous l'influence de Socrate. Il n'y a rien de surprenant à cela. C'est un fait historique que Simmias et Cébès n'étaient pas seulement Pytha-

---

[1] *Ibid.* 74 a sq.

[2] Cf. spécialement les mots ὃ θρυλοῦμεν ἀεί (76 d 8). Les expressions αὐτὸ ὅ ἐστιν, αὐτὸ καθ' αὑτό et expressions analogues sont supposées familières. « Nous » définissons la réalité au moyen de questions et de réponses, au cours desquelles « nous » rendons compte de son existence (ἧς λόγον δίδομεν τοῦ εἶναι, 78 d 1, où λόγον... τοῦ εἶναι est équivalent de λόγον τῆς οὐσίας). Quand nous avons fait cela, « nous » mettons dessus le sceau ou l'estampille de αὐτὸ ὅ ἐστιν (75 d 2). La terminologie technique implique une école. Comme le fait voir Diels (*Elementum*, p. 20), c'est dans une école que « la comparaison se condense en une métaphore, et la métaphore en un terme ».

goriciens, mais disciples de Socrate ; car, par une chance heureuse, le bon Xénophon les a inclus dans sa liste des vrais Socratiques [1]. Nous avons aussi des raisons suffisantes de croire que les Mégariens avaient adopté une théorie semblable sous des influences analogues, et Platon constate expressément qu'Euclide et Terpsion de Mégare étaient présents à la conversation rapportée dans le *Phédon*. Il y avait sans doute plus d' « amis des idées [2] » que nous ne le reconnaissons généralement. Il est certain, dans tous les cas, que l'emploi des mots εἴδη et ἰδέαι pour exprimer les ultimes réalités est pré-platonicien, et le plus naturel paraît être de le regarder comme d'origine pythagoricienne [3].

Nous avons réellement dépassé les limites de cet ouvrage en exposant l'histoire du Pythagorisme jusqu'à un point où il devient pratiquement impossible de le distinguer de la forme primitive du Platonisme ; mais il était nécessaire de le faire pour mettre sous leur vrai jour les indications fournies par nos autorités. Il n'est pas probable qu'Aristoxène se soit mépris sur les opinions des hommes qu'il avait connus personnellement, et il ne se peut pas que les renseignements donnés par Aristote n'aient reposé sur rien. Nous devons donc admettre une forme postérieure du Pythagorisme étroitement apparentée au premier Platonisme. Cette forme, toutefois, n'est pas celle qui nous intéresse ici, et nous verrons dans le prochain chapitre que la doctrine du Ve siècle était du type plus primitif déjà décrit.

[1] Xén. *Mem.* I, 2, 48.
[2] Platon, *Soph.* 248 a 4.
[3] Voir Diels, *Elementum*, p. 16 sq. Parménide avait déjà appelé μορφαί les « éléments » pythagoriciens primitifs (§ 91), et Philistion appelait ἰδέαι les « éléments » d'Empédocle. Si l'attribution de cette terminologie aux Pythagoriciens est correcte, nous pouvons dire que les « formes » pythagoriciennes donnèrent naissance d'une part aux atomes de Leucippe et de Démocrite (§ 174), et de l'autre aux « idées » de Platon.

CHAPITRE VIII

LES JEUNES ÉLÉATES

CLIV. — Rapport avec leurs prédécesseurs.

Les systèmes que nous venons d'étudier étaient tous foncièrement pluralistes, et ils l'étaient parce que Parménide avait montré que si nous envisageons sérieusement le monisme corporaliste, nous devons attribuer à la réalité nombre de prédicats inconciliables avec notre expérience d'un monde qui déploie partout la multiplicité, le mouvement et le changement (§ 97). Les quatre « racines » d'Empédocle et les innombrables « semences » d'Anaxagore étaient des tentatives faites consciemment pour résoudre le problème que Parménide avait soulevé (§§ 106, 127). Il n'y a pas de preuve, en vérité, que les Pythagoriciens aient été directement influencés par Parménide, mais nous avons montré (§ 147) comment la forme postérieure de leur système était basée sur la théorie d'Empédocle. Or, ce fut justement ce pluralisme prédominant que Zénon critiqua du point de vue éléate, et ses arguments furent dirigés spécialement contre le Pythagorisme. Mélissos, lui aussi, critique le Pythagorisme ; mais il s'efforce de trouver un fonds commun avec ses adversaires en maintenant l'ancienne thèse ionienne que la réalité est infinie.

I. — *ZÉNON D'ÉLÉE*

CLV. — Sa vie.

Suivant Apollodore [1], Zénon florissait dans la LXXIXme Olympiade (464-460 av. J.-C.). Cette date s'obtient en faisant Zénon de quarante ans plus jeune que son maître Parménide. Nous avons vu déjà (§ 84) que la rencontre de ces deux philosophes avec le jeune Socrate ne peut guère avoir eu lieu avant l'année 449, et Platon nous dit que Zénon était à cette époque « âgé d'environ quarante ans [2] ». Il doit donc être né vers 489, soit à peu près vingt-cinq ans après Parménide. Son père s'appelait Teleutagoras, et l'indication d'Apollodore, d'après laquelle il avait été adopté par Parménide, repose sur une expression mal comprise du *Sophiste* de Platon [3]. Il était, à ce que nous dit encore ce dernier [4], grand et d'un physique agréable.

De même que Parménide et la plupart des premiers philosophes, Zénon paraît avoir joué un rôle dans la politique de sa cité natale. Au dire de Strabon, Elée lui fut en partie redevable de son bon gouvernement, et il aurait été Pythagoricien [5]. Cette indication s'explique facilement. Parménide, nous l'avons vu, était à l'origine un Pythagoricien, et l'école d'Elée était sans doute considérée comme une simple branche de la plus grande société. Zénon passe aussi

---

[1] Diog. IX, 29 (R. P. 130 *a*). Apollodore n'est pas expressément cité relativement à la date de Zénon, mais comme il l'est en ce qui concerne le nom de son père (IX, 25; R. P. 130), il ne peut y avoir de doute qu'il ne soit aussi la source quant au *floruit*.

[2] Platon, *Parm.* 127 *b* (R. P. 111 *d*; DV 18 A 5 et p. 676). Le voyage de Zénon à Athènes est confirmé par Plut. *Per.* 4 (R. P. 130 *c*; DV 19 A 14), lequel nous dit que Périclès l' « entendit », comme il entendit Anaxagore. Il y a aussi une allusion à son adresse dans *Alc.* I, 119 *a* (DV 19 A 4), où nous lisons que Pythodore, fils d'Isolochos, et Callias, fils de Calliadès, lui payèrent chacun 100 mines pour ses leçons.

[3] Platon, *Soph.* 241 *d* (R. P. 130 *a*).

[4] Platon, *Parm.* loc. cit.

[5] Strabon, VI. p. 252 (R. P. 111 *c*; DV 18 A12).

pour avoir conspiré contre un tyran dont le nom est diversement donné, et l'histoire de son courage sous la torture est souvent répétée, quoique avec des détails différents [1].

CLVI. — Ses écrits.

Diogène parle de « livres » de Zénon, et Suidas donne quelques titres qui viennent probablement des bibliothécaires d'Alexandrie par l'intermédiaire d'Hésychius de Milet [2]. Dans le *Parménide*, Platon fait dire à Zénon que l'œuvre par laquelle il est le mieux connu fut écrite dans sa jeunesse et publiée contre sa volonté [3]. Comme il est supposé avoir quarante ans au moment où a lieu le dialogue, il ressort nécessairement de là que le livre fut écrit avant l'an 460 (§ 84), et il est très possible que Zénon en ait écrit d'autres après. Le titre le plus remarquable qui nous soit parvenu est celui de *Interprétation d'Empédocle*. Il ne faut naturellement pas supposer que Zénon ait composé un commentaire sur le poème de l'Agrigentin ; mais, comme l'a fait ressortir Diels [4], il est tout à fait croyable qu'il ait écrit contre lui une diatribe à laquelle on donna plus tard ce nom. S'il écrivit une œuvre contre les « philosophes », ce mot doit s'entendre des Pythagoriciens qui, comme nous l'avons vu, en faisaient usage dans un sens spécial [5]. Les *Disputes* et le *Traité de la Nature* peuvent être ou ne pas être le livre décrit dans le *Parménide* de Platon.

Il n'est pas probable que Zénon ait écrit des dialogues, quoique certaines allusions d'Aristote aient paru l'impli-

---

[1] Diog. IX, 26, 27, et les autres passages cités dans R. P. 130 c (DV 19 A 6-9).

[2] Diog. IX, 26 (R. P. 130); Suidas, s. v. (R. P. 130 d; DV 19 A 2).

[3] Platon, *Parm.* 128 d 6 (R. P. 130 d; DV 19 A 12).

[4] *Berl. Sitzb.* 1881, p. 359.

[5] Voir plus haut, p. 319, n. 2. Il ne semble guère probable qu'un écrivain postérieur eût fait argumenter Zénon πρὸς τοὺς φιλοσόφους, et le titre donné au livre à Alexandrie doit être basé sur une chose y contenue.

quer. Dans la *Physique*[1], il est question d'un raisonnement de Zénon, d'après lequel chaque grain d'un monceau de millet produit un son, et Simplicius illustre cette phrase en citant un passage d'un dialogue entre Zénon et Protagoras[2]. Si notre chronologie est exacte, il n'est pas du tout impossible que les deux hommes se soient rencontrés; mais il est au plus haut degré improbable que Zénon se soit donné un rôle d'interlocuteur dans un dialogue écrit par lui. Cette mode ne s'établit que plus tard. Ailleurs, Aristote parle d'un passage où se rencontraient « le répondant et Zénon l'interrogeant », passage que le plus aisé est de comprendre de la même manière[3]. Alcidamas semble avoir écrit un dialogue dans lequel figurait Gorgias[4], et l'exposition des arguments de Zénon sous forme dialoguée doit avoir toujours été un exercice tentant. Il semble aussi qu'Aristote faisait d'Alexaménos le premier auteur de dialogues[5].

Platon nous donne une idée claire de ce qu'était l'œuvre de jeunesse de Zénon. Elle contenait plus d'un «discours», et ces discours étaient subdivisés en sections, dont chacune traitait d'une des hypothèses de ses adversaires[6]. Nous devons à Simplicius la conservation des arguments de

---

[1] Arist. *Phys.* H, 5. 250 a 20 (R. P. 131 a; DV 19 A 29).

[2] Simpl. *Phys.* p. 1108, 18 (R. P. 131; DV 19 A 29). Si c'est à cela que se réfère Aristote, il est un peu risqué d'attribuer le κεγχρίτης λόγος à Zénon lui-même. Il y a lieu de remarquer que l'existence de ce dialogue tend, elle aussi, à attester la visite de Zénon à Athènes, à un âge où il pouvait s'entretenir avec Protagoras, ce qui s'accorde fort bien avec la façon dont Platon parle de cette affaire.

[3] Arist. *Soph. El.* 170 b 22 (R. P. 130 b; DV 19 A 14).

[4] Chap. V, p. 233, n. 4.

[5] Diog. III, 48. Il est certain que l'autorité que suit ici Diogène interprétait l'indication d'Aristote en ce sens qu'Alexaménos avait été le premier à écrire des dialogues en prose.

[6] Platon. *Parm.* 127 d (DV 19 A 11). Platon parle de la première ὑπόθεσις du premier λόγος, ce qui montre que le livre était réellement divisé en sections séparées. Proclus (*in loc.*) dit qu'il y avait en tout quarante de ces λόγοι.

Zénon sur l'Un et le Multiple [1]. Ceux qui se rapportent au mouvement nous ont été conservés par Aristote lui-même [2]; mais, comme d'habitude, il les a traduits dans son propre langage.

CLVII. — Sa dialectique.

Aristote, dans son *Sophiste* [3], donnait à Zénon le titre d'inventeur de la dialectique, et cela est sans aucun doute vrai en substance, quoique les débuts, tout au moins, de cette méthode d'argumentation aient été contemporains de la fondation de l'école d'Élée. Platon [4] nous donne un v f exposé du style et du but du livre de Zénon, exposé qu'il place dans la bouche de Zénon lui-même :

En réalité, cet écrit est une sorte de renforcement de l'argument de Parménide contre ceux qui essayent de le tourner en ridicule par ce motif que, si la réalité est une, cet argument se trouve embarrassé dans une foule absurdités et de contradictions. Cet écrit argumente contre ceux qui soutiennent le multiple, et leur rend autant et plus qu'ils n'ont donné ; le but en est de montrer que leur hypothèse de la multiplicité sera embarrassée de plus d'absurdités encore que l'hypothèse de l'unité, si celle-ci est élaborée avec suffisamment de soin.

La méthode de Zénon consistait, en fait, à prendre un des postulats fondamentaux de son adversaire et à en déduire deux conclusions contradictoires [5]. C'est ce qu'Aris-

---

[1] Simplicius dit expressément dans un passage (p. 140, 30 : R. P. 133 ; DV 19 B 2, 3) qu'il cite κατὰ λέξιν. Je ne vois maintenant aucune raison de mettre ce fait en doute, car l'Académie possédait certainement un exemplaire de l'ouvrage. S'il en est ainsi, le fait que les fragments ne sont pas écrits en dialecte ionien est une nouvelle confirmation de la résidence de Zénon à Athènes.

[2] Arist. *Phys.* Z, 9. 239 b 9 sq. (DV 19 A 25).

[3] Cf. Diog. IX, 25 (R. P. 130).

[4] Platon, *Parm.* 128 c (R. P. 130 d; DV 19 A 12).

[5] Les termes techniques employés dans le *Parménide* de Platon paraissent être aussi anciens que Zénon lui-même. L'ὑπόθεσις consiste à admettre provisoirement la vérité d'une affirmation précise, et prend la forme : εἰ πολλά ἐστι ou une forme analogue. Le mot ne signifie pas qu'on accepte une chose comme base, mais que l'on pose devant soi un

tote voulait dire en l'appelant l'inventeur de la dialectique, qui est justement l'art d'argumenter non pas en partant de prémisses vraies, mais de prémisses admises par l'autre partie. La théorie de Parménide avait conduit à des conclusions qui contredisaient l'évidence des sens, et l'objet de Zénon n'était pas d'apporter des preuves nouvelles de cette théorie elle-même, mais simplement de montrer que l'opinion de ses adversaires conduisait à des contradictions exactement semblables.

CLVIII. — Zénon et le pythagorisme.

Que la dialectique de Zénon fût essentiellement dirigée contre les Pythagoriciens, cela est certainement suggéré par une indication de Platon, à savoir qu'elle visait ceux des adversaires de Parménide qui soutenaient que les choses étaient une « pluralité [1] ». Zeller prétend, il est vrai, que Zénon n'entendait réfuter que la forme populaire de la croyance à la multiplicité des choses [2]; mais il n'est sûrement pas vrai que, pour le gros tas, les choses fussent une « pluralité » dans le sens ici en cause. Platon nous dit que les prémisses des arguments de Zénon étaient les opinions des adversaires de Parménide, et que le postulat duquel sont dérivées toutes les contradictions qu'il énumère est cette idée que l'espace, et par conséquent le corporel, est fait d'un certain nombre d'unités discrètes; — ce qui est justement la doctrine pythagoricienne. Il n'est pas du tout probable non plus que le philosophe visé soit Anaxagore [3].

énoncé comme un problème à résoudre (Ionien ὑποθέσθαι, attique προθέσθαι). Si les conclusions qui découlent nécessairement de l'ὑπόθεσις (τὰ συμβαίνοντα) sont impossibles, l'ὑπόθεσις est « détruite » (cf. Platon, Rep. 533 c 8: τὰς ὑποθέσεις ἀναιροῦσα). L'auteur de l'écrit Περὶ ἀρχαίης ἰατρικῆς (c 1) connaît le mot ὑπόθεσις dans un sens analogue.

[1] L'opinion que les arguments de Zénon étaient dirigés contre le Pythagorisme a été soutenue récemment par Tannery (*Science hellène*, p. 249 sq.) et par Bäumker (*Das Problem der Materie*, p. 60 sq.).

[2] Zeller, p. 589.

[3] C'est là l'opinion que soutient Stallbaum dans son édition du *Parménide* (p. 25 sq.).

Nous savons par Platon que le livre de Zénon était l'œuvre de sa jeunesse [1]. A supposer même qu'il l'ait écrit à l'âge de trente ans, c'est-à-dire vers 459, c'était avant sa visite à Athènes, et il n'est pas vraisemblable qu'il ait entendu parler d'Anaxagore en Italie. D'autre part, il y a bien des raisons de croire qu'Anaxagore avait lu le livre de Zénon, et que son emphatique adhésion à la doctrine de l'infinie divisibilité fut due au criticisme de son plus jeune contemporain [2].

On observera combien plus claire devient la position historique de Zénon si, avec Platon, nous le plaçons à une date un peu postérieure à celle que l'on admet d'habitude. Nous avons d'abord Parménide, puis les pluralistes, et ensuite le criticisme de Zénon. Telle parait, en tous cas, avoir été l'idée que se faisait Aristote de l'évolution historique [3].

CLIX. — Qu'est-ce que l'Unité ?

La polémique de Zénon est clairement dirigée en première ligne contre une certaine conception de l'unité. Eudème, dans sa *Physique* [4], citait de lui ce mot : « Si quelqu'un pouvait me dire ce que c'est que l'unité, je serais capable de dire ce que sont les choses ». Le commentaire d'Alexandre sur cette phrase, lequel nous a été conservé par Simplicius [5], est tout à fait satisfaisant : « Ainsi, dit-il,

---

[1] *Parm.*, loco citato.

[2] Cf. par exemple Anaxagore. frg. 3, avec Zénon, frg. 2 ; et Anaxagore, frg. 5, avec Zénon, frg. 3.

[3] Arist. *Phys.* A, 3, 187 a 1 (R. P. 134 b ; DV 19 A 22). Voir plus loin, § 173.

[4] Simpl. *Phys.* p. 138, 32 (R. P. 134 a ; DV 19 A 22).

[5] Simpl. *Phys.* p. 99, 13 (DV 19 A 21) : ὡς γὰρ ἱστορεῖ, φησίν (Ἀλέξανδρος) Εὔδημος, Ζήνων ὁ Παρμενίδου γνώριμος ἐπειρᾶτο δεικνύναι ὅτι μὴ οἷόν τε τὰ ὄντα πολλὰ εἶναι τῷ μηδὲν εἶναι ἐν τοῖς οὖσιν ἕν, τὰ δὲ πολλὰ πλῆθος εἶναι ἑνάδων. C'est là le sens de l'affirmation que Zénon ἀνῄρει τὸ ἕν, laquelle n'est pas d'Alexandre (comme cela est impliqué dans R. P. 134 a), mais remonte

que le rapporte Eudème, Zénon, le disciple de Parménide, essayait de montrer l'impossibilité que les choses soient une pluralité, parce qu'il croyait qu'il n'y avait pas d'unité dans les choses, tandis que « plusieurs » signifie un nombre d'unités. » Nous avons ici une référence évidente à l'opinion pythagoricienne que toute chose peut être réduite à une somme d'unités, ce que, précisément, Zénon contestait [1].

CLX. — LES FRAGMENTS.

Les fragments de Zénon lui-même montrent aussi que tel était le cours de sa démonstration. Nous les donnons suivant l'arrangement de Diels.

1. Si l'Un n'avait pas de grandeur, il n'existerait pas même... Mais, s'il est, chaque un doit avoir une certaine grandeur et une certaine épaisseur, et doit être à une certaine distance de l'autre, et la même chose peut être dite de ce qui est devant lui ; car celui-ci, aussi, aura une grandeur, et quelque chose sera devant lui [2]. C'est la même chose de dire cela une fois et de le dire toujours ; car aucune partie de lui ne sera la dernière, et il n'est chose qui ne puisse être comparée à une autre [3]. Donc, si les choses sont une pluralité, elles doivent être à la fois grandes et petites, petites au point de ne pas avoir de grandeur du tout ; et grandes au point d'être infinies. — R. P. 134.

2. Car s'il était ajouté à n'importe quelle autre chose, il ne la

---

à Eudème lui-même. Et cela est parfaitement exact, si nous le lisons en relation avec les mots : τὴν γὰρ στιγμὴν ὡς τὸ ἓν λέγει (Simpl. *Phys.* p. 99, 11).

[1] Il est tout à fait dans l'ordre que M. Bertrand Russell, du point de vue du pluralisme, tienne les arguments de Zénon comme « démesurément subtils et profonds » (*Principles of Mathematics*, p. 347). Nous savons pourtant par Platon que Zénon y voyait une réduction du pluralisme à l'absurde.

[2] Je traduisais autrefois : « la même chose peut être dite de ce qui le surpasse en petitesse ; car cela aussi aura une grandeur, et quelque chose le surpassera en petitesse ». C'est ainsi que l'entend Tannery, mais je pense maintenant, d'accord avec Diels, que ἀπέχειν se rapporte à μέγεθος, et προέχειν à πάχος. Zénon montre que le point pythagoricien a en réalité trois dimensions.

[3] Je lis avec Diels et les mss : οὔτε ἕτερον πρὸς ἕτερον οὐκ ἔσται. La conjecture de Gomperz (adoptée par R. P.) me paraît arbitraire.

rendrait en rien plus grande ; car rien ne peut gagner en grandeur par l'addition de ce qui n'a pas de grandeur, d'où il suit immédiatement que ce qui était ajouté n'était rien[1]. Mais si, quand ceci est retranché d'une autre chose, cette dernière n'est pas plus petite ; et d'autre part, si, quand il est ajouté à une autre chose, celle-ci n'en est pas augmentée, il est clair que ce qui était ajouté n'était rien, et que ce qui était retranché n'était rien. — R. P. 132.

3. Si les choses sont une pluralité, elles doivent être exactement aussi multiples qu'elles sont, ni plus ni moins. Or, si elles sont aussi multiples qu'elles sont, elles seront finies en nombre.

Si les choses sont une pluralité, elles seront infinies en nombre, car il y aura toujours d'autres choses entre elles, et de nouveau d'autres choses entre celles-ci. Et ainsi les choses sont infinies en nombre[2]. — R. P. 133.

CLXI. — L'Unité.

Si nous soutenons que l'unité n'a pas de grandeur — et cela est requis par ce qu'Aristote appelle l'argument de la dichotomie[3] — alors chaque chose doit être infiniment petite. Aucune chose faite d'unités sans grandeur ne peut avoir elle-même une grandeur quelconque. D'autre part, si nous affirmons que les unités dont les choses sont formées sont quelque chose et non rien, nous devons soutenir que chaque chose est infiniment grande. La ligne est infiniment divisible ; et, suivant cette opinion, elle consistera en un nombre infini d'unités, dont chacune a quelque grandeur.

Que ce raisonnement s'applique aussi aux points, cela

---

[1] Zeller suppose ici une lacune. Zénon doit certainement avoir montré que la soustraction d'un point ne rend pas une chose plus petite ; mais il peut l'avoir fait dans ce qui précédait le présent fragment.

[2] C'est là ce qu'Aristote appelle « l'argument de la dichotomie » (*Phys.* A, 3. 187 a 1 ; R. P. 134 b ; DV 19 A 22). Si une ligne est faite de points, nous devrions pouvoir répondre à la question : « Combien de points y a-t-il dans une ligne donnée ? » D'autre part, on peut toujours diviser une ligne ou une partie quelconque de cette ligne en deux moitiés ; de sorte que, si une ligne est faite de points, il y en aura toujours un nombre plus grand que celui que vous lui assignerez.

[3] Voir la note précédente.

est prouvé par un passage instructif de la *Métaphysique* d'Aristote[1]. Nous y lisons :

> Si l'unité est indivisible, elle ne sera rien, suivant la proposition de Zénon. Ce qui, ni ne rend une chose plus grande quand on l'y ajoute, ni ne la rend plus petite quand on l'en soustrait, n'est pas, dit-il, une chose réelle du tout ; car évidemment ce qui est réel doit être une grandeur. Et si c'est une grandeur, il est corporel ; car cela est corporel, qui est dans chaque dimension. Les autres choses, c'est-à-dire la surface et la ligne, rendront les choses plus grandes si elles sont ajoutées d'une certaine manière, et ne produisent aucun effet, ajoutées d'une autre manière ; mais le point et l'unité ne peuvent d'aucune manière rendre les choses plus grandes.

De tout cela, il paraît impossible de tirer d'autre conclusion que celle-ci : le « un » contre lequel Zénon argumentait était le « un » dont un certain nombre constitue un « plusieurs », c'est-à-dire justement l'unité pythagoricienne.

CLXII. — L'ESPACE.

Aristote fait allusion à un argument qui paraît être dirigé contre la doctrine pythagoricienne de l'espace[2], et Simplicius le cite sous cette forme[3] :

> S'il y a un espace, il sera dans quelque chose ; car tout ce qui est est dans quelque chose, et ce qui est dans quelque chose est dans l'espace. Ainsi l'espace sera dans l'espace, et cela continue à l'infini ; c'est pourquoi il n'y a pas d'espace. — R. P. 135.

Ce contre quoi Zénon argumente en réalité ici, c'est la tentative de distinguer l'espace du corps qui l'occupe. Si nous soutenons qu'un corps doit être *dans* l'espace, alors nous devons aller plus loin et demander dans quoi est

---

[1] Arist. *Met.* B, 4. 1001 b 7 (DV 19 A 21).

[2] Arist. *Phys.* Δ, 1. 209 a 23 ; 3. 210 b 22 (R. P. 135 a ; DV 19 A 24).

[3] Simpl. *Phys.* p. 562, 3 (R. P. 135). La version d'Eudème est donnée dans Simpl. *Phys.* p. 563, 26 (DV 19 p. 24) : ἀξιοῖ γὰρ πᾶν τὸ ὂν ποῦ εἶναι· εἰ δὲ ὁ τόπος τῶν ὄντων, ποῦ ἂν εἴη ; οὐκοῦν ἐν ἄλλῳ τόπῳ κἀκεῖνος δὴ ἐν ἄλλῳ καὶ οὕτως εἰς τὸ πρόσω.

l'espace lui-même. C'est un « renforcement » de la négation parménidienne du vide. Peut-être l'argument que chaque chose doit être « dans » quelque chose, ou doit avoir quelque chose en dehors d'elle, avait-il été opposé à la théorie parménidienne d'une sphère finie sans rien en dehors d'elle.

CLXIII. — Le mouvement.

Les arguments de Zénon au sujet du mouvement nous ont été conservés par Aristote lui-même. Le système de Parménide rendait tout mouvement impossible, et ses successeurs s'étaient vus forcés d'abandonner l'hypothèse moniste à l'effet précisément d'éviter cette conséquence. Zénon n'apporte aucune preuve nouvelle de l'impossibilité du mouvement; il se contente de montrer qu'une théorie pluraliste, telle que celle des Pythagoriciens, est tout aussi incapable de l'expliquer que l'était celle de Parménide. Considérés à ce point de vue, les arguments de Zénon ne sont pas de simples sophismes, mais marquent un grand progrès dans la conception de la quantité. En voici la teneur :

1. Tu ne peux pas arriver à l'extrémité d'un stade[1]. Tu ne peux pas franchir en un temps fini un nombre de points infini. Tu es obligé de franchir la moitié d'une distance donnée quelconque avant de franchir le tout, et la moitié de cette moitié avant de pouvoir franchir celle-ci. Et ainsi de suite *ad infinitum*, de sorte qu'il y a un nombre infini de points dans n'importe quel espace donné, et tu ne peux en toucher un nombre infini l'un après l'autre en un temps fini[2].

2. Achille ne devancera jamais la tortue. Il doit d'abord atteindre la place d'où la tortue est partie. Pendant ce temps, la tortue prendra une certaine avance. Achille doit la regagner, et la tortue en profitera pour faire de nouveau un bout de chemin. Il s'en rapproche toujours, mais sans l'atteindre jamais[3].

---

[1] Arist. *Top.* Θ, 8. 160 *b* 8 (DV 19 A 25) : Ζήνωνος (λόγος), ὅτι οὐκ ἐνδέχεται κινεῖσθαι οὐδὲ τὸ στάδιον διελθεῖν.

[2] Arist. *Phys.* Z, 9. 239 *b* 11 (R. P. 136; DV 19 A 25). Cf. Z, 2. 233 *a* 11; *a* 21 (R. P. 136 *a*; DV *ibid.*).

[3] Arist. *Phys.* Z, 9. 239 *b* 14 (R. P. 137; DV 19 A 26).

L' « hypothèse » du second argument est la même que celle du premier, à savoir que la ligne est une série de points ; mais le raisonnement est compliqué par l'introduction d'un objet qui se meut. La distance n'est plus, par conséquent, chaque fois la moitié de ce qu'elle était, mais diminue selon une raison constante. Ensuite, le premier argument montre qu'un objet qui se meut ne peut jamais franchir une distance, avec quelque rapidité qu'il se meuve ; le second fait voir que, si lentement qu'il se déplace, il franchit une distance infinie.

3. Le trait qui vole est en repos. Car si chaque chose est en repos quand elle occupe un espace égal à elle-même, et si ce qui vole occupe toujours et à n'importe quel moment un espace égal à lui-même, il ne peut pas se mouvoir[1].

Ici, une nouvelle complication est introduite. L'objet qui se meut a lui-même une longueur, et ses positions successives ne sont pas des points, mais des lignes. Les moments successifs dans lesquels il les occupe sont cependant des points de temps. On aura peut-être plus de facilité à se représenter la chose, si nous faisons remarquer que la fuite du trait, telle qu'elle est représentée par le cinématographe, serait exactement de même nature.

4. La moitié du temps peut être égale au double du temps. Supposons trois séries de corps[2] dont l'une (A) est au repos, tandis que les deux autres (B, C), se meuvent avec une égale rapidité dans des directions opposées (Fig. 1). Au moment où ils sont tous à la même partie du stade, B a passé devant deux fois autant de corps de la série C que de la série A. (Fig. 2.)

---

[1] *Phys.* Z, 9. 239 b 30 (R. P. 138) ; *ib.* 239 b 5 (R. P. 138 a ; DV 19 A 27). Ce dernier passage est corrompu, mais le sens en est clair. Je l'ai traduit selon la version de Zeller : εἰ γάρ, φησίν, ἠρεμεῖ πᾶν ὅταν ᾖ κατὰ τὸ ἴσον, ἔστι δ' ἀεὶ τὸ φερόμενον ἐν τῷ νῦν κατὰ τὸ ἴσον, ἀκίνητον κ. τ. λ. Naturellement, ἀεί signifie « dans un temps quelconque » et non pas « toujours », et κατὰ τὸ ἴσον littéralement « à la hauteur d'un espace égal (à lui-même) ». Sur les autres leçons, voir Zeller, p. 598, n. 3 ; et Diels, *Vors.* p. 131, 44.

[2] Le mot est ὄγκοι ; cf. chap. VII, p. 336, n. 1. Il est très bien approprié aux unités pythagoriciennes, qui, comme l'avait montré Zénon, ont longueur, largeur et épaisseur (frg. 1).

Fig. 1.

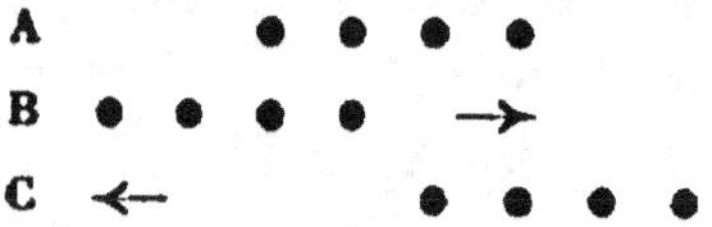

```
A       • • • •
B   • • • • →
C ←     • • • •
```

Fig. 2.

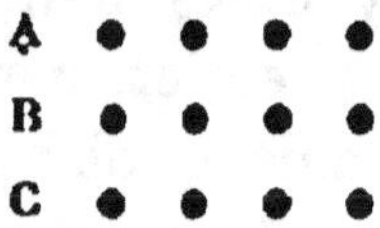

```
A   • • • •
B   • • • •
C   • • • •
```

Donc, le temps qu'il lui faut pour passer devant C est deux fois aussi long que celui qu'il lui faut pour passer devant A. Mais le temps que B et C emploient pour atteindre la position de A est le même. Ainsi le double du temps est égal à la moitié [1].

Selon Aristote, le paralogisme dépend ici de ce que l'on admet qu'une grandeur égale, se mouvant avec une égale rapidité, doit se mouvoir pendant un temps égal, que la grandeur à laquelle elle est égale soit au repos ou qu'elle soit en mouvement. Il en est certainement ainsi, mais nous ne sommes pas tenus de supposer que ce point de départ soit de Zénon lui-même. Le quatrième argument est, en fait, exactement dans le même rapport avec le troisième que le second avec le premier. Achille ajoute un second point en mouvement au seul point qui se déplace dans le premier argument; cet argument ajoute une seconde ligne en mouvement à la seule ligne mouvante du trait qui vole. Les lignes, toutefois, sont représentées comme des séries d'unités, ce qui est précisément la façon dont les Pythagoriciens les représentaient; et il est tout à fait vrai que si les lignes sont une somme d'unités discrètes, et que le temps soit semblablement une série de moments discrets, il n'y a pas d'autre mesure de mouvement possible que le nombre d'unités que chaque unité franchit.

Cet argument a pour but, comme les autres, de faire ressortir les absurdes conclusions qui découlent de l'hypothèse que toute quantité est discrète, et ce que Zénon a

---

[1] Arist. *Phys.* Z, 9 239 *b* 33 (R. P. 139; DV 19 A 28). J'ai dû formuler l'argument à ma manière, car il n'a été donné complètement par aucune de nos autorités. En fait, la figure est d'Alexandre (Simpl. *Phys.* p. 1016, 14), si ce n'est qu'il représente les ὄγκοι par des lettres au lieu de points. La conclusion est clairement exprimée par Aristote (*loc. cit.*) : συμβαίνειν οἴεται ἴσον εἶναι χρόνον τῷ διπλασίῳ τὸν ἥμισυν, et, comment que nous formulions le raisonnement, il doit l'être de façon à aboutir à cette conclusion.

réellement fait, c'est d'établir la conception de la quantité continue par une réduction à l'absurde de cette hypothèse. Si nous nous souvenons que Parménide avait affirmé la continuité de l'un (frg. 8, 25), nous voyons combien exacte est l'analyse de la méthode de Zénon, que Platon met dans la bouche de Socrate.

II. — *MÉLISSOS DE SAMOS.*

CLXIV. — Sa vie.

Dans sa *Vie de Périclès*, Plutarque affirme, sur l'autorité d'Aristote, que le philosophe Mélissos, fils d'Ithagène, fut le général samien qui défit la flotte athénienne en 441/0 av. J.-C.[1]; et c'est sans aucun doute pour cette raison qu'Apollodore fixa son *akmè* dans la LXXXIVe Olympiade (444-41)[2]. A part cela, nous ne savons en réalité rien de sa vie. Il passe pour avoir été, comme Zénon, disciple de Parménide[3]; mais, comme il était Samien, il est possible qu'il ait été, à l'origine, membre de l'école ionienne, et nous verrons que certains traits de sa doctrine viennent à l'appui de cette opinion. D'autre part, il fut certainement convaincu par la dialectique éléate et renonça à la doctrine ionienne pour autant qu'elle ne se conciliait pas avec celle-ci. Nous notons ici l'effet de la facilité toujours plus grande des relations entre l'est et l'ouest, facilité qui fut assurée par l'hégémonie d'Athènes.

---

[1] Plut. *Per.* 26 (R. P. 141 *b*; DV 20 A 3), d'après la Σαμίων πολιτεία d'Aristote.

[2] Diog. IX, 24 (R. P. 141). Il est évidemment possible qu'Apollodore entende la première et non la quatrième année de l'Olympiade. Son ère usuelle, c'est la fondation de Thurium. Mais, en somme, il est plus probable qu'il entendait la 4e année, car la date de la ναυαρχία a sans doute été donnée avec précision Voir Jacoby, p. 270.

[3] Diog. IX, 24 (R. P. 141).

CLXV. — LES FRAGMENTS.

Les fragments que nous possédons nous viennent de Simplicius, et nous les donnons, à l'exception du premier, d'après le texte de Diels [1].

(1 *a*) Si rien n'existe, que peut-il en être dit comme d'une chose réelle ?[2]

1. Ce qui était a toujours été et sera toujours. Car s'il était venu à l'existence, il aurait dû, de toute nécessité, n'être rien avant de venir à l'existence. Or, s'il n'était rien, rien n'aurait pu, de quelque manière que ce soit, sortir de rien. — R. P. 142.

2. Du moment, donc, qu'il n'est pas venu à l'existence, et du moment qu'il est, a toujours été et sera toujours, il n'a ni commencement ni fin, mais est sans limite. Car, s'il était venu à l'existence, il aurait eu un commencement (car il aurait commencé à venir à l'existence à un moment ou à un autre) et une fin (car il aurait cessé de venir à l'existence à un moment ou à un autre) ; mais, s'il n'a ni commencé ni fini, s'il a toujours été et sera toujours, il n'a ni commencement ni fin ; car il n'est possible pour n'importe quoi d'être jamais sans une existence pleine et entière. — R. P. 143.

3. En outre, de même qu'il est toujours, il doit toujours être infini en grandeur. — R. P. 143.

4. Mais rien de ce qui a un commencement ou une fin n'est éternel ou infini. — R. P. 143.

---

[1] Il n'est plus nécessaire de discuter les passages que l'on avait l'habitude de donner comme les frg. 1-5 de Mélissos, puisque A. Pabst a prouvé qu'ils ne sont que la paraphrase des fragments authentiques (*De Melissi Samii fragmentis*, Bonn 1889). Presque en même temps, j'étais arrivé pour mon compte à la même conclusion (voir ma 1re édition, § 138). Zeller et Diels ont tous deux accepté la démonstration de Pabst, et les fragments supposés ont été relégués dans les notes dans la dernière édition de R. P. Je crois cependant encore à l'authenticité du fragment que j'ai numéroté *1 a*. Voir la note suivante.

[2] Ces mots sont tirés du début de la paraphrase qui a si longtemps été considérée à tort comme étant de Mélissos (Simpl. *Phys.* p. 103, 18 ; R. P. 142 *a* ; DV 20 B 1 note), et Diels les a écartés avec le reste pour cette raison. Je les tiens cependant pour authentiques parce que Simplicius, qui a eu sous les yeux l'œuvre complète de Mélissos, les introduit par les mots : ἄρχεται τοῦ συγγράμματος οὕτως, et parce qu'ils ont un cachet parfaitement éléate. Il est tout à fait naturel que les premiers mots du livre aient été reproduits au début de la paraphrase.

5. S'il n'était pas un, il serait limité par quelque chose d'autre. — R. P. 144 a.

6. Car s'il est (infini), il doit être un ; car s'il était deux, il ne pourrait pas être infini ; car, alors, les deux seraient limités l'un par l'autre[1]. — R. P. 144.

6 a. (Et, du moment qu'il est un, il est absolument pareil ; car s'il n'était pas pareil, il serait plusieurs et non un[2].)

7. Ainsi donc, il est éternel et infini, et un, et absolument pareil. Et il ne peut ni périr, ni devenir plus grand ; et il ne souffre ni douleur ni peine. Car si l'une quelconque de ces choses lui arrivait, il ne serait plus un. Car s'il est altéré, alors le réel doit, de toute nécessité, ne pas être partout pareil, mais ce qui était auparavant doit périr, et ce qui n'était pas doit venir à l'existence. Or, s'il changeait, ne fût-ce que d'un cheveu, au cours de dix mille années, il périrait en entier dans la somme du temps.

En outre, il n'est pas possible non plus que son ordre soit changé, car l'ordre qu'il avait avant ne périt pas, et ce qui n'était pas ne vient pas à l'existence. Mais, du moment que rien ne lui est ajouté ou n'est détruit ou altéré, comment l'ordre d'une chose réelle quelconque peut-il être changé ? Car si n'importe quelle chose devenait différente, cela équivaudrait à un changement de son ordre.

Il ne souffre pas non plus de peine, car une chose en proie à la peine ne pourrait pas exister du tout. Car une chose en proie à la peine ne pourrait toujours être, et elle n'a pas la même force que ce qui est entier. Elle ne serait pas non plus pareille si elle était en proie à la peine ; car ce n'est que par l'addition ou la soustraction de quelque chose qu'elle pourrait éprouver de la peine, et alors elle ne serait pas pareille. Ce qui est entier ne pourrait pas non plus éprouver de la peine ; car alors ce qui était entier et ce qui était réel périrait, et ce qui n'était pas viendrait à l'existence. Et le même argument s'applique au chagrin comme à la peine.

Rien non plus n'est vide. Car ce qui est vide n'est rien. Ce qui n'est rien ne peut être.

Il ne se meut pas non plus, car il n'a aucun lieu pour se mou-

---

[1] Ce fragment est cité par Simpl. *de Cælo*, p. 557, 16 (R. P. 144). L'insertion du mot « infini » est justifiée par la paraphrase (R. P. 144 a) et par *M. X. G.* 974 a 11 : πᾶν δὲ ἄπειρον ὂν <ἓν> εἶναι· εἰ γὰρ δύο ἢ πλείω εἴη, πέρατ' ἂν εἶναι ταῦτα πρὸς ἄλληλα.

[2] Je me suis hasardé à insérer ce fragment, quoique le texte n'en soit, en fait, cité nulle part, et qu'il ne se trouve pas dans Diels. Il est représenté dans la paraphrase (R. P. 145 a) et dans *M. X. G.* 974 a 13 (R. P. 144 a).

voir, mais il est plein. Car s'il y avait n'importe quoi de vide, il irait occuper le vide. Mais, du moment qu'il n'y a pas de vide, il n'a aucun lieu où il puisse se porter.

Et il ne peut être dense ni rare; car il n'est pas possible à ce qui est rare d'être aussi plein que ce qui est dense, mais ce qui est rare est par là même plus vide que ce qui est dense.

Voici de quelle manière nous devons distinguer entre ce qui est plein et ce qui n'est pas plein. Si une chose renferme de l'espace pour quelque chose d'autre et l'accueille en elle, elle n'est pas pleine; mais si elle ne renferme d'espace pour n'importe quoi et ne l'accueille pas en elle, elle est pleine.

Or il doit de toute nécessité être plein, s'il n'existe pas de vide, et s'il est plein, il ne se meut pas. — R. P. 145.

8. Cet argument, donc, est la plus grande preuve qu'il n'y a qu'un seul Un; mais ce qui suit en constitue encore des preuves. S'il y avait plusieurs Uns, ces plusieurs devraient être de la même espèce que je dis qu'est l'Un. Car s'il y a de la terre et de l'eau, de l'air et du fer, de l'or et du feu, et si une chose est vivante et une autre morte, et si les choses sont noires et blanches et tout ce que les hommes disent qu'elles sont réellement, — s'il en est ainsi et si nous voyons et entendons correctement, chacune de ces choses doit être telle que nous l'avons décidé d'abord, et elles ne peuvent être changées ou altérées, mais chacune doit être justement comme elle est. Mais nous disons que nous voyons, entendons et comprenons correctement, et cependant nous croyons que ce qui est chaud devient froid, et ce qui est froid chaud, que ce qui est dur devient tendre et ce qui est tendre dur; que ce qui est vivant meurt, et que des choses sont nées de ce qui ne vit pas; et que toutes ces choses se modifient, et que ce qu'elles étaient et ce qu'elles sont maintenant ne se ressemblent d'aucune façon. Nous croyons que le fer, qui est dur, est usé par le contact du doigt[1], et pareillement de l'or et de la pierre et de tout ce que nous nous imaginons être fort; et que la terre et la pierre sont faites d'eau; de sorte qu'il apparaît que nous ne voyons ni ne connaissons des réalités. Or ces choses ne s'accordent pas l'une avec l'autre. Nous avons dit qu'il y avait beaucoup de choses qui étaient éternelles et avaient leurs formes et leur force propres, et pourtant nous nous imaginons qu'elles souffrent toutes une altération, et qu'elles deviennent différentes de ce que nous voyons chaque fois. Il est donc clair qu'en définitive nous n'avons pas vu correctement, et que nous n'avons pas raison de croire que toutes ces choses sont plusieurs. Elles ne changeraient pas si

---

[1] Je lis ὁμουρίων avec Bergk. Diels garde le ὁμοῦ ῥέων du ms.; Zeller p. 613, n. 1) conjecture ὑπ' ἰοῦ ῥέων.

elles étaient réelles, mais chaque chose serait justement ce que nous la croyions être ; car rien n'est plus fort que la vraie réalité. Mais s'il a changé, ce qui était a péri, et ce qui n'était pas est venu à l'existence. Ainsi donc, s'il y avait plusieurs choses, elles devraient avoir exactement la même nature que l'Un. — R. P. 147.

9. Or, s'il doit exister, il doit de toute nécessité être un ; mais s'il est un, il ne peut pas avoir de corps ; car, s'il avait un corps, il aurait des parties, et ne serait plus un. — R. P. 146 [1].

10. Si ce qui est réel est divisé, il se meut ; mais s'il se meut, il ne saurait être. — R. P. 144 a [2].

CLXVI. — Théorie de la réalité.

Nous avons fait remarquer que Mélissos n'était peut-être pas, à l'origine, membre de l'école éléate ; mais il adopta certainement toutes les idées de Parménide relativement à la vraie nature de la réalité, sauf une remarquable exception. Il paraît avoir ouvert son traité en réaffirmant avec Parménide que le « rien n'est pas » (frg. 1 a), et les arguments qu'il donnait à l'appui de cette opinion sont ceux qui nous sont déjà familiers (frg. 1). Pour lui comme pour Parménide, la réalité est éternelle, attribut qu'il exprimait à sa manière à lui. Il soutenait que, puisque tout ce qui est venu à l'existence a un commencement et une fin, tout ce qui n'y est pas venu n'a ni commencement ni fin. Aristote est très sévère pour lui à cause de cette simple conversion d'une proposition affirmative universelle [3] ; mais, évidemment, ce n'est pas là-dessus qu'était

---

[1] Je lis : εἰ μὲν οὖν εἴη avec E F pour le εἰ μὲν ὂν εἴη de D. Le ἐὸν, qu'a conservé R. P., est un essai de couleur locale dû aux éditeurs. Diels lit maintenant οὖν, lui aussi (*Vors.* 149, 2).

[2] Diels lit maintenant ἀλλά avec E au lieu du ἅμα de F., et rattache ce mot à la phrase suivante.

[3] Arist. *Phys.* A, 3. 186 a 7 (R. P. 143 a ; DV 20 A 7). Aristote trouve deux points faibles dans le raisonnement des Éléates : (1) ψευδῆ λαμβάνουσιν ; (2) ἀσυλλόγιστοί εἰσιν αὐτῶν οἱ λόγοι. Nous avons ici le premier de ces points. Il est aussi mentionné dans *Soph. El.* 168 b 35 (R. P. *ibid.*). Telle est aussi l'opinion d'Eudème (Simpl. *Phys.* p. 105, 24) : οὐ γάρ, εἰ

fondée sa conviction. Toute sa conception de la réalité l'obligeait à la regarder comme éternelle[1]. La question serait plus sérieuse si Aristote avait raison de croire, comme il semble l'avoir fait, que Mélissos inférait que ce qui est doit être infini dans l'espace parce qu'il n'a ni commencement ni fin dans le temps[2]. Mais cela paraît tout à fait incroyable. Comme nous possédons le fragment qu'Aristote interprète de cette manière (frg. 2), nous avons parfaitement le droit de l'interpréter indépendamment de lui, et je n'y vois rien qui justifie sa supposition et qui prouve que l'expression « sans limite » signifie sans limite dans l'espace[3].

CLXVII. — La réalité infinie dans l'espace.

Mélissos différait, en vérité, de Parménide en soutenant que la réalité était aussi bien infinie dans l'espace que dans le temps; mais il donnait une excellente raison en faveur de cette opinion, et il n'en était pas réduit à la justifier par l'extraordinaire argument auquel nous venons de faire allusion. Ce qu'il disait, c'est que, si la réalité était limitée, elle le serait par l'espace vide. Cela, nous le

---

τὸ γενόμενον ἀρχὴν ἔχει, τὸ μὴ γενόμενον ἀρχὴν οὐκ ἔχει, μᾶλλον δὲ τὸ μὴ ἔχον ἀρχὴν οὐκ ἐγένετο.

[1] La vraie raison est donnée dans la paraphrase (Simpl. *Phys.* p. 103, 21; R. P. 142 a; DV 20 B, note): συγχωρεῖται γὰρ καὶ τοῦτο ὑπὸ τῶν φυσικῶν, mais Mélissos ne se serait naturellement pas exprimé de cette manière. Il se tenait lui-même pour un φυσικός comme les autres; mais, à partir de l'époque d'Aristote, c'était un lieu commun de refuser cette qualité aux Éléates, parce qu'ils niaient le mouvement.

[2] Ceci a été nié par Offner, *Zur Beurteilung des Melissos* (*Archiv*, IV, p. 12 sq.), mais je pense maintenant qu'il va trop loin. Cf. spécialement *Top.* IX, 6: ὡς ἄμφω ταὐτὰ ὄντα τῷ ἀρχὴν ἔχειν, τό τε γεγονὸς καὶ τὸ πεπερασμένον. Même remarque à *Soph. El.* 167 b 13 et 181 a 27.

[3] Les mots ἀλλ' ἄπειρόν ἐστι signifient simplement « mais il est sans limite », et ne sont que la répétition de la proposition qu'il n'y a ni commencement ni fin. La nature de la limitation ne peut être précisée que par le contexte; aussi Mélissos a-t-il soin de dire τὸ μέγεθος ἄπειρον (frg. 3) à l'endroit où il introduit la question de l'infini dans l'espace.

savons par Aristote lui-même[1], et nous y voyons un réel progrès sur Parménide. Celui-ci avait cru possible de tenir la réalité pour une sphère finie, mais il lui aurait été difficile de développer cette opinion dans le détail. Il aurait été obligé de dire qu'il n'y avait rien en dehors de la sphère ; mais personne ne savait mieux que lui qu'il n'existe aucune chose qui ne soit rien. Mélissos vit que l'on ne peut imaginer une sphère finie sans la regarder comme entourée d'un espace vide infini[2] ; et comme, d'accord avec le reste de l'école, il niait le vide (frg. 7), il était forcé de dire que la réalité était infinie dans l'espace (frg. 3). Il est possible qu'il ait été influencé en cela par son association avec l'école ionienne.

De l'infinité de la réalité, il suit qu'elle doit être une ; car, si elle n'était pas une, elle serait limitée par quelque chose d'autre (frg. 5). Et, étant une, elle doit être absolument homogène (frg. 6 a), car c'est ce que nous entendons en disant qu'elle est une. La réalité, donc, est un *plenum* corporel, simple et homogène, s'étendant à l'infini dans l'espace, remontant et descendant à l'infini dans le temps.

CLXVIII. — Opposition aux Ioniens.

L'éléatisme fut toujours animé de l'esprit critique, et nous ne sommes pas sans indications sur l'attitude prise par Mélissos à l'égard des systèmes contemporains. Le point faible qu'il trouvait dans les théories ioniennes était de supposer toutes un certain manque d'homogénéité dans l'Un, ce qui constitue une réelle inconsistance. En outre, les unes comme les autres admettaient la possibilité du changement ; mais si toutes choses sont une, le changement doit être une forme de l'entrée à l'existence et de la

---

[1] Arist. Gen. Corr. I, 8. 325 a 14 : ἓν καὶ ἀκίνητον τὸ πᾶν εἶναί φασι καὶ ἄπειρον ἔνιοι· τὸ γὰρ πέρας περαίνειν ἂν πρὸς τὸ κενόν. Et Zeller a prouvé que cela se rapporte à Mélissos (p. 612, note 2).

[2] Notez la divergence avec Zénon (§ 162).

destruction. Si l'on admet qu'une chose peut changer, on ne peut maintenir qu'elle est éternelle. L'arrangement des parties de la réalité ne peut pas non plus se modifier comme Anaximandre, par exemple, l'avait cru; tout changement de cette nature implique nécessairement une entrée à l'existence et une destruction.

Le pas que fit ensuite Mélissos a quelque chose d'un peu particulier. La réalité, dit-il, ne peut éprouver ni douleur ni peine, car l'une et l'autre sont toujours dues à l'addition ou à la soustraction de quelque chose, ce qui est impossible. Il n'est pas facile d'établir avec certitude à quoi cela fait allusion. Peut-être est-ce à la théorie d'Anaxagore sur la perception (v. p. 314), peut-être à une chose dont aucune mention ne nous a été conservée.

Le mouvement, en général [1], la raréfaction et la condensation, en particulier, sont impossibles, car tous deux impliquent l'existence de l'espace vide. La divisibilité est exclue pour la même raison. Ces arguments sont ceux que Parménide avait déjà employés.

CLXIX. — Opposition aux Pythagoriciens.

Dans presque toutes les analyses du système de Mélissos, on prétend qu'il niait la corporalité de ce qui est réel — opinion qu'on cherche à établir en invoquant le frg. 9, lequel est certainement cité par Simplicius précisément pour prouver ce point [2]. Si, cependant, notre idée générale

---

[1] L'opinion de Bäumker, que Mélissos admettait l'ἀντιπερίστασις ou mouvement *in pleno* (*Jahrb. f. K. Phil.* 1886, p. 541; *Das Problem der Materie* p. 59) se fonde sur une phrase de Simplicius (*Phys.* p. 104, 13; DV 46, 40): οὐχ ὅτι μὴ δυνατὸν διὰ πλήρους κινεῖσθαι, ὡς ἐπὶ τῶν σωμάτων λέγομεν κ. τ. λ. Cette phrase était autrefois transposée en dialecte ionien, et passait pour être un fragment de Mélissos. Elle n'est, en réalité, qu'un fragment de l'argument de Simplicius contre Alexandre, et elle n'a rien à faire du tout avec Mélissos.

[2] Voyez cependant Bäumker, *Das Problem der Materie*, p. 57 sq., lequel remarque que ἐόν (ou ὄν), du frg. 9, doit être prédicat, puisqu'il n'a pas d'article. Dans sa 5ᵉ édition (p. 611, n. 2), Zeller a adopté l'opi-

relativement au caractère de la philosophie grecque primitive est exacte, cette opinion doit paraître incroyable. Et elle paraît d'autant plus surprenante qu'au dire d'Aristote, dans sa *Métaphysique*, l'unité de Mélissos était matérielle, tandis que celle de Parménide semblait être idéale[1]. Or le fragment, tel que nous le lisons dans les manuscrits de Simplicius[2], suppose un cas purement hypothétique, et le plus naturel serait d'y voir une preuve contre l'existence de quelque chose, par ce motif que, s'il existait, il devrait être à la fois corporel et un. Cela ne saurait viser l'Un éléate, auquel Mélissos croyait lui-même, et comme l'argument est presque mot pour mot identique à l'un de ceux de Zénon[3], il est naturel de supposer qu'il était aussi dirigé contre l'hypothèse pythagoricienne d'unités ultimes. La seule objection possible, c'est que Simplicius, qui cite deux fois le fragment, le prenait, à n'en pas douter, dans le sens qu'on lui donne généralement[4]. Mais il était très naturel pour lui de tomber dans cette méprise. L'expression « l'Un » avait deux sens au milieu du Vme siècle avant J.-C.; elle signifiait soit l'ensemble de la réalité, soit le point comme unité d'espace. Pour le maintenir dans le premier sens, les Eléates étaient obligés de le répudier dans le second ; et ainsi il semblait parfois qu'ils parlaient de leur propre « Un », quand, en réalité, ils entendaient parler de l'autre. Nous avons vu que la même difficulté se présentait à propos de la négation de l' « un » par Zénon[5].

nion que nous soutenons ici. Il fait observer avec raison que la forme hypothétique εἰ μὲν ὂν εἴη parle en sa faveur, et que le sujet de εἴη doit être ἕκαστον τῶν πολλῶν, comme chez Zénon.

[1] *Met.* A, 5. 986 *b* 18 (R. P. 101 ; DV 20 A 11).

[2] Brandis changeait εἴη en ἔστι, mais il n'y a aucune garantie en faveur de cette correction.

[3] Cf. Zénon, frg. 1, et spécialement les mots : εἰ δὲ ἔστιν, ἀνάγκη ἕκαστον μέγεθός τι ἔχειν καὶ πάχος.

[4] Simpl. *Phys.* p. 87, 6 et 110, 1 (DV 20 B 4, 5).

[5] Voir plus haut, § 159, p. 361, n. 5.

CLXX. — Opposition a Anaxagore.

Le plus remarquable fragment de Mélissos est peut-être le dernier (frg. 8). Il paraît être dirigé contre Anaxagore ; tout au moins le langage employé semble-t-il lui être plus applicable qu'à qui que ce soit d'autre. Anaxagore avait admis (§ 137, *fin*) que nos perceptions, si loin qu'elles aillent, ne s'accordent pas entièrement avec sa théorie, tout en soutenant que cela n'était imputable qu'à leur faiblesse. Mélissos, tirant avantage de cet aveu, déclare que si nous cessons de voir dans les sens les témoins ultimes de la réalité, nous ne sommes pas en droit de rejeter la théorie éléate. Avec une pénétration admirable, il fait ressortir que si nous devons dire avec Anaxagore que les choses sont une pluralité, nous sommes obligés de dire aussi que chacune d'elles est constituée de la même manière que l'Un des Éléates. En d'autres termes, le seul pluralisme qui se puisse soutenir est la théorie atomique.

Mélissos a été longtemps et indûment déprécié en raison des critiques d'Aristote ; mais ces critiques, nous l'avons vu, se basent essentiellement sur une objection quelque peu pédantesque à la fausse conversion qu'on relève dans la première partie de l'argument. Mélissos ne savait rien des règles de la conversion ; s'il les avait connues, il lui eût été facile de rendre son raisonnement formellement correct sans modifier son système. Sa grandeur consiste en ceci, que non seulement c'est lui qui a réellement fait de l'Éléatisme un système, mais qu'il a su voir, avant que les pluralistes la vissent eux-mêmes, la seule voie suivant laquelle on pouvait élaborer sans contradiction la théorie qui fait des choses une pluralité[1]. Il

---

[1] Bäumker, *op. cit.* p. 58, n. 3 : « Que Mélissos fût un esprit médiocre, c'est une fable convenue. On va la répétant après Aristote, qui était incapable d'apprécier les Éléates en général, et qui comprend spécialement mal Mélissos. »

est significatif que Polybos, le neveu d'Hippocrate, reproche de « mettre sur pied la doctrine de Mélissos » à ces « sophistes » qui enseignaient qu'il y avait une seule substance primordiale[1].

[1] Περὶ φύσιος ἀνθρώπου, c. 1 ; DV 20 A 6 : ἀλλ' ἔμοιγε δοκέουσιν οἱ τοιοῦτοι ἄνθρωποι αὐτοὶ ἑωυτοὺς καταβάλλειν ἐν τοῖσιν ὀνόμασι τῶν λόγων αὐτῶν ὑπὸ ἀσυνεσίης, τὸν δὲ Μελίσσου λόγον ὀρθοῦν. Les métaphores sont prises de la lutte, et elles étaient courantes à cette date (cf. le καταβάλλοντες de Protagoras. Platon laisse voir une appréciation de Mélissos plus généreuse que celle d'Aristote. A *Théét.* 180 e 2 (DV 18 B 8 = 118, 4), il mentionne les Eléates comme Μέλισσοί τε καὶ Παρμενίδαι, et à 183 e 4 (DV 18 A 5), il s'excuse presque de donner la prééminence à Parménide.

CHAPITRE IX

LEUCIPPE DE MILET

CLXXI. — LEUCIPPE ET DÉMOCRITE.

Nous avons vu (§§ 31, 122) que l'école de Milet ne prit pas fin avec Anaximène, et c'est un fait frappant que l'homme qui fit la réponse la plus complète à la question posée pour la première fois par Thalès fut un Milésien[1]. Il est vrai que l'existence même de Leucippe a été mise en question. Épicure dit qu'il n'y eut jamais un philosophe de ce nom, et la même opinion a été soutenue à une époque tout à fait récente[2]. D'autre part, Aristote et Théophraste font certainement de lui l'auteur de la théorie atomique, et il semble encore possible de montrer qu'ils avaient raison.

---

[1] Théophraste disait que Leucippe était Éléate ou Milésien (R. P. 185; DV 54 A 8), tandis que Diogène (IX, 30) le dit Éléate ou, selon quelques-uns, Abdéritain. Ces indications constituent un parallèle exact aux divergences déjà notées sur les cités natales des Pythagoriciens (ch. VII, p. 325, n. 5). Diogène ajoute que, selon d'autres, Leucippe était Mélien, ce qui est une confusion fréquente. Aétius (I, 7, 1) fait de Diagoras de Mélos un Milésien (cf. *Dox.* p. 14). Démocrite était appelé Milésien par quelques-uns (Diog. IX, 34; R. P. 186) pour la même raison que Leucippe est appelé Éléate. On peut aussi, à ce propos, rappeler le doute sur la question de savoir si Hérodote se disait lui-même Halicarnassien ou Thurien.

[2] Diog. X, 13 (R. P. 185 *b*). Cette opinion a été reprise par E. Rohde. Sur la littérature de cette controverse, voir R. P. 185 *b*. La réfutation de Rohde par Diels a convaincu les juges les plus compétents. La tentative de Brieger, de rouvrir ce procès (*Hermes*, XXXVI, p. 166 sq.) est dépourvue de conviction et ne convainc pas du tout. Comme on le verra, cependant, je suis d'accord avec lui sur ce point important que l'Atomisme est postérieur aux systèmes d'Empédocle et d'Anaxagore.

Incidemment, nous verrons comment des écrivains postérieurs en vinrent à l'ignorer, et rendirent ainsi possible la boutade d'Epicure.

La question est intimement liée à celle de la date de Démocrite, qui disait qu'il était un jeune homme quand Anaxagore était un vieillard. Il est peu probable, d'après cette indication, qu'il ait fondé son école à Abdère avant l'année 420, où Apollodore place son *akmè* [1]. Or Théophraste constatait que Diogène d'Apollonie avait emprunté quelques-unes de ses opinions à Anaxagore et quelques-unes à Leucippe, ce qui ne peut signifier qu'une chose, à savoir qu'il y avait dans l'œuvre de celui-ci des traces de la théorie atomique [2]. De plus, Diogène d'Apollonie est parodié dans les *Nuées* d'Aristophane, qui furent jouées en 423, et il résulte de là que l'œuvre de Leucippe doit avoir été connue bien avant cette date. Ce que cette œuvre était, Théophraste nous le dit aussi. C'était le *Grand Diakosmos*, ordinairement attribué à Démocrite [3]. Cela signifie en outre que ce que l'on connaissait plus tard sous le nom d'œuvres de Démocrite, c'étaient en réalité les écrits de l'école d'Abdère,

---

[1] Diog. IX, 41 (R. P. 187). Comme le fait ressortir Diels, cette indication porte à croire qu'Anaxagore était mort lorsque Démocrite écrivait. C'est probablement aussi le motif pour lequel Apollodore fixa l'*akmè* de Démocrite juste quarante ans après celle d'Anaxagore (Jacoby, p. 290). Nous ne pouvons pas tirer grand'chose de cette autre indication de Démocrite, d'après laquelle il écrivit le Μικρὸς διάκοσμος 750 ans après la chute de Troie; car nous ne pouvons savoir exactement de quelle ère il faisait usage (Jacoby, p. 292).

[2] Theophr. *ap.* Simpl. *Phys.* p. 25, 1 (R. P. 206 *a*; DV 51 A 5).

[3] Ceci a été soutenu par Thrasyle dans la liste des tétralogies où il avait rangé les œuvres de Démocrite, comme il rangea celles de Platon. Il indique comme suit le contenu des tétralogies : (1) Μέγας διάκοσμος (ὃν οἱ περὶ Θεόφραστον Λευκίππου φασὶν εἶναι); (2) Μικρὸς διάκοσμος; (3) Κοσμογραφίη; (4) Περὶ τῶν πλανήτων. Les deux διάκοσμοι ne furent sans doute distingués l'un de l'autre que lorsqu'ils furent englobés dans le même *corpus*. Une citation soi-disant du Περὶ νοῦ de Leucippe a été conservée dans Stob. I, 160. La phrase : ἐν τοῖς Λευκίππου καλουμένοις λόγοις dans *M. X. G.* 980 *a* 8 paraît se référer à Arist. *de Gen. Corr.* 325 *a* 24 (DV 54 A 7): Λεύκιππος δ'ἔχειν ᾠήθη λόγους κ. τ. λ. et ne prouve quoi que ce soit en aucun cas. Cf. chap. II, p. 140, n. 1.

et que ceux-ci comprenaient, comme cela était naturel, les œuvres de son fondateur. Elles formaient, en fait, un *corpus* comparable à celui qui nous est parvenu sous le nom d'Hippocrate, et il n'était pas plus possible de distinguer les auteurs des différents traités dans un cas que dans l'autre. Pour toutes ces raisons, nous ne devons pas hésiter à croire qu'Aristote et Théophraste étaient mieux informés sur ce point que les écrivains postérieurs, qui regardaient naturellement la masse comme étant tout entière l'œuvre de Démocrite.

Théophraste trouva Leucippe qualifié d'Eléate dans quelques-unes de ses autorités, ce qui, si nous pouvons nous fier aux analogies, signifie qu'il s'était établi à Elée [1]. Il est possible que ce départ pour l'ouest ait été en rapport avec la révolution de Milet en 450-49 avant J.-C. [2] En tous cas, Théophraste dit clairement que Leucippe avait été membre de l'école de Parménide, et la façon dont il s'exprime donne à penser que le fondateur de cette école était encore à sa tête [3]. Il peut fort bien l'avoir été en effet, si nous acceptons la chronologie de Platon [4]. Théophraste paraît avoir dit aussi que Leucippe « entendit » Zénon, ce qui est très croyable. Nous verrons dans tous les cas que l'influence de Zénon sur sa pensée est indéniable [5].

---

[1] Voir plus haut, p. 379, n. 1.

[2] Les aristocrates avaient massacré les démocrates, et ils furent renversés à leur tour par les Athéniens. Cf. [Xen.] Ἀθ. πολ. 3, 11. La date est fixée par *C. I. A.* I, 22 a.

[3] Theophr. *ap.* Simpl. *Phys.* p. 28, 4 (R. P. 185; DV 54 A 8). Notez la différence de cas dans κοινωνήσας Παρμενίδῃ τῆς φιλοσοφίας et κοινωνήσας τῆς Ἀναξιμένους φιλοσοφίας, expression employée par Théophraste en parlant d'Anaxagore (p. 290, n. 1). Le datif paraît impliquer des relations personnelles. Il est tout à fait inadmissible de traduire : était familier avec la doctrine de Parménide, comme le fait Gomperz, *Penseurs de la Grèce*, I, p. 362.

[4] Voir § 84.

[5] Cf. Diog. IX, 30 : οὗτος ἤκουσε Ζήνωνος (R. P. 185 *b*), et Hipp. *Ref.* I, 12, 1 (DV 54 A 10) : Λεύκιππος... Ζήνωνος ἑταῖρος. Diels supposait que le nom de Zénon avait disparu de l'extrait de Théophraste conservé par Simplicius (*Dox.* 483 *a* 11; DV 54 A 8).

Les relations de Leucippe avec Empédocle et Anaxagore sont plus difficiles à déterminer. On voit aujourd'hui une preuve de la réalité historique de Leucippe en l'existence de traces d'atomisme dans les systèmes de ces philosophes ; mais cette réalité est assez bien établie sans cette supposition qui, d'ailleurs, entraîne de sérieuses difficultés ; elle nous force notamment à tenir Empédocle et Anaxagore pour de simples éclectiques, comme Diogène d'Apollonie [1]. Le plus fort argument en faveur de l'opinion que Leucippe influença Empédocle est celui qu'on tire de la doctrine des « pores » ; mais nous avons vu que cette doctrine remontait à Alcméon, et il est par conséquent plus probable que ce fut Leucippe qui la dériva d'Empédocle [2]. Nous avons vu aussi que Zénon écrivit probablement contre Empédocle, et nous savons qu'il influença Leucippe [3]. Il n'est pas probable du tout non plus qu'Anaxagore sût quoi que ce soit de la théorie de Leucippe. Il est vrai qu'il niait l'existence du vide ; mais il n'en résulte pas qu'un penseur quelconque eût déjà soutenu cette doctrine dans le sens atomiste. Les premiers Pythagoriciens avaient aussi parlé d'un vide, bien qu'ils l'eussent confondu avec l'air atmosphérique ; et les expériences d'Anaxagore avec la clepsydre et les outres gonflées n'avaient de pointe que si elles étaient dirigées

---

[1] Ce point est important, bien que l'argument ait perdu de sa force par la valeur excessive que lui a attribuée Brieger dans l'*Hermes*, XXXVI, p. 183. Il prétend qu'une réaction comme celle de l'Anaxagoréisme après la découverte du système atomique serait chose sans exemple dans l'histoire de la philosophie grecque. Diogène d'Apollonie prouve le contraire. Le nœud de la question est qu'Empédocle et Anaxagore étaient des hommes de trempe différente. Pour autant qu'il s'agit d'Empédocle, Gomperz expose le cas correctement (*Penseurs de la Grèce*, I, p. 252, note).

[2] Voir plus haut, chap. V, p. 226, n. 4 ; et Brieger dans l'*Hermes*, XXXVI, p. 171.

[3] Diels soutenait (autrefois du moins) ces deux points. Voir plus haut, p. 357, n. 4, et p. 331, n. 5. Si, comme cela est probable (§ 158), Zénon écrivit son livre entre 470 et 460 av. J.-C., Leucippe ne peut guère avoir écrit le sien avant 450, et même s'il l'avait écrit à cette date, c'était trop tard pour influencer Empédocle. Et il se peut fort bien qu'il l'ait écrit plus tard.

contre la théorie pythagoricienne[1]. S'il s'était réellement proposé de réfuter Leucippe, il aurait dû recourir à des arguments d'une tout autre nature.

CLXXII. — Théophraste sur la théorie atomique.

Théophraste écrivait ce qui suit à propos de Leucippe dans le livre I de ses *Opinions* :

Leucipe d'Elée ou de Milet (car on le fait naître en ces deux villes) s'était associé avec Parménide en philosophie. Il ne suivit pas, cependant, la même voie que Parménide et Xénophane dans son explication des choses, mais, à ce que l'on croit, la voie exactement contraire (R. P. 185). Ils tenaient le Tout pour un, immobile, incréé et fini, et ne nous permettaient pas même de nous enquérir de *ce qui n'est pas;* il supposait, lui, d'innombrables éléments, toujours en mouvement, à savoir les atomes. Et il en tenait les formes pour infinies en nombre, du moment qu'il n'y avait pas de raison pour qu'elles fussent d'une espèce plutôt que d'une autre, et parce qu'il constatait un devenir et un changement incessant dans les choses. Il soutenait en outre que *ce qui est* n'est pas plus réel que *ce qui n'est pas*, et que tous deux sont également causes des choses qui viennent à l'existence ; car il posait en principe que la substance des atomes était compacte et pleine, et il les appelait *ce qui est;* et pour lui, ils se mouvaient dans le vide, qu'il appelait *ce qui n'est pas*, mais affirmait être tout aussi réel que *ce qui est*. — R. P. 194.

CLXXIII. — Leucippe et les Eléates.

On observera que Théophraste, tout en notant l'affiliation de Leucippe à l'école d'Elée, fait ressortir que sa théorie est, *prima facie*[2], exactement contraire à celle que sou-

---

[1] Voir plus haut, chap. VI, § 131 et chap. VII, § 145.

[2] Les mots ὡς δοκεῖ n'impliquent pas l'assentiment à l'opinion introduite par eux ; ils s'emploient, en fait, dans la grande majorité des cas, par rapport à des manières de voir que l'écrivain n'accepte pas. La traduction par « à ce qu'il me semble » dans Gomperz, *Penseurs de la Grèce* I, p. 362, est donc bien faite pour induire en erreur, et rien ne saurait justifier l'affirmation de Brieger (*Hermes* XXXVI, p. 165) que Théophraste ne partageait pas l'opinion qu'Aristote exprime dans le

tenait Parménide. Quelques historiens ont pris prétexte de cette déclaration pour nier tout à fait l'éléatisme de Leucippe; en réalité, leur négation est basée sur l'idée que le système de Parménide était « métaphysique », et sur une grande répugnance à admettre qu'une hypothèse aussi scientifique que la théorie atomique ait pu avoir une origine « métaphysique ». En définitive, elle découle d'un préjugé, et nous ne devons pas supposer que Théophraste lui-même considérât les deux théories comme si éloignées l'une de l'autre qu'elles le paraissent[1]. Comme c'est là réellement le point le plus important dans l'histoire de la philosophie grecque primitive, et comme il donne, si on le comprend bien, la clef de tout le développement de la pensée à cette époque, il vaut la peine de transcrire un passage d'Aristote[2] qui explique la connexion historique d'une manière qui ne laisse rien à désirer.

Leucippe et Démocrite ont décidé de toutes choses pratiquement par la même méthode et d'après la même théorie, prenant comme point de départ ce qui par nature vient en premier lieu. Quelques-uns des anciens avaient soutenu que le réel doit nécessairement être un et immuable; car, disaient-ils, l'espace vide n'est pas réel, et le mouvement serait impossible sans espace vide séparé de la matière; de plus, la réalité ne pourrait pas non plus être multiple, s'il n'y avait rien pour séparer les choses. Et cela ne fait pas de différence de soutenir que le Tout n'est pas continu, mais discret, avec des parties en contact *(opinion pythagoricienne)*, au lieu d'affirmer que la réalité est multiple, non une, et qu'il y a un espace vide. Car,

---

passage que nous allons citer. Nous éviterions bien des erreurs si nous prenions l'habitude de traduire δοκεῖ par « on croit » au lieu de « il semble ».

[1] Ce préjugé se fait sentir d'un bout à l'autre des *Penseurs de la Grèce* de Gomperz, et porte une sérieuse atteinte à la valeur de cette œuvre fascinante, quoique un peu aventureuse. Il est amusant de noter que, partant du même point de vue, Brieger voit des préventions théologiques dans l'habitude que l'on a de faire d'Anaxagore le dernier des Présocratiques (*Hermes* XXXVI, p. 185). Je regrette de ne pouvoir me déclarer d'accord ni avec l'un ni avec l'autre, mais l'âpreté avec laquelle chacun a soutenu son point de vue prouve l'importance fondamentale des questions soulevées par les premiers philosophes grecs.

[2] Arist. *de Gen. Corr.* A, 8. 324 *b* 35 (R. P. 193; DV 54 A 7).

s'il est divisible à chaque point, il n'y a pas d'Un et par conséquent pas de multiple, et le Tout est vide *(Zénon)* ; tandis que, si nous disons qu'il est divisible en un point et non en un autre, cela a l'air d'une fiction arbitraire ; car jusqu'à quel point et pour quelle raison une partie du Tout sera-t-elle en cet état et pleine, tandis que le reste sera discret ? Et, pour les mêmes raisons, ils disent encore qu'il ne peut pas y avoir de mouvement. En conséquence de ces arguments, donc, allant au delà de la perception et la dédaignant dans la pensée que nous devons nous en tenir au raisonnement, ils disent que le Tout est un et immuable *(Parménide)*, et quelques-uns d'entre eux qu'il est infini *(Melissos)*, car n'importe quelle limite serait bornée par l'espace vide. Ceci, donc, est l'opinion qu'ils exprimaient sur la vérité, et telles sont les raisons qui les conduisaient à penser ainsi. Or, pour autant que les arguments valent, cette conclusion semble suivre ; mais, si nous en appelons aux faits, soutenir pareille opinion paraît folle. Il n'est pas un fou hors de sens à ce point que le feu et la glace lui semblent n'être qu'une même chose ; entre les choses seulement qui sont correctes et les choses qui paraissent correctes par habitude, la folie fait que certaines gens ne voient pas de différence.

Leucippe, cependant, pensait qu'il avait une théorie en harmonie avec la perception sensible, et ne supprimait ni la naissance, ni la destruction, ni le mouvement, ni la multiplicité des choses. Il faisait cette concession à l'expérience, tandis qu'il concédait, d'autre part, à ceux qui imaginèrent l'Un que le mouvement était impossible sans le vide, que le vide n'était pas réel, et que rien de ce qui était réel n'était irréel. « Car, disait-il, ce qui est réel strictement parlant est un absolu *plenum*, mais le *plenum* n'est pas un. Au contraire, il y en a un nombre infini, et ils sont invisibles grâce à la petitesse de leurs dimensions. Ils se meuvent dans le vide (car il y a un vide) ; et par leur réunion, ils produisent la naissance, par leur séparation, la destruction. »

Il est vrai que Zénon et Mélissos ne sont pas nommés dans ce passage, mais l'allusion à leur théorie est évidente. L'argument de Zénon contre les Pythagoriciens est clairement donné ; et Mélissos était le seul Eléate qui tînt la réalité pour infinie, point qui est directement mentionné. Nous sommes donc justifiés par le langage d'Aristote à expliquer comme suit la genèse de l'Atomisme et son rapport avec l'Eléatisme. Zénon avait montré que tous les systèmes pluralistes jusqu'alors connus, et spécialement le

Pythagorisme, étaient incapables de résister aux arguments qu'il tirait de l'infinie divisibilité. Mélissos avait usé du même argument contre Anaxagore, et avait ajouté, par voie de réduction à l'absurde, que s'il y avait plusieurs choses, chacune d'elles devait être telle que les Éléates soutenaient qu'était l'Un. A cela, Leucippe répond : « Pourquoi pas? » Il admettait la force des arguments de Zénon en mettant une limite à la divisibilité, et à chacun des atomes auxquels il arrivait ainsi, il attribuait tous les prédicats de l'Un éléate ; car Parménide avait montré que si *cela est*, cela doit avoir ces prédicats d'une manière ou de l'autre. La même opinion est impliquée dans un passage de la *Physique* d'Aristote[1]. « Quelques-uns, nous dit-on, se pliaient aux deux arguments, au premier, l'argument que toutes choses sont une, si le mot *est* est employé dans un sens seulement (*Parménide*), en affirmant la réalité de ce qui n'est pas ; au second, celui qui est basé sur la dichotomie (*Zénon*) en introduisant des grandeurs indivisibles. » Finalement, c'est seulement en envisageant la question de cette manière que nous pouvons attacher un sens à une autre déclaration d'Aristote, selon laquelle Leucippe et Démocrite, aussi bien que les Pythagoriciens, faisaient virtuellement naître toutes choses des nombres[2]. Leucippe, en fait, donnait aux monades pythagoriciennes le caractère de l'Un parménidien.

CLXXIV. — Atomes.

Nous devons observer que l'atome n'est pas mathématiquement indivisible, car il possède une grandeur ; il est cependant indivisible physiquement parce que, pas plus

---

[1] Arist. *Phys.* A, 3. 187 a 1 (R. P. 134 b; DV 19 A 22).

[2] Arist. *de Cælo*, Γ, 4. 303 a 8 (DV 54 A 15): τρόπον γάρ τινα καὶ οὗτοι (Λεύκιππος καὶ Δημόκριτος) πάντα τὰ ὄντα ποιοῦσιν ἀριθμοὺς καὶ ἐξ ἀριθμῶν. Ceci contribue aussi à expliquer l'intention qu'a pu avoir Héraclide en attribuant la théorie des ὄγκοι corporels au Pythagoricien Ekphantos de Syracuse. Voir plus haut, p. 336, n. 1.

que l'Un de Parménide, il ne renferme d'espace vide[1]. Tout atome est doué d'étendue, et tous les atomes sont exactement pareils en substance[2]. C'est pourquoi toutes les différences qu'offrent les choses doivent être expliquées soit par la forme des atomes, soit par leur arrangement. Il semble probable que les trois modes dont se produisent les différences, à savoir la forme, la position et l'arrangement, étaient déjà distingués par Leucippe, car Aristote mentionne son nom à leur propos[3]. Ceci explique aussi pourquoi les atomes sont appelés « formes » ou « figures », manière de parler qui paraît être d'origine pythagoricienne[4]. Qu'ils soient aussi appelés φύσις[5], cela se comprend fort bien, si nous nous rappelons ce que nous avons dit de ce mot dans l'introduction (§ VII). Les différences de forme, d'ordre et de position dont nous venons de parler visaient à rendre compte des « oppositions », les « éléments » étant regardés plutôt comme des agrégats d'atomes (πανσπερμίαι), comme par Anaxagore[6].

[1] Les Epicuriens se sont mépris sur ce point ou l'ont présenté sous un jour faux afin d'exalter leur originalité propre (voir Zeller, p. 857, note 3).

[2] Arist. de Cælo, A, 7. 275 b 32 (DV 54 A 19) : τὴν δὲ φύσιν εἶναί φασιν αὐτῶν μίαν; Phys. Γ, 4. 203 a 34 (DV 55 A 41) : αὐτῷ (Δημοκρίτῳ) τὸ κοινὸν σῶμα πάντων ἐστὶν ἀρχή.

[3] Arist. Met. A, 4. 985 b 13 (R. P. 192; DV 54 A 6); cf. de Gen. Corr. 315 b 6 (DV 54 A 9). Ainsi que le suggère Diels, l'illustration par les lettres de l'alphabet est probablement due à Démocrite. Elle montre, en tout cas, comment le mot στοιχεῖον en vint à être employé pour « élément ». Il faut lire, avec Wilamowitz : τὸ δὲ Ζ τοῦ Η θέσει au lieu de τὸ δὲ Ζ τοῦ Ν θέσει, l'ancienne forme de la lettre Ζ étant justement un Η couché sur le côté (Diels, Elementum, p. 13, n. 1).

[4] Démocrite écrivit un ouvrage Περὶ ἰδεῶν (Sext. Math. VII, 137; R. P. 204; DV 55 B 6-8), que Diels identifie avec le Περὶ τῶν διαφερόντων ῥυσμῶν de Thrasyle, Tetr. V, 3. Théophraste renvoie à Démocrite ἐν τοῖς περὶ τῶν εἰδῶν (de Sensibus, § 51; DV 55 A 135). Plut. adv. Col. 1111 a (DV 55 A 57 : εἶναι δὲ πάντα τὰς ἀτόμους, ἰδέας ὑπ' αὐτοῦ καλουμένας (leçon des mss; ἰδίως, Wyttenbach; ⟨ἢ⟩ ἰδέας, Diels); Arist. Phys. Γ, 4. 203 a 21 (DV 46 A 45)(: (Δημόκριτος) ἐκ τῆς πανσπερμίας τῶν σχημάτων (ἄπειρα ποιεῖ τὰ στοιχεῖα). Cf. de Gen. Corr. A, 2. 315 b 7 (R. P. 196; DV 54 A 9).

[5] Arist. Phys. Θ, 9. 265 b 25 (DV 55 A 58); Simpl. Phys. p. 1318, 33 (DV 55 B 168) : ταῦτα γὰρ (τὰ ἄτομα σώματα) ἐκεῖνοι φύσιν ἐκάλουν.

[6] Simpl. Phys. p. 36, 1 (DV 54 A 14) et R. P. 196 a.

CLXXV. — Le vide.

Leucippe affirmait l'existence à la fois du Plein et du Vide, termes qu'il peut avoir empruntés à Mélissos[1]. Comme nous l'avons vu, il devait admettre l'existence de l'espace vide, que les Eléates avaient niée, afin de rendre possible son explication de la nature du corps. Ici encore, il développe une opinion pythagoricienne. Les Pythagoriciens avaient parlé du vide qui sépare les unités, mais ils ne l'avaient pas distingué de l'air atmosphérique (§ 53), qu'Empédocle avait montré être une substance corporelle (§ 107). Parménide, en vérité, s'était fait une conception plus claire de l'espace, mais seulement pour en nier la réalité. Leucippe partit de là. Il admit, sans doute, que l'espace n'était pas réel, c'est-à-dire corporel, mais il maintint qu'il n'en existait pas moins. Il n'avait guère de mots, il est vrai, pour exprimer sa découverte ; car le verbe « être » n'avait jusqu'alors été employé par les philosophes qu'en parlant de corps. Mais il fit de son mieux pour rendre sa pensée claire en disant que « ce qui n'est pas » (au vieux sens corporaliste) « est » (en un autre sens) tout autant que « ce qui est ». Le vide est aussi réel que les corps.

Chose curieuse : les Atomistes, qui sont communément regardés comme les grands matérialistes de l'antiquité, furent en fait les premiers à dire expressément qu'une chose peut être réelle sans être un corps.

CLXXVI. — Cosmologie.

Il pourrait sembler que c'est une tâche désespérée que de dégager la cosmologie de Leucippe de celle de Démocrite, avec laquelle elle est généralement identifiée ; mais ce fait même nous fournit un point d'appui d'une valeur inappréciable. Pour autant que nous le savons, personne

---

[1] Arist. *Met.* A, 4. 985 *b* 4 (R. P. 192 ; DV 54 A 6). Cf. Mélissos, frg. 7 vers la fin.

n'était à même, après Théophraste, de distinguer les doctrines des deux hommes, et il en résulte que toutes les indications précises que l'on trouve dans les écrivains postérieurs sur Leucippe doivent, en définitive, lui être rapportées. Si nous nous basons sur ce principe, il nous sera possible de donner un exposé satisfaisant du système, et nous rencontrerons même quelques opinions particulières à Leucippe, et qui ne furent pas adoptées par Démocrite [1].

Nous partirons de la plus complète des deux doxographies que l'on trouve dans Diogène, doxographie qui provient d'un abrégé de Théophraste [2]. En voici la traduction :

Il dit que le Tout est infini, et qu'il est en partie plein, en partie vide. Ces parties (le plein et le vide) sont, dit-il, les éléments. D'eux naissent et en eux se résolvent des mondes innombrables. Les mondes se font de la manière suivante. Un grand nombre de corps présentant toutes sortes de figures voltigent, par suite de leur « séparation de l'infini », dans un « vide immense », et, réunis ensemble, produisent un seul tourbillon. Dans ce tourbillon, quand ils entrèrent en collision les uns avec les autres, et furent mus en cercle de toutes les manières possibles, ceux qui étaient pareils se séparèrent des autres et se réunirent à leurs pareils. Mais comme ils n'étaient plus en état de se mouvoir en équilibre à cause de leur multitude, les plus fins d'entre eux passèrent dans le vide extérieur comme à travers un crible ; les autres restèrent réunis, et s'entrelaçant les uns avec les autres, ils tendirent ensemble vers le bas et formèrent une première construction sphérique. Celle-ci était analogue, quant à sa substance, à une membrane ou à une peau contenant en elle-même toutes les espèces de corps. Et comme ces corps étaient mus circulairement en tourbillon, la membrane enveloppante s'amincit par suite de la résistance du centre, parce que les corps contigus continuaient à confluer à cause du contact avec le tourbillon. Et de cette manière naquit la terre, du fait que les choses qui avaient été portées vers le

---

[1] Cf. Zeller, *Zu Leukippus* (Arch. XV, p. 138).

[2] Diog. IX, 31 sq. (R. P. 197, 197 c). Ce passage traite expressément de Leucippe, et non de Démocrite ou de « Leucippe et Démocrite ». Sur la distinction entre les doxographies « sommaire » et « détaillée » qui se trouvent dans Diogène, voir Appendice § 15.

centre y restèrent. En outre, la membrane enveloppante fut accrue par la séparation ultérieure de corps venus de l'extérieur, et comme elle était elle-même entraînée en un tourbillon, elle prit possession de toutes les choses avec lesquelles elle était entrée en contact. Quelques-unes de celles-ci s'étant entrelacées, produisirent une construction qui, au premier abord, était humide et vaseuse ; mais quand elles eurent été séchées et qu'elles se mirent à tourner avec le tourbillon qui entraînait l'ensemble, elles s'enflammèrent et produisirent la substance des corps célestes. Le cercle du soleil est le plus extérieur, celui de la lune est le plus rapproché de la terre, et ceux des autres [astres] sont entre les deux. Et tous les corps célestes sont enflammés à cause de la rapidité de leur mouvement, tandis que le soleil est aussi enflammé par les étoiles. Mais la lune ne reçoit qu'une petite portion de feu. Le soleil et la lune sont éclipsés... (Et l'obliquité du zodiaque est produite) par le fait que la terre est inclinée vers le sud ; et ses parties septentrionales ont constamment de la neige et sont froides et gelées. Et le soleil est éclipsé rarement, et la lune continuellement, parce que leurs cercles sont inégaux. Et de même qu'il y a des naissances du monde, il y a des croissances et des disparitions en vertu d'une certaine nécessité, sur la nature de laquelle il ne donne aucune explication claire.

Comme ce passage vient, en substance, de Théophraste, on doit y voir un exposé fidèle de la cosmologie de Leucippe, et il est d'ailleurs confirmé d'une manière intéressante par certains extraits épicuriens de *Grand Diakosmos*[1]. Toutefois ces derniers donnent, comme il est naturel, un tour nettement épicurien à quelques-unes des doctrines, et ne doivent, par conséquent, être utilisés qu'avec précaution.

CLXXVII. — Rapports avec la cosmologie ionienne.

L'impression générale que l'on retire de la cosmologie de Leucippe, c'est qu'il ignorait le grand progrès dû aux derniers Pythagoriciens dans la conception générale du

---

[1] Ces extraits se trouvent dans Aét. I, 4 (*Dox.* p. 289; DV 54 A 24; Usener, *Epicurea*, frg. 308). Épicure lui-même, dans sa seconde épître (Diog. X, 88; Usener, p. 37, 7) cite la phrase ἀποτομὴν ἔχουσα ἀπὸ τοῦ ἀπείρου.

monde, et qu'il n'en avait peut-être jamais entendu parler. Il est aussi réactionnaire dans le détail de sa cosmologie qu'il était hardi dans sa théorie physique générale. Il semble, à le lire, qu'on lise une fois de plus les spéculations d'Anaximène ou même d'Anaximandre, quoiqu'on y rencontre aussi des traces d'Empédocle et d'Anaxagore. L'explication n'est pas difficile à trouver. Leucippe ne pouvait apprendre une cosmologie de ses maîtres éléates, et pour réussir à en construire une sans abandonner la conception parménidienne de la réalité, il se vit contraint de revenir en arrière jusqu'aux systèmes plus anciens de l'Ionie. Le résultat fut malheureux. L'astronomie de Démocrite, pour autant que nous la connaissons, présentait, elle aussi, ce caractère enfantin. Car il n'y a pas de raison de douter de ce que nous dit Sénèque, à savoir que l'Abdéritain ne se hasardait pas à dire combien il y avait de planètes[1].

C'est là, à mon sens, ce qui rend plausible l'opinion de Gomperz, que l'Atomisme était « le fruit mûr tombé de l'arbre cultivé par les anciens philosophes naturalistes de l'Ionie ». La cosmologie détaillée était certainement un fruit de cette nature, et peut-être était-il d'une maturité trop avancée ; mais la théorie atomique proprement dite, dans laquelle se révèle la réelle grandeur de Leucippe, était entièrement éléate dans son origine. Néanmoins ce ne sera pas perdre notre peine que d'examiner aussi la cosmologie, car cet examen nous permettra, mieux que toute autre chose, de faire voir la vraie nature de l'évolution historique dont elle a été l'aboutissement.

CLXXVIII. — LE MOUVEMENT ÉTERNEL.

Leucippe représentait les atomes comme ayant toujours été en mouvement. Aristote exprime cela à sa manière. « Les Atomistes, dit-il, ne se sont « pas donné la peine »

---

[1] Sénèque, *Quæst. Nat.* VII, 3 (DV 55 A 92).
[2] Gomperz. *Penseurs de la Grèce*, I, p. 341.

d'expliquer l'origine du mouvement, et ils n'ont pas dit de quelle nature il était. En d'autres termes, ils n'ont pas décidé s'il y avait un « mouvement naturel », ou un mouvement imprimé aux atomes « contrairement à leur nature¹ ». Le Stagirite allait même jusqu'à dire qu'ils en faisaient quelque chose de « spontané », remarque qui a donné lieu à l'opinion erronée que, selon eux, il était dû au hasard². Aristote ne dit pas cela cependant ; mais seulement que les Atomistes n'expliquaient le mouvement des atomes d'aucune des manières par lesquelles il expliquait lui-même le mouvement des éléments. Ils ne leur attribuaient ni un mouvement naturel analogue au mouvement circulaire des cieux et au mouvement rectiligne des quatre éléments dans la région sublunaire, et ils ne leur donnaient pas non plus un mouvement forcé, contraire à leur nature propre, comme le mouvement de bas en haut qui peut être imprimé aux éléments lourds et le mouvement de haut en bas qui peut être imprimé aux légers. Le seul fragment de Leucippe qui ait survécu est une négation expresse du hasard. « Rien n'arrive pour rien, disait-il, mais chaque chose arrive pour une cause et par nécessité »³.

Si nous représentons la chose historiquement, tout cela signifie que Leucippe ne jugeait pas nécessaire, comme Empédocle et Anaxagore, de supposer une force qui donne naissance au mouvement. Il n'avait pas besoin de l'Amour et de la Haine, ou du *Nous,* et la raison en est claire. Quoique Empédocle et Anaxagore eussent essayé d'expliquer la multiplicité et le mouvement, ils n'avaient pas

---

¹ Arist. *Phys.* Θ, 1, 252 a 32 (R. P. 195 a, DV 55 A 56); *de Cælo* I', 2. 300 b 8 (R. P. 195 ; DV 54 A 16); *Met.* A, 4. 985 b 19 (R. P. *ibid.*; DV 54 A 6).

² Arist. *Phys.* B, 4. 196 a 24 (R. P. 195 d ; DV 55 A 69). Cicéron. *de Nat. D.* I, 24, 66 (R. P. *ibid.* DV 54 A 11). Ce dernier passage est la source de l'expression « concours fortuit » (*concurrere* = συντρέχειν).

³ Aët. I, 25, 4 (*Dox.* p. 321 ; DV 54 B 2) : Λεύκιππος πάντα κατ' ἀνάγκην, τὴν δ'αὐτὴν ὑπάρχειν εἱμαρμένην. λέγει γὰρ ἐν τῷ Περὶ νοῦ· Οὐδὲν χρῆμα μάτην γίγνεται, ἀλλὰ πάντα ἐκ λόγου τε καὶ ὑπ' ἀνάγκης.

brisé aussi radicalement que Leucippe avec l'Un parménidien. Tous deux partaient d'un état de la matière où les « racines » ou « semences » étaient mélangées de façon à être « toutes ensemble », et il leur fallait par conséquent quelque chose pour rompre cette unité. Leucippe, qui partait, pour ainsi dire, d'un nombre infini d'« Uns » parménidiens, n'avait besoin d'aucun agent extérieur pour les séparer. Ce qu'il avait à faire était justement le contraire. Il avait à fournir une explication de leur réunion, et rien ne pouvait l'empêcher de retourner à la vieille et naturelle idée que le mouvement ne nécessite aucune explication du tout[1].

Voilà donc ce qui paraît résulter des remarques critiques d'Aristote et de la nature du cas; mais on observera que cela ne s'accorde pas avec l'opinion de Zeller, d'après lequel le mouvement primordial des atomes est une chute à travers l'espace infini, comme dans le système d'Epicure. Cette opinion dépend évidemment d'une autre, à savoir que les atomes sont doués de pesanteur, et que la pesanteur est la tendance des corps à tomber, de sorte que nous avons maintenant à examiner si, et dans quel sens, la pesanteur est une propriété des atomes.

CLXXIX. — La pesanteur des atomes.

C'est une chose bien connue que, pour Epicure, les atomes étaient naturellement pesants, et qu'en conséquence ils tombaient continuellement dans le vide infini. Toutefois, si l'on en croit la tradition de l'école, la « pesanteur naturelle » des atomes fut une adjonction faite par Epicure lui-même au système atomique primitif. Démocrite, nous dit-on, assignait aux atomes deux propriétés, la grandeur et la forme, auxquelles Epicure en ajouta une troisième, la pesanteur[2]. D'autre part, Aristote dit expres-

---

[1] Introd. § VIII.

[2] Aét. I, 3, 18 (DV 55 A 47, parlant d'Epicure): συμβεβηκέναι δὲ τοῖς

sément quelque part que, selon Démocrite, les atomes étaient plus pesants « en proportion de leur excès », ce qui semble devoir être expliqué par une indication de Théophraste, à teneur de laquelle Démocrite faisait dépendre le poids de la grandeur[1]. On observera que, même dans cette alternative, la pesanteur n'est pas représentée comme une propriété primordiale des atomes au même titre que la grandeur.

Il est impossible de résoudre cette apparente contradiction sans retracer brièvement l'histoire des idées grecques sur la pesanteur. Il est clair que la légèreté et la pesanteur sont, parmi les propriétés primordiales des corps, les premières à devoir clairement être reconnues comme telles. La nécessité de soulever des fardeaux doit avoir très vite amené les hommes à les distinguer, quoique, sans doute, sous une forme primitive et plus ou moins animique. Pesanteur et légèreté doivent avoir été tenues pour des *choses* contenues *dans* les corps. Et c'est un trait remarquable de la philosophie grecque primitive que, dès l'abord, elle ait été capable de se libérer de cette idée. Elle n'a jamais parlé de la pesanteur comme d'une «chose», au contraire de ce qui arrive, par exemple, pour la chaleur

---

σώμασι τρία ταῦτα, σχῆμα, μέγεθος, βάρος. Δημόκριτος μὲν γὰρ ἔλεγε δύο, μέγεθός τε καὶ σχῆμα, ὁ δὲ Ἐπίκουρος τούτοις καὶ τρίτον βάρος προσέθηκεν· ἀνάγκη γάρ, φησί, κινεῖσθαι τὰ σώματα τῇ τοῦ βάρους πληγῇ· ἐπεὶ («car autrement») οὐ κινηθήσεται; *ibid.* 12, 6. Δημόκριτος τὰ πρῶτά φησι σώματα, ταῦτα δ'ἦν τὰ ναστά, βάρος μὲν οὐκ ἔχειν, κινεῖσθαι δὲ κατ' ἀλληλοτυπίαν ἐν τῷ ἀπείρῳ. Cic. *de Fato* 20 : « vim motus habebant (atomi) a Democrito impulsionis quam plagam ille appellat, a te, Epicure, gravitatis et ponderis. » Ces passages représentent la tradition de l'école épicurienne, qui se serait difficilement risquée à travestir Démocrite sur un point aussi important. Ses œuvres étaient encore accessibles. Il est confirmé par la tradition académique (*de Fin.* I, 17), que Démocrite enseignait que les atomes se mouvaient « in infinito inani, in quo nihil nec summum nec infimum nec medium nec extremum sit. » Cette doctrine, nous dit-on, fut « dépravée » par Épicure.

[1] Arist., *de Gen. Corr.* 326 a 9 (DV 55 A 60) : καίτοι βαρύτερόν γε κατὰ τὴν ὑπεροχήν φησιν εἶναι Δημόκριτος ἕκαστον τῶν ἀδιαιρέτων. Je ne puis croire que cela signifie autre chose que ce que dit Théophraste dans son fragment sur la sensation, § 61 (R. P. 199; DV 55 A 135) : βαρὺ μὲν οὖν καὶ κοῦφον τῷ μεγέθει διαιρεῖ Δημόκριτος.

et le froid ; et, pour autant que nous pouvons nous en rendre compte, aucun des penseurs que nous avons étudiés jusqu'ici n'a jugé nécessaire d'en donner une explication quelconque, ni même d'en dire n'importe quoi[1]. Les mouvements et les résistances que la théorie populaire attribue à la pesanteur sont tous expliqués de quelque autre manière. Aristote déclare expressément qu'aucun de ses prédécesseurs n'avait rien dit de la pesanteur et de la légèreté absolues, et qu'ils n'avaient traité que de ce qui est relativement léger et pesant[2].

Cette manière d'envisager les notions populaires de pesanteur et de légèreté est évidemment formulée pour la première fois dans le *Timée* de Platon[3]. Il n'y a, y lisons-nous, aucune chose dans le monde telle que « haut » ou « bas ». Le milieu du monde n'est pas « bas », mais « juste au milieu », et il n'y a aucune raison pour qu'un point quelconque de la circonférence soit dit être « au-dessus » ou « au-dessous » d'un autre. C'est, en réalité, la tendance des corps vers leurs semblables qui fait que nous qualifions de pesant un corps qui tombe, et le lieu où il tombe de « bas ». Dans ce passage, Platon exprime réellement l'opinion que professaient plus ou moins consciemment ses prédécesseurs, et qui ne fut mise en question qu'à l'époque d'Aristote[4]. Pour des raisons qui ne nous concer-

---

[1] Dans Aet. I, 12, où sont donnés les *placita* relatifs au lourd et au léger, il n'est cité aucun philosophe antérieur à Platon. Parménide (frg. 8, 59) parle de l'élément sombre comme ἐμβριθές. Je ne crois pas qu'il y ait, dans les fragments des philosophes primitifs, aucun autre passage où soit seulement mentionnée la pesanteur.

[2] Arist. *de Cælo* Δ. 1. 308 a 9 : περὶ μὲν οὖν τῶν ἁπλῶς λεγομένων (βαρέων καὶ κούφων) οὐδὲν εἴρηται παρὰ τῶν πρότερον.

[3] Platon, *Tim.* 61 c 3 sq.

[4] Zeller dit (p. 876) que personne, dans l'Antiquité, n'a jamais compris par pesanteur autre chose que la propriété en vertu de laquelle les corps se meuvent de haut en bas, si ce n'est que dans les systèmes qui représentent toutes les formes de la matière comme contenues dans une sphère, le « haut » est identifié avec la circonférence et le « bas » avec le centre. Tout ce que je puis dire, à cet égard, c'est qu'aucune théorie pareille de la pesanteur ne se trouve dans les fragments des

nent pas ici, il identifia définitivement la circonférence des cieux avec le « haut » et le centre du monde avec le « bas » et dota les quatre éléments de pesanteur et de légèreté naturelles, afin qu'ils pussent accomplir entre eux leurs mouvements rectilignes. Comme, cependant, Aristote croyait qu'il n'y avait qu'un monde, et comme il n'attribuait pas la pesanteur aux cieux proprement dits, l'effet de cette théorie réactionnaire sur son système cosmique ne fut pas grand ; ce ne fut que lorsqu'Epicure essaya de la combiner avec le vide infini que son vrai caractère se manifesta. Il me semble que le cauchemar de l'Atomisme épicurien ne peut s'expliquer qu'en admettant qu'une doctrine aristotélicienne fut adaptée de force à une théorie qui l'excluait en réalité [1]. Il est totalement différent de tout ce que nous rencontrons dans les temps primitifs.

Ce bref coup d'œil historique fait immédiatement reconnaître que c'est dans le tourbillon seul que les atomes acquièrent pesanteur et légèreté [2], lesquelles ne sont après tout que les noms populaires de faits dont l'analyse peut être poussée plus loin. Leucippe soutenait, nous dit-on, qu'un des effets du tourbillon fut de rapprocher les atomes semblables de leurs semblables [3]. Il nous semble voir,

philosophes primitifs, et ne leur est attribuée où que ce soit ; bien mieux : Platon dit expressément le contraire.

[1] Les critiques aristotéliciennes qui peuvent avoir influencé Epicure sont du genre de celles que nous trouvons dans *de Cælo* A, 7. 275 *b* 29 sq. (DV 54 A 19). Aristote y soutient que, du moment que Leucippe et Démocrite attribuaient aux atomes une φύσις unique, ils étaient forcés de les doter d'un mouvement unique aussi. C'est justement ce que fit Epicure, mais l'argument d'Aristote implique que Leucippe et Démocrite ne le firent pas. Quoiqu'il attribuât la pesanteur aux atomes, Epicure ne pouvait pas admettre l'opinion d'Aristote, que certains corps sont naturellement légers. L'apparence de la légèreté est due à l'ἔκθλιψις, ou pression exercée sur les plus petits atomes par les plus grands.

[2] En traitant d'Empédocle, Aristote fait expressément cette distinction. Cf. *de Cælo*, B, 13 et spécialement 295 *a* 32 sq., où il fait ressortir qu'Empédocle ne rend compte ni de la pesanteur des corps sur la terre (οὐ γὰρ ἥ γε δίνη πλησιάζει πρὸς ἡμᾶς), ni de la légèreté des corps avant la naissance du tourbillon (πρὶν γενέσθαι τὴν δίνην).

[3] Diog. *loc. cit.* (p. 389).

dans cette manière de parler, l'influence d'Empédocle, quoique la « similitude » soit d'une autre nature. Ce sont les atomes les plus petits qui sont projetés vers la circonférence, tandis que les plus gros tendent vers le centre. Nous pouvons exprimer cela en disant que les plus gros sont lourds et les plus petits légers, et cela rend amplement compte de tout ce que disent Aristote et Théophraste, car il n'existe aucun passage dans lequel les atomes soient nettement qualifiés de lourds ou de légers en dehors du tourbillon [1].

Il y a une confirmation frappante de l'opinion que nous venons d'exprimer dans la cosmologie atomiste citée plus haut [2]. On y lit que la séparation des atomes les plus grands d'avec les plus petits fut due au fait qu'ils « n'étaient plus capables de se mouvoir en équilibre à cause de leur nombre », ce qui implique qu'ils avaient précédemment été dans un état d'« équilibre » ou d'« équipoids ». Or le mot ἰσορροπία n'implique pas nécessairement en grec l'idée de poids. Une ῥοπή est une simple tendance dans une certaine direction, tendance qui peut résulter du poids ou de quelque autre chose. L'état d'ἰσορροπία est donc celui dans lequel la tendance dans une direction est exactement égale à la tendance dans n'importe quelle autre, et un tel état est plus naturellement défini absence de pesanteur que présence de pesanteurs opposées se neutralisant les unes les autres. Cette dernière manière de voir peut être utile du point de vue de la science postérieure, mais il serait imprudent de l'attribuer aux penseurs du Vme siècle avant J.-C.

Si nous cessons de regarder le « mouvement éternel » des

---

[1] Telle paraît être pour l'essentiel l'opinion de Dyroff, *Demokritstudien* (1899), p. 31 sq., mais je ne dirais pas comme lui que la légèreté et la pesanteur ne prirent naissance que par la connexion des atomes avec la *terre* (p. 35). Si au mot « terre » nous substituons celui de « monde », nous serons plus près de la vérité.

[2] Voir plus haut, p. 389.

atomes antérieurement et extérieurement au monde comme
dû à leur pesanteur, il n'y a pas de raison de le définir
comme une chute. En fait, aucune de nos autorités ne le
définit de cette manière, et elles ne nous disent pas non
plus ce qu'il était. Le plus sûr est de dire que c'est un mouvement confus de ci et de là [1]. Il est possible que la comparaison du mouvement des atomes de l'âme avec celui
des particules qui s'agitent dans le rayon de soleil qui
traverse la fenêtre, comparaison qu'Aristote attribue à
Démocrite [2], eût réellement pour but d'illustrer le mouvement originel des atomes, qui survit encore dans l'âme.
Le fait que c'est aussi une comparaison pythagoricienne [3]
ne prouve rien là contre ; car nous avons vu qu'il y a une
connexion réelle entre les monades pythagoriciennes et les
atomes. Il est significatif aussi que le centre de la comparaison paraît avoir été cette circonstance que les particules
se meuvent dans le rayon de soleil même quand il n'y a
pas de vent, de sorte que ce serait en vérité une illustration tout à fait adéquate du mouvement inhérent aux
atomes en dehors des mouvements secondaires produits
par le choc et la collision. Ceci, toutefois, n'est que problématique et a pour seul objet de suggérer la sorte de mou-

---

[1] Cette opinion a été émise indépendamment l'un de l'autre par Brieger (*Die Urbewegung der Atome und die Wellentstehung bei Leucipp und Demokrit*, 1884), et par Liepmann (*Die Mechanik der Leucipp-Demokritischen Atome*, 1885), mais tous deux ont affaibli sans nécessité leur position en admettant que la pesanteur est une propriété primor-
diale des atomes. D'autre part, Brieger nie que la pesanteur des atomes soit la cause de leur mouvement originel, tandis que, selon Liepmann, il n'y a, antérieurement au tourbillon, et en dehors de lui, qu'une pesanteur latente, une *Pseudoschwere*, qui n'entre en action que dans le monde. Il est sûrement plus simple de dire que, du moment que cette pesanteur ne produit aucun effet, elle n'existe pas encore. Zeller soutient avec raison contre Brieger et Liepmann que si les atomes sont doués de pesanteur, ils doivent tomber, mais, autant que je puis voir, rien de ce qu'il dit ne va à l'encontre de leur théorie, telle que je l'ai amendée. Gomperz adopte l'explication Brieger-Liepmann. Voir aussi Lortzing, *Jahresber.*, 1903, p. 136 sq.

[2] Arist. *de An.* A, 2. 403 b 28 sq. (R. P. 200; DV 54 A 28).

[3] *Ibid.* A, 2. 404 a 17 (R. P. 86 a; DV 45 B 40).

vement qu'il est naturel de supposer que Leucippe attribuait à ses atomes.

CLXXX. — Le tourbillon.

Mais que dire du tourbillon lui-même, qui produit ces effets ? Gomperz fait remarquer qu'ils paraissent être précisément « le contraire de ce qu'ils doivent être selon les lois de la physique »; car, « ainsi que peut le faire voir toute machine centrifuge, ce sont les substances les plus lourdes qui sont projetées à la plus grande distance [1] ». Devons-nous supposer que Leucippe ignorait ce fait, qui était connu à Anaxagore, quoique Gomperz suppose — à tort — qu'il y a quelque raison de croire qu'Anaximandre en tînt compte [2]. Or nous savons par Aristote que tous ceux qui expliquaient la situation de la terre au centre du monde au moyen d'un tourbillon invoquaient l'analogie des tourbillons de vent ou d'eau [3], et Gomperz suppose que la théorie tout entière était une généralisation erronée de cette observation. Si nous examinons la question de plus près, nous verrons, je pense, qu'il n'y a pas d'erreur du tout.

Nous devons nous rappeler que toutes les parties du tourbillon sont en contact, et que c'est justement par ce contact (ἐπίψαυσις), que le mouvement des parties extérieures est communiqué à celles qui se trouvent à l'intérieur. Les corps les plus grands sont plus capables que les plus petits de résister au mouvement ainsi communiqué, et c'est pourquoi ils se dirigent vers le centre, où le mouvement est moindre, et poussent les plus petits vers la circonférence. Cette résistance est sûrement l'ἀντέρεισις

---

[1] Gomperz, *Penseurs de la Grèce*, I, p. 356.

[2] Sur Empédocle, voir chap. V, p. 271 ; sur Anaxagore, voir chap. VI, p. 310, et sur Anaximandre, chap. I, p. 69, n. 1.

[3] Arist. *de Cælo*, B, 13. 295 a 10 : ταύτην γὰρ τὴν αἰτίαν (sc. τὴν δίνησιν) πάντες λέγουσιν ἐκ τῶν ἐν τοῖς ὑγροῖς καὶ περὶ τὸν ἀέρα συμβαινόντων· ἐν τούτοις γὰρ ἀεὶ φέρεται τὰ μείζω καὶ τὰ βαρύτερα πρὸς τὸ μέσον τῆς δίνης.

τοῦ μέσου dont il est fait mention dans la doxographie de Leucippe[1], et elle est en parfait accord avec ce point de la théorie atomique, d'après lequel la révolution d'un corps céleste est d'autant plus lente qu'il est plus rapproché du centre[2]. Il n'est pas question du tout ici de « force centrifuge », et l'analogie des tourbillons d'air et d'eau est tout à fait satisfaisante.

CLXXXI. — La terre et les corps célestes.

Si nous en venons aux détails, le caractère réactionnaire de la cosmologie atomiste est manifeste. La terre a la forme d'un tambourin et flotte sur l'air[3]. Elle est inclinée vers le sud parce que la chaleur de cette région rend l'air plus fin, tandis que la glace et le froid du nord le rendent plus dense et plus capable de supporter la terre[4]. Voilà qui rend compte de l'obliquité du zodiaque. De même qu'Anaximandre (§ 19), Leucippe soutenait que le soleil était plus éloigné que les étoiles, quoiqu'il fût aussi d'avis que celles-ci étaient plus éloignées que la lune[5]. Ceci porte à croire qu'il ne distinguait pas clairement entre les planètes et les étoiles fixes. Il paraît toutefois avoir connu la théorie des éclipses, telle que l'avait donnée Anaxagore[6]. Les quelques autres renseignements qui nous sont parve-

[1] Diog. IX, 32. Cf. en particulier les phrases : ὧν κατὰ τὴν τοῦ μέσου ἀντέρεισιν περιδινουμένων, συμμενόντων ἀεὶ τῶν συνεχῶν κατ' ἐπίψαυσιν τῆς δίνης, et συμμενόντων τῶν ἐνεχθέντων ἐπὶ τὸ μέσον.

[2] Cf. Lucr. V, 621 sq.

[3] Aet. III, 3, 10, cité plus haut, p. 84, n. 4.

[4] Aet. III, 12, 1 (DV 54 A 27) : Λεύκιππος παρεκπίπτειν τὴν γῆν εἰς τὰ μεσημβρινὰ μέρη διὰ τὴν ἐν τοῖς μεσημβρινοῖς ἀραιότητα, ἅτε δὴ πεπηγότων τῶν βορείων διὰ τὸ κατεψῦχθαι τοῖς κρυμοῖς, τῶν δὲ ἀντιθέτων πεπυρωμένων.

[5] Diog. IX, 33 : εἶναι δὲ τὸν τοῦ ἡλίου κύκλον ἐξώτατον, τὸν δὲ τῆς σελήνης προσγειότατον, ⟨τοὺς δὲ⟩ τῶν ἄλλων μεταξὺ τούτων.

[6] Il ressort de Diogène loc. cit. (plus haut, p. 390) que Leucippe a étudié la question de la plus grande fréquence des éclipses de lune que des éclipses de soleil. C'est là, semble-t-il, ce qui le conduisit à faire le cercle de la lune plus petit que celui des étoiles.

nus à son sujet n'ont d'intérêt que celui de montrer que, sur certains points importants, la doctrine de Leucippe n'était pas identique à celle qu'enseigna plus tard Démocrite [1].

CLXXXII. — La perception.

Aétius attribue expressément à Leucippe cette doctrine que les objets de la perception sensible existent, non pas par nature [2], mais par simple « convention ». Ce renseignement doit provenir de Théophraste, car, ainsi que nous l'avons vu, tous les écrivains postérieurs citent Démocrite seul. Une autre preuve de l'exactitude de cette indication, c'est que nous la trouvons aussi attribuée à Diogène d'Apollonie qui, à ce que nous dit Théophraste, dérivait de Leucippe quelques-unes de ses opinions. Il n'y a rien de surprenant à cela. Parménide avait déjà déclaré que les sens étaient trompeurs, et que la couleur et les choses analogues n'étaient que des « noms [3] », et Empédocle avait, lui aussi, traité de simples « noms » la naissance et la destruction [4]. Il n'est pas probable que Leucippe allât beaucoup plus loin. On aurait sans doute tort de lui attribuer la claire distinction qu'établit Démocrite entre la connaissance vraie et la connaissance bâtarde, ou la distinction entre ce que l'on appelle maintenant les qualités primaires

---

[1] Diels fait ressortir que l'explication que Leucippe donnait du tonnerre (πυρὸς ἐναποληφθέντος νέφεσι παχυτάτοις ἔκπτωσιν ἰσχυρὰν βροντὴν ἀποτελεῖν ἀποφαίνεται, Aet. III, 3, 10) est toute différente de celle de Démocrite (βροντὴν... ἐκ συγκρίματος ἀνωμάλου τὸ περιειληφὸς αὐτὸ νέφος πρὸς τὴν κάτω φορὰν ἐκβιαζομένου, ibid. 11). L'explication de Leucippe est dérivée de celle d'Anaximandre, tandis que Démocrite est influencé par Anaxagore. Voir Diels, 35. Philol. Vers. 97, 7.

[2] Aet. IV, 9, 8 : οἱ μὲν ἄλλοι φύσει τὰ αἰσθητά, Λεύκιππος δὲ Δημόκριτος καὶ Ἀπολλώνιος νόμῳ. Voir Zeller, Arch. V, p. 444.

[3] Chap. IV, p. 203, n. 3. Le remarquable parallèle que Gomperz (p. 339) cite de Galilée, et d'après lequel le goût, l'odeur et la couleur *non sieno altro che puri nomi*, aurait dû par conséquent être cité pour illustrer Parménide plutôt que Démocrite.

[4] Voir p. 242, frg. 8.

et les qualités secondaires de la matière [1]. Ces distinctions supposent une théorie consciente de la connaissance, et tout ce que nous sommes fondés à dire, c'est que l'on pouvait en trouver déjà les germes dans les écrits de Leucippe et de ses prédécesseurs. Il n'en résulte naturellement pas que Leucippe fût un sceptique, plus qu'Empédocle ou qu'Anaxagore, dont on dit que Démocrite avait cité en l'approuvant la remarque sur ce sujet (frg. 21 a) [2].

Il semble y avoir des raisons suffisantes pour attribuer à Leucippe la théorie de la perception par le moyen d'εἴδωλα ou *simulacres*, théorie qui joue un si grand rôle dans les systèmes de Démocrite et d'Epicure [3]. C'est un développement tout à fait naturel de la théorie empédocléenne des «effluences» (§ 118). Il ne paraît guère probable, cependant, qu'il entrât dans de grands détails sur ce sujet, et il est plus sûr de faire honneur à Démocrite de l'élaboration de la théorie.

CLXXXIII. — Importance de Leucippe.

Il y a, comme nous l'avons vu incidemment, de grandes divergences d'opinion entre les écrivains récents quant à la place de l'Atomisme dans la pensée grecque. La question qui se pose est, en réalité, de savoir si Leucippe élabora sa théorie sur ce que l'on appelle des «bases métaphysiques», c'est-à-dire en partant de la théorie éléate de la réalité, ou si, au contraire, elle fut un simple développement de la science ionienne. L'exposé ci-dessus suggérera la vraie réponse. Pour autant qu'il s'agit de sa théorie générale de la constitution physique du monde, nous avons fait voir,

---

[1] Voir à ce sujet Sext. *Math.* VII, 135 (R. P. 204; DV 55 B 9).

[2] Sext. VII, 140 (DV 46 B 21 a): «ὄψις γὰρ ἀδήλων τὰ φαινόμενα», ὥς φησιν Ἀναξαγόρας, ὃν ἐπὶ τούτῳ Δημόκριτος ἐπαινεῖ.

[3] Voir Zeller, *Zu Leukippos* (*Arch.* XV, p. 138). Cette doctrine lui est attribuée dans Aet. IV, 13, 1 (*Dox.* p. 403; DV 54 A 29); et Alexandre, *de Sensu*, p. 24, 14 et et 56, 10 (DV 54 A 29) mentionne également son nom à ce propos. Le renseignement doit provenir de Théophraste.

croyons-nous, qu'elle était entièrement dérivée de sources éléates et pythagoriciennes, tandis que, dans le détail, sa cosmologie était essentiellement une tentative plus ou moins heureuse d'adaptation des conceptions ioniennes plus anciennes à cette nouvelle théorie physique. Dans tous les cas, sa grandeur réside dans le fait qu'il a, le premier, vu comment le corps doit être considéré si l'on en fait l'ultime réalité. L'antique théorie milésienne avait trouvé son expression la plus adéquate dans le système d'Anaximène (§ 31), mais la raréfaction et la condensation ne peuvent naturellement être représentées avec netteté que par l'hypothèse de molécules ou d'atomes se rapprochant ou s'écartant dans l'espace. Parménide l'avait vu clairement (frg. 2), et ce fut le criticisme éléate qui força Leucippe à formuler son système comme il le fit. Anaxagore lui-même avait tenu compte des arguments de Zénon sur la divisibilité (§ 128), mais son système de « semences » qualitativement différentes manquait de cette simplicité qui a toujours été le principal attrait de l'Atomisme.

CHAPITRE X

ÉCLECTISME ET RÉACTION

CLXXXIV. — La « banqueroute de la science».

Notre histoire devrait, à proprement parler, se terminer avec Leucippe, car il avait réellement répondu à la question posée pour la première fois par Thalès. Nous avons vu cependant que, quoique sa théorie de la matière fût des plus originales et des plus hardies, il n'avait pas été également heureux dans sa tentative de construire une cosmologie, et cela parait avoir empêché que la théorie atomique fût tenue pour ce qu'elle était réellement. Nous avons noté l'influence croissante de la médecine, et la conséquence qu'elle eut de substituer aux vues cosmologiques plus larges des temps primitifs l'intérêt de l'investigation détaillée; il y a dans le *corpus hippocraticum* plusieurs traités qui nous donnent une claire idée de l'intérêt qui prévalait alors[1]. Leucippe avait montré que « la doctrine de Mélissos[2] », qui semblait rendre toute science impossible, n'était pas la seule conclusion qu'on pût tirer des prémisses éléates, et, allant plus loin, il avait donné une cosmologie qui, en substance, était du vieux type ionien. Tout d'abord, le résultat fut simplement que toutes les vieilles écoles reprirent vie et eurent une courte période

---

[1] Cf. ce que nous disons, chap. IV, p. 138, n. 1, du Περὶ διαίτης. Le Περὶ ἀνθρώπου φύσιος et le Περὶ ἀρχαίης ἰατρικῆς sont des documents d'une valeur inappréciable relativement à l'attitude des hommes de science en présence des théories cosmologiques à cette date.

[2] Cf. chap. VIII, p. 297, n. 1.

d'activité renouvelée, tandis qu'en même temps quelques écoles nouvelles surgirent, qui cherchèrent à concilier les opinions plus anciennes avec celles de Leucippe, ou de les rendre plus propres à des buts scientifiques en les combinant d'une manière éclectique. Aucune de ces tentatives n'eut une importance ou une influence durables, et ce que nous avons à considérer maintenant, c'est en réalité une des périodiques « banqueroutes de la science » qui marquent la fin d'un chapitre de son histoire, et annoncent le commencement d'un chapitre nouveau.

I. HIPPON DE SAMOS

CLXXXV. — Hippon de Samos, ou de Crotone, appartenait à l'école italienne de médecine[1]. Nous savons, en vérité, très peu de chose à son sujet, sinon qu'il était contemporain de Périclès. Un scholiaste d'Aristophane[2] nous apprend que Kratinos déversa sur lui ses sarcasmes dans ses *Panoptai*; et Aristote le mentionne dans l'énumération qu'il fait des anciens philosophes au livre I de sa *Métaphysique*[3], mais seulement, il est vrai, pour dire que l'infériorité de son esprit lui enlève toute prétention à être classé parmi eux.

L'HUMIDITÉ.

En ce qui concerne ses opinions, l'indication la plus précise est celle d'Alexandre, qui suit évidemment Théo-

---

[1] Aristoxène (*ap.* Censorin. 5, 2; R. P. 219 *a*; DV 26 A 1) le qualifie de Samien. Dans les *Iatrika* de Ménon, il est appelé Crotoniate, tandis que d'autres le font naître à Rhégium ou à Métaponte. Cela veut probablement dire qu'il était affilié à l'école pythagoricienne de médecine. Le témoignage d'Aristoxène est, dans ce cas, d'autant plus précieux. Hippon est mentionné en même temps que Mélissos dans le catalogue des Pythagoriciens de Jamblique (*V. Pyth.* 267).

[2] Schol. sur *Nuées*, 94 sq.

[3] Arist. *Met.* A, 3. 984 *a* 3 (R. P. 219 *a*; DV 26 A 7).

phraste. Il en résulte que, pour Hippon, la substance primordiale était l'humidité, sans qu'il se décidât entre l'eau et l'air. Nous avons l'autorité d'Aristote et de Théophraste [1] — représentés par Hippolyte [2] — pour affirmer que cette théorie s'appuyait sur des arguments physiologiques de l'espèce commune à cette époque. Ses autres opinions appartiennent à l'histoire de la médecine.

Jusque tout récemment, on ne connaissait aucun fragment d'Hippon, mais on en a retrouvé un dans les scholies genevoises d'Homère [3]. Il est dirigé contre la vieille croyance que les « eaux sous la terre » sont une source indépendante d'humidité, et il est conçu comme suit :

Les eaux que nous buvons viennent toutes de la mer ; car si les sources étaient plus profondes que la mer, ce ne serait pas, sans doute, de la mer que nous boirions, car alors l'eau ne serait pas de la mer, mais de quelque autre source. Mais la mer est plus profonde que les eaux ; ainsi toutes les eaux qui sont au-dessus de la mer en viennent. — R. P. 219 b.

Nous observons ici l'universelle croyance que l'eau tend à s'élever de la terre, et non à s'y enfoncer.

En même temps qu'Hippon, il est juste de mentionner Idaios d'Himéra [4]. Nous ne savons en réalité rien de lui, sinon qu'il tenait l'air pour la substance primordiale. Le fait qu'il était sicilien d'origine est cependant suggestif.

II. DIOGÈNE D'APOLLONIE

CLXXXVI. — SA DATE.

Après avoir étudié les trois grands représentants de l'école milésienne, Théophraste poursuit :

---

[1] Alexandre, in *Met.* p. 26, 21 (R. P. 219 ; DV 26 A 6).

[2] Hipp. *Ref.* I, 16 (R. P. 221 ; DV 26 A 10).

[3] *Schol. Genav.* p. 197, 19 (DV 26 B 1). Cf. Diels dans l'*Arch.* IV, p. 653. L'extrait est tiré des Ὁμηρικά de Kratès de Mallos.

[4] Sext. *adv. Math.* IV, 360 (DV 50).

Et Diogène d'Apollonie aussi, qui fut presque le dernier de ceux qui se consacrèrent à ces études, écrivit la plus grande partie de son œuvre d'une manière éclectique, s'accordant sur certains points avec Anaxagore, et sur d'autres avec Leucippe. Lui aussi, dit que la substance primordiale de l'univers est l'Air infini et éternel, duquel naît la forme de chaque autre chose par condensation, raréfaction et changement d'état. — R. P. 206 a. (DV 51 A 5) [1].

Ce passage montre que l'Apolloniate était un peu plus jeune que ne le ferait supposer Diogène Laërce [2], d'après lequel il était contemporain d'Anaxagore, et le fait qu'il est pris à partie dans les *Nuées* d'Aristophane [3] vient à l'appui de cette conclusion. Sur sa vie, nous ne savons autant dire rien. Il était fils d'Apollothémis, et venait d'Apollonie en Crète [4]. On ne peut objecter à cela la circonstance qu'il écrivit en dialecte ionien, car c'était le dialecte régulièrement employé dans les ouvrages cosmologiques [5].

Le fait que Diogène fut parodié dans les *Nuées* suggère qu'il avait trouvé sa voie à Athènes, et nous avons l'excellente autorité de Démétrius de Phalère [6] pour dire que les Athéniens le traitèrent comme ils avaient l'habitude de

---

[1] Sur ce passage, voir Diels, *Leukippos und Diogenes von Apollonia* dans le *Rhein. Mus.*, XLII, p. 1 sq. L'opinion de Natorp (*ibid.* XLII, p. 349 sq.), d'après lequel nous n'aurions ici que les termes mêmes de Simplicius, est difficile à soutenir.

[2] Diog. IX, 57 (R. P. 206). Antisthène, l'auteur des *Successions*, affirme que l'Apolloniate avait « entendu » Anaximène. Ce renseignement est dû à la confusion habituelle. Diogène était sans aucun doute, comme Anaxagore, un « associé de la philosophie d'Anaximène ». Cf. chap. VI, § 122.

[3] Aristoph. *Nuées*, 227 sq., où Socrate parle du « mélange de ses subtiles pensées avec l'air, leur semblable » et cf. spécialement les mots : ἡ γῆ βίᾳ ἕλκει πρὸς αὑτὴν τὴν ἰκμάδα τῆς φροντίδος. Sur le ἰκμάς, voir Beare, p. 259. Cf. aussi Eur. *Tro.* 884, ὦ γῆς ὄχημα κἀπὶ γῆς ἕδραν ἔχων κ. τ. λ.

[4] Diog. IX, 57 (R. P. 206).

[5] Cf. chap. VII, p. 325 sq.

[6] Diog. IX, 57 : τοῦτόν φησιν ὁ Φαληρεὺς Δημήτριος ἐν τῇ Σωκράτους ἀπολογίᾳ διὰ μέγαν φθόνον μικροῦ κινδυνεῦσαι Ἀθήνησιν. Diels, adoptant une supposition de Volkmann, soutient que c'est là une note sur Anaxagore insérée à la mauvaise place. Cette opinion ne s'impose pas, à mon avis, quoique la chose soit certainement possible.

traiter les philosophes. Il excita contre lui une telle antipathie qu'il put y craindre un moment pour ses jours.

CLXXXVII. — Ses écrits.

Simplicius affirme que Diogène écrivit plusieurs ouvrages, mais il reconnaît qu'un seul existait encore à son époque, à savoir le Περὶ φύσεως [1]. Cette indication est basée sur les références qui se trouvaient dans l'ouvrage survivant lui-même, et l'on aurait tort de la rejeter à la légère. Il est très croyable, en particulier, qu'il écrivit un traité *Contre les Sophistes*, c'est-à-dire contre les cosmologues pluralistes du jour [2]. Il est très probable aussi qu'il écrivit une *Météorologie* et un livre intitulé la *Nature de l'Homme*, qui était sans doute un traité physiologique et médical, et c'est peut-être là que se trouvait le fameux fragment sur les veines [3].

CLXXXVIII. — Les fragments

L'ouvrage de Diogène paraît avoir été conservé à l'Académie ; de fait, tous les fragments un peu étendus que nous possédons sont dérivés de Simplicius. Je les donne tels qu'ils sont arrangés par Diels :

1. Quand on commence un discours, il faut prendre, me semble-t-il, pour point de départ, une chose incontestable et l'exprimer d'une manière simple et digne. — R. P. 207.

2. Ma manière de voir est, pour tout résumer, que toutes choses sont des différenciations de la même chose, et sont la même chose. Et cela est évident, car si les choses qui sont maintenant dans ce monde — terre, eau, air et feu et autres choses que nous voyons exister dans ce monde — si quelqu'une

---

[1] Simpl. *Phys.* p. 151, 24 (R. P. 207 *a*; DV 51 A 4).

[2] Simplicius dit : Πρὸς φυσιολόγους, mais il ajoute que Diogène les appelait σοφισταί, ce qui est le mot le plus ancien. Ce fait, pour autant qu'il a de la portée, parle en faveur de l'authenticité de l'œuvre.

[3] C'est le frg. 6 de Diels (*Vors.* p. 350). Je l'ai omis, parce qu'il concerne en réalité l'histoire de la médecine.

de ces choses, dis-je, était différente de n'importe quelle autre, différente, c'est-à-dire ayant une substance particulière pour elle-même; et si ce n'était pas la même chose qui est souvent changée et différenciée, alors les choses ne pourraient d'aucune manière se mélanger les unes aux autres, et elles ne pourraient non plus se faire les unes aux autres ni bien ni mal. Une plante ne pourrait pas croître de la terre, ni un animal ni aucune autre chose venir à l'existence, si toutes choses n'étaient composées de façon à être les mêmes. Mais toutes ces choses naissent de la même chose; elles sont différenciées et prennent diverses formes en divers temps et retournent à la même chose. — R. P. 208.

3. Car il ne serait pas possible qu'il fût divisé comme il l'est, sans intelligence, de façon à garder les mesures de toutes choses, de l'hiver et de l'été, du jour et de la nuit, des pluies, des vents et du beau temps. Et quiconque prend la peine de réfléchir trouvera que tout le reste est disposé de la meilleure manière possible. — R. P. 210.

4. De plus, il y a encore les grandes preuves suivantes. Les hommes et les autres êtres animés vivent de l'air en le respirant, et c'est là leur âme et leur intelligence, comme il sera clairement montré dans cet ouvrage; car s'il leur est enlevé, ils meurent et leur intelligence s'éteint. — R. P. 210.

5. Et mon opinion est que ce qui possède l'intelligence, c'est ce que les hommes appellent air, et que toutes choses ont leur cours réglé par lui, et qu'il a pouvoir sur toutes choses. Car c'est cette chose précisément, que je tiens pour un dieu [1]; je pense qu'elle atteint partout, qu'elle dispose tout et qu'elle est en tout; et il n'y a pas une chose quelconque qui n'y participe. Toutefois, il n'est pas une seule chose qui y participe exactement de la même manière qu'une autre, mais il y a bien des sortes d'air aussi bien que d'intelligence. Car il est soumis à nombre de transformations: plus chaud et plus froid, plus sec et plus humide, plus tranquille et en mouvement plus rapide, et il a en lui mainte autre différenciation et un nombre infini de couleurs et de saveurs. Et l'âme de tous les êtres vivants est la même, à savoir de l'air plus chaud que celui qui est en

---

[1] Les mss de Simplicius ont ἔθος, et non θεός, mais j'adopte la correction certaine d'Usener. Elle est confirmée par l'indication de Théophraste que l'air qui est en nous est « une petite portion du dieu » (de Sens. 42; DV 51 A 19) et par Philodème (de Piet. c 6ᵇ; DV 51 A 8; Dox. p. 536), chez qui nous lisons que Diogène loue Homère, τὸν ἀέρα γὰρ αὐτὸν Δία νομίζειν φησίν, ἐπειδὴ πᾶν εἰδέναι τὸν Δία λέγει (cf. Cic. Nat. D. I, 12, 29).

dehors de nous et dans lequel nous sommes, mais beaucoup plus froid que celui qui entoure le soleil. Et cette chaleur n'est pas la même dans n'importe quelles deux espèces de créatures vivantes, ni, par conséquent, dans n'importe quels deux hommes ; mais elle ne diffère pas beaucoup, autant seulement que cela est compatible avec leur ressemblance. En même temps, il n'est pas possible aux choses qui sont différenciées d'être exactement pareilles les unes aux autres jusqu'à ce qu'elles redeviennent, une fois de plus, la même chose.

6. Du fait, donc, que la différenciation est multiforme, les créatures vivantes sont multiformes et plusieurs, et elles ne sont pareilles les unes aux autres ni par leur aspect ni par l'intelligence, à cause de la multitude des différenciations. En même temps, elles vivent toutes, et voient et entendent par la même chose, et elles ont toutes leur intelligence à la même source. — R. P. 211.

7. Et celui-ci lui-même est un corps éternel et immortel, mais de ces choses-là, les unes[1] viennent à l'existence, les autres subissent la destruction.

8. Mais ceci aussi me paraît être évident, c'est qu'il est à la fois grand et puissant, et éternel et immortel et de grand savoir. — R. P. 209.

Diogène s'intéressait principalement à la physiologie ; cela ressort clairement de son étude détaillée des veines, qui nous a été conservée par Aristote[2]. Il y a lieu de remarquer aussi qu'un des arguments dont il se sert pour prouver l'unité de toutes les substances est que, sans cela, il serait impossible de comprendre comment une chose pourrait faire du bien ou du mal à une autre (frg. 2). En fait, l'écrit de Diogène est essentiellement du même caractère qu'une bonne partie de la littérature pseudo-hippocratique, et beaucoup d'indices viennent à l'appui de l'opinion que les auteurs de ces curieux traités le mirent à aussi forte contribution qu'ils y mirent Anaxagore et Héraclite[3].

---

[1] Les mss de Simplicius ont τῷ δὲ, mais le τῶν δὲ de l'Aldine est sûrement correct.

[2] Arist. *Hist. An.* I', 2. 511 *b* 30 (DV 51 B 6).

[3] Voir Weygoldt, *Zu Diogenes von Apollonia* (Arch. I, p. 161 sq.). Hippocrate lui-même représentait justement la tendance opposée à celle de ces écrivains. Son grand mérite a été de séparer la médecine de la

CLXXXIX. — Cosmologie.

De même qu'Anaximène, Diogène regardait l'Air comme la substance primordiale ; mais nous voyons par ses arguments qu'il vivait à une époque où d'autres opinions avaient prévalu. Il parle clairement des quatre éléments d'Empédocle (frg. 2), et il a soin de conférer à l'Air les attributs du *Nous*, tels que les enseignait Anaxagore (frg. 4). La tradition doxographique relativement à ses théories cosmologiques nous a été assez bien conservée :

Diogène d'Apollonie fait de l'air l'élément, et soutient que toutes choses sont en mouvement, et qu'il y a des mondes innombrables. Et il décrit comme suit l'origine du monde. Quand le Tout se mut et devint rare en un lieu et dense en un autre, il se forma, là où le dense se réunit, une masse, et ensuite les autres choses naquirent de la même manière, les parties les plus légères occupant la position la plus élevée et produisant le soleil. — [Plut.] *Strom.* frg. 12. (R. P. 215.)

Rien ne naît de ce qui n'est pas ni ne disparaît dans ce qui n'est pas. La terre est ronde, suspendue en équilibre au milieu ; elle a reçu sa forme de la révolution produite par le chaud, et elle s'est solidifiée par le froid. — Diog. IX 57, R. P. 215.

Les corps célestes sont pareils à la pierre ponce. Il pense que ce sont les trous par où le monde respire, et qu'ils sont incandescents. — Aet. II, 13, 5 = Stob. I, 508. (R. P. 215.)

Le soleil est pareil à la pierre ponce, et les rayons viennent de l'éther s'y fixer. Aet. II, 20, 10. La lune est une conflagration pareille à la pierre ponce. — *Ib.* II, 25, 10.

En même temps que les corps célestes visibles, se meuvent en cercle des pierres invisibles qui, pour cette raison, n'ont pas de noms ; mais elles tombent souvent et s'éteignent sur la terre comme l'astre de pierre qui tomba, enflammé, à Aegospotamos [1]. — *Ib.* II, 13, 9.

Nous n'avons rien de plus ici que la vieille doctrine ionienne avec un petit nombre d'additions tirées de sour-

---

philosophie, pour le plus grand bien de toutes deux (Celse, I pr.). C'est pourquoi le *corpus hippocraticum* renferme quelques ouvrages dans lesquels les « sophistes » sont dénoncés, et d'autres dans lesquels leurs écrits sont pillés. A cette dernière catégorie appartiennent le Περὶ διαίτης et le Περὶ φυσῶν ; à la première spécialement le Περὶ ἀρχαίης ἰατρικῆς.

[1] Voir chap. VI, p. 289, n. 1.

ces plus récentes. Raréfaction et condensation tiennent toujours leur place dans l'explication des contraires : chaud et froid, sec et humide, stable et mobile (frg. 5). Les différenciations en contraires que l'Air peut subir sont, comme l'avait enseigné Anaxagore, en nombre infini ; mais toutes peuvent se ramener à l'opposition fondamentale du rare et du dense. Nous voyons aussi, par Censorinus [1], que Diogène ne faisait pas, comme Anaximène, sortir de l'Air par condensation la terre et l'eau, mais plutôt le sang, la chair et les os. Il suivait en cela Anaxagore (§ 130), comme il était naturel. D'autre part, la portion de l'Air qui était raréfiée devenait ignée, et produisait le soleil et les corps célestes. Le mouvement circulaire du monde était dû à l'intelligence de l'Air, de même que la répartition de toutes choses en diverses formes de corps et l'observation des « mesures » par ces formes [2].

De même qu'Anaximandre (§ 20), Diogène regardait la mer comme le reste de l'humidité primitive, partiellement évaporée par le soleil, de manière que la terre en fut séparée [3]. La terre elle-même est ronde, c'est-à-dire qu'elle est un disque ; car la façon dont s'expriment les logographes ne porte pas à croire qu'il ait enseigné sa sphéricité [4]. Sa solidification par le froid résulte du fait que le froid est une forme de condensation.

Diogène ne croyait pas, avec les cosmologues plus anciens, que les corps célestes fussent faits d'air ou de feu, ni avec Anaxagore que ce fussent des pierres. Ils sont, disait-il, semblables à la pierre ponce, opinion dans laquelle nous sommes en droit de voir l'influence de Leucippe. Ils sont de terre, en réalité, mais non solides, et le feu céleste pénètre leurs pores. Et ceci explique pourquoi nous ne voyons pas les corps obscurs que, tout comme

---

[1] Censorinus, *de die natali*, 6, 1 (*Dox.* p. 190 ; DV 51 A 27).

[2] Sur les « mesures », voir chap. III, § 72.

[3] Theophr. ap. Alex. in *Meteor*, p. 67, 1 (*Dox.* p. 494 ; DV 51 A 17).

[4] Diog. IX, 57 (R. P. 215).

Anaxagore, il supposait graviter avec les astres. Ce sont en réalité des pierres solides, et c'est pourquoi ils ne peuvent pas être pénétrés par le feu. C'est l'un d'eux qui tomba dans l'Aegospotamos. De même qu'Anaxagore, Diogène affirmait que l'axe de la terre n'était incliné que depuis l'apparition des animaux [1].

Nous ne sommes pas surpris d'apprendre que Diogène croyait à l'existence de mondes innombrables, car c'était la vieille doctrine milésienne, et elle venait d'être remise en honneur par Anaxagore et par Leucippe. Il est mentionné dans les *Placita* avec les autres partisans de cette idée, et si Simplicius le classe, lui et Anaximène, avec Héraclite, comme soutenant la doctrine stoïcienne des formations et destructions successives d'un monde unique, c'est qu'il a probablement été induit en erreur par les « accommodateurs [2] ».

CXC. — ANIMAUX ET PLANTES

Les créatures vivantes sont nées de la terre, sans doute sous l'influence de la chaleur. Leurs âmes sont naturellement de l'air, et leurs différences sont dues aux degrés variés dans lesquels il est raréfié ou condensé (frg. 5). Aucun siège spécial, tel que le cœur ou le cerveau, n'a été assigné à l'âme; elle est simplement constituée par l'air chaud, qui circule avec le sang dans les veines.

Les théories de Diogène relativement à la génération, à la respiration et au sang appartiennent à l'histoire de la médecine [3], et quant à sa théorie de la sensation, telle qu'elle est analysée par Théophraste [4], il suffit de la men-

---

[1] Aet. II, 8, 1 (R. P. 215; DV 51 A 11).

[2] Simpl. *Phys.* p. 1121, 12 (DV 3 A 11). Voir chap. I, p. 84, n. 3.

[3] Voir Censorinus, 6, 3 (DV 51 A 25) cité dans *Dox.* p. 191.

[4] Theophr. *de Sens.* 39 sq. (R. P. 213, 214; DV 51 A 19). Pour une analyse complète, voir Beare, p. 41 sq., 105, 140, 169, 209, 258. Ainsi que le remarque Beare, Diogène « est l'un des psychologues les plus intéressants parmi ceux qui ont précédé Platon » (p. 258).

tionner en passant. En deux mots, elle se résume en ceci : que toute sensation est produite par l'action de l'air sur le cerveau et d'autres organes, tandis que le plaisir est une aération du sang. Mais les détails de cette théorie ne peuvent être convenablement étudiés qu'en connexion avec les écrits hippocratiques ; car Diogène ne représente pas réellement la vieille tradition cosmologique, mais un nouveau développement de vues philosophiques réactionnaires, combiné avec un enthousiasme entièrement nouveau pour l'investigation de détail et l'accumulation de faits.

III. ARCHÉLAOS D'ATHÈNES

CXCI. — ANAXAGORÉENS.

Le dernier des cosmologues primitifs fut Archélaos d'Athènes, qui fut disciple d'Anaxagore [1]. On a dit aussi qu'il avait été le maître de Socrate, indication loin d'être aussi improbable qu'on l'a supposé quelquefois [2]. Il n'y a pas de raison de mettre en doute la tradition suivant laquelle Archélaos succéda à Anaxagore dans l'école de Lampsaque [3]. Il est incontestablement question d'Anaxagoréens dans les écrivains anciens [4], quoique leur réputation ait été rapidement éclipsée par l'entrée en scène de ceux que nous appelons les Sophistes.

[1] Diog. II, 16 (R. P. 216).

[2] Voir Chiapelli dans l'*Archiv*, IV, p. 369 sq.

[3] Euseb. *P. E.* X, 14, 13 (p. 504, c 3; DV 46 A 7) : ὁ δὲ Ἀρχέλαος ἐν Λαμψάκῳ διεδέξατο τὴν σχολὴν τοῦ Ἀναξαγόρου.

[4] Des Ἀναξαγόρειοι sont mentionnés par Platon (*Crat.* 409 b 6), et souvent par les commentateurs d'Aristote.

CXCII. — SA COSMOLOGIE.

Sur la cosmologie d'Archélaos, Hippolyte [1] écrit ce qui suit :

Archélaos était Athénien de naissance et fils d'Apollodore. Il parlait du mélange de la matière d'une manière semblable à celle d'Anaxagore, et pareillement des premiers principes. Il estimait, toutefois, qu'il y avait un certain mélange immanent, même dans le *Nous*. Et il estimait qu'il y avait deux causes efficientes séparées l'une de l'autre, à savoir le chaud et le froid. Le premier était en mouvement, le second en repos. Quand l'eau était à l'état liquide, elle coulait vers le centre, et, y étant brûlée, se transformait en terre et en air ; celui-ci était porté vers le haut, tandis que la première prenait position en bas. Telles sont donc les raisons pour lesquelles la terre est en repos, et pour lesquelles elle est née. Elle est située au centre, et ne constitue pas, en fait, une partie appréciable de l'Univers. (Mais l'air domine sur toutes choses)[2] ; il est produit par le fait que le feu brûle, et de sa combustion originelle vient la substance des corps célestes. Parmi ceux-ci, le soleil est le plus grand, et la lune le second ; les autres sont de diverses grandeurs. Il dit que les cieux se sont inclinés et qu'alors le soleil a fait la lumière sur la terre, rendu l'air transparent et la terre sèche ; car elle était à l'origine un étang, étant élevée à la circonférence et creuse au centre. Il donne comme preuve de cette concavité que le soleil ne se lève et ne se couche pas en même temps pour tous les peuples comme il devrait le faire si la terre était plate. Quant aux animaux, il dit que lorsque la terre fut réchauffée d'abord dans la partie inférieure, où le chaud et le froid étaient mélangés, nombre de créatures vivantes apparurent, et spécialement les hommes, toutes ayant la même manière de vivre et tirant leur subsistance de la vase ; elles ne vivaient pas longtemps, et plus tard commença la génération de l'une par l'autre. Et les hommes se distinguèrent des autres êtres et se créèrent des chefs, des lois, des arts, des cités, etc. Et il dit que le *Nous* est inné à tous les animaux sans distinction ; car chacun des animaux, aussi bien que l'homme, fait usage du *Nous*, mais quelques-uns plus vite, d'autres plus lentement.

---

[1] Hipp. *Ref.* I, 9 (R. P. 218 ; DV 47 A 4).

[2] J'intercale ici : τὸν δ'ἀέρα κρατεῖν τοῦ παντός, comme l'a suggéré Rœper.

Il n'est pas nécessaire de s'étendre longuement sur cette théorie, qui, à beaucoup d'égards, contraste défavorablement avec celles des prédécesseurs d'Archélaos. Il est clair que, tout comme Diogène avait essayé d'introduire certaines idées anaxagoréennes dans la philosophie d'Anaximène, Archélaos tenta de rapprocher l'Anaxagorisme des anciennes conceptions ioniennes en le complétant par l'opposition du chaud et du froid, du rare et du dense, et en dépouillant le *Nous* de cette simplicité qui le distinguait des autres « choses » dans le système de son maître. Ce fut aussi probablement pour cette raison que le *Nous* ne fut plus regardé comme le créateur du monde [1]. Leucippe avait rendu pareille force superflue. On peut ajouter que cette double relation d'Archélaos avec ses prédécesseurs porte à admettre que, comme l'affirme Aétius [2], il croyait à des mondes innombrables ; c'était là la doctrine, à la fois, d'Anaxagore et des anciens Ioniens.

CXCIII. — Conclusion.

La cosmologie d'Archélaos, comme celle de Diogène, porte tous les caractères de l'époque à laquelle elle appartenait — époque de réaction, d'éclectisme et d'investigation de détail [3]. Hippon de Samos et Idaios d'Himéra représentent surtout ce sentiment : que la philosophie s'était engagée dans un cul-de-sac d'où elle ne pouvait s'échapper qu'en revenant en arrière. Les Héraclitiens d'Éphèse, impénétrablement drapés comme ils l'étaient dans leur propre système, ne faisaient guère autre chose que d'en exagérer les paradoxes et en développer les côtés les plus aventureux [4].

---

[1] Aet. I, 7, 14 = Stob. I, 1, 29 b W. (R. P. 217 *a*; DV 47 A 12.)

[2] Aet. II, 1, 3 (DV 47 A 13).

[3] Windelband, § 25. Cette période est bien décrite par Fredrich, *Hippokratische Untersuchungen*, p. 130 sq. Elle ne peut être traitée à fond qu'en relation avec les Sophistes.

[4] Pour une amusante peinture des Héraclitiens, voir Platon. *Thl.* 179 *e*. L'intérêt, alors nouveau, qu'excitait le langage, et qui avait pour

Il ne suffisait pas à Cratyle de dire avec Héraclite (frg. 84) qu'on ne peut pas descendre deux fois dans le même fleuve : on ne pouvait, selon lui, pas même y descendre une fois[1]. Mais nulle part la banqueroute totale de l'ancienne cosmologie ne se manifesta aussi clairement que dans l'œuvre de Gorgias, intitulée la *Substance ou le non-être*, dans laquelle était proclamé un nihilisme absolu, basé sur la dialectique éléate[2]. Le fait est que la philosophie n'avait plus rien à dire, aussi longtemps qu'elle s'en tenait à ses vieilles présuppositions; car la réponse de Leucippe à la question posée par Thalès était réellement définitive. Une vie nouvelle devait être donnée au besoin de spéculation par l'apparition de nouveaux problèmes, ceux de la connaissance et de la morale, avant qu'aucun progrès ultérieur fût possible, et ces problèmes furent posés par les « Sophistes » et par Socrate. A ce moment-là, dans les mains de Démocrite et de Platon, la philosophie prit une forme nouvelle et un nouvel élan.

origine l'étude de la rhétorique, se tourna chez eux en fantaisies étymologiques, du genre de celles que raille le *Cratyle* de Platon.

[1] Arist. *Met.* Γ, 5. 1010 a 12 (DV 52, 4). Il refusait même, dit-on, de parler et se contentait de remuer le doigt.

[2] Sext. *adv. Math.* VII, 65 (R. P. 235); MXG 979 a 13 (R. P. 236; DV 76 B 3).

APPENDICE
LES SOURCES

A. Philosophes.

1. *Platon.* — Il n'est pas très fréquent que Platon insiste sur l'histoire de la philosophie à l'époque qui précéda les recherches sur la morale et sur le problème de la connaissance, mais quand il le fait, son témoignage est d'une valeur tout simplement inappréciable. Son génie artistique et le don qu'il avait de pénétrer les pensées des autres hommes lui permettaient d'exposer les opinions des philosophes primitifs d'une façon tout à fait objective, et il ne cherchait jamais, si ce n'est par jeu et par ironie, à découvrir dans les écrits de ses prédécesseurs un sens auquel personne n'avait encore songé. Il nous a fourni des renseignements d'une valeur spéciale dans le passage où il oppose l'un à l'autre Empédocle et Héraclite (*Soph.* 242 d), et dans son exposé des rapports entre Zénon et Parménide (*Parm.* 128 a).

Voir Zeller, *Platons Mittheilungen über frühere und gleichzeitige Philosophen*, dans l'*Archiv*, V, pp. 165 sqq. et notre index au mot *Platon*.

2. *Aristote.* — Règle générale, les indications d'Aristote sur les philosophes primitifs sont moins historiques que celles de Platon. Il ne pèche pas, sans doute, par incompréhension des faits, mais il les discute presque toujours du point de vue de son propre système. Il est convaincu que sa philosophie à lui est l'accomplissement de tout ce que ses prédécesseurs s'étaient proposé, et il considère par conséquent leurs systèmes comme les « balbutiements » qui précèdent le véritable langage (*Met.* A. 10, 993 a 15). Il y a lieu de remarquer aussi qu'Aristote regarde quelques systèmes d'un œil beaucoup plus sympathique que d'autres. Il est décidément injuste pour les Éléates, par exemple.

On oublie souvent qu'Aristote dérivait de Platon une grande partie de ses informations, et nous devons faire remarquer en particulier que plus d'une fois il prend trop à la lettre l'ironie de son maître.

Voir Emminger, *Die Vorsokratischen Philosophen nach den Berichten des Aristoteles*, 1878, et notre Index, au mot *Aristote*.

3. *Les Stoïciens.* — Les Stoïciens, et surtout Chrysippe, avaient un vif intérêt pour la philosophie primitive, mais leur façon de l'envisager était simplement une exagérations de celle d'Aristote. Ils ne se contentaient pas de critiquer leurs prédécesseurs en partant de leur propre point de vue ; ils semblent avoir réellement cru que les poètes et les penseurs anciens professaient des opinions à peine discernables des leurs. Le mot συνοικειοῦν, que Cicéron rend par *accommodare*, était employé par Philodème pour désigner cette méthode d'interprétation, laquelle a eu de graves conséquences pour notre tradition, spécialement en ce qui concerne Héraclite (p. 159).

4. *Les Sceptiques.* — La même remarque, *mutatis mutandis*, s'applique aux Sceptiques. Un écrivain tel que Sextus Empiricus s'intéressait à la philosophie primitive à l'effet de montrer que le scepticisme remontait à une date reculée — aussi haut que Xénophane, en fait. Mais les renseignements qu'il nous fournit sont souvent de valeur, car il cite fréquemment à l'appui de sa thèse des opinions anciennes relativement à la connaissance et à la sensation.

5. *Les Néoplatoniciens.* — Sous cette rubrique, nous avons à considérer surtout les commentateurs d'Aristote, pour autant qu'ils sont indépendants de la tradition théophrastique. Leur principale caractéristique est ce que Simplicius appelle l'εὐγνωμοσύνη, c'est-à-dire un esprit libéral d'interprétation en vertu duquel tous les anciens philosophes s'accordent à soutenir la doctrine d'un Monde Sensible et d'un Monde Intelligible. C'est, toutefois, à Simplicius plus qu'à tout autre que nous devons la conservation des fragments. Il avait naturellement la bibliothèque de l'Académie à sa disposition.

B. Doxographes.

6. *Les Doxographi graeci.* — Les *Doxographi graeci* d'Hermann Diels (1879) ont jeté une lumière entièrement nouvelle sur la filiation des sources postérieures ; et l'on ne peut estimer à leur juste valeur les renseignements qu'on en tire qu'en ayant sans cesse présents à l'esprit les résultats de son investi-

gation. Il ne sera possible ici que de donner une esquisse grâce à laquelle le lecteur puisse s'orienter dans les *Doxographi graeci* eux-mêmes.

7. *Les « Opinions » de Théophraste.* — Par le terme de *doxographes*, on entend tous les écrivains qui rapportent les opinions des philosophes grecs, et qui dérivent leurs matériaux, directement ou indirectement, du grand ouvrage de Théophraste, Φυσικῶν δοξῶν ιή (Diog. V, 46). De cet ouvrage, un chapitre considérable nous a été conservé, celui qui a pour titre Περὶ αἰσθήσεων (*Dox.* pp. 499-527). Et Usener, s'inspirant de Brandis, a montré en outre qu'il y en avait d'importants fragments dans le commentaire de Simplicius (VIe siècle ap. J.-C.) sur le livre I de la Φυσικὴ ἀκρόασις d'Aristote (Usener, *Analecta Theophrastea*, pp. 25 sqq.). Ces extraits, Simplicius paraît les avoir empruntés à Alexandre d'Aphrodisie (env. 200 ans ap. J.-C.) ; cf. *Dox.* p. 112 sqq. Nous possédons ainsi une portion très considérable du livre I, qui traitait des ἀρχαί, et, pour l'essentiel, l'ensemble du dernier livre.

De ces restes, il résulte clairement que la méthode de Théophraste consistait à discuter dans des livres séparés les questions fondamentales qui avaient occupé l'attention des philosophes depuis Thalès jusqu'à Platon. L'ordre chronologique n'était pas observé ; les philosophes étaient groupés suivant les affinités de leurs doctrines, les différences entre ceux qui paraissaient s'accorder le plus étroitement étant notées avec soin. Le livre I, toutefois, était à un certain degré exceptionnel ; car l'ordre qui y était suivi était celui des écoles successives, et de courtes notices historiques et chronologiques y étaient intercalées.

8. *Les Doxographes.* — Un ouvrage comme celui-là était naturellement pain bénit pour les abréviateurs et compilateurs de manuels, qui florissaient de plus en plus à mesure que déclinait le génie grec. Ces écrivains, suivaient Théophraste en distribuant leur matière sous diverses rubriques, ou bien, bouleversant son ouvrage, ils replaçaient ses indications sous les noms des divers philosophes auxquels elles s'appliquaient. Cette dernière classe forme la transition naturelle entre les doxographes proprement dits et les biographes ; aussi me suis-je hasardé à les distinguer des autres en les appelant *doxographes biographiques*.

I. DOXOGRAPHES PROPREMENT DITS.

9. *Les Placita et Stobée.* — Ceux-ci sont maintenant représentés

par deux ouvrages, les *Placita Philosophorum*, inclus parmi les écrits attribués à Plutarque, et les *Eclogae Physicae* de Jean Stobée (vers 470 ap. J.-C.). Ces dernières formaient à l'origine un seul ouvrage avec le *Florilegium* du même auteur, et elles renferment une transcription de quelques abrégés substantiellement identiques aux *Placita* du pseudo-Plutarque. Il est toutefois démontrable que ces recueils ne sont pas l'original l'un de l'autre. Le dernier est habituellement le plus complet des deux, et cependant le premier doit être le plus ancien, car il a été employé par Athénagore dans sa défense des chrétiens en 177 ap. J.-C. (*Dox.* p. 4.) C'est aussi la source des notices d'Eusèbe et de Cyrille, et de l'*Histoire de la philosophie* attribuée à Galien. De nombreuses et importantes corrections de texte ont été dérivées de ces écrivains (*Dox.* p. 5 sqq.).

Un autre écrivain qui fit usage des *Placita* est Achille (*non pas* Achille Tatius). Des extraits de son Εἰσαγωγή aux *Phénomènes* d'Aratus sont renfermés dans l'*Uranologion* de Petavius, pp. 121-164. Sa date est incertaine, mais il appartient probablement au IIIᵉ siècle ap. J.-C. (*Dox.* p. 18).

10. *Aétius*. — Quelle était donc la source commune des *Placita* et des *Eclogae* ? Diels a montré que Théodoret (vers 445 ap. J.-C.) y a eu accès, car, dans certains cas, il donne sous une forme plus complète les indications renfermées dans ces deux ouvrages. Mieux que cela : il nomme aussi cette source, car il nous renvoie (*Gr. aff. cur.* IV, 31) à Ἀετίου τὴν περὶ ἀρεσκόντων συναγωγήν. Aussi Diels a-t-il imprimé les *Placita* en colonnes parallèles avec les fragments correspondants des *Eclogae* sous le titre de *Aetii Placita*. Les citations de « Plutarque » par des écrivains postérieurs, et les extraits de Théodoret sont aussi donnés au bas de chaque page.

11. Les *Vetusta Placita*. — Diels a montré en outre, cependant, qu'Aétius n'a pas puisé directement dans Théophraste, mais dans un abrégé intermédiaire qu'il appelle les *Vetusta Placita*, dont on trouve des traces dans Cicéron (*infra*, § 12) et dans Censorinus (*De die natali*), qui suit Varron. Les *Vetusta Placita* furent composés dans l'école de Posidonius, et Diels les appel maintenant les Ἀρέσκοντα posidoniens (*Ueber das phys. System des Straton*, p. 2). On en trouve aussi des traces dans les « Allégoristes homériques ».

Il est parfaitement possible, en retranchant les additions assez peu intelligentes qu'Aétius y a faites d'Epicure et d'autres sources, de dresser une table assez exacte du contenu des

Vetusta Placita (*Dox.* pp. 181 sqq.), et de se faire ainsi une idée exacte de l'arrangement de l'ouvrage original par Théophraste.

12. Cicéron. — Pour autant que les indications de Cicéron se rapportent aux plus anciens philosophes grecs, il doit être classé parmi les doxographes et non parmi les philosophes ; car il ne nous donne que des extraits de seconde ou de troisième main de l'ouvrage de Théophraste. Deux passages de ses écrits doivent être rangés sous cette rubrique, à savoir « Lucullus » (*Acad.* II), 118, et *De natura Deorum* I, 25-41.

a. Doxographie du « Lucullus ». — Elle renferme un sommaire maigre et traduit sans beaucoup de soin des diverses opinions soutenues par les philosophes relativement à l'$\dot{\alpha}\rho\chi\acute{\eta}$ (*Dox.* pp. 119 sqq.), et serait sans aucune utilité si elle ne nous permettait pas de vérifier en un cas les termes exacts de Théophraste (Chap. I, p. 52, n. 2). La doxographie a passé par les mains de Kleitomachos, qui succéda à Carnéade à la direction de l'Académie (129 av. J.-C.).

b. Doxographie du « De natura Deorum ». — Une nouvelle lumière a été jetée sur cet important passage par la découverte, à Herculanum, d'un rouleau contenant des fragments d'un traité d'Epicure, qui présentait avec lui tant d'analogies qu'il en fut aussitôt regardé comme l'original. Ce traité fut d'abord attribué à Phaidros, à cause de la référence qui se trouve dans *Epp. ad. Att.* XIII, 39, 2 ; mais le titre réel a été restitué depuis : $\Phi\iota\lambda o\delta\acute{\eta}\mu o\upsilon$ $\pi\epsilon\rho\grave{\iota}$ $\epsilon\dot{\upsilon}\sigma\epsilon\beta\epsilon\acute{\iota}\alpha\varsigma$ (*Dox.* p. 530). Diels a montré, toutefois (*Dox.* pp. 122 sq.) qu'il y a bien des raisons de croire que Cicéron n'a pas copié Philodème, mais que tous deux ont puisé à une source commune (sans doute Phaidros, $\Pi\epsilon\rho\grave{\iota}$ $\theta\epsilon\tilde{\omega}\nu$), laquelle remontait elle-même à un abrégé stoïcien de Théophraste. Le passage de Cicéron et les fragments correspondants de Philodème sont édités en colonnes parallèles par Diels (*Dox.* pp. 531 sqq.).

II. DOXOGRAPHIES BIOGRAPHIQUES.

13. Hippolyte. — La plus importante des « doxographies biographiques » est le livre I de la *Réfutation de toutes les Hérésies* d'Hippolyte. Ce livre a longtemps passé pour être les *Philosophoumena* d'Origène ; mais la découverte des autres livres de l'ouvrage, qui furent publiés pour la première fois à Oxford en 1854, a finalement montré qu'il ne pouvait appartenir à cet écrivain. Il est essentiellement tiré de quelque bon abrégé de Théophraste, dans lequel la matière était déjà réarrangée sous les noms des divers philosophes. Nous devons noter, toutefois, que les sections traitant de Thalès, de Pythagore, d'Héraclite et d'Empédocle proviennent d'une source de valeur médiocre, quelque compendium purement biographique, rempli d'anecdotes apocryphes et d'indications suspectes.

14. Les *Stromates*. — Les fragments des *Stromates* du Pseudo-Plutarque, cités par Eusèbe dans sa *Praeparatio Evangelica*, sont tirés d'une source analogue à celle des meilleures portions des *Philosophoumena*. Autant que nous en pouvons juger, ils diffèrent essentiellement de ceux-ci en deux points. En premier lieu, ils sont empruntés pour la plupart aux plus anciennes sections de l'ouvrage, et, par conséquent, traitent presque tous de la substance primordiale, des corps célestes et de la terre. En second lieu, ils constituent une transcription beaucoup moins fidèle de l'original au point de vue de l'expression.

15. « *Diogène Laërce* ». — Le recueil d'extraits connu sous le nom de Diogène Laërce (Diogenes Laertios ou Laertios Diogenes; cf. Usener, *Epicurea*, pp. 1 sqq.) contient des fragments étendus de deux doxographies distinctes. L'une est du genre purement biographique, anecdotique et apophtegmatique adopté par Hippolyte dans ses quatre premiers chapitres; l'autre est d'un genre plus relevé et se rapproche davantage de la source des autres chapitres d'Hippolyte. On a essayé de masquer cette « contamination » en qualifiant la première doxographie d'exposé « sommaire » (κεφαλαιωδής), et la seconde d'exposé « détaillé » (ἐπὶ μέρους).

16. *Doxographies patristiques*. — On trouve de courts sommaires doxographiques dans Eusèbe (*Pr. Ev.* X, XIV, XV); Théodoret (*Gr. aff. cur.* II, 9-11); Irénée (*C. haer.* II, 14); Arnobe (*Adv. nat.* II, 9); Augustin (*Civ. Dei*, VIII, 2). Ces sommaires dépendent surtout des écrivains des *Successions*, que nous aurons à considérer dans la section suivante.

C. Biographes.

17. Les *Successions*. — Le premier qui écrivit un ouvrage intitulé *Successions des Philosophes* fut Sotion (Diog. II, 12; R. P. 4 a), vers 200 av. J.-C. L'arrangement de son ouvrage est expliqué dans *Dox.* p. 147. Il a été abrégé par Héraclide Lembos. Autres auteurs de Διαδοχαί: Antisthène, Sosicrate et Alexandre. Toutes ces compositions étaient accompagnées d'une très maigre doxo-

graphie et rendues intéressantes par l'adjonction d'apophtegmes inauthentiques et d'anecdotes apocryphes.

18. *Hermippos.* — Le Péripatéticien Hermippos de Smyrne, surnommé Καλλιμάχειος (vers 200 av. J.-C.), écrivit plusieurs ouvrages biographiques qui sont fréquemment cités. En vérité, les détails biographiques qu'il fournit sont très sujets à caution. mais parfois il y ajoute des informations bibliographiques qui reposent sans aucun doute sur les Πίνακες de Callimaque.

19. *Satyros.* — Un autre Péripatéticien, Satyros, disciple d'Aristarque, a écrit (vers 160 av. J.-C.) des *Vies d'hommes fameux*. On peut lui appliquer les mêmes remarques qu'à Hermippos. Son ouvrage a été abrégé par Héraclide Lembos.

20. « *Diogène Laërce.* » — L'ouvrage connu sous le nom de Diogène Laërce est, dans ses parties biographiques, un simple assemblage de renseignements puisés à la science antérieure. Il n'a pas été disposé ou composé par un auteur unique. Ce n'est guère qu'une collection d'extraits faits au hasard, peut-être par plusieurs des propriétaires successifs du manuscrit. Mais il n'en contient pas moins des indications de la plus haute valeur.

D. Chronologistes.

21. *Eratosthène et Apollodore.* — Le fondateur de la chronologie ancienne a été Eratosthène de Cyrène (275-194 av. J.-C.); mais son ouvrage fut bientôt supplanté par la version métrique d'Apollodore (vers 140 av. J.-C.), d'où sont dérivées la plupart de nos informations quant aux dates des philosophes primitifs. Voir l'étude de Diels sur les Χρονικά d'Apollodore dans le *Rhein. Mus.* XXXI, et Jacoby, *Apollodors Chronik* (1902).

La méthode adoptée est la suivante : quand la date de quelque événement saillant dans la vie d'un philosophe est connue, elle est prise pour son *floruit* (ἀκμή), et le philosophe est présumé avoir eu quarante ans à cette date. A défaut de cela, c'est une ère historique quelconque qui est prise pour le *floruit*. Parmi ces ères, les principales sont celles de l'éclipse de Thalès 586/5 av. J.-C.; de la prise de Sardes, 546/5, de l'accession de Polycrate au trône en 532/1, et de la fondation de Thurium en 444/3. On trouvera facilement d'autres détails à ce sujet en se reportant à notre index au mot *Apollodore*.

INDEX ALPHABÉTIQUE

I. FRANÇAIS

Aahmes 22, 46.
Abaris 88, 99 n. 1.
Abdère, école d', 380.
Abstinence orphique et pythagoricienne 104 sq., 106; empédocléenne 286.
Académie 34.
Achille et la tortue 365, 367.
Acousilaos 9.
Acousmatiques 97, 105.
Acron 233.
Aegospotamos, pierre météorique d', 289, 310, 413.
Aëtius, app. § 10, sur Empédocle 271, 274, 283.
Agathemeros 54 n. 1.
Agénor 39.
Agrigente 231 sq.
Air 78, 79, 80, 123, 173, 216 sq., 227, 259, 308 sq., 334, 339, 411 sq. Voir ἀήρ.
Akousmata 107 sq., 326.
Alcidamas 231 n. 1, 233 n. 4, 237, 295 n. 1, 319 n. 2, 358.
Alcméon 125 n. 1, 225 sq., 238, 325, 342, 348.
Alexandre d'Aphrodisie 140, 211.
Alexandre d'Etolie 292.
Amasis 39.
Ame 87, 92, 173, 227, 341, 413.
Ame du monde 50.
Ameinias 196 sq.
Ammonius 231.
Amour. Voir *Eros, Amour et Haine* 263 sq.
Anaxagore 287 sq.; et Périclès 291 sq.; et Euripide 292; sa relation à l'école ionienne 289 sq.; et Zénon 360 sq.
Anaxagoréens 35, 414.
Anaximandre 52 sq.
Anaximène 76 sq.; école d', 85, 290, 407 n. 2.
Andocyde 326.
Andron d'Ephèse 94.

Animaux: Anaximandre 73 sq.; Empédocle 276 sq.; Anaxagore 313 sq.; Diogène d'Apollonie 413.
Année. Voir *Grande année*.
'Antichton 343, 347 sq.
Antisthène (*Successions*) 193 n. 2, 407 n. 2.
Antonius Diogène 93.
Apollodore. App. § 21, 43, 52, 76, 96 n. 1, 127, 145 n. 1, 195 sq., 230 sq., 287 sq., 356, 368, 380.
Apollon hyperboréen 94 n. 1, 99, 234.
Apollonius de Tyane 91, 93.
Apophtegmes 51 sq., 130.
Archélaos 414 sq.
Archippos 101, 317.
Archytas 112, 317, 325, 344.
Aristarque de Samos 346.
Aristéas de Proconnèse 88, 99 n. 1.
Aristophane 75, 380, 407.
Aristote. App. § 2; sur l'Egypte 18, 23; sur Thalès 49 sq.; sur Anaximandre 57 sq.; sur Pythagore 94 n. 1, 101, 109 n. 3; sur Xénophane 133 sq.; sur Héraclite 159, 162 n. 1, 179 sq.; sur Parménide 196, 205 sq., 209, 211, 215; sur Alcméon 225; sur Empédocle 180 n. 1, 230 n. 3, 233 n. 3, 237, 240 n. 2; 251 n. 2, 261, 264, 265, 266, 267, 268, 269 n. 1, 270, 272, 273, 274, 277 sq., 280 n. 2; 396 n. 2; sur Anaxagore, 260 n. 2, 288, 300 n. 1, 302 sq., 307 sq., 316; sur les Pythagoriciens 101, 102 n. 1; 112 sq., 121, 330 sq., 351 sq.; sur Zénon 357 sq., 361, 367 sq.; sur Mélissos 372 sq., 376; sur Leucippe 379, 384 sq., 391 sq., 396 n. 1; sur Hippon 49 n. 2, 405; sur le *galeus levis* 74 n. 2; sur la vie théorétique 110; sur les mystères, 92.
[Aristote] *de Mundo* 187.
[Aristote] *de Plantis* 275 n. 3, 295 n. 3, 313.
Aristoxène sur Pythagore 94, 96 n. 1, 97,

98 n, 1 et 2, 102, 104, 111 n. 1 ; sur les Pythagoriciens 109, 317, 332, 351 sq. ; *Πυθαγορικαὶ ἀποφάσεις* 102 n. 2, 323 ; sur Hippon 405 n. 1 ; sur Platon 321 sq.
Arithmétique égyptienne 23 sq., 113 n. 2 ; pythagoricienne 111 sq. ; symbolisme arithmétique, 113 sq.
Astronomie, babylonienne et grecque, 25 sq. Voir *Corps célestes, Soleil, Lune, Planètes, Etoiles, Terre, Eclipses, hypothèses géocentrique et héliocentrique*.
Athéisme 51, 75, 143.
Athènes. Parménide et Zénon à, 195 ; Anaxagore à, 288.
Atomes 386 sq.
Atomisme. Voir *Leucippe*.

Babylonien : langage 21 n. 2, astronomie 25 ; cycle des éclipses 26 ; *μαθηματικοί*, 348 n. 3.
Bérose 348 n. 3
Biologie. Voir *Animaux, Plantes. Sang*. Empédocle 282, 285 ; Diogène d'Apollonie 413.

Caverne, orphique 251 n. 3.
Cébès et Simmias 318, 342, 352 sq.
Cébès, *Πίναξ* 197.
Célestes, Corps : Anaximandre 66 sq. ; Anaximène 81, 82 ; Pythagore 124 sq.; Xénophane 134 sq. ; Héraclite 167 sq. ; Parménide 217 sq. ; Empédocle 271 sq.; Anaxagore 312 ; Leucippe 400 ; Diogène d'Apollonie 411 sq.
Cerveau : Alcméon 226, Empédocle 237 ; Ecole sicilienne de médecine 285 n. 1.
Chaos 8 sq.
Chrysippe 160 n. 1.
Cicéron, App. § 12 ; sur Thalès 51 ; sur Anaximandre 65 ; sur Anaximène 83 ; sur Parménide 222, 223 n. 2 ; sur l'Atomisme 393 n. 2, 393 n. 2.
Cléanthe 160, 177.
Clément d'Alexandrie 19.
Cœur 237, 285.
Comiques (poètes) sur les Pythagoriciens 105 n. 2.
Condensation, Voir *Raréfaction*.
Conflagration. Voir *ἐκπύρωσις*.
Continuité 368.
Copernic 347.
Corporalisme, corporalité 15 sq., 208, 239, 355, 375.
Corybantes 109.
Cosmogonies 8 sq.
Cratyle 417.
Crésus 28, 38, 39.

Critias 285 n. 1.
Crotone 94 n. 1. 97 n. 2, 225.
Çulvasutras 24.
Cylon 98 n. 4, 99.

Damascius 10 n. 1, 234.
Damasias 43.
Décade 115.
Démétrius de Phalère 288, 407.
Démocrite 2 n. 1 ; date 380 ; sur les mathématiques égyptiennes 24 ; sur Anaxagore 288, 380 ; astronomie primitive de, 343, 391.
Diagonale et carré 118 sq.
Dialectique 359.
Dicéarque sur Pythagore 94, 98 n. 2, 102.
Dieux : Thalès 50, Anaximandre 65, 75 ; Anaximène 83 ; Xénophane 142 sq. ; Héraclite 191 sq. ; Empédocle 261, 268, 285 sq. ; Diogène d'Apollonie, 409 n. 1.
Diodore d'Aspendos 106.
Diogène d'Apollonie 301, 380, 406 sq.
Divisibilité 302 sq., 361, 363 sq., 375.
Dodécaèdre 339 sq.
Dorien, dialecte 323, 325 sq.

Eau 48 sq., 406.
Echécrate 342.
Eclair et tonnerre 69, 71, 401 n. 1.
Eclipses. Thalès 40 sq. ; Anaximandre 68 ; Anaximène 83 ; Héraclite 167 ; Alcméon 227 ; Empédocle 273 ; Anaxagore 296 ; les Pythagoriciens 347 ; Leucippe 400.
Ecliptique. Voir *Obliquité*.
Ecoles 33 sq., 289 sq.
Effluences. Voir *ἀπορροαί*.
Egypte 39 ; Thalès en, 43 sq. ; Pythagore et l'Egypte, 96 sq.
Ekphantos 336 n. 1, 386 n. 2.
Eléates. Voir *Parménide, Zénon, Mélissos* 35 n. 2 ; Leucippe et les, 383 sq.
Elée, ère d', 128 n. 2, 129, 195.
Eléments (voir *στοιχεῖα, racines, semences, ἰδέα, εἶδος, μορφή*) 55 n. 1, 56, 58, 237, 259 sq., 262 n. 1, 337 sq.
Eleusinies (culte de Déméter) 87.
Embryologie. Parménide 205, Empédocle 278 sq.
Empédocle 229 sq. ; relations avec Leucippe 237, 382, 391 ; avec Xénophane 139, 247 n. 2 ; avec Pythagore 234, 256 n. 1 ; avec Parménide 241, 263.
Ephèse 145 sq.
Epicure et Leucippe 379 sq., 387 n. 1, 390 n. 1, 393 sq.
Epiménide 9, 88.

INDEX ALPHABÉTIQUE

Equinoxes, précession des, 25, 345 n. 2.
Eratosthène. App. § 21, 230 n. 2.
Eros 9, 222.
Eschyle 311 n. 6.
Espace 205, 206, 364, 388.
Ether. Voir αἰθήρ.
Etoiles fixes 68, 83.
Euclide 119, 120.
Euclide de Mégare 354.
Eudème, sur Thalès 45 sq. ; sur Pythagore 117 n. 3, 118 n. 2 ; sur Parménide 206 n. 1 ; sur Zénon 361, 364 n. 3 ; sur le terme στοιχεῖον 259 n. 1.
Eudoxe 120, 219, 341.
Euripide (fr. inc. 910) 12 n. 2, 14 n. 2, 311, n. 6 ; et Anaxagore 292 sq.
Eurytos 112 sq., 318, 320.
Eusèbe 19 sq.
Euthymène 44.
Evolution : Anaximandre 74 ; Empédocle 278 ; Anaxagore 313.
Examyès 40.
Expérimentation 31 sq., 270 sq.

Favorinus 255 n. 5.
Feu 123, 163 sq., 215.
Feu central 221, 312 sq.
Fèves 104 sq.
Figures numériques 112 sq., 335.
Forgés (écrits) 47, 115 n. 1, 188.
Fossiles 187.

Galien 236.
Galeus levis 74.
Géocentrique (hypothèse) 31, 126, 221.
Géométrie : égyptienne 23 sq. ; de Thalès 44 sq. ; de Pythagore 117 sq.
Glaucus de Rhegium 230 n. 3.
Gnomon (l'instrument) 30 n. 2, 54.
Gnomon (en géométrie et en arithmétique) 116.
Gorgias 231 n. 1, 233, 236 n. 3, 254 n. 1, 284 n. 3, 295 n. 1, 417.
Goût : Empédocle 282 ; Anaxagore 314.
Grande année 25, 178.

Harmonie des sphères 124, 319. Voir ἁρμονία et âme.
Harmoniques 120.
Harpédonaptes 24, 118.
Hécatée 20, 44, 47, 54.
Héliocentrique (hypothèse) 27, 345 n. 2, 347 sq.
Héraclide de Pont, sur Pythagore 106, 107 n. 1, 110, 319 n. 2, 336 n. 2 ; sur Empédocle 230 n. 2 et 3, 235 n. 3, 238 n. 5 ; hypothèse héliocentrique d', 346.

Héraclite 145 sq. : sur Homère 184, 187 ; sur Pythagore 96, 108 sq., 145 ; sur Xénophane 145.
Héraclitiens 35, 141, 416.
Hermodore 145.
Hérodote, sur Homère et sur Hésiode 8 ; sur l'influence égyptienne 18 ; sur la géométrie 23 ; sur l'Orphisme 96 n. 2 ; sur Solon 28 ; sur l'influence lydienne 38 ; sur Thalès 38, 39, 40, 44 sq. ; sur Pythagore 95 sq., 109.
Hésiode 6 sq.
Hésychius de Milet 48 n. 3.
Hiéron 127.
Hippasos 105 n. 1, 119, 123, 159, 217, 339, 341, 352.
Hippocrate 237 n. 3, 285 n. 1, 404, 410 n. 3 ; Περὶ ἀέρων, ὑδάτων, τόπων 80 n. 1.
Hippocrate, lunules d', 311.
[Hippocrate] Περὶ διαίτης 170 n. 3, 184 n. 1, 303 n. 4, 305 n. 1, 404.
Hippolyte, App. § 13, 158.
Hippon de Samos 49, 59 n. 1, 290, 405 sq.
Hippys de Rhégium 124 n. 2.
Homère 5 sq.
Homme : Anaximandre 73, Héraclite 171 sq.
Hylozoïsme 15.
Hypoténuse 118.

Ibycus 223 n. 1.
Idaios d'Himéra 59 n. 1, 406.
Idées, théorie des, 352 sq.
Immortalité 92, 173 sq., 227.
Incommensurabilité 118 sq.
Indienne (philosophie) 21. Voir *Transmigration*.
Infini : Anaximandre 60 sq. ; Xénophane 138 sq. ; Parménide 209, Mélissos 373. Voir *Divisibilité*, ἄπειρον.
Influences orientales 17 sq.
Injustice 56, 72, 163, 223.
Ionien, dialecte, 325 sq., 407.
Isocrate 96.

Jamblique. Voir *Pyth.* 93 n. 2, 109 n. 1.
Justice 32, 163 n. 1.

Kadmos 39.
Kratinos 405.
Kronos 10.

Lampsaque 291, 414.
Leucippe 379 sq. ; et les Eléates 381, 383 sq. ; et Empédocle 238, 382, 391 sq. ; et Anaxagore 380 sq., 391 sq. ; et les

Pythagoriciens 386, 388, 390; et Démocrite 380, 388 sq., 401 n. 1.
Limite 123, 217, 331 sq.
Lucrèce, sur Empédocle 239; sur Anaxagore 304 n. 1.
Lumière : Empédocle 272. Voir *Lune*.
Lune 68; lumière de la, 204 n. 1, 272 sq., 299, 312.
Lydie 37 sq.
Lysis 100, 317, 323.

Maoris 9.
Marc-Aurèle 182.
Margitès 131.
Matérialisme 210.
Matière. Voir ὕλη.
Médecine, histoire de la, 225, 228, 236 sq., 263 sq., 285 n. 1, 320, 342, 404, 410, 413.
Mégariens 354.
Mélampous 96 n. 4.
Mélissos 368 sq.
Melissos, Xénophane et Gorgias 139 sq.
Ménon, Ἰατρικά 49 n. 2, 237 n. 2, 320 n. 1, 325 n. 3, 338 n. 1, 405 n. 1.
Mer, Anaximandre 67, 71 sq., Empédocle 273, Anaxagore 311, Diogène d'Apollonie 412.
Mesures 169 sq., 180, 409, 412.
Métaponte 94 n. 1, 97, 99 n. 1.
Métempsychose. Voir *Transmigration*.
Météorologie, intérêt pour la, 49, 71.
Milet 37 sq., 76, 379, 381.
Milon 100 sq., 225.
Mochos de Sidon 19 n. 4.
Moïse 19 n. 4.
Mondes innombrables : Anaximandre 63 sq., Anaximène 83 sq., Pythagore 124, Xénophane 137, Anaxagore 310, Diogène d'Apollonie 413, Archélaos 416.
Monisme 208, 229.
Monothéisme 148 sq.
Mort : Héraclite 173 sq., Parménide 224, Alcméon 228, Empédocle 279 sq.
Mouvement. Eternel, 15, 61; nié par Parménide 209; expliqué par Empédocle 263; Anaxagore 307; critiqué par Zénon 385; nié par Mélissos 375; réaffirmé par Leucippe 391 sq.
Mystères 92, 192.

Nécessité. Voir Ἀνάγκη.
Nemesios 179.
Nicomaque 93, 114 n. 1.
Nigidius Figulus 106.
Nil 43 sq., 311.
Nombres : pythagoriciens 329 sq.; triangulaires, carrés et oblongs 115.

Nouménius 19.
Nous 307 sq.

Obliquité de l'écliptique (zodiaque), 53. 83, 400.
Obscurité 80, 123, 176, 216.
Observation 29 sq., 74.
Octave 120.
Odorat : Empédocle 282, Anaxagore 315.
Opposés 56, 186 sq., 225, 237, 263, 302.
Orgies 89.
Orient. Influence de l', 17 sq.
Orphisme 6, 9 sq., 88 sq., 96 n. 4, 110 n. 2, 197, 223, 234, 254 n. 3, 255 n. 2.
Ouïe : Empédocle 282, Anaxagore 315.

Pair et impair 331 sq.
Paracelse 341.
Parménide 195 sq.; sur Héraclite 145, 201 n. 3, 206 sq., 212; et les Pythagoriciens 213 sq.
Pausanias 235, 240.
Pentagramme 341.
Perception : Parménide 204 n. 2, 224; Alcméon 226 sq.; Empédocle 281 sq.; Anaxagore 314 sq., Leucippe 401 sq.; Diogène d'Apollonie 413 sq.
Périclès et Zénon 196; et Anaxagore 293 sq.; et Mélissos 368.
Pesanteur 393 sq.
Pétélia 89 n. 1.
Pétron 61, 124.
Phéniciennes, influences, 18, 19 n. 4, 39.
Phérécyde de Syros 9, 88.
Philippe d'Oponte 347.
Philistion 218 n. 2, 237 n. 1 et 2, 262 n. 2, 285 n. 1, 334 n. 3.
Philodème 51 s, 65, 223 n. 2.
Philolaüs 317, 318 sq.
Philon de Byblos 19 n. 4.
Philon le Juif 19, 161, 187, 221 n. 3.
Philosophie comme κάθαρσις 90; emploi de ce mot par les Pythagoriciens 90 sq., 197, 319 n. 3, 357; synonyme d'ascétisme 18.
Philonte 90 n. 3, 95 n. 2, 110 n. 2, 318
Phocée 195.
Physiologie : Parménide 224 sp., Alcméon 226, Empédocle 278, Diogène d'Apollonie 410.
Pindare 234.
Piremus 23.
Plaisir et peine : Empédocle 282, Anaxagore 315.
Planètes, noms des, 26 n. 1, 223; distinguées des étoiles fixes 27, 83, 273, 391, 400; mouvements des, 125, 227, 348, 350; système planétaire 342 sq.

Plantes : Empédocle 274 sq., Anaxagore 313 sq.
Platon : App. § 1 ; sur les Egyptiens et les Babyloniens 18, 21, 27 n. 1 ; sur l'arithmétique égyptienne 22 ; sur les écoles de philosophie 34 ; sur Pythagore 98, n. 2 ; sur Xénophane 141 ; sur les Eléates 141 ; sur Héraclite 141, 161, 165, 179, 181 ; sur les Héraclitiens 163 n. 1, 190 n. 2 ; sur Parménide 195, 209, 223 ; sur Empédocle 161 sq., 181, 265 n. 2 ; sur Anaxagore 288 n. 7, 292, 294, 307 ; sur Philolaos 317 ; sur les Pythagoriciens 123 ; sur les incommensurables 119 n. 2 ; sur Zénon 195, 356, 357, 359 sq. ; sur Mélissos 378 n. 1 ; *Apologie* 296 n. 1 ; *Phédon* 14 n. 2, 90 n. 3, 92 n. 2, 110 n. 1 et 2, 175 n. 2, 185 n. 1, 318, 340, 341, 343, 353 sq. ; *Cratyle* 260 n. 3, 416 n. 4 ; *Théétète* 119 n. 2, 259 n. 1, 336 n. 1, 416 n. 4 ; *Sophiste* 354 n. 2, 356 n. 3 ; *Politique* 276 n. 3 ; *Parménide* 356 n. 2, 357, 359 sq. ; *Philèbe* 321 ; *Symposion* 223, 277 n. 4 ; *Phèdre* 292 ; *Gorgias* 318 ; *Ménon* 236 n. 3, 284 n. 3 ; *République* 25 n. 1, 90 n. 3, 113 n. 2, 179 n. 2, 218, 222 sq., 350 ; *Timée* 25 n. 1, 63 n. 1, 80 n. 1, 115 n. 3, 120 n. 1, 123, 124 n. 1, 217 n. 1, 228, 262 n. 1, 338 sq., 343 n. 1, 344, 350, 395 ; *Lois* 13 n. 2, 109 n. 4, 119 n. 3, 265 n. 2, 351 ; *Epinomis* 27 n. 1.
Pline 42, 45 n. 4, 52 sq., 289.
Pluralisme 229 sq., 355.
Plutarque 45 n. 4, 74 n. 2, 183, 198 n. 1 ; 201 n. 4, 235 n. 2, 387 n. 4.
[Plutarque] 63 n. 1, 116 n. 1, 201 n. 2, 271 n. 2, 273 n. 1.
Politique. Activité — des philosophes : Thalès 46, Pythagore 98 sq., Parménide 198, Empédocle 232 sq., Zénon 356.
Polybe 101 n. 1.
Polybos 378.
Polycrate, ère de, 53, n. 4, 96.
Pores. Voir πόροι.
Porphyre 19 n. 4, 93 n. 2, 106 n. 1, 254 n. 3.
Posidonius 19 n. 4, 82 n. 1, 343 n. 3.
Précession. Voir *Equinoxes*.
Proclus. Commentaire sur Euclide 45, 117 n. 3.
Proportion 119 sq.
Protagoras 190, 353.
Purification. Voir καθαρμός, κάθαρσις.
Pyramides. Mensuration des, 45. Voir πυραμίς.

Pythagore 93 sq. ; écrits pythagoriciens forgés 321 sq.
Pythagoriciens 214 sq., 317 sq.

Racines 262.
Raréfaction et condensation 78 sq., 165, 206, 403, 412.
Religion 86 sq., 192, 293. Voir *Orphisme, Monothéisme, Dieux, Sacrifice*.
Repos. Voir *Mouvement*.
Respiration 237, 251 n. 2, 280 ; du monde 80, 122.
Révolution, diurne 62, 270, 344 sq.
Rhégium 100, 223 n. 1, 317.
Rhétorique 87, 236.
Rhind, papyrus 22 sq.
Roues : Anaximandre 68, Pythagore 124, Parménide 218, Empédocle 234.
Roue des naissances 234.

Sacrifice, mystique 106 n. 2 ; non sanglant 255 n. 5.
Salmoxis 95.
Sanchoniathon 19 n. 4.
Sardes, ère de, 43 n. 1, 53, 76.
Satyros 233.
Sélinonte, Sélinus, 235.
Semenus 303 sq.
Sénèque 274 n. 1, 311 n. 6.
Sept sages 30, 46, 52.
Seqt 23, 46.
Silles 131.
Socrate : Parménide et Zénon 195 sq., 356 ; et Archélaos 414.
Soleil : Anaximandre 68, Anaximène 81, Xénophane 134 sq., Héraclite 167 sq., 176 sq., Empédocle 271 sq., 345 sq., Anaxagore 312.
Solides, réguliers 326 sq., 338.
Solon. Voir *Crésus*.
Sommeil : Héraclite 172 sq., Empédocle 279.
Sophocle 311 n. 6.
Souffle. Voir *Respiration*, Respiration du monde, 80.
Speusippe 115 n. 2, 117 n. 1 ; sur Parménide 198 ; sur les nombres pythagoriciens 116, 319, 334 n. 3.
Sphère : Parménide 210 sq., Empédocle 258 sq. Voir *Terre, Eudoxe, harmonie*.
Stobée 64, 82 n. 2, 324.
Stoïciens. App. § 3, 84 n. 3, 159, 178 sq.
Strabon 19 n. 4, 39 n. 4, 197, 198 n. 1.

Tarente 98 n. 4, 317.
Terre, une sphère 26 ; Thalès 43 sq., Anaximandre 71 sq., Anaximène 81 sq., 81 n. 4 ; Xénophane 137, Anaxagore

311, les Pythagoriciens 342 sq., Leucippe 400, Diogène d'Apollonie 412.
Tétraktys 115 sq.
Thalès 39 sq. 118.
Théano 352.
Thèbes, Lysis à, 100, 318 ; Philolaos à, 101.
Théétète 119, 326.
Théodore de Cyrène 119.
Théodoret 82 n. 2.
Théogonie : Hésiode 7 sq. ; rhapsodique 10 n. 1, 234.
Théologie. Voir *Dieux*.
Théologiens 10.
Théon de Smyrne 27 n. 1, 115 n. 2.
Théophraste, App. § 7 ; sur les écoles 33, 35, 52 ; sur Prométhée 39 n. 2 ; sur Thalès 49 ; sur Anaximandre 54, 66 ; sur Anaximène 77 sq. ; sur Xénophane 129, 133, 140 ; sur Héraclite 147, 158, 165 sq. ; sur Parménide 211, 215 sq., 220, 222 ; sur Empédocle 234 n. 1, 237, 269, 275, 281, 284 ; sur Anaxagore 288, 290, 312, 314 sq. ; sur Leucippe 381, 383 sq. ; 389 sq., 401 ; sur Diogène d'Apollonie 380, 406 sq., 413 ; sur Hippon de Samos, 406.
Théorétique. Vie, 288.
Théron d'Agrigente 231, 234.
Thrasidaios 231.

Thurium 96 n. 5, 89 n. 1, 230 sq.
Timée de Locres 321 sq.
Timée de Tauroménium 230 n. 2, 232, 235, 239 n. 1.
Timon de Phlionte 131, 322.
Toucher : Empédocle 289, Anaxagore 314.
Tourbillon : Empédocle 270, Anaxagore 309, Leucippe 399 sq.
Transmigration 96 sq., 103 sq., 126, 285 sq
Triangle pythagoricien 24, 115.

Unité 335, 363.

Vide, pythagoricien 123, 216, 227, 333, 382, Parménide 206, 209, Alcméon 227, Atomistes 388 sq.
Vies, les trois, 110, 157 n. 2.
Vision : Alcméon 227, Empédocle 281, 284, Anaxagore 314.
Voie lactée 70, 223, 312.

Xénophane 126 sq. ; sur Thalès 41 ; sur Pythagore 122.
Xénophon 32.

Zamolxis 95.
Zankle 129 n. 3.
Zénon 356 sq. ; sur Empédocle 357 ; sur les Pythagoriciens 360.

II. GREC

ἀδικία 56, 60 sq., 72.
ἀήρ 80 n. 1, 259 sq., 281 n. 2. Voir *Air*.
αἰθήρ 259 sq., 311 n. 2.
ἀκούσματα 107 sq., 326.
ἀκουσματικοί 97, 105.
Ἀνάγκη 221, 234 n. 1, 265.
ἀναθυμίασις 170 n. 1, 171 n. 1.
ἀνάμνησις 110 n. 2.
ἀντέρεισις 399.
ἄντυξ 219.
ἄπειρον 57 n. 1, 61 n. 1.
ἄπνους ἡ 235 n. 3, 238 n. 5.
ἀπόρροαι 238, 284 n. 3.
ἀποτομή 390 n. 1.
ἀριθμητική dist. de λογιστική 23, 113 n. 2.
ἁρμονία 125, 161, 187.
ἀρπεδονάπται 24.
ἀρχή 13, 57.
αὐτὸ ὅ ἐστιν 353 n. 2.

γαλεοί 73 sq.
γόητες 108.
δαίμων 158 n. 1, 175 n. 2.
διαστήματα 65 n. 4.
δίκη 32, 163 n. 1.
δίνη. Voir *Tourbillon*.
διορίζω 122 n. 4.
εἶδος 353 sq., 387 n. 4.
εἴδωλα 402.
εἶναι 200 n. 3 ; τὸ ἐόν 206 n. 2.
ἔκθλιψις 396 n. 1.
ἔκκρισις 62.
ἐκπύρωσις 180 sq.
ἕν, τὸ 142, 361 n. 5, 376.
ἐναντία. Voir *Opposés*.
ἐνίζειν 141 n. 1.
ἐπίψαυσις 399.
ἐστώ 328 n. 3.
θεός 75. Voir *Dieux*.

θεωρία 28, 110.
θυμός 157 n. 1.
ἰδέα 237 n. 2, 259 n. 1, 354, 387 n. 4.
ἶδος 244 n. 2, 248 n. 2.
ἰσονομία 228.
ἰσορροπία 397.
ἱστορία 14 n. 2; 28, 109 n. 1.
καθαρμός, κάθαρσις 89, 109.
κεγχρίτης λόγος 858 n. 2.
κλεψύδρα 251 n. 2, 252 n. 1; 260, 307, 382.
κληροῦχος 221.
κόσμος 31, 150 n. 2, 185 n. 2.
κρατέω 308.
λογιστική distinct de ἀριθμητική 23, 113 n. 2.
λόγος 148 n. 4; 151 n. 1, 154 n. 3, 156 n. 1 et 2; 160; λόγος τοῦ εἶναι 353 n. 2.
μεσότης 120.
μετεμψύχωσις 103 n. 1.
μετενσωμάτωσις 103 n. 1.
μετέωρα 32.
μορφή 259 n 1, 354 n. 3.
ὄγκοι 336 n. 1, 366 n. 2, 386 n. 2.
ὁλκάς 339 n. 3.
ὁμοιομερῆ 305.
ὅμοιος, ὁμοιότης 72 n. 2.
ὄργια 89 n. 2.
ὅρος 117 n. 2.
οὐρανός 31, 142 n. 1; πρῶτος οὐρανός d'Aristote 177.
πάγος 270 n. 1.

παλιγγενεσία 103 n 1.
παλίντονος 152 n 4, 186.
παλίντροπος 152 n. 4, 201 n. 3.
πανσπερμία 305, 387.
περιαγωγή 64 n. 1.
περιέχω 61 n. 1, 172 n. 3.
περίστασις 64 n. 1.
πίλησις 78 n. 1.
πόροι 226, 238, 266, 281 sq., 382.
πρηστήρ 69 n. 2, 168 sq.
πρόβλημα 32 n. 2.
πυραμίς 24 n. 4.
ῥαψῳδεῖν 129 n. 4.
ῥοπή 397.
σῆμα σῶμα 319.
στασιῶται 141 n. 2.
στέφαναι 218.
στοιχεῖον 55 n. 1, 56 n. 1, 58, 259 n. 1, 262 n. 1, 304, 331, 387 n. 3.
συνοικειοῦν 160 n. 1.
τετρακτύς 115 sq.
τροπαί 67 n. 1, 177.
ὕβρις 29.
ὕλη 57, 328 n. 3, 340 n. 2.
ὑπόθεσις 32 n. 2, 358 n. 6, 359 n. 5.
ὑποτείνουσα 118 n. 1.
φαινόμενα, σῴζειν τὰ 32 n. 2.
φιλοσοφία, φιλόσοφος, φιλοσοφῶ Voir philosophie.
φύσις 12 sq., 57, 387, avec n. 2 et 5.
χώρα 116 n. 1, 117 n. 2.

TABLE DES MATIÈRES

                                      Pages

INTRODUCTION 1

    Caractère cosmologique de la philosophie grecque à ses débuts, p. 1. — La vue primitive du monde, p. 2. — Traces de la vue primitive dans la plus ancienne littérature. Homère, p. 4. — Hésiode, p. 6. — Cosmogonie, p. 8. — Caractéristiques générales de l'ancienne cosmologie grecque, p. 10. — Ex nihilo nihil, p. 11. — Φύσις, p. 12. — Mouvement et repos, p. 15. — Effondrement de la conception primitive du monde, p. 16. — Prétendue origine orientale de la philosophie, p. 17. — Les mathématiques égyptiennes, p. 22. — L'astronomie babylonienne, p. 25. — Le caractère scientifique de l'ancienne cosmologie grecque, p. 28. — Ecoles de philosophie, p. 33.

CHAPITRE PREMIER.
L'ÉCOLE MILÉSIENNE 37

    Milet et la Lydie, p. 37. — Thalès, son origine, p. 39. — L'éclipse prédite par Thalès, p. 40. — Date de Thalès, p. 42. — Thalès en Egypte, p. 43. — Thalès et la géométrie, p. 44. — Thalès comme homme politique, p. 46. — Caractère incertain de la tradition, p. 47. — Exposé conjectural de la cosmologie de Thalès, p. 48. — L'eau, p. 49. — Théologie, p. 50. — Anaximandre. Sa vie, p 52. — Théophraste et la théorie d'Anaximandre sur la substance primordiale, p. 54. — La substance primordiale n'est pas un des « éléments », p. 55. — L'analyse aristotélicienne de la théorie, p 57. — La substance primordiale est infinie, p. 60. — L'éternel mouvement, p 61. — Les mondes innombrables, p. 63. — Origine des corps célestes, p. 66. — La terre et la mer, p. 71. — Les animaux, p. 73. — Théologie, p. 75. — Anaximène. Sa vie, p. 76. — Son livre, p. 77. — Théorie de la substance primordiale, p. 77. — Raréfaction et condensation, p. 78. — L'air, p. 79. — Le monde respire, p. 80. — Les parties du monde, p. 81. — Les mondes innombrables, p. 83. — Influence d'Anaximène, p. 84.

CHAPITRE II.
SCIENCE ET RELIGION 86

    Migrations vers l'Ouest, p. 86. — Le réveil religieux, p. 87. — La religion orphique, p. 88. — La philosophie, chemin de vie, p. 90. — Pas de doctrine dans les « mystères », p. 92. — Pythagore de Samos. Caractère de la tradition, p. 93. — Vie de Pythagore, p. 95. — L'Ordre, p. 97. — Chute de l'Ordre, p. 99. — Insuffisance de nos renseignements sur la doctrine pythagoricienne, p. 101. — La transmigration, p. 103. — L'Abstinence, p. 104. — Ἀκούσματα, p. 107. — Pythagore comme homme de science, p. 108. — Arithmétique, p. 111. — Les figures, p. 112. — Nombres triangulaires, carrés et oblongs, p. 115. — Géométrie et harmonique, p. 117. — Incommensurabilité, p. 118. — Proportion et harmonie, p. 119. — Les choses sont des nombres, p. 121. — Cosmologie, p. 122. — Les corps célestes, p. 124. — Xénophane de Colophon. Sa vie, p. 126. — Poèmes, p. 130. — Les fragments, p. 131. — Les corps célestes, p. 134. — La terre et l'eau, p. 137. — Fini ou infini, p. 138. — Dieu et le monde, p. 141. — Monothéisme ou polythéisme, p. 142.

CHAPITRE III.
HÉRACLITE D'ÉPHÈSE 145

Vie d'Héraclite, p. 145. — Son livre, p. 146. — Les fragments, p. 148. — La tradition doxographique, p. 158. — La découverte d'Héraclite, p. 160. — L'un et le multiple, p. 161. — Le feu, p. 163. — Le flux, p. 164. — Le sentier en haut et le sentier en bas, p. 165. — Mesure pour mesure, p. 169. — L'homme, p. 171. — Sommeil et veille, p. 172. — Vie et mort, p. 173. — Le jour et l'année, p. 176. — La grande année, p. 178. — Héraclite enseignait-il une conflagration générale? p. 180. — Lutte et harmonies, p. 186. — Corrélation des contraires, p. 188. — Le Sage, p. 191. — Théologie, p. 191. — Morale d'Héraclite, p. 193.

CHAPITRE IV.
PARMÉNIDE D'ÉLÉE 195

Sa vie, p. 195. — Le poème, p. 198. — « Cela est », p. 205. — La méthode de Parménide, p. 207. — Les résultats, p. 209. — Parménide, père du matérialisme, p. 210. — Les croyances des « Mortels », p. 210. — La cosmologie dualiste, p. 214. — Les corps célestes, p. 217. — Les couronnes, p. 218. — La Divinité, p. 220. — Physiologie, p. 224. — Alcméon de Crotone, p. 225.

CHAPITRE V.
EMPÉDOCLE D'AGRIGENTE 229

Pluralisme, p. 229. — Date d'Empédocle, p. 230. — Empédocle comme homme d'Etat, p. 232. — Empédocle comme conducteur religieux, p. 233. — Rhétorique et médecine, p. 236. — Relations d'Empédocle avec ses prédécesseurs, p. 237. — Sa mort, p. 238. — Ses écrits, p. 239. — Les fragments, p. 240. — Empédocle et Parménide, p. 257. — Les « quatre racines », p. 259. — Haine et amour, p. 263. — Mélange et séparation, p. 265. — Les quatre périodes, p. 266. — Notre monde, œuvre de la Haine, p. 267. — Formation du monde par la Haine, p. 268. — Le Soleil, la Lune, les Etoiles et la Terre, p. 271. — Combinaisons organiques, p. 274. — Les Plantes, p. 274. — Evolution des animaux, p. 276. — Physiologie, p. 278. — Perception, p. 281. — Théologie et religion, p. 285.

Chapitre VI.
ANAXAGORE DE CLAZOMÈNES 287

Date, p. 287. — Sa jeunesse, p. 288. — Rapport avec l'école ionienne, p. 289. — Anaxagore à Athènes, p. 291. — Le procès, p. 293. — Ses écrits, p. 295. — Les fragments, p. 296. — Anaxagore et ses prédécesseurs, p. 300. — « Chaque chose en chaque chose », p. 301. — Les portions, p 302. — Les semences, p. 303. — « Toutes choses ensemble », p. 306. — Le « Nous », p. 307. — Formation des mondes, p. 309. — Mondes innombrables, p. 310. — Cosmologie, p. 311. — Biologie, p. 313. — La perception, p. 314.

Chapitre VII.
LES PYTHAGORICIENS 317

L'Ecole pythagoricienne, p. 317. — Philolaos, p. 318. — Platon et les Pythagoriciens, p. 320. — Les fragments de Philolaos, p. 324. — Le problème, p. 327. — Aristote et les nombres, p. 329. — Les éléments des nombres, p. 331 — Les nombres étendus, p. 333. — Les nombres grandeurs, p. 335. — Les nombres et les éléments, p. 337. — Le dodécaèdre, p. 339. — L'âme, une « harmonie », p. 341. — Le feu central, p. 342. — L'antichton, p. 347. — Mouvements des planètes, p. 348. — Les choses, images des nombres, p. 351.

Chapitre VIII.
LES JEUNES ÉLÉATES 355

Rapport avec leurs prédécesseurs, p. 355. — Zénon d'Elée. Sa vie, p. 356. — Ses écrits, p. 357. — Sa dialectique, p. 359. — Zénon et le Pythagorisme, p. 360. — Qu'est-ce que l'unité ? p. 361. — Les fragments, p. 362. — L'unité, p. 363. — L'espace, p. 364. — Le mouvement, p. 365. — Mélissos de Samos. Sa vie, p. 368. — Les fragments, p. 369. — Théorie de la réalité, p. 372. — La réalité infinie dans l'espace, p. 373. — Opposition aux Ioniens, p. 374. — Opposition aux Pythagoriciens, p. 375. — Opposition à Anaxagore, p. 377.

Chapitre IX.
LEUCIPPE DE MILET 379

Leucippe et Démocrite, p. 379. — Théophraste sur la théorie atomique, p. 383. — Leucippe et les Eléates, p. 383. — Atomes, p. 386. — Le vide, p. 388. — Cosmologie, p. 388. — Rapports avec la cosmologie ionienne, p. 390. — Le mouvement éternel, p. 391. — La pesanteur des atomes, p. 393. — Le tourbillon, p. 399. — La terre et les corps célestes, p. 400. — La perception, p. 401. — Importance de Leucippe, p. 402.

Chapitre x.
ÉCLECTISME ET RÉACTION 404

La « banqueroute de la science », p. 404. — Hippon de Samos. L'humidité, p. 405. — Diogène d'Apollonie. Sa date, p. 406. — Ses écrits, p. 408. — Les fragments, p. 408. — Cosmologie, p. 411. — Animaux et plantes, p. 413. — Archelaos d'Athènes. Anaxagoréens, p. 414. — Sa cosmologie, p. 415. — Conclusion, p. 416.

Appendice (Les Sources) 418

Index Alphabétique 425

www.ingramcontent.com/pod-product-compliance
Lightning Source LLC
Chambersburg PA
CBHW070546230426
43665CB00014B/1831